KB019638

창조적
파괴의
힘

LE POUVOIR DE LA DESTRUCTION CRÉATRICE

LE POUVOIR DE LA DESTRUCTION CRÉATRICE
by Philippe AGHION, Céline ANTONIN and Simon BUNEL

창조적 파괴의 힘
혁신과 성장 그리고 자본주의의 미래

초판 1쇄 인쇄일 2022년 6월 20일   초판 1쇄 발행일 2022년 6월 30일

지은이 필리프 아기옹 · 셀린 앙토냉 · 시몽 뷔넬 | 옮긴이 이민주
펴낸이 박재환 | 편집 유은재 | 관리 조영란
펴낸곳 에코리브르 | 주소 서울시 마포구 동교로15길 34 3층(04003) | 전화 702-2530 | 팩스 702-2532
이메일 ecolivres@hanmail.net | 블로그 http://blog.naver.com/ecolivres
출판등록 2001년 5월 7일 제201-10-2147호
종이 세종페이퍼 | 인쇄 · 제본 상지사 P&B

ISBN 978-89-6263-239-2 93320

책값은 뒤표지에 있습니다.   잘못된 책은 구입한 곳에서 바꿔드립니다.

창조적
파괴의
힘

혁신과 성장 그리고 자본주의의 미래

필리프 아기옹 · 셀린 앙토냉 · 시몽 뷔넬 지음 | 이민주 옮김

에코
리브르

한국어판 서문

저와 공저자들—셀린 앙토냉, 시몽 뷔넬—은 2019년 11월에 이 책을 집필하기 시작했습니다. 이 책은 콜레주 드 프랑스에서 5년간 강의한 내용뿐 아니라 혁신과 이른바 슘페터식 성장 패러다임에 대한 지난 30여 년간의 연구에 기초하고 있습니다. 이는 창조적 파괴라는 슘페터의 개념—말하자면 새로운 혁신이 등장해 기존 기술을 폐지하고 대체하는 과정—을 운용 가능하게끔 만들어준 패러다임입니다.

창조적 파괴와 슘페터식 패러다임은 다음과 같은 모순을 중심축으로 삼고 있습니다. 한편에서는 혁신으로 인한 수익, 그리고 특허 제도를 통한 그 수익의 보호가 혁신을 장려하는 데 중요한 역할을 합니다. 다른 한편에서 보면, 어제의 혁신가는 자신의 혁신을 무용지물로 만들어버릴 새로운 혁신이 등장하는 걸 막기 위해 자기 자신의 혁신을 통해 얻은 수익을 동원하고 싶은 유혹을 느끼게 됩니다. 책의 본문에서 논하겠지만 자본주의를 규제한다는 것은 무엇보다 바로 그러한 모순을 어떻게 다루는가, 그리고 창조적 파괴의 힘을 어떻게 하면 지속 가능하고 포괄적인 번영의 방향으로 이끌 수 있는가에 대한 문제입니다 슈페터 자신은 자본주의의 미래에 비관적이었습니다. 그는 1세대 혁신 가들은 확고부동한 대기업으로 성장해 추후에 등장할 혁신적인 소규모 기업을 몰아낼 테고, 그러다 보면 결국 기업가라는 존재는 가차 없이 소멸해버리고 오직 기득권만이 살아남아 승리하게 될 거라 예상했습니다. 하지만 이 책에서 우리는 '의지의 낙관주의' 혹은 '투쟁하는 낙관주의'를 주창합니다. 이는 "철학자들은 지금까지 세상을 다양한 방식으로 그저 해석하기만 했다. 하지만 핵심은 세상을 변화시키는 일이다"라는 카를 마르크스의 유명한 말을 차용한 표현입니다. 우리는 이 책에서 기업, 국가 그리고 시민 사회라는 특효의 삼각 구도를 통해 어떻게 슈페터의 비관적인 예상을 비껴갈 수 있는지, 그리고 지속적 성장을 이루어낼 수 있는지 제안하고자 합니다.

창조적 파괴라는 관점을 통해 이 책은 다음의 세 가지를 추구합니다.

첫째, 경제 성장의 역사에서 주요한 몇 가지 수수께끼에 대한 해결의 실마리를 제공하고자 합니다. 특히, 어째서 산업의 이륙 현상은 유럽에서 1820년이 되어서야 발생했는가, 정보 통신과 인공 지능 혁명 등에도 불구하고 미국이 2000년대 초반부터 장기 침체를 면치 못하는 이유는 무엇인가, 또한 왜 어떤 국가는 중진국 함정에 빠지는가, 즉 어떤 나라는 왜 매우 빠르게 발전하다가 정체하거나 심지어 성장을 멈춰버리는가 하는 등의 수수께끼가 그것입니다.

둘째, 잘못된 '보편적 지혜'나 결점 있는 정책에 의문을 제기하고자 합니다. 그러한 예로는 실업률을 줄이기 위해 로봇 사용에 세금을 부과한다든지, 해외로부터의 경쟁에 대응하거나 가치 사슬을 보전하기 위해 보호주의에 의존한다든지, 또는 기후 변화에 맞서기 위해 제로 성장 혹은 마이너스 성장을 추구한다든지 하는 경우가 포함됩니다.

셋째, 자본주의의 미래를 재고하고자 합니다. 무엇보다 혁신 생태계라는 미국식 자본주의 특유의 장점과 덴마크식 자본주의, 그러니까 더욱 포괄적이고 사회 보장 성격이 강한 모델의 장점을 통합하는 것이 가능한가 하는 화두를 중심으로 논의를 펼칩니다.

특히 이 책 7장에서는 대한민국이—적어도 얼마 동안은—중진국 함정에서 벗어났던 국가 사례라고 주장합니다. 우리의 논리는 이러합니다. 1960년부터 1997년까지 대한민국 경제는 이례적일 정도로 성장했지만, 이는 주로 모방을 기반으로 한 것이었습니다. 대형 복합 기업인 재벌의 탄생과 성장에 크게 의존했습니다. 재벌 기업이 고도 성장 기간 동안 분명 중요한 역할을 했지만, 이들은 혁신적인 신진 기업의 시장 진입을 방해했을 뿐만 아니라 혁신 기반 성장의 핵심인 경쟁과 개방성 확대를 위한, 한국 경제에 필수불가결한 구조 전환을 달가워하지 않았습니다. 재벌 기업의 영향력을 제한하고 한국 경제 전반을 경쟁에 더욱 개방함으로써 1997~1998년의 경제 위기는 생산성 향상에 가속이 붙게끔 해주었습니다. 비재벌 기업들의 시장 진입과 혁신을 통한 생산성 향상이 특히나 주효했습니다.

이 책에서 궁극적으로 주장하는 바가 있다면, 좀더 환경친화적이고 포괄적인 번영으로 가는 열쇠는 바로 혁신하는 기업, 잠재적 규제 주체로서 국가, 그리고 사회 계약의 감시자 및 보장자 역할을 하는 시민 사회로 이뤄진 특효의 삼각 구도라는 점입니다. 그리고 1997~1998년 당시와 유사한 위기는 그러한 삼각 구도를 활성화하는 계기가 될 수 있습니다.

필리프 아기옹

차례

〼

서론

이 책은 2019년 11월 말에 집필하기 시작했다. 그로부터 4개월 후 전 세계는 전례 없는 팬데믹으로 큰 타격을 입게 되었다. 이 위기로 인해 '코로나19 이후'의 세상을 어떻게 구상해야 하는가라는 문제를 놓고 존재론적 토론이 꼭 필요해졌고, 그 논의의 중심에 바로 창조적 파괴가 자리한다. 실제로 코로나19 팬데믹은 일자리를 없애고 기업 파산의 물결을 일으킨 한편, 다른 쪽에선 새롭고 혁신적인 경제 활동의 장을 활짝 열어주기도 했다.

"창조적 파괴는 코로나19로부터 어떻게 경제를 구원할 수 있을까"라는 시사성 있는 제목의 글을 통해 배리 아이컨그린(Barry Eichengreen)이 주장했듯 유통업계는 이전과 비교할 수 없을 정도로 인공 지능과 로봇에 의존하게 될 거라 예상된다. 소비자들이 봉쇄 기간 동안 학습한 온라인 쇼핑 습관을 떨치지 않고 그대로 유지할 것이기 때문이라는 분석이다. 그와 마찬가지로 봉쇄를 겪으면서 사람들은 재택근무와 줌(Zoom)을 이용한 영상 회의의 장점을 깨달았다. 게다가 전화나 스카이프(Skype)를 통한 원격 진료 또한 익숙해졌다.

하지만 팬데믹 이후 창조적 파괴가 성장의 원동력이 될 수 있다는 인식이 세상에 퍼지면서 각국 정부는 다음과 같은 도전 과제에 직면했다. 한편으로는 보호 정책이 필요한 게 사실이다. 다시 말해, 살아남을 가능성이 있는 기업을 지원해 일자리를 보전하고, 그 기업이 축적해온 인적 자본을 지켜내야 한다. 그러나 다른 한편으로는 '재할당'이 필요하다. 이는 경쟁력이 더 높거나 소비자의 새로운 수요에 더 잘 대응하는 신생 기업 및 새로운 경제 활동이 시장에 진입할 수 있도록 장려해야 한다는 의미다. 요컨대 창조적 파괴의 진행 과정에서 공공 기관은 동반자 역할을 하되 방해의 주체여서는 안 된다는 뜻이다.

게다가 코로나19 팬데믹 위기는 여러 나라에서 기존에 시행되던 형태의 자본주의 체제에 영향을 주는 좀더 심각한 문제들을 '노출시키는' 뜻하지 않은 결과를 초래했다. 특히 일부 국가에서 나타난 사회 보장 및 의료 보험 제도의 문제, 또는 다른 몇몇 나라에서 드러난 정보의 불투명성과 중앙 정부로 과하게 집중된 권력 같은 문제들을 말한다.

좀더 포괄적으로 보면 지난 수십 년간 진행되어온 불평등의 확산, 기득권의 집중화, 점점 더 불안정해지는 고용 조건, 보건 체계와 환경의 악화 등을 마주한 현 상황에서 이제 경제 체계를 철저하게 변화시키고 자본주의 자체를 폐기해야만 하는가라는 의문이 제기되고 있다. 이 책은 자본주의를 '끝내기'보다는 더 잘 '규제'할 필요가 있다고 주장한다. 창조적 파괴의 힘은 무엇보다 성장을 견인할 수 있는 그 엄청난 능력에서 비롯된다. 불과 200년 전에는 상상조차 할 수 없을 만큼 부유한 수준으로 현재 우리 사회를 끌어올린 원동력이 바로 창조적 파괴다. 이제 우리의 도전 과제는 창조적 파괴라는 이 힘의 원동력을 제대로 파악해 우리가 원하는 방향으로 이끄는 일이다. 좀더 환경친화적이고 좀더 공정한 방향의 성장이라는 목표 아래 창조적 파괴를 어떻게 이끌어가야 할까? 어제의 혁신가들이 혁신을 통해 취득한 자신의 기득권을 새로운 혁신을 방해하는 데 이용하지 못하게 하려면 어떻게 해야 할까? 잠재적으로 일자리, 건강, 행복 등의 요소에 부정적일 수 있는 창조적 파괴의 영향을 어떻게 해야 최소화할 수 있을까? 우리가 원하는 방향으로 창조적 파괴를 이끌기 위한 힘은 무엇인가? 이 책은 이러한 질문에 답하고자 한다.

이 책은 콜레주 드 프랑스(Collège de France)에서 5년간 진행한 강의의 결과물이지만, 그 강의의 연장선상에 있기도 하다. 그 수업은 전문 경제지식을 갖추지 못했지만 의욕적이고 흥미를 갖고 있는 대중을 상대로 혁신 및 성장과 관련한 경제학의 최신 연구 결과를 풀어 설명해주는 자리였다. 이 책의 집필은 그 수업을 위해 준비했던 자료에서부터 시작되었다. 이 책은 창조적 파괴의 힘이라는 개념, 그리고 그 힘을 좀더 지속적이고 분배적인 번영을 추구하는 방향으로 이끄는 데 필요한 변화된 자본주의라는 우리의 핵심 명제를 중심으로 위 수업의 자료를 보충하고 재구성한 결과물이다.

새로운 패러다임

이 책은 여행으로의 초대라고 할 수 있다. 경제사 속으로의 여행, 특히나 경제 성장의 역사 속으로의 여행이다. 우리는 그 과정에서 창조적 파괴라는 관점으로 경제 성장이라는 신비로운 현상을 탐색할 예정이다.

창조적 파괴란 지속적으로 새로운 혁신이 이루어져 기존의 기술을 폐기하게 만드는 과정이자, 신생 기업이 계속 등장해 기존 기업과 경쟁하고 또 새로운 일자리와 경제 활동이 탄생해 기존의 일자리와 경제 활동을 대체하기도 하는 과정을 의미한다. 창조적 파괴란 영속적인 쇄신과 재생산을 보장하는 자본주의의 동력이기도 하지만 그와 동시에 위험과 동요를 불러일으키기 때문에 반드시 적절히 규제하고 방향을 잡아줄 필요가 있다.

이 책에서 다룰 내용은 다음과 같다.

1) 첫 번째로는 전 세계의 경제 성장과 관련해 역사 속에서 가장 수수께끼로 남아 있는 사건들을 설명하고자 한다. 즉, 산업화 과정의 '이륙' 단계, 몇 차례 기술 혁명의 물결, 장기 침체, 불평등의 진화, 국가 간 경제 성장의 수렴 또는 분산, 탈공업화 등을 논한 것이다.

2) 두 번째로는 우리 선진국 사회에서 혁신과 경제 성장을 둘러싸고 이뤄지는 주요 논의에 대한 재접근을 시도하고자 한다. 과연 혁신과 창조적 파괴를 양립시킴과 동시에 환경을 보전하고 불평등을 조율하는 일이 가능한가? 또 우리 사회 시민들의 일자리, 건강, 행복 등의 영역에 잠재적으로 피해를 줄 수 있는 창조적 파괴의 부작용을 피해갈 방법이 있는가? 정보 통신 기술의 혁명이나 인공 지능 발전은 두려워해야 할 일인가?

3) 세 번째로는 국가와 시민 사회의 역할을 재점검하고자 한다. 국가와 시민 사회는 혁신과 창조적 파괴를 촉진하는 데 어떠한 역할을 할 수 있는가? 그럼으로써 국가의 부를 축적하는 데 어떠한 역할을 할 수 있는가? 극단적인 자본주의로부터 우리 사회의 경제와 시민을 어떻게 보호해야 할까?

성장의 동력으로서 창조적 파괴가 지닌 장점을 역설했던 조지프 슘페터(Joseph Schumpeter)는 그러면서도 자본주의의 미래에 대해서는 비관론을 견지했다. 특히 그는 그룹형 대기업들로 인해 중소기업이 사라지고 그 때문에 사업가가 소멸할 것이며, 관료주의 및 기득권이 득세하는 사회가 오리라 예견했다.[1] 이 책은 정부의 역할 및 자본주의에 대한 규제를 다루는 마무리 부분인 14~15장을 통해 역사 속으로 떠난 우리의 여행을 낙관적으로 매듭짓는다. 하지만 이는 '투쟁'을 동반해야 하는 낙관주의다. 마르크스의 유명한 말을 인용하자면 "철학자는 세상을 다양한 방식으로 해석해낼 뿐이다. 이제 우리의 임무는 세상을 변화시키는 것이다".[2]

국부 측정하기

국부(國富)를 측정하기 위해 보통 국내 총생산이라는 지표를 활용한다. 개인의 의사가 좀더 명백히 드러나는 만족도나 소비, 혹은 행복 등의 지표를 사용하는 대신 국내 총생산같이 건조한 통계 지표를 사용하는 이유는 무엇일까? 한 가지 근거로, 수십억 명에 달하는 인간의 물질적 복지는 실제로 그 사람이 살고 있는 나라의 1인당 국내 총생산과 상당한 관계가 있다는 점을 들 수 있다. 그러므로 19세기 초의 산업 발전은 매우 장기간의 침체기를 거친 후 1인당 국내 총생산 수치의 '이륙'이라는 형태로 유난히도 명백하게 표출되었다(2장 참조).

19세기 초에는 극소수 특권층만이 즐기던 생활 수준을 이제 세계 각지의 여러 나라 사람이 누리게 된 것은 바로 1인당 국내 총생산이 증가했기 때문이다. 그와 반대로 1인당 국내 총생산이 충분히 향상되지 않은 빈곤 국가에서는 수억 명의 사람이 여전히 너무나 힘들고 불안정한 삶을 살아가고 있다. 이러한 상황을 고려할 때, 1인당 국내 총생산의 성장을 결정짓는 요소가 무엇인지를 이해하는 작업이 중요해 보인다. 이는 어째서 특정 국가가 다른 나라보다 훨씬 더 부유해졌는지, 그리고 전 세계 국가들 사이에서 부가 왜 불공정하게 배분되고 있는지를 설명하기 위함이다. 게다가 국내 총생산은 특정 시점에서 국가 간 비교를 가능하게 해주는 지표이자 통시적인 비교 또한 가능하게 해준다는 장점이 있다.

이 책에서 우리는 또한 영어로 utils라고 부르는 '유용성' 요소의 성장에 관심을 기울인다. 이 말인즉슨, 한 국가나 영토에서 편리와 복지를 향상시키는 요소로 무엇이 있는지 알아본다는 뜻이다. 수많은 유용성 요소가 물자와 서비스 시장에서 거래 대상이 되는데, 국내 총생산 계산에 포함되는 부분도 있고 그렇지 않은 부분도 많다. 예를 들어, 기차표를 구매하기 위해 여행사를 방문하는 대신 인터넷을 활용한다고 치자. 이때 절약한 시간은 국내 총생산을 계산하는 데 포함되지 않는다. 이와 마찬가지로 스마트폰으로 사진을 찍으면 비용이 전혀 들지 않기 때문에 그 활동은 국내 총생산에 집계되지 않는다. 반면 디지털 사진기가 등장하기 전에는 필름을 구매하고 사진을 현상하는 데 돈을 지불해야 했는데, 그 모든 활동은 국내 총생산을 계산하는 데 포함되는 항목이었다. 심지어 예를 들어 치과 치료는 기술 개선 덕분에 40년 전보다 훨씬 덜 고통스러운 일이 되었다. 하지만 그러한 개선 사항은 국내 총생산 집계에 들어가지 않는다. 그렇다면 이러한 요소를 어떻게 측정할 수 있을까?

첫 번째 접근법은 여론 조사를 통해 개인의 삶의 만족도(영어로는 life satisfaction이라고 한다)를 평가하는 방식이다. 대니얼 카너먼과 앵거스 디턴(Daniel Kahneman et Angus Deaton, 2010)[3]이 강조한 대로, 국제적으로 비교해보면 국내 총생산 수준과 개인의 만족도 사이엔 정비례 관계가 있음이 드러난다. 창조적 파괴와 만족도 수준의 관계에 대해서는 11장에서 더욱 자세히 다룰 예정이다. 두 번째 접근법은 혁신을 통해 직접적으로 경제 발전을 측정하는 방식이다. 이는 새로운 제품과 신생 경제 활동의 수를 측정하는 방식일 수도 있고, 혁신의 성격을 기준으로 측정하는 방식일 수도 있다. 특히 9장에서 친환경 혁신을 중점적으로 다루면서, 이를 측정하고 또한 장려하는 방법에 대해 고찰하게 된다. 마지막으로, 국가의 부가 늘어나는 과정에서 포괄적이고 평등한 성격을 더욱 잘 반영하는 지표도 있다. 이런 관점에서 가장 흔히 쓰이는 지표가 바로 지니계수(Gini coefficient)인데, 이는 완전한 평등 상태를 기준으로 소득 분배의 격차를 반영한다. 좀더 역동적인 방식으로 불평등을 측정할 수도 있는데, 이러한 경우는 사회 이동(mobilité sociale) 관련 지표를 활용한다.[4] 5장과 10장에서 불평등과 사회 이동의 문제를 더 자세히 다룰 예정이다.

국가의 부를 설명하는 데 새로운 패러다임이 왜 필요한가

이 질문에 대한 대답은 명료하다. 기존의 패러다임으로는 국가의 경제 성장과 번영 과정이 보여주는 거대한 변화의 흐름을 설명하기에도, 그 수수께끼를 알아내는 데도 부족하기 때문이다. 새로운 패러다임의 도입이 시급했던 것은 이론상의 이유뿐만 아니라 실질적인 이유 때문이기도 했다.

이론적인 측면에서 새로운 패러다임의 도입이 시급했던 이유: 1980년대에 경제 성장을 설명하는 주류 이론은 이른바 **신고전주의** 모델이었다. 이는 자본의 축적을 기본으로 하는 이론이다. 신고전주의 모델 중에서 가장 우아한 이론은 로버트 솔로(Robert Solow)가 1956년에 내놓았는데,[5] 그는 1987년에 노벨 경제학상을 수상하기도 했다.

솔로가 제시한 모델은 그 특유의 명료성과 우아함 덕에 경제 성장 연구 전반의 흐름에 필수적인 출발점이 되었다. 아주 축약해서 그리고 비공식적인 방식으로 그의 이론을 이야기하자면 이렇다. 한마디로, 생산을 위해서는 자본이 필요하고, 또한 이런 자본 축적이 늘어나면서 국내 총생산이 증가한다는 것이다. 이렇게 증가한 경제 단위가 솔로의 경제 성장 이론에서 기본을 이룬다. 그렇다면 자본 축적은 어디서 기원하는가? 저축이 국내 총생산에서 항시 유지되는 부분값과 같다는 가정하에 자본의 축적은 가계 저축에서 비롯된다.

결과적으로 이러한 경제에서는 모든 게 항상 잘 돌아가는 것처럼 보인다. 요컨대 저축을 통해 공급된 자본이 늘어날수록 국내 총생산이 증가하고, 이는 다시 저축의 증대로 이어지며 재차 자본 및 국내 총생산이 증가한다. 다시 말하면, 이러한 모델이 보여주는 경제에서는 기술 발전 없이도 단순히 자본 축적의 효과만으로 경제 성장이 영속적으로 이어진다.

하지만 이 이론의 치명적 약점은 자본만으로 창출해낼 수 있는 수익은 시간이 지날수록 줄어든다는 데 있다. 기계의 수가 증가할수록 기계 설비를 한 단위 추가할 때마다 늘어나던 국내 총생산의 수치가 줄어든다. 그러므로 저축 증가는 둔화하고, 연이어 자본 축적 또한 둔화한다. 그리고 일정한 시기가 지나면 그 경제는 숨이 가빠오고 성장을 멈추게 된다. 로버트 솔로가 아주 잘 설명한 바와 같이 지속적인 경제 성장을 이루기 위해서는 기술 발전을 통해 기계 설비의 질을 높여야 하는데, 이게 바로 생산성 향상이라는 문제다. 하지만 솔로는 기술 발전을 결정짓는 요소가 무엇인지에 관한 분석은 후대의 과제로 남겨두었다. 특히 경제 단위 내에서 혁신을 촉진 혹은 방해하는 요소가 무엇인지에 대한 연구가 중요한 숙제로 남았다.

실질적으로 새로운 패러다임의 도입이 시급했던 이유: 방금 언급한 대로 신고전주의 성장 이론은 장기적 경제 성장을 결정짓는 요소를 설명하지 못한다. 게다가 성장 과정과 관련한 일련의 수수께끼를 이해하는 데에는 더욱더 도움이 되지 않는다. 무엇보다 왜 어떤 나라는 다른 나라보다 더 빠르게 경제 성장을 이루는지, 또 어떤 나라는 선진국의 1인당 국내 총생산 수준으로 수렴하는 데 성공하는 반면 왜 다른 어떤 나라는 격차를 좁히지 못한 채 정체하거나 심지어 성장 도중에 갑자기 멈춰 서는지 등에 대한 수수께끼를 푸는 데 기여하지 못한다.

바로 이렇게 이중으로, 즉 이론과 실제의 측면에서 부족함이 있었기 때문에 완전히 새로운 분석의 틀을 마련하려는 시도가 이루어졌다고 볼 수 있다.

창조적 파괴에 대한 슘페터식 패러다임[6]

창조적 파괴를 통한 경제 성장 이론*(Aghion et Howitt, 1992[7]; Aghion, Akcigit, et Howitt, 2014[8])은 **슘페터식 성장 모델**이라 부르기도 한다. 이전에 정식으로 이론화하거나 검증된 바는 없더라도 오스트리아 출신 경제학자 조지프 슘페터의 세 가지 아이디어에서 착안한 모델이기 때문이다.

슘페터의 첫 번째 아이디어는 **혁신과 지식 전파야말로 성장 과정의 핵심**이라는 생각이었다. 그는 장기적인 경제 성장은 '축적'된 혁신에서 비롯된다고 보았다. 새로운 혁신자가 각자의 혁신을 이뤄낸 건 그 이전에 성과를 거둔 '거인들의 어깨'를 딛고 설 수 있었기 때문이라는 뜻이다. 이 생각은 솔로의 결론, 즉 기술 발전 없이는 장기적인 경제 성장 또한 있을 수 없다는 논지와도 맞닿아 있다. 혁신이 계속 축적될 수 있도록 지식을 전파하고 체계화하는 과정이 없었다면, 우리는 각 시대마다 새롭게 바퀴를 발명해야 하거나 심지어 신화 속 시시포스처럼 산 위로 바위를 굴려 올리는 일을 반복해야만 했으리라.

슘페터의 두 번째 아이디어는 **혁신을 이루기 위해서는 지식 재산권을**

---

* 이 이론은 필리프 아기옹이 MIT 조교수로 재직할 당시 캐나다 웨스턴온타리오 대학교 교수인 피터 호윗(Peter Howitt)이 안식년을 보내러 MIT 방문교수로 왔을 때인 1987~1988학년에 처음으로 함께 고안했다.

보장하고 우대하는 일이 필수적이라는 것이다. 혁신이란 기업가들이 수익을 얻기 위해 (특히 연구 개발에) 투자하겠다고 결정함으로써 이루어진다. 혁신가들의 이러한 수익을 보장해주는 조치, 그중에서도 혁신의 내용에 대한 지식 재산권을 보장하는 조치는 기업가들이 더욱더 혁신에 투자하도록 독려하는 역할을 한다. 반대로 혁신가들의 이익을 위협하는 모든 요소, 그중에서도 모방 및 표절에 대응해 혁신을 보호할 방도가 없거나, 혁신을 통한 수익을 가로챈다는 느낌이 들 정도로 과도한 세금을 부과한다면 혁신에 대한 투자 의욕은 꺾여버린다. 대체로, 혁신이란 한 사회 내에서 공공 기관이나 공공 정책이 내놓는 긍정적 혹은 부정적 조치에 반응을 보이는 경향이 있다. 다시 말하면, 혁신이란 사회적 과정이라는 뜻이다.

슘페터의 세 번째 아이디어는 바로 **창조적 파괴라는 개념 자체다.** 새로운 혁신은 기존의 혁신을 폐지시킨다. 다시 말하면, 창조적 파괴를 통한 경제 성장은 신구(新舊)를 항시적인 갈등 관계에 배치한다. 이는 세상에 존재하는 모든 대기업의 이야기이기도 하다. 자기 영역에 새로운 경쟁 기업이 등장하는 걸 항시 방해하거나, 잠재적인 경쟁 기업의 시장 진입을 지연시키려 애쓰는 그 모든 대기업들 말이다.

창조적 파괴란 그러므로 성장 과정 자체 내에서도 일종의 딜레마 혹은 모순을 발생시킨다. 한편으로 생각하면 혁신을 보상해줄, 즉 혁신을 촉진하기 위한 동기 부여로서 수익이 발생해야만 한다. 다른 한편으론 과거의 혁신자들이 그렇게 얻은 수익을 새로운 혁신을 방해하는 데 사용하게끔 놔둬서는 안 된다. 위에서 설명한 바와 같이 이러한 딜레마에 대한 슘페터의 답변은, 자본주의란 바로 그런 측면에서 쇠락을 면할 길이 없다는 것이었다. 이미 자리를 잡은 기업이 신생 혁신 기업의 시장 진입을 방해하는 행위를 막을 방도가 없다는 뜻이다. 하지만 이런 문제에 대한 우리의 해답은 다르다. 이러한 모순을 극복할 방법은 분명 존재한다. 달리 말하면, 자본주의를 적절히 규제하는 일은 가능하다. 라구람 라잔과 루이지 친갈레스(Raghuram Rajan et Luigi Zingales, 2003)의 책제목에서 차용하자면 우리는 "자본가들로부터 자본주의를 수호"[9]하는 일이 가능하다고 믿는다.

현실에서의 창조적 파괴

창조적 파괴란 단순히 추상적 개념에 그치는 게 아니다. 이는 현실이다. 즉, 측정 가능하고 구체적인 대상이라는 뜻이다. 우선 새로운 제품이나 새로운 기술의 등장을 통해 창조적 파괴를 지각할 수 있으며, 이는 특정 국가나 지역에서 매년 등록되는 특허의 수로도 측정이 가능하다.[10] 도표 1.1은 1900년부터 2000년까지 미국의 여러 주에서 1인당 역내 총생산의 연평균 성장률이 해당 주에서 등록한 연평균 특허 출원 수와 어떠한 관계가 있는지를 보여준다(Akcigit, Grigsby et Nicholas, 2017).[11] 이 도표를 통해 혁신의 강도와 생산성 향상 사이에는 너무나도 분명한 정비례 관계가 존재한다는 사실을 알 수 있다. 즉, 혁신이 많이 일어나는 주일수록 성장 또한 더 빠르다는 뜻이다.*

---

* 이러한 상관관계가 그저 우연이라고 생각할 수도 있지만 우푸크 아크지기트(Ufuk Akcigit), 존 그릭스비(John Grigsby)와 톰 니컬러스(Tom Nicholas)는 역사적 자료를 바탕으로 한 2017년 연구에서 혁신과 성장 사이에는 분명 인과 관계가 있다는 점을 다시금 증명한 바 있다.

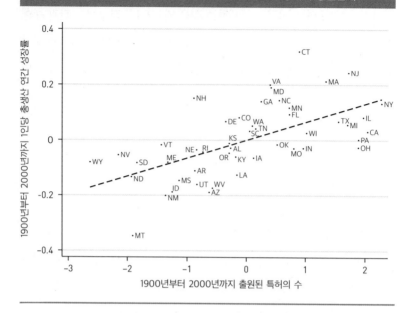

주: 도표의 가로축과 세로축은 각각 1900년 1인당 총생산의 로그에 대비한 잔여 변수를 의미한다.

출처: Akcigit, Grigsby et Nicholas (2017).

(AL 앨라배마 • AR 아칸소 • AZ 애리조나 • CA 캘리포니아 • CO 콜로라도 • CT 코네티컷 • DE 델라웨
어 • FL 플로리다 • GA 조지아 • IA 아이오와 • ID 아이다호 • IL 일리노이 • IN 인디애나 • KS 캔자스 • KY 켄
터키 • LA 루이지애나 • MA 매사추세츠 • MD 메릴랜드 • ME 메인 • MI 미시간 • MN 미네소타 • MO 미주
리 • MS 미시시피 • MT 몬태나 • NC 노스캐롤라이나 • ND 노스다코타 • NE 네브래스카 • NH 뉴햄프셔 • NJ
뉴저지 • NM 뉴멕시코 • NV 네바다 • NY 뉴욕 • OH 오하이오 • OK 오클라호마 • OR 오리건 • PA 펜실베이
니아 • RI 로드아일랜드 • SC 사우스캐롤라이나 • SD 사우스다코타 • TN 테네시 • TX 텍사스 • UT 유타 • VA
버지니아 • VT 버몬트 • WA 워싱턴 • WI 위스콘신 • WV 웨스트버지니아 • WY 와이오밍—옮긴이.)

창조적 파괴를 측정하는 또 다른 방식으로는 신생 기업의 순환 주기를
좀더 면밀하게 관찰하는 방법이 있다. 말하자면 새로운 기업이 등장해서
성장하다가 마침내 시장에서 밀려나는 일련의 과정을 살펴본다는 뜻이
다. 이를 위해 우선 미국 인구조사국의 사업체 패널 데이터베이스의 종합
적인 자료를 통해서 기업체의 연차(年次)와 규모에 따라 연간 일자리 창출

표 1.1 2005년 미국 민간 기업의 연차에 따른 일자리 창출 기여도

기업의 연차	일자리 창출(단위: 1,000)	일자리 창출에서 차지하는 비중(%)
0년	3,518	142
1년	-189	8
2년	-178	7
3년	-151	6
4년	-74	3
5년	-103	4
6~10년	-339	14
11~15년	-161	6
16~20년	-154	6
21~25년	-141	6
26년 이상	417	17
합계	2,481	100

출처: Haltiwanger, Jarmin et Miranda (2013).

수치가 어떻게 변하는지부터 확인해볼 수 있다. 표 1.1을 보면, 2005년에 스타트업(여기서 스타트업은 설립한 지 1년 미만의 기업으로 정의한다)이 만들어낸 일자리의 수는 그해 미국 일자리 창출 수치의 142퍼센트에 달했다는 점을 알 수 있다(Haltiwanger, Jarmin et Miranda, 2012).[12]

도표 1.2a는 기업체의 연차에 따른 고용 성장률을 보여준다. 더 젊은 기업의 고용 성장률이 이미 오래전부터 자리 잡은 기업들보다 훨씬 높다는 사실을 확인할 수 있다. 도표 1.2b는 기업체가 연차 단계별로 시장에서 퇴출 및 소멸하는 비율을 보여준다. 오래전에 세워진 회사보다 가장

a) 고용 성장률

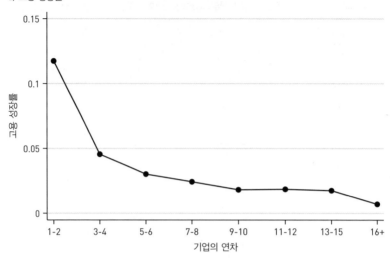

b) 시장 퇴출 비율

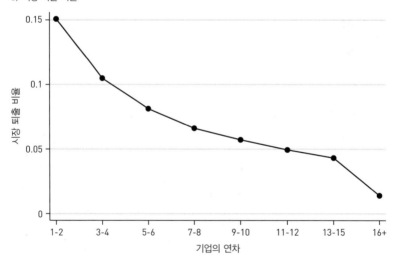

출처: Haltiwanger, Jarmin et Miranda (2013).

최근에 설립된 회사가 시장에서 사라지는 비율이 훨씬 높다는 점이 드러난다. 이를 흔히 '업 오어 아웃(up or out)' 현상이라고 부른다. 즉 "성장하지 못하면 사라진다"는 뜻이다. 각 시기마다 스타트업은 상당한 규모의 새로운 일자리를 창출한다. 생긴 지 몇 년 되지 않아 상당수의 스타트업이 시장에서 사라지므로 일자리 또한 많은 수가 없어지기도 한다. 하지만 이러한 다윈 이론 같은 적자생존 과정에서 살아남은 기업은 계속 일자리를 창출한다. 그렇기 때문에 그 기업의 규모 또한 커진다. 슘페터 이론에서의 기업가 개념을 이러한 과정에서 다시금 찾아볼 수 있다. 즉, 이들은 실패할 가능성이 매우 크지만 살아남기만 하면 엄청난 성장을 보여준다.

마지막 한 가지 창조적 파괴를 가늠하는 방식은 신생 기업의 창업 비율과 폐쇄 비율의 평균값을 내는 방법이다. 실제로 이 방식이야말로 기업과 일자리의 역학 관계 연구에서 가장 흔하게 사용된다.[13] 창조적 파괴를 측정하는 이 세 번째 방식은 1인당 국내 총생산의 증가와 어떤 연관이 있을까? 2012년부터 2016년까지 유럽 17개국 587개 지역을 아우르는 자료를 통해 재구성한 도표 1.3을 보면 해당 기간 동안 연평균 창조적 파괴 정도가 높은 지역일수록 1인당 국내 총생산의 연평균 증가 또한 높게 나타난다는 것을 알 수 있다.

일자리 창출 및 손실, 기업체의 창업 및 폐업으로 측정한 창조적 파괴는 특허를 통해 가늠해본 창조적 파괴와 어떤 관계가 있을까? 두 지표 사이에는 정비례 관계가 있음이 확인되었다. 1985년부터 2010년까지의 미국 자료를 바탕으로 볼 때, 평균적으로 일자리 창출과 손실 비율이 가장 높은 카운티는 특허 출원 수치 또한 가장 높다는 사실이 드러났다. 위의 자료는 1100곳 넘는 미국의 카운티를 아우르는 자료이며 그 상관계수는 0.456이었다. 이러한 상관관계는 일자리 창출 및 소멸에 가장 크게 기

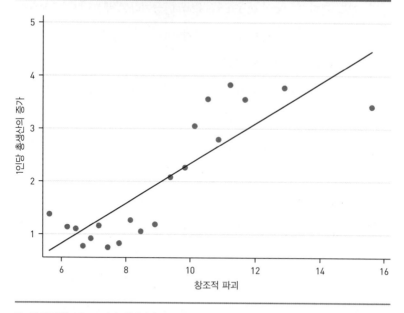

도표 1.3 1인당 총생산 증가와 창조적 파괴 비율 사이의 정비례 상관관계

주: 이 자료에는 오스트리아, 불가리아, 크로아티아, 덴마크, 에스파냐, 에스토니아, 핀란드, 프랑스, 헝
가리, 이탈리아, 리투아니아, 라트비아, 폴란드, 포르투갈, 루마니아, 슬로바키아 및 체코가 포함되었다.
출처: Eurostat.

여하는 중소기업이야말로 가장 혁신적이라는 사실을 통해 설명할 수 있
다. 실제로 도표 1.4를 보면 직원 1인당 특허 출원의 수로 측정하는 혁신
의 강도는 회사 규모가 커질수록, 그러니까 직원의 수가 늘어날수록 낮
아진다. 즉, 기업이 커질수록 혁신성은 낮아진다는 사실이 여실히 드러난
다. 게다가 가장 작은 규모의 회사가 창출해내는 혁신이야말로 가장 첨예
하고 가장 중요한 경우가 많다(Akcigit et Kerr, 2018).[14]

　　창조적 파괴의 현실에 대한 소개를 마무리하기 위해 다음의 두 도표
를 제시한다. 독자들과 공유하고픈 두 가지 추가 '예시'라고 해도 무방하

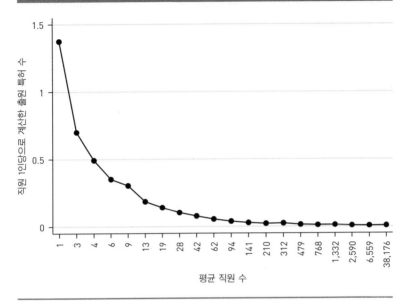

도표 1.4　미국 기업의 규모에 따른 혁신 강도

y축: 직원 1인당으로 계산한 출원 특허 수
x축: 평균 직원 수

출처: Akcigit et Kerr (2018).

다. 도표 1.5는 미국, 멕시코 그리고 인도에서 회사 규모의 성장(직원의 수로 측정) 추이가 기업의 연차에 따라 어떻게 변하는지를 보여준다(Hsieh et Klenow, 2014).[15] 기업이 오래되면서 규모가 늘어나는 현상은 멕시코나 인도에서보다 미국에서 훨씬 확연하게 드러난다는 점을 알 수 있다. 이는 매우 밀접하게 연관된 두 가지 현실을 반영한다. 첫 번째, 기업의 성장에 필요한 투자 유치는 비교 국가들보다 미국에서 기업들한테 더 용이한 일이라는 점이다. 두 번째, 미국의 금융권은 가장 경쟁력 있는 기업체, 즉 성장 가능성이 가장 큰 기업을 선별해내는 눈이 있다는 점이다.

미국과 프랑스 사이에서도 이와 유사하게 대조적인 관찰 결과를 도표 1.6을 통해 볼 수 있다. 기업의 연차에 따라 일자리 분포가 어떻게 변

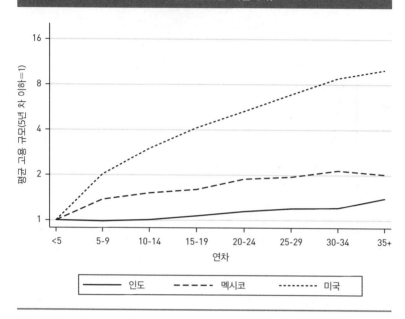

출처: Hsieh et Klenow (2014).

하는지를 연구한 자료인데, 이미 오래전부터 자리 잡은 기업체가 새로운 기업보다 훨씬 경쟁력 있고, 성장을 위한 투자 유치 가능성 또한 프랑스보다 미국에서 더욱 분명하게 높다는 걸 알 수 있다(Aghion, Bergeaud, Boppart et Bunel, 2018).[16] 따라서 프랑스보다 미국에서 오래된 기업의 고용 수치가 훨씬 두드러지게 높다는 사실이 전혀 놀랍지 않다.

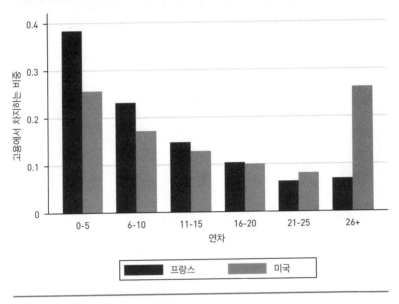

도표 1.6 기업의 연차에 따라 살펴본 전체 고용 중 해당 기업의 고용 비중

출처: Aghion, Bergeaud, Boppart et Bunel (2018).

성장을 둘러싼 몇 가지 수수께끼

경제학에서 이론적 모델이나 패러다임은 특정 현상의 진상을 밝혀서 이를 더 잘 이해하게끔 해주는 능력에 따라 평가를 받는다. 슘페터식 패러다임은 성장을 둘러싼 여러 가지 수수께끼를 이해하는 데 도움을 준다. 여기서는 슘페터 모델을 통해 설명이 가능한 수수께끼 중에서도 다섯 가지만 꼽아보고자 한다.

정체에서 성장으로의 이행

2장에서 좀더 상세하게 다루겠지만, 경제 성장은 최근에서야 발생하기 시작한 현상이다. 앵거스 매디슨(Angus Maddison, 2001)[17]의 추정에 따르면, 전 세계의 1인당 총생산은 서기 1년이건 서기 1000년이건 별반 다르지 않았다고 한다. 그렇다 보니 1820년의 1인당 총생산은 1000년의 수치 대비 53퍼센트 증가한 수준에 불과했다. 820년이라는 세월 동안 연간 약 0.05퍼센트 증가했다는 얘기다. 경제 성장 과정에서 이륙 단계는 1820년 이후에 발생한다. 이런 현상은 우선 영국에서 시작되었고, 이어 프랑스에서 나타났다. 이 두 나라에서 발생한 이륙의 규모는 엄청나서 전 세계 평균 총생산 증가율을 1820년 0.05퍼센트에서 1820~1870년 0.5퍼센트로 끌어올렸다. 게다가 그 이후로 전 세계의 경제 성장은 훨씬 가속이 붙었고, 1950~1973년 평균 총생산 증가율은 무려 3퍼센트에 달했다.

상대적으로 최근에 와서야 그리고 급작스러운 방식으로 발생한 이륙 현상을 어떻게 설명할 수 있을까? 중세부터 인류사의 주요한 발명을 수없이 이루어낸 중국이 아니라 유럽에서 경제 성장의 이륙이 발생한 이유는 무엇인가? 좀더 전반적인 이야기를 하자면, 산업에서 서비스로 전환한다든지 따라잡기식 경제에서 혁신 경제로 이행하는 등 다른 종류의 변화는 어떻게 설명할 수 있을까?

신고전주의 경제 모델은 위와 같은 질문에 별다른 답안을 내놓지 못한다. 특히나 시간이 지나면서 경제 성장이 확대되는 이유를 설명하지 못한다. 오히려 정반대다. 신고전주의 패러다임에서는, 시간이 갈수록 그로 인한 소득이 감소한다고 여겨지는 자본을 축적할 경우 해당 국가의 경제 성장은 점점 하락세를 보인다고 설명하기 때문이다. 2장과 8장에서는 슘페터식 패러다임이 위의 질문들에 어떤 답을 하는지 살펴보고자 한다.

경쟁과 성장

수익 감소에 기여하는 모든 요소, 그중에서도 특히 상품 시장에서 경쟁 확대라는 요소는 자동으로 혁신 의욕을 약화시킨다고, 또 경쟁이 심할수록 혁신도 줄어들면서 당연히 성장 또한 둔화한다고 생각하기 쉽다. 그러나 영국 경제학자들이 실제 기업 자료를 분석한 연구에 따르면,[18] 오히려 통념과는 반대의 결과가 드러났다. 즉, 한 경제 활동 내의 경쟁과 혁신 사이에는, 그리고 그 경제 활동에서 경쟁과 생산성 증가 사이에는 정비례의 상관관계가 있다고 한다. 이러한 역설적 결과를 어떻게 설명할 수 있을까?

신고전주의 이론은 경쟁을 둘러싼 이 수수께끼에 대해 묵묵부답일 수밖에 없다. 이 이론은 애초부터 완전 경쟁 상태를 가정하고 시작하기 때문이다. 방금 위에서 밝힌 명백한 모순에도 불구하고 슘페터식 패러다임은 과연 더 나은 설명을 해줄 수 있을까? 경제 성장 및 경쟁을 다루는 이론과 실증적인 증거를 어떻게 해야 양립시킬 수 있을까? 슘페터 모델이든 아니든 기존의 이론을 모두 포기하고 완전히 백지에서 시작해야 할까? 아니면 정반대로, 실제 사례가 제기하는 의문점을 그냥 무시해버리고 아무 일도 없었다는 듯 기존 이론을 계속해서 적용해야 할까? 이 책 4장에서는 슘페터식 패러다임이 이 수수께끼를 어떻게 해결하는지 다룰 것이다.

중진국 함정

일찍이 1890년에 아르헨티나의 1인당 총생산은 미국의 약 40퍼센트 수준에 도달했다. 이 말은 아르헨티나가 중간 소득 국가, 즉 중진국의 위치에 있었다는 뜻이다. 아르헨티나는 미국을 기준으로 한 이와 같은 상대적인 경제 수준을 완전히 넘어서지는 못했더라도 1930년대까지 계속 이 위치를 유지했었다. 그런데 1930년대부터 아르헨티나의 생산성이 미국과 비교해 현저히 하락세를 보이기 시작했다. 아르헨티나의 생활 수준이 미국에 수렴해가다가 그 추세가 멈춰 서더니 이내 격차가 오히려 벌어지기 시작한 현상을 어떻게 설명할 수 있을까? 경제 성장 과정에서 도태해버리는 현상은 아르헨티나보다 더 선진국 지위에 다다른 나라들에서 발생하기도 한다. 특히 그런 사례로 기록된 나라가 바로 일본이다. 제2차 세계대전부터 1985년까지 일본은 1인당 총생산의 엄청난 성장을 기록했으며 놀라울 정도의 기술 발전 또한 이루어냈다. 하지만 1985년 이후 일본 경제는 장기 정체를 이어가고 있다.

신고전주의 이론으로는 이렇게 성장 추세가 현저히 돌변하는 현상을 설명해낼 방법이 없다. 신고전주의 모델에서는 자본 축적과 더불어 성장률이 점차 하락하게끔 되어 있긴 해도 그 과정에서 급작스러운 추이 변화를 예상하지는 않는다. 슘페터식 성장 이론으로는 이렇게 설명할 수 있다. 즉, 아르헨티나 같은 국가는 자본 축적과 따라잡기식 경제 성장을 선호하는 정책 및 제도를 마련한 나라들 중에서도 수입 대체 정책을 강력히 펼쳤지만 그 과정에서 혁신 경제로 변화하는 제도적 발전을 이루어내지 못했다는 것이다. 이 문제에 대해서는 7장에서 좀더 상세하게 다루도록 하겠다.

장기 침체

1938년 미국경제학회에서 학회장 자격으로 강연을 하면서 경제학자 앨빈 핸슨(Alvin Hansen)은 미국이 장기적인 저성장의 늪에 빠져 있다는 의견을 피력했다.[19] 전 세계가 이제 막 1929년의 대공황에서 겨우 빠져나오고 있을 때였다. 좀더 최근에는 2008년 금융 위기 이후 래리 서머스(Larry Summers, 2013)[20] 교수를 비롯한 학자들이 '장기 침체'라는 표현을 다시 사용하기 시작했다. 이들은 1938년 핸슨이 지적한 상황과 자신들이 처한 2000년대 말의 세계 경제 상황이 비슷하다고 판단했다.

정보 통신 기술과 인공 지능이 혁명적으로 발전하는 가운데에서도 2005년 이후 미국의 생산성 증가 추세가 둔화하는 이유는 무엇인가? 신고전주의 모델은 이러한 '장기 침체'의 신비를 제대로 설명하지 못한다. 이 이론은 자본이 축적됨으로 인해 이윤이 줄어들면 성장은 지속적으로 둔화할 수밖에 없다고 예측하기 때문이다. 그렇다면 슘페터식 패러다임은 이와 다른 설명을 내놓을 수 있을까?

슘페터의 패러다임은 래리 서머스나 로버트 고든(Robert Gordon, 2016)[21]의 이론보다는 한층 낙관적인 시각을 제시한다. 거기에는 적어도 두 가지 근거가 있다. 우선 정보 통신 기술 혁명은 지속적이고 또 근본적인 차원에서 아이디어를 생산하는 기술을 개선시켰기 때문이다(Baslandze, 2016).[22] 두 번째 근거는 정보 통신 기술의 물결과 동시대 산물인 세계화를 통해 혁신이 지닌 잠재적 이득이 현저하게 증가하고(이를 '규모 경제 효과'라고 한다), 반면에 혁신하지 않을 경우 잠재적 손해는 현저히 증가하기 때문이다(이를 '경쟁 효과'라고 한다). 이렇듯 우리는 질로 보나 양으로 보나 모두 혁신에 가속이 붙는 현상을 지난 수십 년간 목격해왔다. 그렇다면 혁신의 가속화는 생산성 향상의 변화 추이에 왜 반영되지 않는 걸까? 이런 의문에 대해서는 6장에서 답하고자 한다.

불평등과 혁신

지난 몇십 년간 선진국에서는 유난히 최고소득층의 소득 불평등 강화에 더욱 가속이 붙고 있다. 이 말은 '최고 1퍼센트'가 전체 소득에서 차지하는 비중이 빠른 속도로 늘어났다는 얘기다(Atkinson, Piketty et Saez, 2011[23]; Piketty, 2013[24]). 이러한 변화는 어떻게 설명할 수 있을까?

신고전주의 이론에 기대어 이런 현상을 설명하는 접근법[25]은 자본의 축적을 부 축적에 있어 유일한 원천으로 본다. 그 대안이 될 법한 접근 방식은 슘페터식 패러다임인데, 이 부분에 대해서는 5장에서 더욱 자세히 다룰 예정이다. 슘페터식 접근으로 보면 혁신, 그리고 그 혁신으로 인해 발생하는 이득이 부의 또 다른 원천이 될 수 있으며, 이는 또한 소득 분배도 최상층에서 불평등이 나타나는 원인이라고 설명한다(Aghion, Akcigit, Bergeaud, Blundell et Hémous, 2019).[26]

불평등을 측정하는 방법에는 어떤 종류가 있을까? 혁신이 그 같은 측정 방법에 어떤 영향을 주는가? '최상위 1퍼센트'가 차지하는 비중이 늘어나는 이유가 반드시 투기라든지 임대 수입에만 있는 게 아니라, 부분적으로는 혁신에서 비롯된다는 사실을 인지하는 일은 왜 중요한가?

5장에서 자세히 다룰 내용이니, 여기서는 혁신이란 고소득을 창출하는 다른 원천에는 없는 여러 미덕을 지니고 있다는 점만이라도 간단히 지적하고 넘어가고자 한다. 혁신은 선진국 경제에서 성장의 동력이라고 할 수 있다. 단기적으로 볼 때, 혁신이란 그 혁신을 만들어내거나 가능케 한 이들에게만 이득이 되는 게 사실이다. 그러나 장기적으로 보면, 혁신을 통한 수익은 모방 및 창조적 파괴에 힘입어 더 넓게 퍼져나간다. 다시 말해, 혁신으로 인해 발생한 불평등은 그 본질 자체가 일시적이라는 뜻이다. 마지막으로, 혁신은 사회 이동을 가능케 한다. 실제로 혁신은 재능 있는 신진 주자들이 시장에 진입할 수 있도록 하며, 부분적으로든 완전하게든 이미 자리 잡고 있는 기업을 퇴출시키는 역할도 하기 때문이다.

소득 최상위층에서 혁신과 그 밖에 다른 불평등의 근원적 요소 사이에 이렇듯 차이가 있다는 점을 알면, 과연 혁신과 성장을 장려하면서 재분배의 효과도 있는 조세 제도란 어떤 것일까, 또 혁신과 기타 불평등 요소를 구별해낼 수 있는 세제는 어때야 할까라는 고민을 하게 된다. 그와 반대로, 혁신을 방해하는 조세 제도는 성장에 방해가 될 뿐 아니라 창조적 파괴를 장려하지 않기 때문에 사회 이동의 가능성에도 장애로 작용할 위험이 있다.

공공 정책, 국가 그리고 시민 사회

경제학 내에서 패러다임에 대한 평가는 또한 경제 정책의 선택을 인도하는 능력에 따라서 이루어지기도 한다.

패러다임이 부재한 성장 정책

제대로 된 패러다임에 기대지 않고 만들어진 성장 정책의 가장 대표적 사례는 우리의 동료 경제학자 존 윌리엄슨(John Williamson)이 1990년대 초반에 '워싱턴 합의'[27]라고 이름 붙인 바 있는 일련의 정책이다. '합의'라는 단어는 당시 세계은행, IMF 그리고 미국 재무부가 한 목소리로 권장한 정책이라는 데서 기인한다. 이 정책은 남아메리카 및 아시아 국가 그리고 체제 개혁 중이던 옛 소비에트연방 전반에 적용되었다. 워싱턴 합의의 주요 모토는 경제를 안정시키고, 시장을 자유화하며, 기업을 민영화하는 세 가지였다. 워싱턴 합의의 정책 모두가 완전히 토대를 잃었다고 주장하는 건 아니다. 하지만 당시 정책들이 분명한 이론을 바탕으로 한 체계적인 고찰에 근거하지 않았음은 분명하다.

워싱턴 합의에 대해 비판이 아예 없었던 것은 아니다. 특히 리카르도 하우스만, 다니 로드리크 그리고 안드레스 벨라스코(Ricardo Hausmann, Dani Rodrik et Andres Velasco, 2008)[28]는 공저를 통해 중국이나 대한민국 같은 나라는 워싱턴 합의의 권장 사항을 온전히 따라가지 않고도 높은 성장률을 기록했다는 점을 매우 정확히 지적했다. 중국은 거대 국영 기업을 하나도 민영화하지 않은 채 성장을 이루었고, 대한민국의 경우 무역을 완전 자유화하지 않고도 성장했다는 것이다. 이와 반대로 남아메리카의 여러 나라는 워싱턴 합의의 정책을 온전히 따랐으나 경제 성장 촉진이라는 결과를 얻지 못했다. 위의 세 경제학자는 그래서 제2의 접근 방식을 제시했는데, 이 또한 근본적으로 실제적인 제안으로서 '성장 진단'이라는 개념에 기반을 두고 있다. 즉, 경제 성장을 방해하는 요소에는 교육 체계의 비효율성, 채무 압박, 기반 시설 부재 등이 있을 수 있는데, 각 나라에서 성장을 방해하는 주요 원인이 무엇인지를 개별적으로 진단해내야 한다는 지적이었다.

성장 정책과 신고전주의 패러다임

두 번째 접근 방식은 신고전주의 패러다임을 이용해 성장 정책을 고안하는 방법이다. 신고전주의 이론은 '물리적' 자본, 즉 기계 설비 등의 축적에 투자하면 1인당 국내 총생산의 성장이 촉진되지만 일정 수준까지만 그러하다고 본다. 자본을 통해 얻을 수 있는 이윤은 점점 줄어드는 성질이 있기 때문이다. 이와 마찬가지로 신고전주의 모델은 인적 자본, 즉 교육과 지식에 대한 투자 또한 성장을 가능케 하는 동력이라고 여긴다. 하지만 신고전주의 패러다임을 통해서는 여기서 더 나아간 설명을 할 수가 없다. 특히 지식 재산권 보호 정책이라든지 상품 및 서비스 시장에서의 경쟁 정책, 그리고 노동 시장 개혁에 있어 구조적 정책의 역할, 또는 연구 개발 투자 등의 요소를 설명하지 못한다.

성장 정책과 슘페터식 패러다임

혁신의 축적이야말로 성장의 일차적 원천이라는 점이 슘페터식 패러다임에서 1순위의 중심 개념이란 사실을 상기해보자. 여기에서 예측 가능한 것은 모든 개인이 혁신에 과소 투자하는 경향을 띠게 될 거라는 점이다. 왜냐하면 개인은 자신이 사회에 가져오는 '지식 개선'이라는 효과를, 그리고 이후 세대의 혁신가들이 자신의 지식에 기댈 수 있다는 사실을 내면화하지 못하기 때문이다. 바로 그런 이유로 혁신에 대한 **투자자**로서 국가의 역할이 중요하다. 이런 측면과 관련해 혁신 과정에서 교육과 과학의 역할을 10장에서 다룰 것이다. 그리고 12장에서 혁신에 대한 자금 조달에 대해 논의한 후, 14장에서 투자자로서 국가의 등장에 대해 논의할 예정이다.

슘페터식 패러다임의 두 번째 중심 개념은 혁신이란 그에 대한 보상으로서 독점이 가져다줄 이윤에 대한 전망을 그 동력으로 삼는다는 점이다. 이는 국가의 두 번째 역할, 바로 혁신 관련 지식 재산권의 **보호자**로서 역할을 시사한다. 4장에서 지식 재산권 보호와 경쟁 정책의 상호 보완성에 대해 논의하면서 이 문제를 더 상세히 다룰 예정이다. 이어 5장에서는 조세 정책과 혁신의 관계를 다룬다.

세 번째 중심 개념은 창조적 파괴와 관련이 있다. 모든 새로운 혁신은 기존 혁신으로 인해 발생한 모든 이득을 없애버린다. 이러한 창조적 파괴가 시사하는 바는, 모든 혁신은 자신의 이득을 무슨 수를 써서라도 보호하려는 기존 기업에 맞서 싸워야만 한다는 사실이다. 라잔과 친갈레스가 설명한 바 있지만,[29] 게다가 기존 기업은 기존 경제 활동이 혁신으로 인해 피해를 입을 경우 실직을 두려워하는 직원들의 지지를 이끌어낼 수 있다.

위와 같이 혁신에 반대하는 동맹을 마주하는 국가는 이중의 역할을 수행해야 한다. 우선 국가는 경쟁을 보장해야 한다. 즉, 새로운 혁신 기업이 상품과 서비스 시장에 진입할 수 있게 보장해주어야 한다. 바로 이것이 경쟁 정책과 반(反)부패 및 반(反)로비 투쟁의 목적이라고 할 수 있다. 이 문제에 대해서는 4장, 6장 그리고 15장에서 다시 논의할 예정이다. 국가의 두 번째 역할은 실직으로 인해 발생할 수 있는, 잠재적으로 해로운 결과로부터 피고용자를 보호하는 일이다. 이에 대해서는 창조적 파괴와 건강 및 행복 사이의 관계를 다루는 11장, 사회 보장 국가의 등장을 다루는 14장 등에서 더 자세히 논하도록 하겠다.

슘페터식 패러다임이 추가로 시사하는 것 두 가지

슘페터식 패러다임의 시선을 통해 우리는 국가 번영 과정에서 살펴볼 근본적인 측면 두 가지를 추가로 탐색할 수 있다.

첨단 영역의 혁신 대(對) 모방.[*] 생산성 향상과 기술 발전을 더욱 개선하는 데는 두 가지 방법이 있다. 첫 번째는 기술 모방이다. 이는 각 경제 활동 분야에서 '모범 사례'를 적용하게끔 해준다. 다시 말하면, 기술의 경계

---

[*] 기술의 경계란 기술 발전의 가장 높은 단계를 의미한다. 다시 말하면 '오늘날'의 생산 기술 중에서 가장 효과적인 방식을 뜻한다. 시간이 지나면서 혁신을 거듭하므로 이 '경계'란 물론 점점 더 멀리 위치하게 되기 마련이다.

에서 벌어지는 대로 따라 한다는 얘기다. 두 번째는 경계의 영역에서 벌어지는 혁신이다. 이미 그 영역에 있는 기업으로 하여금 스스로와 경쟁하며 혁신을 거듭하게 한다는 의미다. 그 기업의 경우에는 모방할 다른 대상이 없기 때문이다.

이는 7장에서 더 상세히 분석할 내용이므로 여기서 구체적인 언급은 자제하기로 하자. 다만 일부 국가에서는 자본 축적과 따라잡기 방식을 이용해 경제 성장을 추구하는 정책과 제도를 마련한 까닭에 고성장을 기록했다는 사실을 우선 염두에 두자. 하지만 그런 나라들은 혁신 경제로 전환하는 데 필요한 제도와 정책을 발전시키지 못했다. 그러나 나라가 발전할수록, 즉 기술의 경계에 가까워질수록 그 '경계에 있는' 혁신이 성장 동력이 되며 기술 따라잡기 방식을 대체하는 경향이 있다(Acemoglu, Aghion et Zilibotti, 2006).[30] 그 결과 일부 국가는 높은 성장률을 유지하지 못했고, 세계 상위 선진국들의 1인당 총생산 수준으로 온전히 수렴하는 데 실패했다.

환경, 그리고 '방향성 있는 혁신'의 측면. 이미 시장에 자리 잡은 기업의 문제는 혁신적인 신생 기업의 시장 진입을 방해하려 한다는 점만이 아니다. 기존 기업의 문제는 혁신이나 기술 발전을 대하는 해당 기업의 보수적 태도와도 관련이 있다. 9장에서 더 자세히 다룰 사례를 잠시 언급하자면, 과거 내연 기관 개발 분야에서 혁신을 이루었던 자동차 기업은 나중에도 동일한 분야에서의 혁신을 계속하는 경향이 있다. 그 분야에서 탁월하기 때문이다. 이런 기업은 전기 기관을 혁신하는 작업에 자발적으로 노력을 쏟지 않는다는 뜻인데, 이와 같은 현상을 '경로 의존성'이라고 한다. 따라서 환경친화적 기술 분야로 기업의 혁신 추구 방향을 전환시키기 위해서는 다양한 방법을 동원하는 국가의 개입이 필요하다.

국가가 사람들이 기대하는 바를 수행하는 이유는 무엇일까

국가와 정부가 사람들이 기대하는 대로 혁신과 창조적 파괴를 장려하는 역할을 수행하는 건 왜일까? 기존 기업의 로비를 통해 부정부패에 가담하는 대신 신진 혁신 기업의 시장 진입을 선호하는 이유는 어디에서 찾을 수 있을까? 또 권력 남용 방지 책무를 다하기 위해 여러 가지 보호막과 견제 세력을 확보하는 이유는 무엇일까?

이런 질문에 대해서는 14장과 15장에서 답을 구하고자 한다. 국가를 다루는 이 두 장에서 우리는 한쪽엔 국가 간 경쟁, 다른 한쪽엔—마르크스가 '생산력'이라고 명명한—시민 사회의 개입이야말로 세상의 정부와 국가가 공공선을 추구하게끔 강제하는 힘이라고 보았다. 바로 그러한 세력의 움직임을 고려했기 때문에 우리는 자본주의의 미래에 대해 슘페터보다 낙관적일 수 있다. 실제로 바로 그러한 견제 세력이야말로 시장 경제를 보완하고 규제가 더 잘 이루어지도록 해주기 때문이다. 또한 그들이야말로 친환경적이면서도 더욱 포괄적인 방식의 번영을 기대할 수 있게끔 해준다.

이 책의 개요와 사용법

이어지는 2장에서는 경제 성장에서 이륙 단계라는 신비로운 현상을 중점적으로 다룬다. 전 세계 총생산이 19세기 초까지 그렇게나 오랫동안 정체하다가 맨 먼저 영국에서, 이어 프랑스에서 산업 분야의 이륙이 일어난 사실을 어떻게 설명할 수 있을까? 2장에서는 또한 창조적 파괴의 패러다임이 이런 현상을 이해하는 데 적절한 관점을 제공한다고 주장하는 근거가 무엇인지를 논한다.

3장은 대형 기술 발전의 물결에 대해 다룬다. 기술 발전은 어째서 물결의 형태를 띠는가? 기술 혁명과 자동화가 발생시키는 실직자 수보다 그로 인한 일자리 창출 효과가 더 큰 이유는 무엇인가?

4장에서는 상품과 서비스 시장에서 혁신과 경쟁은 어떤 관계인지를 분석한다. 왜 그리고 어떻게 경쟁은 혁신과 성장을 장려하는가? 경쟁 정책과 혁신 관련 재산권 보호는 어째서 양립 가능한가? 그리고 왜 경쟁과 산업 정책을 이율배반 관계라고 보아서는 안 되는가?

5장은 혁신과 불평등 사이의 관계를 다룬다. 불평등을 어떻게 측정할지, 왜 혁신은 부의 분배에 있어 '상위층'에서 발생하는 불평등의 원천인지를 논한다. (혁신은 불평등의 다른 원인들과 구별된다.) 또한 왜 그리고 어떻게 혁신이 사회 이동을 발생시키는지, 왜 지나친 자본세가 좀더 공정한 성장을 이루는 데 최선책이 될 수 없는지 등을 다룰 예정이다.

6장에서는 장기 침체라는 수수께끼를 분석하며, 특히 2005년 이후 미국의 생산성 저하 현상에 초점을 맞춘다. 그런 현상은 새롭고 혁신적인 아이디어를 찾기 어렵기 때문인가? 아니면 생산성 향상을 측정하는 것 자체가 어렵기 때문인가? 그것도 아니면 혁신을 통한 이득이 증가하고 또 '슈퍼스타' 기업이 등장하면서 혁신성 몰락 현상이 동반되기 시작한 것일까? 아울러 장기 침체는 불가피한 현상이 아니라는 점 또한 설명하려 한다.

7장은 '아르헨티나의 모순', 즉 중진국 함정이라는 신기한 경제 현상을 이해하고자 하는 노력의 산물이다. 어째서 어떤 나라는 처음에 급속히 발전하다가 어느 순간 성장 궤도에서 멈춰버리는 것일까? 기술의 경계에서 혁신을 통한 성장을 선호하는 제도는 따라잡기 정책으로 성장을 추구하는 제도와 왜 다를 수밖에 없는가? 자유라는 가치가 특히 혁신을 장려하고 기술 경계에서 혁신을 촉진하는 이유는 무엇인가? 경제 위기는 어떻게 특정 국가의 중진국 함정 탈출을 위한 기회가 되었는가?

8장에서는 탈공업화와 서비스 경제로의 전환 이유를 살펴본다. 이러한 전개를 어떻게 설명할 수 있을까? 산업화 과정은 경제 성장에 있어 필수 단계인가? 그렇지 않다면 현재 발전 도상에 있는 국가들은 대규모 공업화 단계를 거치지 않고 직접 서비스 경제로 이행할 수 있을까?

9장은 친환경적인 혁신에 할애했다. '자유방임' 경제, 즉 국가의 개입이 없는 경제가 자발적으로는 친환경 혁신으로 방향을 틀지 않는 이유는 무엇일까? 친환경 기술 쪽으로 기업의 혁신 방향을 바꾸기 위해서는 왜 그리고 어떻게 국가가 개입해야만 할까? 또한 탄소세가 더욱 환경친화적 성장을 견인할 수 있는 유일한 도구가 아닌 이유는 무엇인가?

10장에서는 혁신이라는 무대의 내막을 살펴본다. 혁신가들이란 대체 누구인가? 그들의 사회적 출신 배경에 대한 연구로는 어떤 것이 있는가? 혁신을 통한 경제 성장을 촉진하는 데 있어 연구 개발 지원 정책과 교육 정책 사이에 어떤 의미에서 상호 보완 관계가 존재하는가? 기초 연구 없이 혁신이 이루어질 수 없는 이유는 무엇이며, 기초 연구가 학문의 자유와 자유로운 아이디어의 전파에 기반하는 이유는 무엇인지 등을 다룬다.

11장에서는 창조적 파괴와 실업, 건강 및 행복의 관계를 탐구한다. 창조적 파괴는 어째서 실업을 발생시키는가? 실직이란 개인에게 어떠한 경험이며, 특히 건강에 대한 영향은 어떠한가? 이 장에서는 적절한 공공 정책이 동반할 경우 창조적 파괴가 건강과 행복에 해를 끼치지 않을 수 있다는 점을 논할 것이다.

12장은 혁신을 위한 자금 조달이라는 주제를 다룬다. 주식과 벤처 캐피털을 통한 출자가 '경계' 영역의 혁신에 가장 적절한 도구인 이유는 무엇인가? 또한 위험을 무릅써야 하는 혁신이라는 과정에서 기관 투자자와 메세나(mecenat) 개념의 후원자들이 필수불가결한 역할을 하는 이유는 무엇인가? 어째서 국가는 훨씬 혁신적인 중소기업보다 대기업의 연구 지원에 지나치게 집중하는 걸까?

13장은 혁신과 세계화의 관계를 다룬다. 이는 상품뿐 아니라 사람에게도 해당하는 세계화 현상을 말한다. 중국으로부터의 수입 증가로 인해 선진국들은 고용과 혁신에 어떤 영향을 받았는가? 수출 시장이 늘어나면 혁신이 촉진되는 이유는 무엇이며, 가치 사슬을 제대로 제어하는 데 보호주의보다 투자와 혁신이 훨씬 유리한 이유는 무엇인가? 또한 숙련된 이민자들은 어떤 방식으로 취업국의 혁신에 기여하는가?

14장에서는 혁신에 대한 투자뿐 아니라 위험 요소 관리를 책임지는 국가가 어떤 과정을 거쳐 등장했는지 그 역사를 되짚어본다. 전쟁 위협과 전 세계 차원의 경쟁이 어떻게 교육, 연구, 산업 정책에 투자하는 국가의 출현을 가져왔는가? 이 장에서는 전쟁이나 대대적인 경제 위기에 자극을 받은 국가들이 창조적 파괴가 유발할지도 모르는 위험 요소로부터 국민을 보호하고, 또 경제 주기상의 위기가 닥쳤을 때 기업 활동을 보장해주는 장치를 점진적으로 마련해온 과정을 살펴본다.

15장에서는 새로운 혁신 활동의 시장 진입을 방해하는 권력 남용 사태가 발생하는 것을 미연에 방지하기 위해 행정부를 견제하는 문제에 대해 살펴본다. 행정부의 권력을 규제할 수 있는 여러 합법적 수단을 알아볼 것이다. 하지만 이러한 권력 견제 장치는 시민 사회의 개입 없이는 아무런 소용이 없다. 이 장에서는 왜 그리고 어떻게 시민 사회가 행정 권력 제어와 분권을 보장하는 궁극적 역할을 수행하는지 분석하고자 한다. 혁신 경제가 제대로 굴러가기 위해서는 '시장-국가-시민 사회'라는 삼각 구도가 왜 반드시 필요할까?

마지막으로, 결론에서 우리는 앞 장들에서 수행한 분석과 논의를 바탕으로 독자들에게 자본주의의 미래에 대해 자문해보길 권한다. 좀더 지속적이고 공정한 번영이라는 우리의 목표에 이르기 위해서는 자본주의를 아예 폐기하기보다 개혁하는 방법이 왜 더 적합한지를 논할 것이다.

이제 도입부 역할의 1장을 마무리하면서 다음 세 가지만 더 언급하고자 한다. 첫 번째, 우리는 경제 성장이라는 수수께끼와 관련한 화두를 분석하기 위한 틀로서 창조적 파괴라는 특정한 패러다임을 제시한다. 앞에서 언급한 바와 같이 경제 성장의 과정과 정책을 고찰하는 다른 접근 방식들도 분명 존재해왔다. 하지만 결국은—이 책에서 제시한 경제 사상(思想)을 적용한—창조적 파괴야말로 역사의 시험에 가장 잘 견딜 수 있는 모델과 패러다임을 제시하는 이론이라고 생각한다. 두 번째, 이 책에서 분석과 논증을 위해 사용한 방식이다. 우리의 방식은 무엇보다 **암시적인 경험적 증거**, 다시 말하면 설명적인 변수와 설명이 이미 되어 있는 변수 사이의 단순 상관관계에 기반을 두고 있다. 아울러 점진적으로 인과 관계에 접근하는 경험적 증거를 활용하는 방식이기도 하다. 요컨대 통제 변수를 포함하거나 도구 변수를 활용하고, 혹은 자연 실험이나 무작위 실험을 이용한다는 걸 의미한다. 우리는 독자들에게 제시하는 실증적인 자료가 **암시적인** 성격의 것인지, 아니면 좀더 직접적인 **인과 관계**가 있는지를 최대한 명확히 언급하기 위해 노력했다. 세 번째, 이 책의 논지를 펼치기 위해 수많은 수치와 도표를 동원했다는 점이다. 그러한 자료를 사용한 이유는 가끔은 지나치게 복잡한 개념을 좀더 여유 있고 흥미로운 방식으로 제시하고 싶었기 때문이다.

'이륙'이라는 수수께끼

18세기 말 이후로 경제 성장이 꾸준하고 지속적으로 이루어져왔다는 사실은 성장의 역사에서 최초이자 획기적인 일이다. 변방에서 소소한 주기적 움직임을 동반하기는 했지만 전반적으로 정체된 행로를 걷던 세계는 그 이후 팽창일로에 들어서는 새로운 변화를 겪게 되었고, 이는 1인당 평균 생활 수준을 폭발적으로 향상시켰다. 그로 인해 특히 주거 환경이나 영양, 공중 보건의 측면에서 18세기 당시의 생활 환경과 지금의 상황은 완전히 다른 세상의 이야기가 되었다. 선진국에서는 이제 기근이나 저체온증 때문에 죽는 일이 거의 없지만, 19세기 말까지만 해도 그 두 가지 요인으로 인한 사망은 상당히 흔한 일이었다. 인구 통계상의 구성도 완전히 변화했다. 17세기에는 신생아의 25~30퍼센트가 한 살이 되기 전에 죽었지만, 오늘날 유럽연합의 영아 사망률은 1000명당 4명 미만이다.

전 세계 총생산과 인구가 1820년까지 둘 다 정체해 있었다는 사실을 어떻게 설명할 수 있을까? 유럽은 이미 중세부터 주요 발견이 잇따라 등장한 무대였다. 그럼에도 불구하고 1820년이 되어서야 유럽이 경제 성장의 이륙 단계에 들어선 이유는 무엇인가? 최초의 산업혁명은 왜 바퀴나 나침반을 처음 발명한 중국이 아니라 유럽에서 일어났는가? 이륙의 동력으로는 어떤 요소가 있는가? 기술 발전이 중요한가, 아니면 제도적 변화가 중요한가? 이번 장에서는 여러 가지 정보와 역사적 사실을 성장 이론에 대입해 위와 같은 일련의 질문에 답해보고자 한다.

앵거스 매디슨의 장기 분석 연구에서 얻은 통찰[1]

소득과 인구의 꾸준한 성장은 근래에 나타난 현상이다

서기 1000년과 2000년 사이에 전 세계의 총생산은 300배 증가한 반면 인구는 23배 늘어났다. 이 말은 1인당 소득이 해당 기간 동안 13배나 늘었다는 뜻이다. 이는 그 전 1000년간의 상황과 크게 대조된다. 서기 0년 대비 1000년의 인구는 0.16퍼센트 증가하는 데 그쳤고, 1인당 소득에는 변화가 거의 없었다. 성장의 역사에서 진정한 격변은 1820년에 일어난다. 요컨대 겨우 200년 전의 일이다. 1인당 총생산이 늘어난다는 건 오늘날에는 너무나 당연한 일로 여겨지지만, 인류 역사 전체를 놓고 보았을 때는 아주 최근에야 나타난 현상이라 할 수 있다(도표 2.1). 서기 1000년부터 1820년까지를 살펴보면 전 세계 1인당 총생산의 증가는 극히 느린 속도로 일어났다. 연간 약 0.05퍼센트 정도 상승했다고 할 수 있다. 그런데 1820년부터 1870년까지 증가율은 매년 0.5퍼센트에 이르렀고, 1950년에서 1973년까지 기간에는 3~4퍼센트를 웃돌기까지 했다.

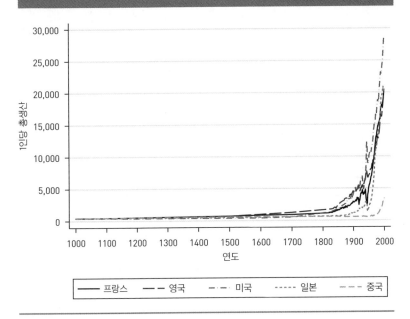

주: 1990년 고정 국제 달러 기준.
출처: Maddison Historical Statistics Project, Groningen Growth and Development Centre.[2]

경제 성장의 움직임은 기대 수명 증가와 발맞추어 진행되었다. 서기 1000년 당시 출생한 사람의 기대 수명은 약 24세였다. 영아 중 3분의 1이 돌이 되기도 전에 사망했다. 이 부분에서도 1820년은 격변을 보여준다. 그해까지는 기대 수명의 증가세가 매우 둔했다. 출생 시점을 기준으로 기대 수명은 전 세계 평균으로 볼 때 1820년 26세였던 데 반해 1999년에는 66세로 폭발적 증가세를 나타냈다.

인구 변화는 총생산과 매우 유사한 궤적을 밟았다. 아주 장기적으로 볼 때, 매우 높은 사망률(1000명당 38명)과 매우 높은 출생률(1000명당 40명)을 같이 고려하면 인구 증가는 아주 미세할 수밖에 없다. 이렇게 전 세계

도표 2.2　유럽 대국들의 인구 변화

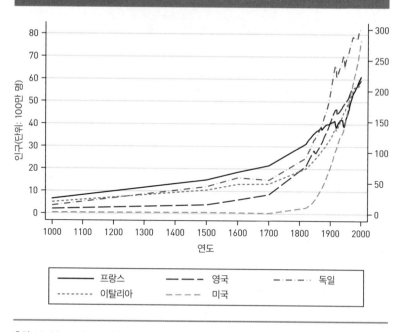

출처: Maddison Historical Statistics Project, Groningen Growth and Development Centre.

인구는 서기 0년부터 1000년까지 1000년간 18퍼센트 늘어나는 데 그쳤다. 그런데 2000년의 세계 인구는 서기 1000년 대비 23배나 증가했다. 최초로 경제 성장의 이륙에 시동을 건 유럽의 몇몇 국가는 인구 구성에서도 상당한 변화를 가장 먼저 경험했다. 특히 프랑스는 1750년부터 이미 인구 구조상 전환의 기로에 들어섰다(도표 2.2). 프랑스를 포함한 몇몇 예외를 제외하면 출산율 저하는 무엇보다도 1880년 이후에 나타나기 시작한 현상이다. 프랑스, 독일 및 네덜란드 같은 나라는 아동 사망률과 출산율이 동시에 줄어드는 현상을 보였는가 하면, 그 밖의 다른 나라들(스웨덴, 벨기에, 덴마크 등)에서는 아동 사망률 저하가 출산율 감소보다 훨씬 먼저 발생하기 시작했다. 이렇게 경제 성장과 인구 증가가 함께 폭발적으로 변화한 현상은 다음과 같은 의문을 갖게끔 한다. 이 두 가지 변화는 자체적으로 발생한 현상인가? 아니면 총생산의 증가가 폭발적 인구 증가를 유발했는가? 화약고에 불을 지른 불씨는 대체 무엇인가?

인구 구성의 변화 외에 지리적 인구 분포 또한 지난 2세기 동안 탈바꿈했다. 19세기 초반에 농촌으로부터 인구 대이동 현상이 나타났기 때문이다. 산업혁명이 있기 전 유럽 사람들은 대부분 농촌 인구였으며, 도시화 비중은 낮은 수준에 머물렀다. 도시화 비율이 가장 높은 지역은 북부 이탈리아와 네덜란드였다. 1800년 37퍼센트이던 네덜란드의 도시화 비율이 당시 유럽 최고였으며, 그다음으로 영국과 벨기에의 인구 20퍼센트 정도가 도시에 살았다. 다른 유럽 국가들(이탈리아, 에스파냐, 덴마크, 포르투갈 등)의 도시화 비율은 15퍼센트 남짓이었는데, 모두 그 이전까지 수 세기에 걸쳐 무역이 발달했던 지역이다(Bairoch et Goertz, 1986).[3] 어찌 되었든 19세기 초까지만 해도 농촌 인구는 유럽 전체 인구의 90퍼센트가량을 차지하고 있었다*(도표 2.3). 1800년경부터 이 비중이 낮아지기 시작해 1975년에는 36퍼센트로 내려앉았다(Grauman, 1976).[4] 1800~1980년 사이에 인구 10만 명 이상 도시의 수 또한 42배로 늘어났다.

오랫동안 경제사의 양적 연구는 거의 독점적으로 현대 시기 혹은 산업혁명을 통한 성장 이륙 단계 이후의 시기에 집중되어 있었다. 즉, 19세기

---

* 이와 관련한 수치는 자료에 따라 약간씩 다르다. 유엔의 7.6퍼센트와 달리 파울 바이로흐와 게리 거츠(Paul Bairoch et Gary Goetz)는 1800년 당시 산업화 비율을 10.9퍼센트라고 보았다. 여기에 17세기에 상승세가 약간 꺾인 이유는 30년 전쟁 발발이라는 점을 짚어두도록 하자.

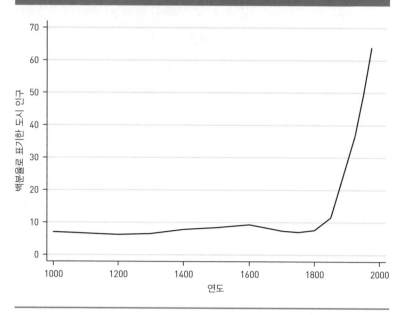

도표 2.3 유럽 전체 인구 중 도시 인구 비중(1000~1975)

주: 도시화한 인구는 5000명 이상이 거주하는 곳으로 정의한 '도시'에 살고 있는 사람들을 말한다.
출처: Grauman (1976).

와 20세기에 몰려 있었다는 뜻이다. 앵거스 매디슨의 연구는 이류 단계
보다 훨씬 이전 시기의 경제 성장에 관한 양적 연구가 발전할 수 있는 계
기를 마련했다. 매디슨은 장기간의 국민 계정(國民計定: 일정 기간 동안의 국민
경제 활동 결과와 일정 시점에서의 국민 경제의 자산 및 부채 상황을 나타낸 자료—옮긴
이)을 재구성해 분석하는 데 선구자였던 셈이다. 이렇듯 그의 저작《세계
경제: 1000년의 관점》(2001)[5]은 서기 0년부터 세계 인구와 소득에 대해 놀
라울 정도로 자세한 분석을 선보인다. 그런데 시간적으로 그렇게나 멀리
거슬러 올라가는 작업은 특히 자료 수집의 측면에서 단편적일 수밖에 없
다는 뜻이고, 국민 계정 체계가 존재하지 않았던 시기를 다룬다는 것은

국민 계정 체계의 등장

국민 계정 체계는 20세기 중반에 탄생했지만, 자신이 지배하는 영토에서 창출되는 부의 규모를 가늠하기 위해 정치 세력이 노력을 기울인 역사는 아주 오래된 일이다. 따라서 인력과 자원을 측정하기 위한 통계적 조사 작업의 역사는 이보다 훨씬 길다. 봉건 시대로 거슬러 올라가면, 국가 경제는 거의 완전히 농업 생산에 의존했고, 이는 영주나 왕에게 과세 기준으로 작용했다. 영국에서는 윌리엄 페티(William Petty, 1623~1687)가 1671년 '정치 산술(政治算術: 국가 통치에 관한 모든 사항을 수량화해서 추론하는 방법—옮긴이)' 개념을 착안했는데, 이것이 국민 계정의 시초라고 할 수 있다. 세수를 늘리기 위해 윌리엄 페티, 그리고 나중에 그레고리 킹(Gregory King)은 각 요소의 수입과 지출 총합으로 계산한 국가 소득을 측정하려 했다.[6] 프랑스에서는 피에르 드 부아기유베르와 보방 원수(Pierre de Boisguillebert et le maréchal Vauban)가 이와 유사한 방식을 동원해 국가 소득을 측정했다. 중농주의학파의 시조이자 선두 주자였던 프랑수아 케네(François Quesnay, 1694~1774)의 등장과 함께 거시경제적 관점에서 국민 계정의 전반을 아우르는 동적인 모델이 최초로 등장했다.[7] 부의 창출을 농업에만 한정한 중농주의적 견해가 경제에 대한 시선을 상당히 제한적으로 만들기는 했지만 말이다(Sauvy, 1970).[8]

그렇지만 생산이 중심 개념으로 자리 잡은 것은 전통적인 경제 이론의 등장과 함께 이루어진 일이 아니다. 여기서 '생산'은 부의 축적분과는 달리 새롭게 만들어진 '가치의 흐름'이라는 개념으로 본 생산을 의미한다. 그런 데다 상품뿐 아니라 서비스 또한 부가가치에 포함된다는 견해는 19세기 말에 와서야 등장했다. 1929년의 대공황 위기는 국민 계정의 중요성을 각인시키는 데 핵심적인 역할을 했다. 대공황에 대응하는 정책을 마련하기 위해 정부가 활용할 수 있는 자료는 주가 지수, 운송된 상품 규모 혹은 공산품 생산에 관한 불완전한 지수처럼 실제로 불명확한 정보밖에 없었다.

미국에서는 무역부 장관이 일련의 국민 계정 체계를 고안하는 임무를 전 미경제연구소(National Bureau of Economic Research)에 재직 중이던 사이먼 쿠즈네츠(Simon Kuznets, 1901~1985)에게 맡겼다. 쿠즈네츠는 이리하여 미국의 국민 계정 체계를 정립하기 위한 연구에 착수했고, 국내 총생산이라는 개념을 착안했다. 그는 1934년 미국 상원에 이를 바탕으로 추정한 내용을 담은 보고서를 제출했다.[9] 제2차 세계대전은 또한 '투입-산출표' 개발을 촉진하는 역할을 했다. 투입-산출표는 바실리 레온티에프(Wassily Leontief)의 연구 결과에 바탕을 둔 것으로[10] 이후 국민 계정의 주요 구성 요소가 되었다. 이와 동시대에 영국에서도 정부의 요청을 받은 리처드 스톤과 제임스 미드(Richard Stone et James Meade)가 존 메이너드 케인스(John Maynard Keynes)의 격려와 조언에 힘입어 국가 소득과 지출에 관한 일련의 추정 체계를 마련했다.[11]

프랑스의 경우는 1955년 프랑수아 페루(François Perroux) 교수가 응용경제학연구소(Institut de science économique appliquée, ISEA: 1944년 페루 교수가 설립한 민간 연구소로, 1974년에 수학과 응용경제학 연구소(ISMEA)로 이름을 바꾸었다—옮긴이) 내에서 이와 관련한 양적 연구에 착수한 바 있다.[12] 하지만 프랑스의 '영광의 30년' 시기 경제 성장에 대한, 빼놓을 수 없고 준거가 될 만한 연구로는 장자크 카레, 폴 뒤부아 그리고 에드몽 말랭보(Jean-Jacques Carré, Paul Dubois et Edmond Malinvaud, 1972)[13]의 공저가 있다. 이 세 연구자는 국민 계정 체계가 이루어놓은 발전에 기반해 국내 총생산의 증가를 결정짓는 요소를 파악하고 평가하는 작업을 수행했다. 이러한 일련의 연구가 여러 나라에서 동시다발적으로 이뤄졌고, 이는 제2차 세계대전 이후 국민 계정 체계의 확립으로 이어졌다. 시간이 지나면서 이러한 체계는 UN, OECD, 유로스타트(Eurostat: 유럽연합의 통계 기관—옮긴이), IMF, 세계은행 등의 전문가들을 망라한 국제적인 프로젝트 팀의 지원 아래 한층 개선되었다.

사실 여러 가지 정황상 증거나 추측에 의존하는 방식의 연구가 불가피하다는 의미이기도 하다.

매디슨의 역사적 자료 재구성 방식

매디슨은 1950년대 이후로는 대부분 국가의 통계 자료를 활용할 수 있었다. 반면에 그보다 이전 시대의 국내 총생산과 인구 정보를 재구성하는 작업은 각 시기별로 특정 방식을 동원해야만 했다.

1820년부터 1950년까지에 관해서는 대장(臺帳)이나 행정 자료 등을 수합한 소득 및 인구에 대한 실제 사적 자료를 이용했다. 매디슨은 이런 유형의 자료 수집을 통해 이루어진 각국의 역사가와 경제학자의 연구에 우선 기반을 두고, 각 나라에서 사용한 분석 방식의 차이에 따라 오차를 수정하는 과정을 거쳤다. 그렇게 함으로써 대상 국가들에 대해 균일한 추정 결과를 추출할 수 있었다. 그랬기에 매디슨은 프랑스라는 특정 사례에 대해서는 장클로드 투탱(Jean-Claude Toutain, 1987)[14]의 연구에 유난히 의존했다. 국내 총생산을 가늠하기 위해 선택한 주요 접근법은 프랑스 국내 경제의 주요 분야에서 생산이 어떠했는지를 살펴보는 방식이었다. 농업의 경우는 프랑스의 농산물(곡물, 와인, 목재, 육류 등) 생산 및 그 비용을 기록한 고문서 자료를 기초로 계산했다. 제조업의 경우는 1789~1938년 해당 분야 전체에서 23개 부문의 113가지 항목에 대한 자료를 취합했다(채굴 산업, 금속 가공업, 식료품 제조, 섬유, 화학, 건설 등). 다음 단계로 매디슨은 그렇게 수합한 자료를 모리스 레비르부아예와 프랑수아 부르기뇽(Maurice Levy-Leboyer et François Bourguignon, 1985)[15]의 연구 결과와 교차 분석했다. 그는 또한 19세기 동안 발생한 국경의 변화를 감안해 1820년 이후 1인당 국내 총생산의 추이를 추론해내는 작업을 진행하기도 했다(표 2.1).

| 표 2.1 | 1820~1913년 프랑스의 1인당 총생산 추정치(연간 %) | | |

	1820	1870	1913
매디슨	1.218	1.858	3.452
투탱(1987)	0.983	1.858	3.452
레비르부아예(1985)	1.123	1.836	2.452

출처: Maddison (2001).

1500~1820년에 대해서는 국내 총생산 추정을 위해 근사법을 활용했다. 즉, 대장을 통해 파악한 인구 자료를 바탕으로 어림치를 잡은 것인데, 이러한 방법은 특히 유럽 국가의 경우에 적절하다. 그렇게 모은 자료를 매디슨은 전쟁이나 전염병 등 역사적 사건들을 감안해 수정했다. 국내 총생산의 추정치에 관해서는 세 가지 전형적 사례를 제시할 수 있다. 첫째, 어떤 나라는 경제 활동 분야별로 생산에 대한 자료를 보유하고 있어 이를 활용해 국내 총생산을 가늠할 수도 있다. 예를 들어 벨기에가 그러한 경우다. 둘째, 일부 나라의 경우 분야별 생산 자료는 없지만 이웃 나라의 경제 구조와 충분히 유사하다고 판단할 수 있다. 예를 들어, 프랑스 1인당 국내 총생산의 성장 궤도는 벨기에와 유사하게 움직인다고 가정할 수 있다는 뜻이다.

셋째, 관련 자료도, 유사한 경제 구조를 가진 나라도 없는 경우다. 이런 경우 매디슨은 상당히 심한 가설을 세워 접근할 수밖에 없었다. 예를 들어, 러시아의 1인당 국내 총생산 성장을 0.1퍼센트로 가정한 사례가 그러하다. 비록 이러한 가정이 지나쳐 보여도 1인당 국내 총생산과 그 성장률은 산업혁명 이전까지 너무나 미약했기 때문에 사실 초(超)장기간을 놓고 보면 나라별 변이의 폭을 상쇄시킨다.

서기 0년부터 1500년의 추정치는 이보다도 더 대략적일 수밖에 없다. 매디슨이 1인당 소득의 변화와 관련한 정황 증거를 얻는 데 활용할 수 있었던 유일한 자료는 인구 조사뿐이다. 그는 1000년에 유럽과 아시아의 도시화 비율이 어느 정도였는지에 대한 자료를 확보했는데, 이를테면 1만 명 넘는 규모의 도시에 사는 인구 비중을 알 수 있는 자료다. 매디슨은 한 국가에서 도시화 비율 증가 현상이 나타나면 농업 생산에 초과분이 발생해 경제 활동 중 비농업 요소가 늘어나는 뜻이라는 가설을 세웠다. 도시화 비율은 유럽에서 서기 0년과 1000년 제로에 가까웠다. 따라서 매디슨은 1인당 국내 총생산은 거의 생계유지 수준, 즉 1년간 1인당 400달러가량이었다고 주장한다. 아울러 중국의 경우는 도시화율이 유럽보다 다소 높은 3퍼센트 수준이었으므로 중국의 1인당 국내 총생산을 450달러 정도로 추산했다.

매디슨의 연구가 기여한 바는 서유럽의 장기적 경제 발전을 재해석할 가능성을 보여주었다는 데 있다. 2010년 세상을 떠난 매디슨의 연구를 이어가기 위해 흐로닝언(Groningen) 대학교는 2010년 '매디슨 프로젝트'에 착수했다. 국내 총생산, 1인당 국내 총생산 그리고 노동 생산성과 관련한 역사적 통계 자료의 수집 작업을 계속하는 것을 목표로 한다. 1820년 이후 시기를 다룬 매디슨의 연구 결과에 대해서는 수정 사항이 별로 없었다. 반면, 1300~1820년의 시기에 대해서는 매디슨 이후 계량경제사* 분야에서 상당히 의미 있는 연구가 이어졌다. 초장기간을 놓고 볼 때 경제 성장은 1820년의 이륙 단계 당시 변화가 모든 걸 완전히 '압도'

---

* 경제사 연구에 계량경제학적 방법론을 활용한 연구 분야를 말한다.

해버렸다고 할 수 있다.

산업혁명 이전의 유럽: "그래도 지구는 돈다!"

그렇다고 해서 1820년 이전 세계 경제의 움직임이 순전히 수평선을 그리지는 않았다(Fouquet et Broadberry, 2015).[16] 존 메이너드 케인스 자신도 《우리 손주들 시대의 경제 가능성》(1930)[17]이라는 저서에서 신중한 견해를 피력했다. 즉, 생활 수준의 격한 변화가 있었던 게 아니라 여러 차례에 걸쳐 세계 경제에 어느 정도의 '부침'이 있었고, 어떤 경우에는 수십 년 사이에 1인당 자산이 2배 증가하는 정도의 변화가 있었다는 수준의 의견이었다. 1300~1820년 시기에 집중한 최근의 한 연구에 따르면 1인당 총생산의 변화가 상당히 눈에 띄게 나타나는데, 이는 상승하기도 하고 감소하기도 하는 양상을 보인다(도표 2.4).

장기간 동안 꾸준한 성장 단계를 보여준다는 점에서 두 나라의 사례를 들어볼 수 있다.* 르네상스 초기 이탈리아의 경우 1350~1420년 1인당 총생산의 증가가 40퍼센트에 달했다. 70년이라는 기간의 평균을 내보면 연간 0.8퍼센트의 성장률이다. 이 단계의 성장률은 흑사병으로 인한 인구 감소로 1인당 보유 가능한 토지와 자본의 규모가 증가했다는 점, 그리고 이탈리아의 도시 국가들이 해상 무역에서 핵심적 역할을 한 시대라는 점으로 설명이 가능하다.

특히 베네치아공국은 유럽 내에서는 플랑드르(Flandre) 지방, 프랑스,

---

* 또한 네덜란드 사례를 언급해볼 수 있다. 1570년까지 현재의 벨기에에 속한 네덜란드 남부 지역은 경제 활동과 번영의 중심지 역할을 했다. 반면 1590년 이후에는 네덜란드 북부, 즉 현재의 암스테르담 근방이 그 뒤를 이었다.

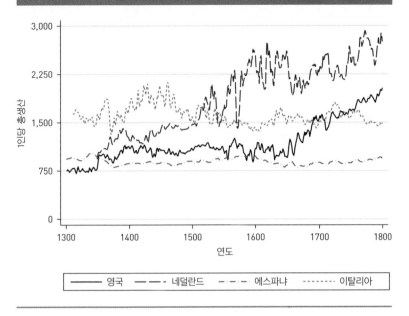

도표 2.4 1300~1800년 일부 유럽 국가의 1인당 총생산

주: 1990년 달러 가치 기준.
출처: 영국에 대한 정보는 Broadberry et al. (2011),[18] 이탈리아에 대한 정보는 Malanima (2011),[19] 네덜란드에 대한 정보는 Van Zanden & Van Leeuwen (2012)[20], 에스파냐에 대한 정보는 Álvarez-Nogal et Prados de la Escosura (2013)[21]를 바탕으로 Fouquet et Broadberry (2015)를 재구성한 것이다.

독일, 발칸반도 등을 이어주고 지중해 동서 지역을 연결했으며, 또한 서양과 극동 지방을 잇는 등 무역 교류 발전에 핵심 역할을 해왔다. 베네치아는 향신료나 실크 등의 상품 교역을 발전시켰을 뿐만 아니라 아시아, 이집트 그리고 비잔틴제국으로부터 기술(섬유 공법, 유리 공법, 벼 농사법, 사탕수수 생산 등의 기술) 이전을 촉진하는 역할을 했다. 마지막으로 베네치아는 제도의 혁신에 있어 마치 실험실과도 같은 역할을 했다. 그중에서도 특히 주목할 만한 사실은 12세기 무역과 투자 분야를 지배하기 위해 베네치아가 새로운 형태의 계약 관계를 도입했다는 점이다. 아울러 콘스탄티노플과의 무역을 위해서는 상당한 투자가 필요한 데다 해적 출몰, 난파, 지연 등의 사유로 인한 사업의 실패 위험 또한 높았다. 그런데 이를 상쇄할 만큼의 큰 수익을 얻을 가능성은 높지 않았다. 이러한 위험 부담을 나눠 안기 위해 베네치아 사람들은 '코멘다(commenda)'라는 형태의 새로운 계약을 고안해냈다. 이는 주식회사 모델의 최초 사례 중 하나로 보아도 무방하다. 가장 기본적인 형태를 보면 코멘다는 '투자자와 무역 항해가' 사이의 협의체라고 말할 수 있다. 이를테면 투자자가 무역 항해가에게 상품을 공급하고 후자는 이를 판매하기 위해 항해에 나서는 구조다. 잠재 수익의 분배에 대해서는 사전에 계약에 명시했다. 이런 종류의 계약을 도입하자 베네치아 인구의 상당수가 국제 무역에 뛰어들 기회를 얻었고, 바로 이 시기야말로 베네치아의 황금기였다.

17세기에 1인당 총생산의 성장이 가장 빠르게 일어난 나라는 영국이었다. 1세기 정도의 기간 동안 2배가 되었다. 1642~1660년의 잉글랜드 내전은 영국 왕권의 변화에 매우 중요한 사건이었다. 짧은 공화정 체제를 거친 후 영국 왕정은 입헌군주제로의 방향 전환이 분명해졌고, 1688년 명예혁명 후에는 정식으로 입헌군주제를 선언하기에 이르렀다. 입헌군주제의 도입으로 영국에서는 의회가 왕보다 우위에 섰고, 이는 특히 지식재산권을 공고히 하는 계기가 되었다.[22] 이러한 유례없는 정치 구도를 갖춘 영국에서는 혁신에 특별히 유리한 상황이 마련되었고, 그럼으로써 산업혁명의 길이 열렸다고 볼 수 있다.

1300~1800년의 특징 중에는 해당 기간 동안 쇠퇴기가 있었다는 점이 있다. 이탈리아는 세 차례, 즉 1450~1600년, 1650~1700년, 그리고 1750~1800년에 걸쳐 1인당 총생산 성장률의 저하를 겪었다. 이러한 정

세의 돌변을 설명해주는 요소로는 인구 증가세의 회복, 피렌체와 베네치아 등 도시 국가 간 시장 나눠 갖기 심화, 마지막으로 15세기 말 아메리카 대륙의 발견으로 인해 유럽 무역의 중심축이 지중해에서 대서양으로 바뀐 점을 들 수 있다.

이러한 사실은 1820년 이전의 유럽 경제 단위들이 내내 정체 상태에 머물렀기는커녕 일련의 성장 및 쇠퇴 단계를 거쳤다는 뜻이다. 여기서 우리가 제기할 수 있는 질문은 대체 어떤 의미에서 1820년 이전의 시기가 최초의 산업혁명으로 인해 촉발된 경제 성장의 이륙 시기와 달랐는가 하는 점이다. 그 질문에 답하기 위해 로제 푸케와 스티븐 브로드베리(Roger Fouquet et Stephen Broadberry, 2015)[23]는 각 세기마다 한 국가에서 장기 경제 성장이 발생하고 또한 그 경제 성장이 꾸준히 이어질 가능성을 분석하는 방법을 동원한다. 여기서 장기 경제 성장은 연 단위 성장률이 1.5퍼센트 이상을 기록하는 경우를 말하고, 경제 성장이 꾸준하다는 것은 적어도 4년 연속 그러한 성장이 이어지는 경우를 말한다(표 2.2). 그래서 연속적으로 4년 동안 1.5퍼센트 이상의 성장률을 보일 경우 해당 국가는 경제 성장의 이륙 단계에 들어섰다고 여긴다. 그런데 1300~1799년에 이르는 5세기 동안 연구 대상인 여섯 나라, 즉 영국·이탈리아·네덜란드·스웨덴·에스파냐 그리고 포르투갈이 오랜 기간 성장기에 자리할 개연성은 1~2퍼센트로 너무 낮다. 그와 반대로 19세기에 들어서면 동일한 항목, 즉 오랜 기간 성장기에 있을 가능성은 5퍼센트가 되고, 20세기에는 40퍼센트에 이른다. 이렇게 해서 지속적인 경제 성장은 역사상 아주 최근에야 나타난 현상이라는 우리의 가설을 증명할 수 있다.

표 2.2 1300~2000년 6개국의 경제 성장기 및 후퇴기(%)		
	연간 성장률이 4년 연속 1.5퍼센트보다 높은 해의 백분율	연간 성장률이 3년 연속 마이너스 1.5퍼센트 이하인 해의 백분율
14세기	1.1	1.6
15세기	1	8
16세기	2.3	8.7
17세기	1.3	4.3
18세기	1.3	5.8
19세기	5.3	2
20세기	40	3.2

주: 여기서 활용한 6개국은 잉글랜드/영국, 이탈리아, 네덜란드, 스웨덴, 에스파냐, 포르투갈이다.
출처: Fouquet et Broadberry (2015).

기술을 통한 이륙 설명하기

19세기 초가 되어서야 경제 성장이 이륙기에 접어들 수 있었던 이유는 무엇일까? 바퀴라든지 인쇄술 혹은 나침반 등 산업혁명 시대 이전의 발명이 성장의 축적을 유발하지 못한 이유는 무엇인가? 이륙 현상은 대국이라 할 수 있는 중국이 아니라 왜 유럽의 작은 나라 영국에서 시작되었는가?

이륙 이전 시기: 맬서스의 덫

1820년에 이르기까지 세계 경제가 장기간 침체 상태였다는 점을 토머스 맬서스(Thomas Malthus, 1766~1834)의 이론은 특히나 설득력 있게 설명해준다. 실제로 그의 이론은 19세기까지 1인당 총생산 정체와 인구 정체라는 두 가지 현상이 공존했다는 사실을 다루고 있다. 《인구 관련 원칙에 대한 고찰》(1798)[24]에서 맬서스는 농업 생산이란 노동과 토지의 조합에서 비롯된다는 전제로부터 논의를 시작한다. 토지는 고정 요소이기 때문에 인구가 증가하면 무조건 1인당 총생산이 감소할 수밖에 없다. 하지만 다른 관점에서 보면, 예를 들어 새로운 발명이라든지 무역의 확대 같은 요소로 인해 1인당 총생산이 증가하면 (즉, 평균 생활 수준이 향상되면) 인구가 늘어난다. 각 가정마다 아이를 더 낳도록 장려하는 효과가 있기 때문이거나 ('엄지 동자' 같은 전래 동화 이야기처럼), 아니면 생활 수준의 향상으로 인해 일시적으로 사망률이 낮아졌기 때문이라고 볼 수 있다. 위의 두 가지 영향이 결합해 이른바 '맬서스의 덫'이라는 현상이 나타난다. 즉, 1인당 총생산이 증가하면 무조건 인구가 늘어나며 인구가 증가하면 1인당 총생산이 다시금 생계유지 수준으로 주저앉기 때문에, 기술 발전으로 인해 1인당 총생산이 지속적으로 증가하는 일은 있을 수 없다는 논리다.

맬서스가 그리는 세상에서는 오직 금욕 혹은 출생 억제만이 인구 감소를 가져옴으로써 1인당 총생산이 늘어날 가능성이 있다. 생산성 향상이 인구 증가라는 요소에 의해 상쇄된다고 본 맬서스의 견해는 산업혁명 이전 시대 상황에 대해 상당히 설득력 있는 설명을 내놓은 셈이다. 하지만 1820년 이후 경제 성장과 인구 증가가 눈에 띄게, 그리고 동시에 일어났다는 사실은 맬서스식 접근법의 한계를 보여준다. 따라서 이제 궁금한 것은 왜 그리고 어떻게 우리의 국가들이 맬서스의 덫에서 빠져나올 수 있었는가 하는 점이다.

기술학적 접근

순전히 '기술학적' 논거로만 유럽 국가들이 맬서스의 덫에서 탈출했다는 설명이 가능할까? 맨 먼저 제시할 분석 내용은 흔히 언급되는 이야기다. 농업에서 산업 사회로의 전환으로 인해 고정 요소인 토지에 얽매인 상황을 벗어나 축적 가능 요소인 자본으로 중심이 옮겨갔고, 그럼으로써 인구 증가가 1인당 총생산에 미치는 부정적 영향을 배제할 수 있었다는 논리가 그것이다. 하지만 만약 그러한 분석이 옳다면 토지를 자본으로 즉시 대체하지 않고 농업 생산을 지속했던 이유는 대체 무엇인가? 여기서도 순전히 기술상의 논거를 하나 이야기해보자. 즉, 공산품 생산과 관련한 기술 도입은 비용이 많이 드는 일이며, 인구가 충분히 늘어나서 1인당 농업 생산이 충분히 낮아져야만 그 비용을 들일 가치가 있다. 농업 생산에서 공업 생산으로의 전환을 근거로 하는 이러한 분석의 또 한 가지 변종이 있다면, 결정적인 일정 규모의 인구를 넘어서면 농촌 대탈출이 발생하며, 이렇게 해서 공업에 노동력이 공급된다고 설명하는 방식이다. 어떤 이들[25]은 수요가 가져오는 효과의 중요성을 강조한다. 수요가 일정 수준을 넘어야만 여러 산업 분야가 동시에 새로운 생산 기술을 도입함으로써 수익성이 확보된다는 뜻이다. 요약하자면, 농업에서 산업 사회로의 변화는 인구의 분기점, 수요의 분기점, 그리고 투자의 분기점 등을 포함한 '분기점의 문턱' 효과에 달려 있다고 보는 것이다. 그렇다면 이륙 현상이 창의적이면서도 인구 밀도가 높았던 중국 같은 나라에서 최초로 나타나지 않은 이유는 무엇이며, 또 1820년이 되어서야 발생한 이유는 무엇일까?

규모의 경제 효과와 인구 변화

두 번째로는 마이클 크레머(Michael Kremer, 1993)[26]가 정형화하고 오데드 갈로와 데이비드 웨일(Oded Galor et David Weil, 2020)[27]이 한층 발전시킨 이론에 기반해서 해석하는 방법이 있다. 인구가 혁신에 미치는 규모 경제의 효과, 그리고 인구 구조의 변화 효과라는 이 두 가지 요소의 조합을 가지고 설명하는 방법이다.

규모 경제란 여기서 다음과 같이 요약할 수 있다. 인구 밀도 그리고/또는 인구 규모의 성장은 새로운 제품을 선보일 수 있는 시장의 규모를 확장함으로써 혁신으로 인한 이득을 증가시킨다는 논리다. 이로 인해 인구 구조가 혁신과 경제 성장을 촉진하는 효과가 발생한다는 것이다.[28] 여기에 인구 밀도가 높아지면 개인들 사이의 아이디어 교환이 더욱 용이해진다는 사실이 더해진다. 그렇게 되면 혁신을 선보이는 과정에 가속이 붙고 궁극적으로는 경제 성장에 영향을 준다는 뜻이다. 그렇다면 규모 경제의 효과로 인한 기술 발전 가속화는 그 자체로 한 곳의 경제를 맬서스의 덫에서 탈출시킬 수 있을까? 대답은 '아니요'다. 맬서스가 생각하는 세상에서 기술 발전 가속화는 필연적으로 인구 증가의 가속화를 가져온다. 다시 말하면, 기술 발전에 가속이 붙으면 인구가 덩달아 폭증하므로 결국 1인당 총생산 증가를 저해한다는 뜻이다.

따라서 맬서스의 덫에서 벗어나기 위해서는 두 번째 원동력이 필요한데, 바로 인구 구조의 전환이 그 역할을 한다. 간단하게 설명하면 이렇다. 즉, 기술 발전에 가속이 붙으면 첨단 기술을 익히기 위해 더욱 열심히 공부해야 하는 상황이 만들어진다. 그 결과, 고도의 기술을 보유한 나라일수록 자녀들이 신기술에 적응할 수 있게끔 부모들은 자녀 교육에 대한 투자를 늘린다. 아이들의 교육에 대한 투자 필요성은 거꾸로 자녀의 수와 교육 수준에 대한 부모의 결정에 영향을 끼친다. 즉, 아이를 적게 낳는 대신 그 아이의 교육 수준은 더 높아진다는 뜻이다(Nelson et Phelps, 1966).[29]

이러한 인구 구조 전환의 효과는 인구 문제에 있어 1인당 총생산의 증가로 인한 맬서스의 덫 효과를 타파한다. 그럼으로써 규모 경제 효과 때문에 발생한 생산성 폭증이 인구 증가 가속화에 의해 완전히 상쇄되지 않게끔 해준다. 오히려 그와 반대로, 1인당 총생산이 일정 수준 이상이 되면 부모들은 출산율을 낮추는 선택을 하는데, 이는 자녀 교육에 1인당 투자를 더 늘리기 위해서이며* 또한 기술 발전의 혜택을 더 누리기 위한 결정이라고 할 수 있다. 이렇게 해서 인구 구조의 전환이 규모 경제의 효과와 결합했을 때 한 경제 단위가 맬서스의 덫에서 벗어날 수 있다는 설명이 가능하다.

인구 구조의 전환을 통한 이러한 접근법은 언뜻 보기엔 실제 사실들로 확증되는 듯하다. 1870년까지 1인당 총생산 성장의 가속은 인구 증가 가속화를 동반했다. 그런데 1870년 이후로는 1인당 총생산 증가가 인구 증가 둔화 현상과 동반하는 모습을 보인다. 게다가 가장 선진국 대열에 있는 나라들에서 인구 증가율이 가장 낮은 현상이 나타난다.

좀더 제도와 연관된 설명으로

규모 경제의 효과와 인구 구조 전환 효과의 결합에 기반해 경제 성장의 이륙 단계를 설명하는 논리는 조엘 모키르와 한스요아힘 포트(Joel Mokyr et Hans-Joachim Voth, 2010)[30]를 비롯한 경제사학자들의 실증적인 반론에

---

* 이는 기술 발전이 교육을 통해 얻을 수 있는 수익성을 증대시킨다는 생각에 기반한다.

맞닥뜨렸다. 첫째, 산업혁명에 이르기 직전 시기, 즉 1700~1750년 영국 인구가 정체하고 있었다는 점이 문제다. 요컨대 규모 경제의 효과를 가져온다는 폭발적인 인구 증가는 산업혁명 직전에 발생하지 않았다는 지적이 있다. 둘째, 중국의 경우 1650~1750년 인구가 3.2배로 늘어나고 적어도 유럽과 유사한 수준으로 혁신성을 띤 사회였지만, 영국처럼 경제 성장의 이륙을 경험하지 못했다는 반론이다. 마지막으로, 가장 큰 규모의 국가라고 해서 다른 나라들보다 성장률이 더 높지도 않았다는 것이다. 이렇듯 유보해야 할 이유가 있으므로 이륙기 돌입이 가능했던 상황을 설명하는 데 있어 순전히 기술적 요소에만 의존해서는 안 된다. 그래서 우리는 기술이라는 측면과 제도의 측면을 함께 연계한 설명을 제시하고자 한다.

조엘 모키르: 기술과 제도의 관련성[31]

여기서 제시하는 제도적 접근 방식은 1장에서 설명한 슘페터식 패러다임을 상기시킨다. 슘페터식 패러다임의 세 가지 중심 개념은 이러했다. 첫째, 성장은 지식의 발전이 계속해서 축적된다는 점에 달려 있다. 모든 새로운 혁신은 이전 혁신들이 담고 있는 지식을 활용하며, 새롭게 등장하는 모든 혁신가는 그들보다 전 세대 '거인들의 어깨'를 딛고 선 사람들이다. 둘째, 혁신은 그러한 혁신에 호의적인 제도적 환경을 필요로 한다. 여기에는 무엇보다 지식 재산권의 보호가 포함된다. 셋째, 혁신은 기존의 이득을 파괴하는 성향이 있으므로 혁신성을 갖춘 신진 기업의 시장 진입을 허용하는 경쟁에 호의적인 환경이 필요하다.

과학과 기술의 공동 진화

산업혁명 훨씬 전부터 이미 기술 혁신은 인류의 역사를 장식해왔다. 하지만 산업혁명 시대와 달리 이전의 혁신은 각각 고립적이고 특수한 사건이었으며, 꾸준한 성장과 혁신의 시대를 불러일으키지는 못했다. 그렇기에 조엘 모키르(Joel Mokyr, 2002)[32]는 이류을 설명할 때 이론적 지식과 실제 지식을 융합하는 분석에 초점을 두었다. 그는 우선 자신이 '명제적 지식'(이론)이라고 명명한 영역과 '처방적 지식'(실제)이라고 부른 영역을 구별하는 작업에서부터 시작한다(모키르의《성장의 문화》참조―옮긴이). 명제적 지식은 과학 지식을 의미하는데, 이는 자연 현상을 이해하고자 하는 데서 비롯된다. 처방적 지식은 기술에 대한 지식을 의미하며, 그 궁극적 목적은 무언가를 생산해내는 일이다. 명제적 지식의 발전은 발견을 의미하고, 처방적 지식의 발전은 혁신이라고 할 수 있다. 산업혁명 이전의 경제 성장은 처방적 지식의 발전에 기반을 두었다. 말하자면, 사용자가 그 바탕을 이루는 과학적 지식을 완전히 꿰뚫어 알지는 못하더라도 기능을 수행해낼 수 있을 정도의 기술 축적에 기반하고 있었다는 뜻이다. 이와 반대로 19세기 이후의 산업 사회는 과학적 접근을 도입함으로써 기술이 작동하는 데 있어 그 바탕이 되는 원리를 이해하고자 하는 움직임이 나타났다. "이것은 어떻게 작동하는가?"에서 "이것은 왜 작동하는가?"로 옮겨 갔다는 뜻이다. 이와 같은 과학적 사고의 등장은 전 시대로부터의 격변을 의미했고, 명제적 지식을 일반화해 새로운 분야에 적용하는 일을 가능하게 만들었다.

경제학자 다비드 앙카우아(David Encaoua)는 2011년 저서를 통해 "바로 이 시기에 단순 기술이 지배하던 지식의 상태에서 과학 기술이 지배하는 지식의 상태로 전환이 이루어졌다. 이는 말하자면 과학과 기술이 통합"[33]된 것이라고 강조한 바 있다. 이렇게 해서 화학의 경우 이미 수 세기 동안 여러 가지 합금을 만드는 조합이 알려져 있긴 했지만, 이제는 '화학 성분'이라는 개념이 공식화하고 그로 인해 새로운 화학 복합물의 탄생이 가능해졌다. 이와 같은 맥락에서 현미경의 발명은 미생물학의 발전을 가져오기도 했다.

과학과 기술 간 융합이 촉진된 것은 무엇보다 수학에 힘입은 일이다. 예를 들어, 뉴턴의 법칙이 공식화될 수 있었던 것도 수학의 덕이었다. 그렇기에 발사체의 움직임을 설명할 수 있었고, 이어 탄도학이 발전할 수 있었으며, 이로 인해 또 다른 신과학 분야의 새로운 발견이 가능했다. 모키르는 바로 이러한 과학과 기술의 동반 진화야말로 산업혁명을 특징짓는 요소라고 보았다. 그가 제시하는 세 가지 요소는 위에서 언급한 슘페터식 접근법의 세 가지 주요 개념—지식과 정보의 전파가 혁신 요소의 축적을 가능케 했고, 국가 간 경쟁이 창조적 파괴를 불러일으켰으며, 혁신가의 지식 재산권을 보호하는 제도를 도입했다는 것—과 정확하게 같은 지점에서 조우한다.

지식과 정보의 전파

지식과 정보의 전파는 저렴한 우편 서비스의 등장과 인쇄 비용의 지속적인 감소 덕분에 18세기에 핵심 역할을 할 수 있었다. 신문의 수가 폭발적으로 늘어났고(표 2.3), 백과사전이 수없이 출판되었다(John, 1995).[34] 존 해리스(John Harris)가 1704년 런던에서 펴낸《예술과 과학의 범용 언어 사전(Lexicon Technicum)》은 영어로 출간한 최초의 근대적 백과사전으로 여겨지며, 1728년 에프라임 체임버스(Ephraim Chambers)가 펴낸《백과사전 혹은 예술과 기술의 보편 사전(Cyclopaedia or an Universal Dictionary of Arts

표 2.3 1790~1840년 미국에서 우편 서비스로 전달한 편지와 신문

연도	편지(단위: 100만)	인구 1명당 편지 수	신문(단위: 100만)	인구 1명당 신문 수
1790	0.3	0.1	0.5	0.2
1800	2.0	0.5	1.9	0.4
1810	3.9	0.7	-	-
1820	8.9	1.1	6.0	0.7
1830	13.8	1.3	16.0	1.5
1840	40.9	2.9	39.0	2.7

출처: John (1995).

and Sciences》의 근간이 되었다. 드니 디드로(Denis Diderot)와 장 르 롱 달랑베르(Jean Le Rond d'Alembert)가 애초에 기획한 것은 다름이 아니라 체임버스의 대사전을 번역하는 작업이었다. 추후에 더 큰 규모의 작업을 하기로 결정한 디드로와 달랑베르는《백과전서 혹은 과학, 예술, 기술에 관한 체계적인 사전(Encyclopédie ou Dictionnaire raisonné des sciences, des arts et des métiers)》의 초반 몇 권을 1751년에 출판했다. 이들은 백과전서의 목적이 "전문가를 동원하고 또 살아 있는 지식을 설명하는 방식을 통해 우리 시대의 지식을 수합하는 일"이라고 명기했다.* 이러한 저서들이 전파

---

* 달랑베르가 수학 부문을 맡고, 루이장마리 도방통(Louis-Jean-Marie Daubenton)이 자연사, 테오필 드 보르되(Théophile de Bordeu)와 테오도르 트롱솅(Théodore Tronchin)이 의학 영역의 집필을 맡는 식이었다. 프랑스 백과전서는 7만 2000가지 주제 중에서 유난히 기술 분야를 풍부하게 다루었다. 예를 들어, 유리 제작 공법에 대해서는 44쪽, 물레방아의 작동 원리에 대해서는 25쪽을 할애했다.

됨으로써 기술과 과학에 대한 지식을 더 많은 사람이 접할 수 있었다.

이러한 발전은 이어서 과학 분야 협회 및 클럽의 발전과 더불어 아이디어의 자유로운 교환에 유리하게 작용해 지식을 공유하고 더 촉진시키는 역할을 했다. 각 분야의 지식을 조합이나 길드가 보호하던 15세기 상황과는 크게 대조적이라고 볼 수 있다. 15세기와 달리 18~19세기에 오면 정보의 공유라는 문화가 제대로 발전했다. 이렇게 해서 혁신가 개개인이 새로운 발명을 하기 위해 완전히 초기 단계에서부터 출발하지 않아도 되는 환경이 마련되었고, 이전 발명을 풍성히 활용함으로써 '거인들의 어깨를 딛고 무언가를 만들어낼' 수 있었다.

개방된 사회, 즉 발명가 및 국가 간에 아이디어가 자유롭게 공유 및 순환하는 상황이 마련되자 이는 또한 혁신의 축적 과정에도 원동력으로 작용했다. 그럼으로써 이륙 단계 진입에 기여하게 된 것이다. 이런 과정에서 모키르는 라틴어를 공용어로 삼고 국경을 초월했던, 유럽 전역의 인문주의자, 대학의 연구자, 학자를 아우르는 '편지 공화국(République des Lettres)'이 중차대한 역할을 했음을 강조했다. 르네상스 시기부터 지식 공유 공동체 역할을 해온 편지 공화국은 전 유럽 차원의 초국가적 환경 안에 자리를 잡았고, 그럼으로써 같은 나라 국민뿐 아니라 훨씬 많은 대중을 대상으로 삼을 수 있었다. 10장에서는 혁신 과정에서, 그중에서도 특히 기초 연구 단계에서 개방성이 얼마나 중요한지를 다시금 짚어볼 예정이다.

경쟁의 중요성

이륙 현상이 유럽에서 발생한 이유를 설명할 수 있는 제도적 접근의 두 번째 측면은 바로 국가 간 경쟁이다. 이는 여러 나라에서 당시 권력자들의 망설임 혹은 반대 의견에도 불구하고, 또한 개인적 이해관계에도 불구하고 혁신과 창조적 파괴를 지탱해준 요소다. 사실, 정치적으로 분열되어 있던 유럽에서는 가장 뛰어난 지성인들을 끌어들이기 위해 국가 간 경쟁이 불붙었다. 그리하여 각 나라마다 혁신 반대 세력이 존재했음에도 불구하고, 다른 유럽 국가들에 뒤처질지 모른다는 우려가 다른 어떤 고려 사항보다 더 중요하게 작용했다.

그와 반대로 중국에서는 경쟁 체계에 대한 압박감이 부재했고, 이는 당시 권력층의 정치·경제적 이해관계가 가장 중요한 결정권을 행사하는 환경을 만들었다. 1661년 강희제가 남쪽 해안 근처에 살고 있는 모든 국민에게 내륙 쪽으로 거주지를 30킬로미터가량 이동하라는 명령을 내리고, 1693년까지 항해 금지령을 포고할 수 있었던 이유도 바로 여기에서 찾을 수 있다. 이러한 항해 금지 조치는 18세기까지 주기적으로 실행되곤 했다. 이로 인해 중국의 무역이 해외로 향하기까지 시간이 많이 지연되고 말았다. 중국 황제들은 창조적 파괴에 대한 두려움에 굴복한 셈인데, 그 이유는 정치적 안정에 위협 요소가 될 거라고 믿었기 때문이다. 중국에서 혁신은 황제가 선택한 영역에서만 유일하게 가능했다. 유럽에서와 달리 중국에서는 선택받지 못한 발명가들이 해외로 이주할 가능성조차 거의 없었다. 이러한 절대주의 통제 체제 때문에 외국 경제 단위들이 산업화를 이루는 와중에도 19세기 내내 그리고 20세기 초반까지도 중국 경제는 정체를 면치 못했다.

베네치아공국의 쇠락 이유 또한 경쟁 부재에서 찾을 수 있다(Diego Puga et Daniel Trefler, 2014).[35] 1297년 자신들의 지위에 위협이 될까 우려한 가장 부유하고 강력한 가문들이 일련의 새로운 법〔세라타(Serrata)라는 이름으로 알려져 있다〕을 도입했다. 이는 공국 대의회(grand conseil, 大議會)의 참여

권한을 출신에 따라 일부 귀족 가문에만 부여하는 내용이었다. 이 시점부터 베네치아의 정치권력은 폐쇄성이 강해지면서 부가 몇몇 가문에 집중되었으며, 도시 국가 베네치아는 해상 무역 강국의 지위에서 쇠락의 길로 들어섰다.

재산권

혁신과 관련한 지식 재산권을 보호해주는 제도적 장치를 마련한 것 또한 경제 성장의 이륙을 설명하는 핵심 요소다. 이륙 단계가 가장 먼저 영국에서 그리고 이어 프랑스에서 일어났는지를 고찰해보면 이 부분에 대한 이해에 아마도 도움이 될 것이다. 영국이 최초로 산업화 시대에 돌입한 이유를 실제로 완전히 기술적인 데서만 찾을 수는 없다. 18세기 말 영국과 프랑스는 상당히 비슷한 수준의 과학 및 기술 발전에 이르렀기 때문이다. 프랑스야말로 백과전서의 편찬을 통해 지식을 체계화한 나라였음을 잊지 말도록 하자. 반면, 지식 재산권 보호라는 영역에서 영국은 프랑스보다 크게 앞서 있었다. 명예혁명(1688~1689)은 영국 의회에 왕보다 앞서는 우선권을 부여했고, 이로 인해 그 어떤 정치적 개입으로부터도 지식 재산권을 보호할 수 있는 환경이 마련되었다. 그리고 이러한 환경이 혁신을 부추겼을 거라는 설명이 가능하다(North et Weingast, 1989).[36] 영국의 명예혁명은 프랑스 대혁명보다 1세기 전에 일어난 사건이다. 프랑스 대혁명 자체도 사실상 사업가들의 활동이나 혁신에 호의적인 새로운 제도를 마련하는 데 있어서는 나폴레옹 시대의 법체계 정비부터 제3공화국 당시 쥘 페리(Jules Ferry)의 교육 개혁에 이르기까지 그저 점진적 변화만을 가져왔을 따름이다.

이렇듯 영국이야말로 발명가들의 권리를 인정해주는 데 준거 역할을 하면서 전 유럽에 본보기를 제시한 나라였다. 1624년의 '독점 조례'는 오직 '최초의 그리고 진위가 분명한' 발명가 외에는 군주정이 무역 부문의 독점 특권을 허가할 수 없도록 했고, 최초 발명가에게는 14년간 자신의 발명품을 활용한 상업 활동의 독점권을 인정했다. 이 법안은 특허 체계가 제도화했음을 의미하며, 미국의 헌법 제정자나 프랑스 혁명가들에게 본보기가 되었다. 엄밀히 말해, 발명 특허에 대한 최초의 법안은 미국에서는 1790년, 프랑스에서는 1791년에야 선을 보였다.

과거에 각 직업군은 기존의 축적된 기술에 대한 지식을 비밀로 여기는 길드가 관리했다. 이러한 길드 조직은 한 도시 내에서 자신들이 수행하는 직업의 독점권을 확보하길 원했고, 주변 도시들을 시장에서 배제하려 애썼다. 이런 처절한 투쟁사는 이웃 도시인 브뤼헤(Brugge)와 헨트(Gent) 또는 제노바와 베네치아 사이의 사례를 보면 여실히 드러난다. 오직 자격을 갖춘 도제들만이 해당 직군의 기술을 전수받을 수 있었다. 길드의 비밀을 누설하는 자에게는 화가 있으리니! 역사가 조르주 르나르(Georges Renard, 1918)[37]는 1454년 당시 베네치아 법률의 내용 중 다음과 같은 내용을 소개한 바 있다. "만약 한 직공이 다른 나라로 어떤 기술 혹은 공예법을 가져가 우리 공국에 피해를 끼치면, 그에게 귀국 명령을 발동할 수 있다. 이에 순응하지 않으면 그의 가장 가까운 가족을 구금한다. 가족 간 연대가 당사자의 귀국을 종용할 수 있기 때문이다." 15세기 베네치아공국은 두 가지 기술에서 첨단 수준을 달리고 있었다. 한 가지는 무라노(Murano) 유리 제작이고, 또 다른 한 가지는 선박 건조 기술이었다. 무라노 유리는 철저히 보호받는 기술이라 무라노섬에서 태어난 사람은 심지어 절대 그 섬을 떠날 수 없을 정도였다. 혹시라도 유리 제조의 비밀이 누설되는 일을 미연에 방지하기 위함이었다. 이와 비슷하게 베네치아 조선소의 선박

건조 현장은 외국인 참관이 금지되었다(Varian, 2004).[38]

특허 체계의 등장은 혁신과 기술 발전에 이중의 효과를 가져왔다. 첫째, 특허권 보장은 발명가들이 혁신을 도모하는 데 자극을 줄 수 있었다. 적어도 일정 기간 동안은 자신의 혁신을 활용하는 데 독점권을 누릴 수 있었고, 그 결과 발명가에게는 혁신을 시도해도 충분할 만큼의 이득을 얻는 것이 가능했다. 둘째, 특허 제도는 발명가가 자신의 혁신에 기반이 된 지식을 전파하게끔 만들었다. 이는 특허에 포함되어 있는 지식을 바탕으로 또 다른 사람이 혁신을 이어갈 수 있도록 해주었다.*

금융의 발전

금융 분야의 발전은 혁신을 촉진하고 19세기 유럽에서 산업의 이륙이 발생하는 데 가장 중요한 역할을 했다. 금융의 발전은 상업은행과 개발 은행의 탄생, 주식을 통한 출자 및 주식 시장의 등장 그리고 유한회사의 탄생 등을 포함한다. 이러한 금융 분야의 혁신은 실제 혁신과 위험성 있는 투자를 활성화시켰고, 그럼으로써 1820년 이전에 세상이 전혀 경험하지 못한 강력하면서도 지속력 있는 경제 성장이 가능해졌다. 라구람 라잔과 루이지 친갈레스가 공저 《자본주의자들로부터 자본주의 구하기》(2004)[39] 서문에서 너무나 잘 설명했듯이 금융 시장은 '과감한 아이디어'를 실현할 수 있도록 자본 및 자원의 동원을 가능하게 해준다. 이렇게 함으로써 대

---

* 특허에 관한 학술 연구를 살펴보려면 그 시작점으로 피에르 아줄레(Pierre Azoulay), 브론윈 홀(Bronwyn Hall), 애덤 재피(Adam Jaffe), 자크 메레스(Jacques Mairesse), 마크 섕커먼(Mark Schankerman), 라인힐데 포이겔레르스(Reinhilde Veugelers) 같은 연구자들의 저작부터 읽어보길 권한다.

담한 아이디어는 창조적 파괴의 과정을 거치며 실체를 갖추고, 이는 부의 창출로 이어진다. 특히 라잔과 친갈레스는 역사적으로 선진국의 1인당 총생산 증가가 어떻게 은행 예금과 총생산 간 비율, 시가 총액과 총생산 간 비율, 나아가 주식을 통한 출자와 고정 투자 간 비율 등과 같은 경제 지표의 성장과 병행하며 발생했는지를 논의한다. 그렇다고 해서 라잔과 친갈레스가 금융계의 음울한 측면, 즉 규제가 부재한 경우에 금융이 보일 수 있는 위험성을 순진하게 생각한 것은 아니다. 그들은 위의 책에서 많은 부분을 할애해 이러한 위험성을 제대로 파악했고 관련 문제를 방지하거나 적어도 어느 정도 제어할 수 있는 방안을 고민한다. 혁신을 이루기 위한 자금 출자라는 화두에 대해서는 12장에서 자세히 다룰 예정이다.

다비드 세샤르: '발명가의 고뇌'

19세기 당시 지식 재산권도 완전히 보호받지 못하고 발명을 활용하기 위한 재정 지원에도 접근할 방도가 없어 순교자같이 희생되어버린 발명가의 이야기를 오노레 드 발자크(Honoré de Balzac)만큼 잘 묘사해낸 소설가는 없다. 그는 《잃어버린 환상(Illusions perdues)》 3부 '발명가의 고뇌'를 통해 등장인물 다비드 세샤르(David Séchard)의 고생담을 풀어낸다.

인쇄공의 아들로 태어난 세샤르는 식물 섬유를 이용해 경쟁자들보다 더 저렴한 비용으로 종이를 생산할 수 있는 방법을 찾아낸다. 하지만 직접적인 경쟁자이던 쿠앙테(Cointet) 형제는 매우 부도덕하지만 분명 합법적인 계략을 동원해 세샤르가 고안한 공법을 차지하려 나선다. 쿠앙테 형제는 세샤르와 그가 운영하는 인쇄소를 파산시킬 계략을 세워 세샤르의 친구이자 이 소설의 주인공 뤼시앙 드 뤼방프레(Lucien de Rubempré)가 자신들한테 진 빚을 갚으라고 세샤르에게 종용한다. 그런데 그것 또한 뤼시앙의 서명을 날조해서 만들어낸 채무였다. 쿠앙테 형제는 그리하여 뤼시앙의 채무를 변제해주는 대가로 세샤르의 발명을 자유롭게 또 영구히 자신들이 사용할 수 있는 권리를 요구한다. 독자들은 채무 금액보다 발명으로 얻을 수 있는 앞으로의 잠재 수익이 훨씬 높으리란 걸 예상할 수 있는 상황이다. 다시 말하면, 세샤르는 자신에게 너무나 불리한 조건의 계약을 받아들일 수밖에 없는 처지가 되었다는 뜻이다.

세샤르는 19세기 왕정복고 시대의 인물이다. 그가 처한 상황과 유사한 불행한 사태가 오늘날의 프랑스에서 일어날 가능성은 훨씬 낮다. 그 이유는 여러 가지다. 첫 번째 이유는 특허 출원의 비용과 관계가 있다. 오늘날에는 그 비용이 600유로밖에 들지 않는다. 하지만 발자크의 소설 속 세샤르가 살던 시대에는 특허 출원 비용이 그가 인쇄소를 매각했을 때 얻을 수 있는 전체 수입의 10퍼센트에 달하는 수준이었다. 두 번째 이유는 오늘날 세샤르 같은 발명가들이 은행, 벤처 캐피털리스트, 기관 투자자 등 출자자를 찾는 일이 훨씬 쉬워졌기 때문이다. 이제는 지식 재산권에 관해서도 진정한 의미의 시장이 형성되어 있고, 특허권에 가치를 부여하므로 자금 유치나 대출 담보에도 일정한 역할을 할 수 있다.

따라서 우리 시대에 세샤르가 부활한다면 그의 발명을 우선 특허 출원해야 할 것이고, 은행이나 벤처 캐피털리스트로부터 상품 개발을 위한 출자를 얻어내야 한다. 그렇게 하면 그 은행 혹은 벤처 캐피털리스트가 쿠앙테 형제에게 채무를 대신 변제하게 된다. 그게 아니더라도 세샤르가 특허권 자체를 매각해 그 수익으로 채무를 해결할 수 있다. 그뿐 아니라 그는 여전히 특허의 금전적 가치와 채무의 차액을 고스란히 차지할 수 있다.

여기서 언급한 발자크의 소설은 고도의 자본주의가 지닌 장점을 대위

법(contrepoint, 對位法: 건축, 문학, 영화에서 2개의 대위적 양식이나 주제 따위를 결합해 작품을 만드는 기법—옮긴이)을 통해서 보여준다고 할 수 있다. 한편으로는 19세기보다 훨씬 접근이 용이해진 특허 제도를 이용해 혁신에 대한 지식 재산권을 보장받고, 또 다른 한편으로는 발달한 금융 덕분에 발명가가 경쟁자이기도 한 독점 채권자의 인질로 전락하는 일을 막을 수 있기 때문이다.

일라이 휘트니와 '조면기'

1793년 일라이 휘트니(Eli Whitney)는 '조면기(Cotton Gin)'라는 기계를 발명했다. 이 기계는 줄기에서 면화의 씨앗을 분리해내는 탈곡기라고 할 수 있다. 휘트니는 1794년 3월 이 발명품에 대한 특허권을 인정받았다. 하지만 해당 특허를 통해 구체적으로 인정받아야 할 그의 지식 재산권이 실질적으로 존중받는 데 정부 기관은 전혀 책임을 이행하지 않았다. 모방자들로부터 자신의 발명품을 보호하기 위해 휘트니가 들인 비용은 조면기로 인해 발생한 이득을 상쇄하다 못해 초과해버렸고, 그의 회사는 1797년 결국 파산을 맞았다. 발명가 휘트니는 앞으로는 절대 특허를 내지 않으리라 다짐하며 "발명품은 발명가 본인에게 무가치한 바로 그만큼의 가치를 지닌다"는 유명한 말을 남겼다. 오늘날이라면 휘트니는 아마도 자신의 발명품을 보호할 수 있었을 테고, 파산을 면할 수 있도록 투자자들로부터 출자를 확보할 수 있었을 것이다.*

---

* 여기서 일라이 휘트니가 발명한 조면기의 파급 효과를 언급하는 게 적절하다고 생각한다. 이를테면 이 기계는 간접적으로는 미국 남부의 여러 주들이 노예제에 더 의존하게 하는 결과를 가져왔다.

경제 성장의 이륙이라는 기적은 여러 가지 요소와 관련이 있는데, 그러한 다중적 요소의 결합을 통해 19세기 이후 전례 없는 부의 축적이 가능해졌다. 하지만 기술과 제도적 요소 사이의 조합이야말로 이러한 이륙이 왜 더 일찍이 아니라 19세기 초에 와서야 발생할 수 있었는지를 더 잘 설명해준다. 또한 이륙 현상이 다른 지역이 아닌 유럽에서, 요컨대 최초로 영국에서 그리고 이어 프랑스에서 가장 먼저 발생했는지를 설명해준다. 실제로, 한편으로는 인쇄술처럼 새로운 과학 기술이 생산 및 지식의 전파를 크게 용이하게 만들었고, 다른 한편으로는 혁신가를 보호해주는 새로운 제도가 등장해 혁신에 대한 투자를 뒷받침하는 결과가 나타났다.

종합해보면, 산업혁명 시대에 이륙이 나타났다는 것은 슘페터식 패러다임의 세 가지 중심 개념을 설명해주는 좋은 예라고 할 수 있다. 그 중심 개념은 첫째 혁신이 축적되어 성장의 동력으로 작용한다는 점, 둘째 혁신을 통한 이득을 보전하기 위해 또 더 크게는 혁신을 장려하기 위해 지식 재산권을 보장하는 제도가 중요하다는 점, 그리고 마지막으로 (새롭게 시장에 진입하는 주체가 그들의 기존 이득이나 권력을 뒤흔드는 사태를 방지하기 위해) 창조적 파괴 과정을 막으려는 기존 기업과 정부가 만들어놓은 시장 진입 장애물에 맞서 싸우기 위한 도구로서 경쟁이 매우 중요한 역할을 한다는 점이다. 바로 이러한 패러다임이 이 책에서 논의하는 내용의 지침 역할을 한다. 하지만 그와 동시에 우리는 다음에 이어지는 장들에서 실제 자료와 수치를 놓고 이러한 패러다임의 논리를 실제 경험적 자료와 계속해서 대조 및 확인하며 분석을 이어갈 예정이다.

기술 발전의 물결을 두려워해야 하는가

기술 혁명을 두려워해야 하는가, 아니면 희망해야 하는가? 어떤 면에서 기술 혁명은 걱정을 불러일으킨다. 업무 자동화, 즉 특정 업무를 수행하는 사람을 기계가 대체하는 현상에 가속이 붙는 것처럼 보이기 때문이다. 다른 한편으로 사람들은 기술 혁명을 기대하기도 한다. 그 이유는 그로 인해 경제 전반에 영향을 미쳐 결국 경제 성장을 위한 도약의 기회를 만들어내는 2차 혁신이 파생되기 때문이다.

가장 잘 알려진 사례는 아마도 1770년대 제임스 와트(James Watt)가 발명한 증기 기관이라고 할 수 있다. 이 발명은 제1차 산업혁명, 즉 2장에서 언급한 최초의 대대적인 기술 발전의 물결이 개시되었음을 알린 사건이다. 제1차 산업혁명은 영국과 프랑스에서 시작되었고 다른 선진국들로, 특히 미국으로 이어졌다. 20세기 전반이 황금기라 볼 수 있는 제2차 산업혁명 시대의 동력은 전기였다. 1879년 토머스 에디슨(Thomas Edison)

의 전구 발명 그리고 특히 베르너 폰 지멘스(Werner von Siemens)가 기여한 1866년의 다이너마이트 발명으로부터 시작된 시대다. 로버트 고든(Robert Gorden, 1999)[1]이 "하나의 거대한 물결(One Big Wave)"이라고 이름 붙인 이 제2차 산업혁명의 부차적인 물결은 제1차 산업혁명과는 반대 방향으로 일어났다. 즉, 도표 3.1처럼 미국에서 1930년대에 시작되어 제2차 세계대전이 끝난 후 대서양을 건너 서방의 다른 선진국들로 퍼져나갔다는 뜻이다(Bergeaud, Cette et Lecat, 2016).[2] 이 물결은 미국보다 유럽과 일본에서 더 거대한 규모에 달했다. 유럽과 일본의 경우 전후 국가 재건을 해야만 했고, 또 미국에 대한 기술 따라잡기의 필요성이라는 두 가지 이유가 동시에 작용했기 때문이다. 마지막으로 제3차 산업혁명을 이른바 '정보 통신 기술', 즉 TIC 혁명이라고 하는데, 이는 1969년 인텔(Intel)의 엔지니어 페데리코 파긴(Federico Faggin)과 마시언 호프(Marcian Hoff)가 고안한 마이크로프로세서의 발명에서 시작된 기술 발전의 연장선상에 있다고 이해할 수 있다.

그럼에도 불구하고 기술 혁명 물결의 원천을 이루는 기술이 등장하고, 이어서 그 물결의 실질적 결과라 볼 수 있는 경제 성장이 나타나기까지는 상당한 시간차가 있었다. 실제로 최초의 증기 기관이 상업화한 해는 1712년이지만, 영국의 1인당 총생산 증가의 가속화가 눈에 띄기 시작한 시기는 1830년 들어서였다(Bergeaud, Cette et Lecat, 2018).[3] 이와 마찬가지로 전구는 1879년에 발명되었지만, 미국에서 50년 넘게 지나서야 비로소 생산성 증가 추세가 가속화하는 현상을 목격할 수 있다. 또한 2000년대 초반 이후로 미국과 유로존 국가들에서는 생산성 향상 추세가 쇠퇴하는 현상이 나타나고 있다.*

어째서 새로운 속성의 발명이 등장하고 그에 따른 성장 가속화 현상이

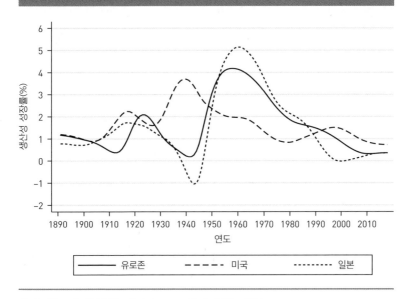

도표 3.1 전반적인 생산성의 연간 성장률

주: 호드릭-프레스콧 필터(Hodrick-Prescott filter) 사용(λ=500)
출처: Bergeaud, Cette et Lecat (2016); www.longtermproductivity.com.

나타날 때까지 이렇게 시간상 간극이 발생한 것일까? 현재까지 19세기
영국 노동자 네드 러드(Ned Ludd: 러다이트 운동, 즉 기계 파괴 운동을 주동한 인
물—옮긴이)나 1930년대 케인스가 우려했던 대로[4] 기술 혁명이 대규모 실
업 사태를 초래하는 사태가 발생하지 않은 이유는 어떻게 설명할 수 있
을까? 우리 시대의 인공 지능 기술 혁명에 대해서는 어떤 기대를 가져야
할까? 이 혁명은 과연 일자리를 창출할 것인가, 아니면 파괴할 것인가?
이번 장에서는 이처럼 수많은 수수께끼에 대해 고민해보고자 한다.

---

* 이 문제에 대해서는 6장에서 본격적으로 분석하도록 한다.

기술 혁명의 물결 전파가 지연을 겪는 이유

1987년 로버트 솔로는 "통계에만 없을 뿐 여기저기에 컴퓨터가 보인다"[5] 고 적었다. 지금까지도 '솔로의 모순'이라 불리는 이 말을 했을 때는 마이크로프로세서를 발명한 지 18년이나 된 시점이다. 그러나 여전히 미국의 생산성 향상에는 그다지 여파가 느껴지지 않고 있었다. 사실 정보 통신 기술과 관련한 경제 성장의 물결은 그보다 수년이 지난 후인 1990년대 중반이 되어서야 드디어 시동이 걸려서 2000년대 중반까지 지속되었다고 여겨진다.

정보 통신 기술이 전파되기까지 이렇게 지연이 발생한 상황을 이해하기 위해서는 좀더 구체적으로 기술 혁명의 특징이 무엇인지부터 검토할 필요가 있다. 첫 번째로, 특정한 기술 혁명의 기원은 '총체적 기술', 즉 한 경제 내의 모든 요소를 변화시킬 수 있는 기술을 생산해내는 근본적 혁신에서 비롯된다는 점을 들 수 있다(Bresnahan et Trajtenberg, 1995[6]; Helpman, 1998[7]). 총체적 기술은 다음의 세 가지 근본 성격으로 특징지을 수 있다. 첫 번째로, 강한 '번식' 효과를 들 수 있다. 총체적 기술은 일련의 2차 혁신을 불러일으키며, 그러한 2차 혁신 각각이 경제 단위 내의 특정한 경제 활동 분야에서 또 다른 총체적 기술 역할을 한다. 두 번째로, 개선 가능성을 들 수 있다. 총체적 기술이란 시간이 지날수록 개선됨으로써 사용자의 비용을 점차 줄여준다. 세 번째로, 편재성을 들 수 있다. 경제 전반의 수많은 영역으로 퍼져나가는 능력을 갖고 있다는 뜻이다 (Jovanovic et Rousseau, 2005).[8]

이제 총체적 혁신이 일어난 순간부터 실제로 경제 성장이 나타나는 시점까지 시차가 발생하는 이유에 대해 방금 언급한 총체적 혁신의 세 가지 근본적 특징을 통해서 설명해보도록 하겠다.

2차 혁신의 중요성

총체적 기술이란 '기성품'이 아니다. 경제의 다양한 분야에 이를 적용하려면 '맞춤형' 2차 혁신이 필요하다. 각각의 2차 혁신은 총체적 기술을 특정 분야의 필요에 맞게 적용하는 역할을 한다. 공장의 조립 라인을 예로 들어보자. 이는 전기 혁명에 의해 발생한 2차 혁신을 자동차 산업에 적용한 사례라고 할 수 있다. 인터넷 상거래는 정보 산업 혁명에서 비롯된 2차 혁신이 영업 서비스 분야에 적용된 사례다. 이러한 2차 혁신은 기업의 생산 공정을 개선하고, 그로 인해 생산성이 향상된다. 나아가 기업의 장기적 성장 가능성 또한 높여준다.

하지만 이러한 2차 혁신이 등장하는 데까지는 시간이 걸린다. 바로 이것이 경제 성장이 뒤늦게 발생하는 이유를 설명하는 첫 번째 요소라고 볼 수 있다. 여기에 추가로 고려할 사항은 일단 1차 혁신 발생 이후 생산에 투입했어야 할 자원을 희생해야만 2차 혁신이 등장할 수 있다는 점이다. 이 모든 게 단기적으로 보면 경제 성장을 둔화시키는 요소로 작용하며(Helpman et Trajtenberg, 1998),[9] 그렇지 않더라도 적어도 새로운 기술 혁명을 통한 경제 성장의 재도약 시점이 지연될 수밖에 없는 이유다.

새로운 총체적 기술에서 비롯되는 일련의 2차 혁신은 각 경우마다 혁신의 강도를 높이는 결과를 가져오는데, 이는 해당 기간 동안 1인당 특허 출원 수가 확연히 증가한다는 것을 보여주는 통계 자료를 통해 입증할 수 있다(도표 3.2).

2차 혁신의 필요성은 각 분야마다 상이하며, 각 분야별로 2차 혁신의 발견에 들어가는 시간 또한 다르다. 경제 단위 전반을 종합적으로 바라봤

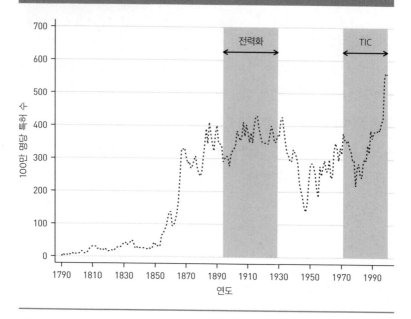

도표 3.2 미국에서 100만 명당 발명품과 관련한 출원 특허의 수(1790~2002)

출처: Jovanovic et Rousseau (2005).

을 때, 이 모든 요소는 구시대적인 기술의 대체가 점진적으로 이루어지는 이유를 설명해준다.

이렇듯이 1869~1900년 제조업계에서는 바퀴와 수력 터빈의 사용 비중이 점차 낮아졌는데, 이런 현상은 증기 기관 및 증기 터빈의 사용 비중 증가와 동시에 발생했다(도표 3.3). 또한 20세기부터는 증기 기관보다 전동기를 선호하는 경향을 관찰할 수 있는데, 초기에는 대체하는 속도가 매우 완만하게 높아지다가 점점 가속이 붙는다. 그리고 궁극적으로 새로운 총체적 기술의 전파는 '로지스틱 함수(logistic function)' 곡선의 모양을 따라간다. 이는 전염병의 진행 상황을 보여주는 곡선과 상당히 유사한데,

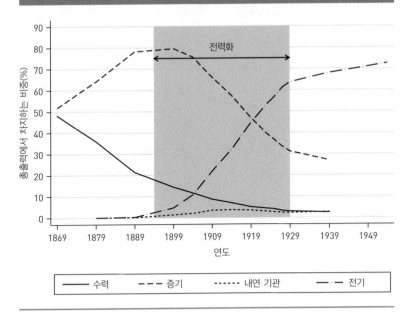

도표 3.3 미국 제조업 분야에서 주요 동력이 발생시킨 총출력 규모(1869~1954)

출처: Jovanovic et Rousseau (2005).

마치 코로나19 바이러스의 전파 양상과도 비슷하다. 즉, 초기에는 속도도 느리고 점진적으로 퍼지다가 어느 시점 이후에 전파 속도가 급속도로 빨라지고 최종적으로는 정체 단계에 이른다.

기업 내 전파의 지연: '다이너마이트와 IT'

폴 데이비드(Paul David, 1990)는 기업의 전기와 IT 도입을 나란히 놓고 새로운 총체적 기술의 전파 과정을 쉽게 풀어 설명했다.[10] 전기가 지닌 엄청난 변화 가능성을 엔지니어들이 이미 감지하고 있었음에도 불구하고 1899년까지만 해도 미국 기업은 전기를 거의 사용하지 않았다. 사실, 물레방아로 동력을 공급하던 시절의 모습과 크게 다르지 않은 상태여서 여전히 구동축(驅動軸)을 중심으로 공장을 운영했다. 물의 힘으로 공장 천장에 고정된 구동축을 돌리고, 공장의 각 기계는 이 구동축에 벨트 구조로 직접 연결된 생산 체계를 유지했다.

제1차 산업혁명 도래 당시 증기는 점차 공장의 동력원으로서 수력이 차지하던 자리를 대체하기 시작했다. 그러나 공장 내 생산 체계는 여전히 그대로였다. 그러고는 제2차 산업혁명이 도래했다. 일부 공장은 여전히 수력을 고수하기로 한 반면, 일부 공장은 전기 동력으로 전환했다. 하지만 당장은 '구조 불변'의 논리가 지배적이었다. 즉, 구동축을 중심으로 한 생산 체계 자체를 문제 삼지는 않았다는 뜻이다.

그러나 구동축을 활용한 생산 체계에는 효율성을 제한하는 주요한 단점이 있었다. 구동축이 동력을 전달하기 좋게 유사한 기계를 서로 옆자리에 배치해야만 했다. 이러한 기계 배치는 이상적이지 못했다. 공장 내 상품 생산의 첫 번째와 마지막 단계 사이에 물리적으로 엄청난 거리가 발생했기 때문이다.

바로 이런 상황이야말로 그 유명한 2차 혁신이 개입하는 순간이다. 1910년대 초 헨리 포드는 증기가 할 수 없는 일 두 가지를 전기는 가능케 해준다는 사실을 깨달았다. 즉, 전선을 통해 에너지를 전달하고, 발동기를 소형화하는 일이다. 이 두 가지 2차 혁신은 대격변을 일으킨다. 그 이후로 생산 기기는 물리적으로 완전히 상호 독립할 수 있었고, 전선을 통해 각자 별도로 동력을 공급받을 수 있게 되었다. 이제는 구동축을 폐기하고 상품 생산 과정에서 서로 연계된 단계를 수행하는 기계끼리 가까이 배치할 수 있었다. 바로 이것이 헨리 포드의 조립 라인 발명이다. 이렇게 해서 제조업 공장의 생산성은 10배 넘게 증가했다.

폴 데이비드는 19세기 말에 전기를 제대로 사용하지 못한 점과 20세기 말 IT 기술을 제대로 사용하지 못한 점을 평행선상에 놓고 비교해야 한다고 주장한다. 출현 직후부터 IT 기술은 수많은 정보 처리 과정을 전산화하는 데 활용되었어야 했다. 그런데 종이에 의존하는 구시대적 방식을 고수했고, 결국 업무 처리를 이중으로 하다 보니 1980년 말 생산성 향상은 매우 미약할 수밖에 없었다는 게 데이비드의 주장이다. 심지어 어떤 경우에는 새로운 기술을 최적으로 활용하는 단계까지 이르지도 못하는 경우가 발생한다. 2차 혁신을 제대로 활용하지 못하기 때문이다. 이는 결국에는 생산성 향상 기회의 '박탈'이라는 결과를 가져오기도 한다. IT 분야에서 가장 유효한 예가 바로 QWERTY 방식 키보드의 보편화 문제다 (88~89쪽의 상자 참조).

마지막으로, 이러한 총체적 기술의 변화는 창조적 파괴 과정에 유리하게 작용한다는 사실을 지적해야겠다. 실제로 신진 기업은 구기술에서 신기술로 전환하는 비용을 들일 필요가 없기 때문에 이미 시장에 자리 잡은 기존 기업에 비해 유리한 입장에 있다고 볼 수 있다. 어떠한 총체적 기술의 도래는 그렇기 때문에 기업의 탄생 또는 쇠퇴의 원인이 될 수 있다. 뉴욕증권거래소, 아메리카증권거래소, 나스닥 등에 상장하는 기업의 가치를 주식 시장의 총가치에 대비한 백분율 지표를 통해 보면, 총체적 혁신이 전파되는 두 번의 기간 동안 기업의 시장 진입 및 퇴장의 움직임이 증가했음을 확인할 수 있다. 다시 말하면, 그 기간 동안 창조적 파괴 과정에 가속이 붙었다는 뜻이다.

총체적 기술 활용 개선

새로운 총체적 기술은 즉각 효율성을 발휘하지는 않는다. 이를 제대로 활

QWERTY 자판: '경로 의존성'의 사례

앵글로색슨 문화권 국가의 거의 모든 사용자들이 QWERTY 자판을 사용한다. 하지만 이 방식은 최적화한 모델이라고 할 수 없다. 컴퓨터 작업을 할 때 이보다 훨씬 빨리 타자를 칠 수 있게 해주는 자판 배치 방식이 존재하기 때문이다. 그렇다면 대체 최적이 아닌 자판을 왜 여전히 고수하고 있는 걸까? 이런 상황을 이해하기 위해서는 QWERTY 자판의 전파 과정에 얽힌 역사를 되짚어보아야 한다. 이야기는 1873년까지 거슬러올라간다. 1873년은 레밍턴(Remington)에서 최초로 타자기를 성공적으로 상업화한 해였다. 레밍턴의 타자기는 QWERTY 자판을 이용해 여러 다른 글쇠 간의 충돌 빈도를 줄여주는 모델이었다.

1936년에 어거스트 드보락(August Dvorak)이 새로운 자판 배치 방식을 특허 출원했다. 이를 '드보락 간략화 자판' 혹은 '드보락 자판'이라고 부른다. 이 배치 방식은 영어로 타자를 치면 속도 면에서 기록을 세울 정도였고, QWERTY 자판보다 인체공학적으로도 우수하다. 1940년 미 해군이 실행한 실험 결과에 따르면, 드보락 자판 덕분에 발생하는 효율성 향상 효과는 타이피스트를 재교육시키는 데 들어가는 비용을 단 10일 만에 상쇄할 수 있다고 한다. 그럼에도 불구하고 드보락 자판이 최적화 모델도 아닌 QWERTY 자판의 자리를 차지하지 못한 이유는 대체 무엇일까?

폴 데이비드는 여기엔 두 가지 이유가 있다고 분석한다. 첫 번째는 공조의 문제에서 기인한다. 고용주는 타이피스트가 모두 QWERTY 자판에 익숙하다고 가정하므로 QWERTY 방식 타자기를 갖추는 게 유리하다고 생각한다. 반대로 타이피스트 또한 대부분 기업이 QWERTY 타자기를 사용한다고 간주하기 때문에 그 방식을 배우는 게 유리하다고 생각한다. 이러한 기술상의 상호 의존성으로 인해 '최초로 시장을 점유한' QWERTY 방식의 자판이 우세할 수밖에 없다는 설명이다.

두 번째는 새로운 기준을 도입하는 데 있어 규모의 경제라는 부분과 관련이 있다. 한 산업 분야 내의 모든 기업이 유일 기준으로 모두 수렴할수록 해당 기준과 관련한 평균 비용은 점점 줄어든다. 그렇게 되면 이를 대체 방식으로 전환하는 데 필요한 기업의 비용이 증가한다.

따라서 드보락 자판이 제시한 2차 혁신은 한발 늦었던 셈이다. 누구도 이 혁신 요소를 충분히 일찍 도입하지 않았기에 타자 작업이라는 분야를 근본적으로 변화시키기에는 너무 늦었다는 뜻이다. 이렇게 되는 순간부터 기업과 사용자 모두 효율성이 떨어지는 QWERTY 자판에 고착되고 말았다.

용하는 법을 터득하기까지는 시간이 걸린다. 행동으로 배우는 과정(영어로는 learning by doing이라고 한다)은 시간이 흐름에 따라 새로운 총체적 기술을 포함한 자본 비용의 변화에 반영된다. 실제로, 좀더 효율적인 방식으로 새로운 총체적 기술을 활용하는 신품 기계가 등장하면, 같은 기술의 그 이전 버전을 활용하는 기존의 기계 가격은 떨어진다. 예를 들어, 시속 320킬로미터로 달리는 '푸른색 TGV'가 등장하자 최고 시속 기록이 260킬로미터에 그치는 TGV의 최초 모델, 즉 '오렌지색 TGV'의 가격이 하락했다. 또한 20세기 초부터 1960년대까지 전기의 가격은 100배 감소했으며, 컴퓨터 가격은 25년 사이에 동일 품질 제품으로 비교할 때 1만 배 낮아졌다.

가정에서의 새로운 총체적 기술 도입

기업체 내에서 새로운 총체적 기술의 반영이 처음에는 지연되다가 나중

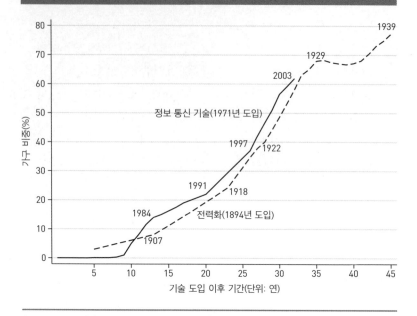

출처: Jovanovic et Rousseau (2005).
자료: 전기와 관련해서는 미국 인구조사국(1975)의 '미국의 역사적 통계'(일련번호 S108, S120)를 사용했고, 1975~1988년의 컴퓨터 보유 자료는 게이츠(Gates, 1999, p. 118)와 인구조사국의 '현재 인구조사'를 활용했다.

에 가속화하는 현상과 유사하게 가정에서도 신기술을 받아들이는 데 있어 초기 지체에 이어 어느 정도 시간이 지난 후 가속화하는 양상이 나타난다. 이렇게 시간이 지난 후 신기술 도입에 가속이 붙는 데에는 가격 하락이 큰 영향을 미친다. 이러한 양상으로 1990년대 노트북 컴퓨터 가격의 인하 가속화 현상은 가정의 정보 통신 기술 도입 자체의 속도가 빨라지는 결과로 이어졌다(도표 3.4). 여기서 흥미로운 점을 지적하자면, 전기를 공급받는 가정의 비율과 정보 통신 기술을 받아들인 가정을 보여주는 도표가 상대적으로 유사한 추이, 즉 일시적 변화 양상을 보인다는 사실이다. 이 두 가지 새로운 총체적 기술 도입 사례를 놓고 볼 때, 가정에서 기술을 도입하도록 유도하는 총체적 기술의 품질 개선은 또한 '네트워크 효과'를 통해 발생했음을 알 수 있다. 이 말은 지리적으로 전기 공급이 확대되고 전기 공급망의 품질이 좋아지면서 전기를 가정에 도입하는 추세 또한 확대되었다는 뜻이다. 이와 마찬가지로 정보 통신 기술의 도입 또한 충분히 빠른 속도로 제공하는 인터넷에 접근할 수 있는 주변 상황이 마련되어야 가능해진다.

생산성 측정의 한계: 정보 통신 기술 혁명의 사례

새로운 총체적 기술의 도입에 따른 생산성 증가는 때로 측정하기 어렵다. 이러한 기술이 도입된 직후 시기에는 특히나 더욱 그렇다. 이 문제는 앞에서 언급한 바 있는 '솔로의 모순'에서 묘사하는 상황을 다시금 상기시킨다. 정보 통신 기술 혁명이 상품과 서비스의 생산에서뿐만 아니라 아이디어 창출에 있어서도 생산성을 향상시켜준 사실을 어찌 부인하겠는가? 예를 들어, 스카이프나 줌 같은 서비스를 통해 각자 다른 대학이나 다른 나라에 자리한 연구자 간 상호 교류가 훨씬 쉬워지고, 그럼으로써 연구를 기획하는 이들의 협력이 훨씬 용이해진다. 아이디어의 생산 측면에서 정보 통신 기술 혁명이 가져온 생산성 증가는 상품 및 서비스 생산이라는 영역에서 정보 통신 기술 혁명이 일으킨 생산성 증가보다 측정하기가 훨씬 더 난해하다(Baslandze, 2016).[11]

그런 데다 정보 통신 기술을 통해 발생하는 가치는 서비스업계에 집중되어 있다. 그런데 서비스 분야의 생산성은 제조업계의 생산성보다 그 증가 폭을 측정하는 과정이 복잡하다. 에릭 브린욜프슨과 양신규(Erik Brynjolfsson et Shinkyu Yang, 1996)는 "다양성의 증가, 배송 기한 단축, 맞춤형 고객 서비스 등은 생산성 통계에서 거의 고려하지 않고 있는 서비스 분야"[12]라는 점을 지적한 바 있다. 이러한 측정 관련 문제에 대해서는 6장에서 좀더 상세하게 다룰 예정이다.

인공 지능: 성장의 새로운 물결을 향하고 있는가

우리는 인공 지능을 통한 새로운 성장의 시대에 들어서고 있는 것일까? 실제로 인공 지능 기술은 근본적으로 자동화가 불가능하다고만 생각했던 일부 업무조차 이제 자동화가 가능할 수 있음을 엿보게 해주고 있다. 이러한 대대적인 자동화는 제한된 자원인 노동력을 무제한 자원인 자본으로 대체함으로써 상품과 서비스의 생산뿐 아니라 새로운 아이디어 및 혁신을 창출하는 데 있어서도 성장에 필요한 활력을 불어넣는다.[13]

　이미 자동화나 인공 지능이 경제 활동에서 점점 더 큰 비중을 차지하고 있음에도 불구하고 선진국들이 폭발적인 경제 성장을 경험하지 못하고 있는 이유는 그렇다면 무엇일까? 여기에 대해서는 첫 번째로 생산이나 연구를 위한 핵심 요소 중 일부는 자동화할 수 없기 때문이라는 해석이 가능하다(Aghion, Jones et Jones, 2017).[14] 그렇기 때문에 이미 수많은 업무가 자동화되고 있지만 생산 과정에서 노동 요소는 여전히 필수불가결하다. 따라서 노동은 희귀하고 수요가 높아 탐나는 요소가 되며, 그래서 그 가격이 높아진다. 즉, 노동 임금이 상승한다는 뜻이다. 이는 이어서 경제 성장에 제동을 거는 요소로 작용한다. 이 쟁점에 대해서는 8장에서 좀더 상세하게 논의하도록 하겠다.

　두 번째로 가능한 설명은 6장에서 더 자세히 언급하겠지만, 부적절한 제도를 동반한 기술 혁명은 촉매가 되기보다는 오히려 방해물로 작용한다고 볼 수 있기 때문이다. 특히 효율적인 경쟁 정책이 부재할 경우 정보 통신 기술 혁명은 오히려 혁신 의욕을 꺾어버리는 역할을 할 수도 있다.

산업혁명과 일자리는 양립 불가능한 반목 관계에 있는가

역사적 관점

기계가 인간의 일자리를 없앨 거라는 공포심은 이미 오랜 역사를 갖고 있다. 1589년 영국의 윌리엄 리(William Lee)가 스타킹(stocking) 직조기를 발명하자 여기저기서 심한 거부감이 드러났고, 그는 심지어 협박을 받기까지 했다. 그 정도로 이 새로운 기계가 노동자에게 두려움을 불러일으켰다는 뜻이다. 윌리엄 리가 엘리자베스 1세에게 자신의 발명품을 소개하자 여왕은 이를 마다하면서 "사제여, 나는 내 가엾은 백성들을 너무나 사랑하기에 감히 편물업의 일자리를 빼앗는 일을 할 수 없소. 이 기계에 재정을 지원한다면 백성들을 파산으로 몰게 되고, 그들의 일거리를 빼앗는 셈이며, 또 그들을 걸인으로 만들어버릴 테니 말이오"[15]라고 말했다고 한다. (윌리엄 리는 사제이기도 했다 – 옮긴이.) 하지만 자신들이 종사하는 직종의 기술이 잠식되는 걸 막기 위해 조심스레 보호하던 전문 길드들은 점차 영향력을 잃었고, 1769년에 이르면 기계를 의도적으로 파손하는 행위를 막기 위한 새로운 법안이 도입되었다. 그러나 1811~1812년경 직조기 활용이 일반화하면서 러다이트 운동과 함께 기계 파손 행위는 여전히 심화되었다. 이러한 봉기는 네드 러드가 선봉에 선 영국의 섬유 장인들과 기계 활용을 선호하는 면직 및 모직 업계 제조업자들 간의 갈등이라고 볼수 있다. 1812년에 영국 의회는 기계를 파손할 경우 사형 선고까지 가능하도록 규정한 법안을 통과시켰다. 기술 발전에 대한 이런 태도 변화를 어떻게 설명할 수 있을까? 제조 상품의 수출을 통해 이득을 얻는 자본 보유자들이야말로 생산, 수출 및 일자리의 영역에서 기술 발전이 가져오는 긍정적 효과를 특히나 옹호했다는 사실을 보면 이를 이해할 수 있다. 이러한 '자본가'는 의회에서 존재감을 점점 더 키워갔고, 결국 의회는 영국 왕가보다 정치적 우위에 서기에 이르렀다.*

기술 발전을 바라보는 이 두 가지 정반대 관점에 대해 이야기하자면, 한쪽은 기술 발전이 생산에 유리하기 때문에 일자리 창출에 도움이 된다고 생각하고, 다른 한쪽은 자본을 위해 노동 요소를 희생하길 원한다. 이 두 관점은 언제나 공존해왔다. 자동화는 생산성을 높이고 수요 및 생산을 증대시키기 때문에 일자리 창출 효과가 나타난다. 조지프 슘페터가 1942년에 고안한 창조적 파괴라는 개념[16]은 이와 관련한 대립 관계를 잘 설명해준다. 기술 발전이 빠르게 진행되면 기존 기업이 도태하고, 그 과정에서 일자리가 사라지는 단기적인 결과가 나타난다. 이를 다른 시선으로 바라보면 기존 기업이 기술 발전의 양상에 적응할 가능성도 있고, 그러면서 또 다른 회사의 창업과 경제 성장에도 유리한 영향을 미친다.

일찍이 1930년대에도 경제학자들은 기술 발전으로 인한 대량 실직 가능성에 대한 우려를 표명해왔다. 이는 존 메이너드 케인스가 처음으로 도입한 개념이었다. 그는 1930년에 "우리 사회는 새로운 병에 걸렸다. 일부 독자들은 아마 그 이름조차 들어보지 못했을 것이다. 하지만 앞으로 수년간 수도 없이 듣게 될 그 병의 이름은 기술 발전으로 인한 실직"[17]이라고 적었다. 그로부터 20여 년 후인 1952년에 바실리 레온티예프 또한 "노동

---

* 그러나 의회 자체는 1832년 개혁법을 도입하고서야 귀족 출신 대지주들의 지배에서 벗어날 수 있었다.

은 점점 덜 중요해질 것이다. ……점점 더 많은 노동자가 기계로 대체될 것이라고 생각한다. 나는 산업계가 일자리를 원하는 모든 사람을 고용할 수 있다고 보지 않는다"[18]는 의견을 표명했다.

가장 위협에 직면한 직종은 무엇일까? 숙달된 노동을 자본이 대체하면서, 19세기에 기계 도입으로 인해 무엇보다 표적이 되어버린 직종은 수공업 장인이었다. 이러한 패러다임은 20세기 들어서 변화를 겪는데, 이번에는 자본과 교육이 상호 보완 관계에 있는 듯했다. 자동화의 희생양은 비숙련 노동자가 대부분이었고, 이러한 경향은 정보 통신 기술 혁명과 함께 더욱 강화되었다. 그리하여 1990년대에는 이와 관련해 "숙련도를 우선시하는 기술 전환"이라는 가정에 기반한 연구가 상당수 진행되었다.[19] 기술 발전 양상은 미숙련 노동에 비해 숙련된 노동력의 수요를 증가시켰다. 그 결과 자격을 덜 갖춘 이들의 실직이 늘어나고 임금 차이 또한 더 벌어졌으며, 결국엔 교육이 가져다줄 수 있는 수익이 증가하기에 이르렀다.

합계 차원에서 본 자동화와 일자리

자동화가 일자리에 미치는 영향을 측정하는 데는 어떤 방법이 있을까? 사실 고용 현실과 상호 관계를 파악할 수 있는 자동화의 측정 방식을 찾아내기란 쉬운 일이 아니다. 특히 산업 기밀에 있어 측정에 문제가 발생하며, 무엇보다 자동화라는 개념 자체에 관해서도 어려움이 있다. 자동화를 측정한다는 건 기계의 수를 세기만 하면 되는 걸까? 그렇다면 어떤 기계를 세어야 하는가? 기계들을 '추가한다'는 건 어떤 계산을 의미하는가? 기계의 성능 또한 고려해야 할까?

자동화를 파악하는 첫 번째 지수가 있다면 국제로봇협회(IFR)가 1990년대 초반부터 일부 국가에 대해 제공하는 경제 활동의 영역별 산업 로봇 수치 자료를 들 수 있다.* 다른 아제모글루와 파스쿠알 레스트레포(Daron Acemoglu et Pascual Restrepo, 2020)[20]의 연구는 IFR가 제공하는 분야별 로봇의 총수를 바탕으로 1993년부터 2007년까지 미국의 고용 환경에 로봇이 끼친 영향을 분석했다. 이는 미국 722개 지역에서 자동화 노출 정도에 따라 고용 환경을 비교하는 작업이었다. 문제는 로봇 수에 대한 기존 자료가 국가 단위의 자료였기 때문에 미국의 각 지역별 노동 시장에서 로봇이 어떻게 분포되어 있는지를 알아내는 게 불가능했다는 점이다. 그렇기에 두 사람의 연구는 지역 노동 시장 단위로 자동화 노출 정도에 대한 단서를 구축하는 작업부터 시작할 수밖에 없었다. 그래서 이들은 각 지역에서 특정 산업이 상대적으로 얼마나 중요한지를 변수로 잡고, 국가 차원에서 각 산업별 로봇 수의 변화에 그 변수로 가중치를 부여하는 방식을 동원했다.

자동화를 이러한 지역 단위로 측정한 결과, 아제모글루와 레스트레포는 자동화가 고용 환경과 임금 상승에 부정적 영향을 끼친다는 결론에 도달했다. 로봇을 하나 추가할 때마다 일자리가 6개 줄어들고, 시간당 임금 또한 하락하는 효과가 나타났기 때문이다. 이러한 분석을 프랑스 자료에 대입해 재구성해보니 결과가 유사하기는 하지만 그 경향은 오히려 조금 더 강한 걸로 나타났다. 즉, 지역별 노동 시장에 로봇이 한 대 늘어나면 프랑스에서는 일자리가 11개씩 사라진다는 계산이 나왔다(Aghion, Antonin et Bunel, 2019). 그런 데다 자동화는 교육 수준이 낮은 노동자의 일자리를 상대적으로 더 크게 위협하는 걸로 추정된다.

---

* 서비스 분야에 대한 자료도 찾아볼 수 있지만 매우 집성되어 있기 때문에 연구에 활용하기가 훨씬 어렵다.

이러한 분석은 물론 여러모로 한계점이 있다. 우선 자동화를 측정하는 것 자체에 대한 문제다. 왜 로봇만 생각하는가? 로봇이 정말 다른 기계들과 다른가? 물론 로봇은 상당히 높은 수준의 자율성을 갖추고 있지만, 그렇다고 해서 실제 실행하는 업무가 반드시 다른 종류의 기계와 다른 것도 아니다. IFR가 제시하는 로봇의 정의는 상당히 제한적이다. 그 때문에 근본적으로 IFR가 정의한 로봇은 자동차 산업 생산 라인에서 일하는 로봇을 뜻하는 것이나 다름없다고 볼 수 있다. 이러한 분석의 또 다른 한계는 지역 단위의 자료 부재에서 기인한다. 그렇기 때문에 지역 단위 자료는 연구자가 자체적으로 재구성하는 수밖에 없다. 그러한 재구성 작업을 할 때는 지역의 한 산업 내 모든 공장이 동일한 수의 로봇을 보유하고 있으며, 따라서 기술적으로 동일한 수준에 있다는 가정에서 출발한다. 그러나 현실에서는 당연히 공장마다 기술 수준이 다르고, 바로 그 점이야말로 일자리가 창출 또는 소멸하는 이유일 거라는 추정을 해볼 수 있다.

기업 차원에서 자동화와 일자리

위에서 언급한 대로 회사나 기관 차원에서 자동화를 가늠하는 일은 여러 가지 이유로 인해 어려운 작업이다. 이 책의 저자 3명은 그자비에 자라벨(Xavier Jaravel)과의 공동 연구(2020)[21]를 통해 새로운 자동화 측정 방식, 그러니까 공장 내의 매우 '미시경제적'인 수준의 자동화를 측정하는 방식으로 위에서 언급한 어려움을 극복하고자 했다. "사전에 정해진 사용법이나 조작 방식에 따라 시동을 걸고 나면 상대적으로 자율성을 갖고 작동하는 전자공학적 기계류"[22]라는 '자동화 기술'의 정의를 기반으로 우리는 한 공장 단위의 자동화 수준을 측정하는 도구로서 생산 라인에서 사용하는 모터를 돌리는 데에만 들어가는 전기의 연간 사용량을 활용했다.

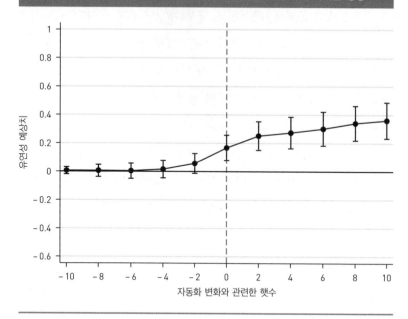

도표 3.5 공장 단위의 자동화 변화가 고용 환경의 변화에 미치는 영향

주: 한 기관에서 자동화가 1퍼센트 변화하면 2년 후 고용이 0.25퍼센트 늘어나고, 10년이 지난 후에는 그 변수로 인해 0.4퍼센트 증가한다.

출처: Aghion, Antonin, Bunel et Jaravel (2020).

이렇게 각 공장 단위를 기준으로 두고, 오늘날 자동화 수준을 높일 경우 해당 공장의 일자리에 지금 당장, 2년 후, 4년 후 그리고 10년 후 어떠한 영향이 발생하는지 살펴보았다. 연구 결과에 따르면, 자동화가 일자리에 미치는 영향은 긍정적인 걸로 나타났다. 심지어 시간이 지남에 따라 그러한 긍정적 효과가 증가하는 경향을 보였다. 특정 공장 내 자동화 수준이 1퍼센트 상승하면 2년 후 일자리는 0.25퍼센트 늘어나고, 10년 후에는 0.4퍼센트 늘어났다(도표 3.5). 미숙련 노동자에게도 그 영향은 긍정적으로 판명되었다. 다시 말해, 기존에 갖고 있던 고정관념과 달리 자동화로 인해 일자리가 없어지기보다는 오히려 새롭게 창출된다는 뜻이다.

이러한 긍정적 효과는 노동에만 관련이 있는 게 아니라 소비 분야에서도 상품 판매 증가와 가격 인하 효과가 있다는 사실이 드러났다. 그러므로 자동화로 인한 생산성 향상의 혜택은 노동자, 소비자 그리고 기업이 골고루 누리게 된다는 얘기다.

각 공장 단위로 볼 때 자동화와 일자리 사이에 이러한 긍정적인 정비례 관계가 있다는 사실을 어떻게 설명할 수 있을까? 즉각적으로 떠오르는 생각은 자동화에 좀더 힘쓰는 기업이야말로 더욱 생산성을 높여가기 때문이라고 볼 수 있다. 그러한 기업은 경쟁 기업보다 가성비 좋은 제품을 내놓음으로써 시장 점유율을 높여간다. 이렇게 시장 점유율 증가로 인해 해당 기업은 좀더 큰 규모로 활동할 수 있고, 이것이 고용 증가로 이어진다는 뜻이다.

좀더 집성된 수준에서는 어떠한 현상이 나타날까? 다시 말해, 기업 단위가 아니라 한 산업 분야 단위, 더 나아가 국가 경제 단위에서 바라보면 어떠한 결과가 나타날까? 자동화 수준이 높은 분야에서는 전반적으로 일자리가 늘어날까, 아니면 줄어들까? 이런 경우에도 자동화와 일자리 사이에는 긍정적인 관계가 있다. 자동화 수준이 가장 높은 산업 분야에서 일자리가 가장 많이 늘어난다는 뜻이다. 종합해보면 이렇다. 자동화 수준이 높아지면 경쟁력 또한 높아지며 국제 무대에서 시장 점유율이 늘어나고, 일자리 창출 효과 또한 증가한다. 그리고 바로 그런 이유로 인해 국내 산업의 자동화를 저지하려는 모든 시도, 예를 들어 로봇 도입에 과세를 한다든지 하는 조치는 비생산적일 수밖에 없다.

그러니 자동화 그 자체가 고용의 적은 아니라는 얘기다. 생산 기기의 근대화를 도모함으로써 자동화는 기업이 더욱 경쟁력을 갖추게 해줄 수 있다. 그리하면 기업은 새로운 시장을 점유할 수 있고, 그 덕에 일자리를 창출할 수 있다. 바로 이런 현상이 이른바 '생산성 효과'다.

이와 같은 낙관적 결론을 앞서 논의한 지역별 노동 시장 단위에서 나타난 자동화의 부정적 영향과 어떻게 양립시킬 수 있을까? 이 질문에 답하는 첫 번째 방식은 앞서 언급한 바와 같이 지역 노동 시장 단위에서 자동화 혹은 로봇화를 측정하는 방법론과 관련한 문제를 내세우는 데서 시작된다. 또 한 가지 위의 두 관찰 결과를 양립시킬 수 있는 설명 방식이 있다면, 아마도 자동화를 충분히 하지 않은 기업은 일자리를 점점 줄이거나 생산 기지를 옮기거나 결국에는 파산에 이르기 때문이 아닐까라는 생각을 할 수 있다. 이는 자동화가 보여주는 '퇴출 효과'에 해당하는데, 이 퇴출 효과가 자동화의 또 다른 영향인 '생산성 효과'보다 더 높을 경우 이런 상황이 발생한다. 다시 말하면, 자동화하지 않은 기업의 시장 퇴출로 인해 사라지는 일자리 수가 생산을 자동화하는 기업이 창출해내는 일자리 수를 넘어서는 상황이 된다는 뜻이다. 도표 3.6을 보면 바로 그러한 퇴출 효과가 드러난다. 상당한 규모로 새로운 기계에 투자하는 기업은 향후 10년간 파산할 가능성이 현저히 줄어들지만, 그와 대조적으로 기계 투자에 인색한 기업은 그렇지 못하다는 사실을 알 수 있다.

●

이번 장에서는 기술 혁명에 관한 고정관념 두 가지를 재고해보았다. 첫 번째 고정관념은 기술 혁명이 반드시 경제 성장을 촉진시킨다는 생각이다. 두 번째 고정관념은 기술 혁명이 분명 일자리에 피해를 입힌다는 믿음이다. 그러나 현실은 분명 달랐다. 만약 성장에 가속이 붙는다 해도 그

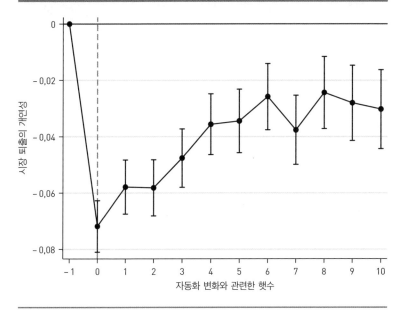

도표 3.6 상당한 규모의 기기 설비 투자가 기업의 시장 퇴출 가능성에 미치는 영향

주: 중간값 이상으로 기계의 수를 늘린 기업은 중간값 이하로 기계에 투자한 기업에 비해 추후 수년간 시장 퇴출 가능성이 줄어든다.
출처: Aghion, Antonin, Bunel et Jaravel (2020)에서 활용한 자료.

러한 현상은 뒤늦게 시차를 두고 일어난다. 게다가 6장에서 더 자세히 살펴보겠지만, 부적절한 제도 등의 요소가 신기술 혁명의 등장으로 발생할 성장 가능성에 장애 요인으로 작용할 수 있다. 또한 과거의 기술 혁명 역사를 돌이켜보면, 그중 어떤 사례에서도 사람들이 예상했던 대규모 실업 사태가 발생하지 않았음을 확인할 수 있다. 사실 위에서 살펴본 대로 자사의 경제 활동을 자동화하는 기업 혹은 단체는 일자리를 창출한다. 오히려 충분히 작업을 자동화하지 않는 기업이야말로 경제 활동이 쇠퇴하고, 심지어 시장에서 퇴출되어 일자리를 줄어들게 한다.

경쟁은 바람직한가

경쟁에는 두 얼굴이 있다. 어떤 이들은 경쟁이란 모방의 과정이라고 보거나, 혹은 좀더 포괄적으로 혁신가가 얻는 수익을 갉아먹는 세력이라고 본다. 요컨대 경쟁을 혁신 방해 세력으로 간주한다는 뜻이다. 반면 또 어떤 이들에게 경쟁이란 리더로서 위치를 유지하기 위해 끊임없이 개선을 추구하며 더욱 혁신에 힘쓰게 만드는 동력이다. 실제로는 이 두 가지 중에서 어느 쪽이 우세하게 작용할까? 좀더 크게 보자면, 경쟁과 혁신 사이의 관계 그리고 경쟁과 성장 사이의 관계를 어떻게 생각해야 할까? 미국의 경쟁 체계는 퇴보했는가? 미국 경제의 성장 둔화 추세가 경쟁의 퇴보 때문일까? 경쟁 관련 정책과 지식 재산권 보호를 어떻게 연계해야 할까? 이 두 정책 분야는 과연 반목하는 관계인가, 아니면 상호 보완 역할을 할 수 있는가? 마찬가지로 경쟁 정책과 산업 정책을 양립시킬 수 있는가? 특히 경쟁을 독려하며, 신진 기업을 방해하기보다 그들의 시장 진입을 도울 수 있는 산업 정책을 고안하는 일은 과연 가능한가? 이러한 일련의 질문에 대한 탐색을 시작하기 전에 경쟁을 어떻게 측정할 것인가의 문제에 대해 논하는 단계가 꼭 필요하다.

경쟁 측정하기

경제학 수업을 듣는 학생이라면 누구나 일찌감치 특정 상품 시장에서 활동하는 기업이 단 하나라면 그 기업은 '독점' 상태에 있는 거라고 배운다. 반대로 다른 기업들이 동일 상품을 생산하는 시장에서 활동하거나 혹은 미래에 진입할 가능성이 있다면 그 기업은 '완전 경쟁'의 상태에 있다는 개념 또한 배운다.

그렇기는 해도 현실에서 기업은 보통 온전한 독점 상태와 완전 경쟁 사이 어딘가에 자리하게 마련이다. 이러한 '둘 사이 어딘가'라는 상태를 평가하기 위해 경험주의자들은 러너지수(Lerner Index)라는 측정 방식을 선호한다. 러너지수란 한 기업 차원에서 정의할 수 있는데, 자본 감가상각을 제한 후 이윤과 기업의 부가가치 비율을 1에서 뺀 수치로 계산한다. 이 지수가 1에 가까울수록 기업의 독점 이윤이 작아진다는 뜻이며, 해당 기업이 활동하는 시장에서 실제 혹은 잠재적인 경쟁 기업이 존재한다고 할 수 있다. 일정한 경제 영역에서 경쟁이란 그 영역에서 활동하는 모든 기업의 러너지수를 가중한 총합이다. 리처드 블런델, 레이철 그리피스, 스티브 니켈 그리고 존 밴 리넨(Richard Blundell, Rachel Griffith, Steve Nickell et John Van Reenen)이 선구적인 연구에서 경쟁을 측정하는 데 사용한 지표가 바로 이 러너지수다.[1]

경쟁의 강도를 측정하는 두 번째 방식은 신생 기업의 시장 진입률, 혹은 기업의 시장 진입률과 퇴출률의 평균값으로 계산하는 '창조적 파괴 비율'을 보는 것이다. 이 지표는 해당 경제 분야 내에서 새로운 활동이 대체하게 된 과거 경제 활동의 비중을 측정하는데, 이는 기업 차원일 수도 있고 고용 환경 차원일 수도 있다. 이 방식은 성장과 창조적 파괴의 비율이 정비례 관계에 있다는 가설에서 출발하는 슘페터식 패러다임을 시험해볼 수 있게끔 해준다. 우리는 1장(도표 1.3)에서 유럽의 1인당 연간 평균 총생산의 성장은 연간 평균 창조적 파괴 정도가 높을수록 정비례해 높아진다는 사실을 확인한 바 있다.

이렇게 경쟁을 창조적 파괴율로 측정해보면, 경쟁과 성장의 관계에 관해 슘페터식 이론과 실증적 분석 사이의 괴리를 찾아볼 수 없다. 반면 경쟁을 러너지수와 이윤을 통해 측정해보면, 이론과 실증 사례의 분석 사이에 간극이 발생하기 때문에 결과적으로 풀 수 없는 수수께끼로 남는다.

일정 경제 영역에서 경쟁의 정도를 측정하는 세 번째 방식은 해당 분야의 생산 집중도를 보는 방법이다. 이는 매출의 양으로 보았을 때, 해당 산업 분야에서 가장 큰 기업들이 기록하는 총매출의 비중 혹은 고용 측면에서 가장 큰 기업들이 차지하는 총고용 수치의 비중이 어떠한 변화 추이를 보이는지 관찰하는 방식이다. 큰 기업들의 비중이 늘어날수록 집중도가 높아지며, 최고 수준의 집중에 도달한다는 것은 단 한 개의 기업이 해당 경제 활동 분야의 생산을 전부 도맡을 경우다. 도표 4.1은 지난 20여 년간 미국 서비스업계에서 생산 집중도가 점점 높아지고 있음을 보여준다(Autor, Dorn, Patterson, Van Reenen, 2020).[2]

하지만 이 세 번째 경쟁 측정 방식은 조심스레 접근해야만 한다. 실제로 단 하나의 기업만 활동하는 분야, 그러니까 극도로 '집중'된 분야

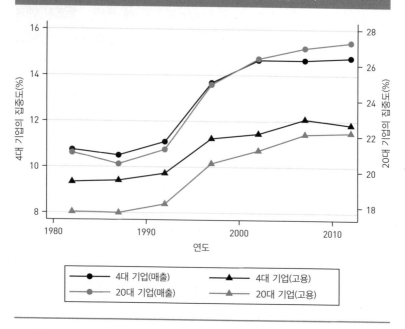

주: 상위 x순위 내 기업 비중은 여기서 고용 측면(매출과는 별도)의 가장 중요한 순서대로 x순위에 드는 기업의 고용 부분(매출과는 별도)을 반영한다.
출처: Autor et al. (2020).

가 있기는 하지만 이 경우에도 러너지수로 평가해보면 경쟁 정도가 상당히 높게 나올 수 있다. 이러한 분야는 '경합 시장(경제학 이론에서, 현재로서는 하나 혹은 소수의 기업이 지배하고 있지만 잠재적인 경쟁 기업의 진입 가능성 때문에 경쟁 가격이 이루어진 시장을 의미한다―옮긴이)'을 이루게 된다. 이는 새로운 기업이 누구든 자유롭게 시장에 진출하거나 비용 없이 퇴장하는 것도 가능한 상황을 말한다. 이러한 경합 시장 내에서는 기존 기업이 가격을 인상할 경우 즉각적으로 동일 제품을 생산하는 타 기업의 시장 진입을 초래하게끔 되어 있다. 이러한 경합 시장 개념을 도입한 사람은 경제학자 윌리엄 보멀(William Baumol, 1922~2017)이다.[3] 경합 시장에 대한 설명과 더불어 네 번째 경쟁 측정 방식은 바로 시장의 경합 가능성 정도를 보는 방법이다(Baumol, Panzar et Willig, 1982).[4] 경합 가능성 개념을 다르게 설명하자면, 만약 해당 시장에 이미 자리 잡은 기업이 '한계 가격' 이상으로 가격을 인상할 경우 신생 업체가 시장에 진입할 개연성을 의미한다.

수수께끼 같은 경쟁과 성장의 관계

슘페터식 패러다임의 세 가지 중심 개념 중 하나가 혁신은 '기업가적' 투자, 그중에서도 연구 개발 같은 투자에서 비롯된다는 점이란 걸 상기해보자. 이러한 투자는 다시금 혁신에 들어간 비용을 보상해줄 독점 이윤에 대한 기대감에 의해 동기를 부여받는다. 그렇다 보니 첫 번째로 떠오르는 생각은 바로 혁신의 이윤을 감소시킬 법한 그 어떤 요소(특히 상품 시장 내에 있는 상당한 수준의 경쟁 요소)든 혁신 의욕을 떨어뜨릴 수 있다는 것이다. 이렇듯 경쟁이 좀더 심화하면 혁신의 정도를 둔화시킬 수 있고, 이어 성장 또한 둔화할 수 있다. 사실 슘페터식 이론에서 초창기 성장 모델은 경쟁이 혁신과 성장에 부정적 효과를 줄 거라고 예측했다(Aghion et Howitt, 1992).[5]

하지만 1990년대에 여러 기업체의 자료를 놓고 영국 경제학자들이 진행한 몇 가지 실증적 연구 결과를 보면[6] 그와 반대로 특정 산업 분야 내에서 경쟁 강도(기업체의 이윤을 통해 측정)와 해당 분야의 생산성 향상 사이에는 정비례의 상관관계가 있음이 입증되었다. 경쟁 강도가 높으면 혁신이나 성장의 강화와 관련이 있는 걸로 나타났다는 뜻이다.

이러한 수수께끼는 어떻게 풀어야 하며, 이론과 실증적 분석을 어떻게 양립시킬 수 있는가? 슘페터 이론이 예측한 것 중에 경험적 연구로 증명할 수 있는 부분이 분명 존재함에도 불구하고, 그 이론의 모델을 버리고 아예 처음부터 시작해야 할까? 아니면 단지 실증적으로 증명해내야 하는 이러한 도전 과제를 그냥 무시해버려도 좋을까?

우리가 선택한 방식[7]은 슘페터식 모델의 바탕부터 다시 분석해 경쟁과 성장 사이에 부정적 관계가 있을 것이라고 예측하게 만든 제한적인 가설이 무엇인지를 짚어보는 것이었다. 그 결과 무엇이 문제인지를 알아낼 수 있었다. 최초의 슘페터 이론 모델은 시장에 자리 잡은 기존 기업과 비교할 때 "최초로 시장에 진입하는 신진 기업만이 혁신을 한다"는 가설에 바탕을 두고 있었다. 혁신을 추구하는 기업은 그 혁신이 발생하기 이전에는 이윤이 전무했다가 이후에 흑자를 기록하게 된다. 그런데 일단 경쟁이 강화되면 혁신을 통해 얻을 수 있는 이득이 줄어드는 경향이 있고, 그 결과 혁신을 하고자 하는 인센티브가 감소한다.

그러나 실제로 이미 시장에서 활동하는 기업에는 두 종류가 있다. 이 두 종류의 기업은 경쟁이라는 요소에 대해 동일하게 대응하지 않는다. 한쪽은 기술의 경계에 가까운 기업이다. 즉, 자신의 분야에서 생산성이 최고 수준에 가까운 기업을 말한다.* 다른 한쪽은 첨단의 경계로부터 멀찍이 자리한 기업이다. 말하자면 생산성이 해당 분야의 최대 수치에 한참 못 미치는 기업이다. 또 한 가지 첨언하자면 해당 분야의 경계에 가까이 위치한 기업들―리처드 넬슨과 에드먼드 펠프스(Richard Nelson et Edmund

---

* 여기서 말하는 생산성은 직원 1인당 생산량 혹은 여러 요소의 통합적인 생산성으로 측정한다.

Phelps, 1966)[8]가 '모범 경영 기업'이라고 부른 회사들―은 활동이 활발하고, 또한 혁신을 이루기 전에도 이미 상당 수준의 이윤을 기록한다. 그 밖의 회사들, 그러니까 첨단의 경계에서 멀리 있거나 활동을 멈춘 기업들은 이윤을 거의 남기지 못하거나 이윤이 매우 낮은 수준이며, 첨단 기술을 따라잡기 위해 혁신에 노력을 기울이게 된다.

위에서 언급한 두 종류의 기업이 경쟁에 다르게 반응하는 이유를 이해하기 위해 기업이 아니라 학교 내 어떤 학급을 상상해보도록 하자. 그 반의 어떤 학생들은 반에서 상위권에 있고 좋은 성적을 받는다. 여기서 학생들의 성적을 기업의 이득이라고 가정하자. 또 어떤 학생들은 반에서 하위에 머물며 성적이 상대적으로 좋지 않다. 그런데 이 반에 한 똑똑한 학생이 새로 전학을 왔다고 생각해보자. 이렇게 경쟁이 강화되면 학생들은 어떤 반응을 보일까? 뛰어난 학생이 전학을 오면 학급 내 최상위 학생들, 즉 이미 성적이 아주 좋았던 쪽에선 상위권에 남아 자신의 성적 수준을 보전하기 위해 더 열심히 공부하게 된다. 반면에 하위권 학생들은 오히려 아예 낙담한다. 그 전보다 학습 수준을 따라가기가 더 어려워졌으니 말이다.

실제로 학생들과 기업체들의 상황은 상당히 유사하다. 실증 연구 결과가 이 놀라운 비유를 확증해준다. 첨단 기술 수준에 근접한 기업은 '경쟁 상태를 벗어나기' 위해 오히려 더 혁신에 힘쓰지만, 그와 반대로 첨단과 거리가 먼 기업은 슘페터 이론의 초기 모델이 예측한 대로 경쟁이라는 현실 앞에 낙담하고 만다. 이러한 예측을 시험하기 위한 최초의 연구[9]는 영국 기업들의 자료를 바탕으로 이뤄졌다. 이 연구에서는 경제 분야 내의 경쟁 강도를 외국 기업들의 진입률을 통해 계산했다. 즉, 외국 기업들이 해당 분야에서 창출하는 일자리의 비중을 통해 얻어낸 값이다. 이 연구에

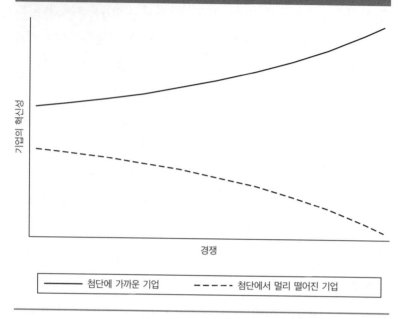

경쟁

― 첨단에 가까운 기업　　- - - - 첨단에서 멀리 떨어진 기업

주: 상단의 곡선은 중간값 기업보다 기술의 첨단 경계에 더 가까운 기업들의 평균에 해당한다. 하단의 곡선은 기술의 첨단 경계와의 거리가 중간값 기업보다 더 먼 기업들의 평균에 해당한다.
출처: Aghion (2016)[10]에 근거한 자료.

서 사용한, 혁신을 가늠하는 또 한 가지 방식은 각 기업의 특허 출원 수를 측정하는 방법이었다(도표 4.2). 도표 상단에 위치한 곡선은 첨단에 가까운 기업에 해당하며, 하단의 곡선은 첨단의 경계에서 멀리 떨어진 기업에 해당한다. 이 도표를 통해 첨단 수준에 이미 가까이 있는 기업의 혁신은 경쟁과 정비례하는 모습을 보이지만, 그렇지 않은 기업의 경우는 경쟁이 강화되면 오히려 혁신성이 감소한다는 결과를 다시금 확인할 수 있다.

세 가지 예측

슈페터식 모델을 이렇게 상세히 논의하면서, 우리는 경쟁과 성장 사이에 긍정적 관계가 있음을 설명했을 뿐 아니라, 또한 몇 가지 새로운 예측도 할 수 있다. 이는 미시경제 자료의 도움을 받아 경험적 방식으로도 확인할 수 있는 것들이다.

경계와의 거리 그리고 경쟁이 혁신에 미치는 영향

방금 위에서 확인한 바와 같이 새로운 예측 세 가지 중 첫 번째는 애초에 첨단 기술의 '경계' 수준에 가까운 기업한테는 경쟁이 혁신에 긍정적 영향을 줄 거라는 점, 그리고 그렇지 못한 기업한테는 반대로 부정적 영향을 미칠 거라는 점이다.

이러한 결론이 가져오는 일차 결과는 국제 무역, 그리고 혁신과 성장에 국제 무역이 주는 효과와 관련이 있다. 수출 시장의 확장은 이미 첨단에 가까웠던 프랑스 기업한테는 그렇지 않은 기업보다 좀더 혁신 추구를 자극하는 효과를 가져왔고, 이에 대해서는 증명이 가능하다.[11] 이를테면 다음과 같이 설명할 수 있다. 새로운 시장이 등장하면 해당 동일 시장에 수출을 시작하는 다른 나라 출신 신진 기업들의 등장 가능성이 높아진다. 확장으로 인해 시장의 규모가 늘어났음에도 불구하고 경쟁 또한 심화되면서 가장 생산성 높은 프랑스 기업들의 혁신을 더욱더 부추긴다. 국내 시장을 수입에 개방하는 경우에도 유사한 결과가 나타난다. 수입 개방 수준이 높아지면 첨단과 거리가 먼 프랑스 기업들 사이에서는 첨단에 가까운 기업보다 혁신 의지가 꺾이는 경향이 있다.

또 하나의 결과는 경제 성장과 발전 사이의 관계와 상관이 있다. 이는 성장 정책이라는 개념을 끌어들인다. 한 국가가 기술의 경계에 가까울수록, 다시 말해 그 나라의 총생산성이 가장 생산성 높은 미국 수준에 가까워질수록 해당 국가에서 경쟁은 혁신과 성장에 유리하게 작용하는 경향을 보인다. 실제로 세계 수준에서 첨단에 가까운 나라일수록 자국의 기업 중 첨단과 거리가 먼 기업보다 가까운 기업이 더 많이 있으며, 평균적으로 보았을 때 해당 분야에서 우수한 국가라는 지위를 유지하기 위해 혁신을 장려하는 태도가 '좌절' 효과보다 더 강하게 나타난다.

7장에서는 일부 개발도상국이 선진국의 소득 수준으로 수렴하지 못한 이유를 탐구하면서 부분적이나마 그 원인을 해당 국가 대기업들의 자세에서 찾을 수 있다는 점을 논할 예정이다. 문제의 대기업들은 경쟁 기업의 시장 진입을 방해할 뿐 아니라 경쟁을 장려하는 공공 정책에도 반대한다. 하지만 경쟁 정책은 혁신과 성장을 장려하는 효과가 있고, 기술 발전 과정 중 일정 수준의 문턱을 넘어설 수 있게끔 해준다.

거꾸로 된 U자형 도표를 그리는 경쟁과 성장의 관계

경쟁이 혁신과 성장에 미치는 전반적 효과는 거꾸로 된 알파벳 U자 형태의 곡선으로 나타난다(도표 4.3). 이 도표는 '경계'에 있는 기업들한테 경쟁이 혁신에 미치는 긍정적 효과와 뒤처져 있는 기업들한테 나타나는 부정적 효과를 종합한 모습이다(Aghion, Bloom, Blundell, Griffith et Howitt, 2005).[12] 이 거꾸로 된 U자 곡선의 모양새는 경쟁과 혁신에 관한 자료 분석이 가능한 국가들 거의 전부에서 나타난다. 이를 직관적으로 설명하면 다음과 같다.

경쟁 강도가 약하면 곡선의 왼쪽에 위치한다. 이 경우 초기에 경계와 거리가 먼 기업은 첨단 기술 수준을 따라잡는 데 상당히 강력한 동기를

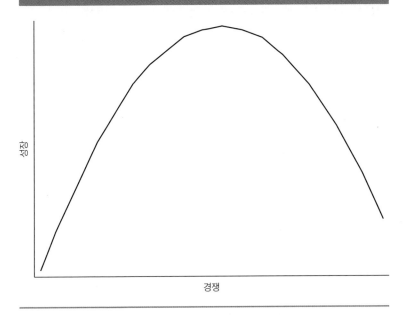

출처: Aghion et al. (2005)를 바탕으로 재구성.

부여받는다. 따라잡기만 한다면 기업의 이득이 아주 크게 늘어나리라 예상할 수 있기 때문이다. 그러므로 초기에는 '첨단과 거리가 먼' 기업 대부분이 '첨단에 가까운' 기업으로 변모한다. 결과적으로 해당 국가의 경제 전체를 볼 때, 대부분의 기업이 경계 위치로 가게 된다. 그런데 위에서 확인한 것처럼 '경계'에 있는 기업에서는 경쟁이 강화되면서 혁신도 정비례해서 증가하는 반응이 나타난다. 이를 통해 볼 때, 초기에 경쟁 강도가 약했을 경우 경쟁 심화가 진행되면서 혁신에는 긍정적인 결과가 나타날 거라는 예측이 가능하다.

그와 반대로 경쟁 강도가 애초에 높다면 곡선의 오른쪽에 위치한다.

높은 경쟁 강도로 인해 경계에 있는 기업은 경쟁 상태에서 벗어나고자 혁신에 더욱 힘을 기울인다. 그러다 보면 첨단 기술의 경계 자체가 이동하고, 대다수 기업은 새롭게 정의된 경계 수준으로부터 멀찌감치 뒤떨어진다. 초기부터 경계와는 거리가 멀었던 기업의 혁신성은 위 도표에서 볼 때 경쟁에 부정적으로 반응한다. 즉, 반비례하는 경향이 있다는 뜻인데, 이는 그런 기업이 중도에 포기해버리기 때문이다. 그러니 경쟁 강도가 애초부터 높을 경우 경쟁이 더욱 심화되면 혁신에 부정적으로 작용한다는 결론이 나온다.

경쟁과 지식 재산권 보호의 상호 보완성

다소 피상적이지만 그럼에도 사람들 사이에 널리 퍼져 있는 생각이 있는데, 바로 경쟁 정책과 특허 정책, 더 넓게 보면 지식 재산권 보호 정책이 서로 이율배반의 관계에 있다는 믿음이다.

한편에는 지식 재산권 보호 문제에 대해 가장 급진적인 견해를 가진 지지자들이 자리한다. 이들은 지식 재산권 보호는 혁신으로 인해 발생한 이득을 보전해주기에 중요한 개념이며, 혁신가는 그 덕에 잠재적 경쟁자들의 모방으로부터 보호받을 수 있다고 주장한다. 여기서 파생된 명제는 혁신이 가져다주는 이득을 장기화하고 또 기업의 혁신을 유도하기 위해서는 경쟁을 제한해야 한다는 것이다. 이러한 급진적 견해를 갖게 된 이유를 경제학적으로 보면, 시장에 이미 자리를 잡은 기업은 절대로 혁신을 하지 않고 오직 이제 시장에 진입하려 하는 신생 기업만이 혁신을 한다고 가정하는 관점에서 기인한다.[13] 혁신을 달성하면 이득이 전무하던 신생 기업의 성과가 갑자기 흑자로 전환된다. 지식 재산권을 좀더 제대로 보호하면 그러한 이득이 증가하지만, 반대로 경쟁이 강화되면 그 이득은 줄어든다.

이들의 정반대편에는 경쟁을 지지하고 특허 정책에 반대하는 이들이 있다. 그 대표 주자가 미켈레 볼드린(Michele Boldrin)과 데이비드 레빈(David Levine)이다.[14] 이 두 사람의 논리는 경쟁과 시장 진입이라는 요소가 혁신에 의한 경제 성장의 일차적 근원이 되는 세상을 가정한다. 이들의 세계관 내에서 경쟁과 시장 진입을 제한하는 그 어떤 요소, 특히 특허 보호 장치는 혁신을 통한 경제 성장의 방해 요소로 간주된다.

특허의 미덕이나 단점에 관해 의견이 갈린다는 점은 차치하더라도 이 두 견해의 지지자들이 공통으로 하는 생각이 있다. 바로 경쟁과 지식 재산권 보호는 상반된 작용을 한다는 생각이다. 이 두 진영에서는 만약 경쟁과 지식 재산권 보호 중 한 요소가 혁신에 긍정적 효과를 가져온다면 나머지 한 요소는 분명 혁신에 부정적일 거라고 믿는다는 뜻이다.

그러나 첨단의 경계에 가까운 기업과 멀리 떨어진 기업을 구분해서 보는 좀더 정련된 분석 모델을 따르면 완전히 다른 관점으로 접근할 수 있다. 이 새로운 관점은 실제로 경쟁과 지식 재산권 보호는 상호 보완적인 성격이 있다고 본다. 유사한 타 첨단 기업과 어깨를 나란히 하고 있는 '경계' 기업 한 곳을 예로 들어보자. 다시금 이 상황을 학급으로 비유하면, 그 기업은 반에서 1등이긴 한데 '공동 1등'을 하는 학생이라고 할 수 있다. 경쟁이 심화되는 상황에서 해당 기업이 혁신을 이루지 못하면 그 기업의 이득(P_0)은 줄어든다. 하지만 지식 재산권 보호 체계가 개선되면, 그 기업이 혁신을 이룰 경우 얻는 이득(P_1)이 상승한다. 그러니까 이 두 정책은 혁신을 통한 순이득(즉, $P_1 - P_0$) 자체를 증가시키는 데 기여하는 셈이다. 결국 이는 당근과 채찍의 이야기나 다름없다. 경쟁 정도의 심화는 채찍의 강도를 높이는 반면, 지식 재산권 보호는 당근을 더 크게 만든다. 바로 이렇기 때문에 두 종류의 정책을 애초에 나란히 실행하는 게 중요하다는 결론이 가능하다. 한편으로는 지식 재산권 보호 정책을, 그리고 다른 한편으로는 경쟁을 보장하는 정책이 필요하다는 뜻이다. 여기서 이 책을 통해 강조하고자 하는 중요한 사항 한 가지를 상기해보자면, 그건 바로 자본주의에는 적절한 규제가 필요하다는 점이다. 자본주의 체계는 혁신에 대해 이득을 제공하는 게 맞지만, 이와 동시에 그러한 이득이 경쟁을 무력화시켜 결국 미래의 혁신을 위협하는 일이 없도록 규제하는 일 또한 필요하다.

경쟁과 특허권 사이의 이러한 상호 보완성은 이미 시험대에 올라 증명된 바 있다. 요컨대 경쟁에 친화적인 유럽 내 단일 시장이 설립되자 지식 재산권 보호 체계가 가장 강하게 효력을 발휘하는 나라들에서 가장 혁신을 촉진하게 되었다는 연구 결과가 있다(Aghion, Howitt et Prantl, 2015).[15]

이론가와 경험주의자의 유익한 대화

종합해보면, 이론적인 연구와 경험적인 분석 사이의 이러한 교류는 서로를 풍요롭게 해주었다고 볼 수 있다. 경제 성장 이론가들은 왜 또 어떻게 자신들의 분석 모델을 풍성하게 할 수 있는지 알게 되었고, 그럼으로써 경쟁이 성장에 미치는 효과를 한 가지가 아니라 두 가지나 증명해낼 수 있었다. 또 그 두 가지 효과 중 하나가 어떤 조건하에서 지배적으로 작용하는지 파악할 수 있었다. 그러한 양상을 전반적으로 보면 바로 거꾸로 된 U자 곡선을 그린다. 경험주의 연구자들의 경우도 경쟁과 성장 사이의 관계가 자신들이 연구 초기에 예상한 바와 달리 상당히 미묘한 성격을 띤다는 점을 깨달았다.

미국 내 경쟁과 경제 성장

《대반전: 미국은 어떻게 자유 시장을 포기했나》(2019)[16]를 통해 토마 필리퐁(Thomas Philippon)은 미국의 현황을 퇴보라고 평가했다. 이 책이 말하는 퇴보란 미국에서 경쟁과 반트러스트(antitrust) 정책이 뒷걸음치는 상황을 말한다. 필리퐁은 2000년대 초반 이후 미국의 생산성 향상이 눈에 띄게 줄어든 사실과 경쟁이 퇴보하는 추세 사이엔 상호 관계가 있음을 증명해 보인다.

경쟁의 퇴보?

여러 가지 단서를 통해 미국의 경쟁 정책이 실제로 지난 수십 년간 답보 상태였음을 파악할 수 있다.

무엇보다 토마 필리퐁이 저서에서 언급한 매우 적절한 사례 하나를 소개하겠다. 그의 이야기는 개인적인 데서 시작한다. 1990년대 말 그가 미국에 도착할 당시만 해도 인터넷이나 전화 사용료, 국내선 비행기표 가격 등이 서비스 품질이 동일한데도 유럽보다 훨씬 저렴했다고 한다. 그런데 20년이 지나자 상황은 완전히 정반대가 되었다. 이제는 유럽의 소비자들이 위에서 언급한 상품 및 서비스에 대해 누리는 가성비가 훨씬 더 높다. 이러한 사실을 설명하기 위해 토마 필리퐁은 경쟁 규제에 있어 미국과 유럽이 서로 다른 정책상의 선택을 했음을 상기시킨다.

미국에서 경쟁 체제가 쇠퇴하고 있다는 주장을 한층 더 분명하게 증명하기 위해 필리퐁은 저서에서 다양한 사례를 드는데, 무엇보다 금융 분야를 꼽았다. 기술 발전은 금융 분야에서 소비자의 비용을 절감해주지 못했다. 필리퐁은 이러한 결과는 금융계에 경쟁의 정도가 매우 낮기 때문이라고 분석한다. 새로운 시장 진입 기업이 극도로 적으며 창조적 파괴 수준도 매우 낮은데, 이는 기존 금융 기업들이 신생 기업의 허가 발급을 막기 위해 유난히도 심하게 로비를 하기 때문이다.

그는 두 번째 사례로 보건 분야를 언급한다. 토마 필리퐁은 2000년대 초반 이후 지속적으로 증가하던 미국인의 기대 수명이 2014~2016년에 하락세를 보이고 있다는 점에 주목했다. 이런 현상은 프랑스 가정과 비교할 때 미국 가정의 의료 관련 지출이 눈에 띄게 높은 수준을 유지하고 있음에도 불구하고 발생한 현상이다. 필리퐁은 이를 2000년 이후 미국에서 보건 의료 분야의 집중이 심화되었기 때문이라고 설명한다. 의료 시장에서 병원이 갖는 힘이 계속해서 강해지고 있는 상황이다. 예를 들어 2010년 이후 병원끼리의 합병이 적어도 1년에 70건 이상 있었다. 이렇게 병원이 점점 더 집중되어가는 현상 자체는 보험 분야의 집중과도 관련이 있다. 즉, 거의 독점 기업이 되어버린 보험 회사 몇 곳에 맞서 충분한 협상 능력을 보전하기 위해 병원들 또한 끊임없이 집중 합병의 길을 걸을 수밖에 없기 때문이다.

세 번째 예시로는 GAFAM, 즉 구글(Google), 아마존(Amazon), 페이스북(Facebook), 애플(Apple) 그리고 마이크로소프트(Microsoft)를 제시한다. 필리퐁은 미국 경제 성장률이 쇠퇴의 길을 걷는 데 이들 기업의 역할이 매우 크다고 보지는 않지만, 더 총체적으로 말하자면 이른바 '슈퍼스타' 기업들로 인한 문제가 분명 존재한다고 지적한다.

토마 필리퐁의 연구 외에도 여러 다른 단서를 통해 경쟁의 강도를 이해하는 방법이 있다. 특히 프란체스코 트레비(Francesco Trebbi)와 마틸데 봄바르디니(Matilde Bombardini)가 미국 내 로비 활동 강화를 주제로 내놓은 연구 결과가 눈에 띄는데,[17] 이에 대해서는 5장에서 좀더 자세히 논하

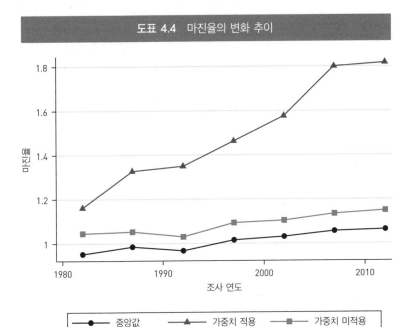

도표 4.4 마진율의 변화 추이

출처: Autor et al. (2020).

도록 하겠다.

그 밖의 단서를 통해서도 미국에서 지난 20년간 경쟁이 퇴보하는 중이라는 걸 가늠할 수 있다. 이번 장에서 이미 언급한 바 있는 데이비드 오터와 공저자들(David Autor et al.)[18]의 집중도 측정 방식이 그 단서 중 하나다. 이 방식을 통해 미국 경제의 다양한 산업 분야 전반에서 기업 집중도가 상당히 높아졌음을 알 수 있다. 서비스 산업(도표 4.1) 외에도 소매업이나 금융 서비스, 운송업 그리고 좀 영향이 덜 하긴 하지만 도매업과 공업 분야에 이르기까지 집중 현상이 나타났다. 그런 데다 미국 기업의 이윤 폭이 지난 20년간 증가해왔다는 사실을 도표 4.4를 통해 확인할 수 있

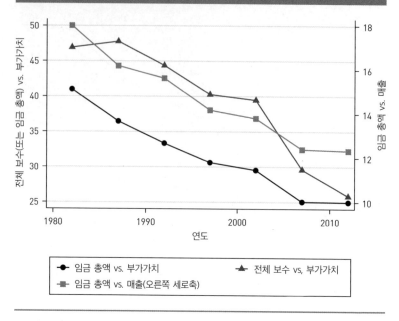

도표 4.5 부가가치나 매출에서 노동 요소가 차지하는 비중: 미국 제조업계의 경우

범례:
- ● 임금 총액 vs. 부가가치
- ▲ 전체 보수 vs, 부가가치
- ■ 임금 총액 vs. 매출(오른쪽 세로축)

출처: Autor et al. (2020).

다. 마지막으로, 같은 기간 동안 소득 중에서 노동의 비중이 감소하는 현상을 관찰할 수 있다(도표 4.5).

이쯤에서 두 가지를 꼭 언급하고 넘어가야 한다. 첫 번째는 집중도가 증가한다고 해서 반드시 경쟁이 쇠퇴하고 있다는 의미는 아니라는 점이다. 우리는 위에서 독점 시장처럼 보이지만 사실은 **경합** 시장인 경우가 있다는 걸 언급했다. 즉, 잠재적으로 신생 경쟁 기업이 시장에 진입해 기존 기업으로 하여금 상품이나 서비스의 가격을 낮출 수밖에 없게끔 만들 가능성이 다분히 있는 상황을 말한다. 특히, 현실에서는 집중도 증가라는 현상이 사실 특정 기업이 시장에서 점점 더 큰 비중을 장악하기 위해 충분히 혁신을 주도하고 있는 상황을 반영하기 때문일 수도 있다. 이런 상황에서 혁신이란 동일 상품을 경쟁 기업보다 단위 생산 비용을 줄여서 생산할 수 있거나, 동일 비용으로 훨씬 높은 품질의 상품을 제공할 수 있다는 의미다. 두 번째로 언급할 것은 첫 번째 내용과 직접적인 관계가 있다. 요컨대 경제 전반의 이윤 폭이 평균적으로 증가하는 현상은 기업의 이윤 폭이 실제 증가하고 있는 상황을 반영하기 때문일 수도 있고, 복합효과 때문일 수도 있다는 뜻이다. 여기서 복합 효과란 시장에서 가장 큰 이윤 폭을 누리는 기업이 경제 전반에 걸쳐 차지하는 비중이 점진적으로 높아져가는 현상을 말한다.

위의 이야기를 종합해보면, 이윤 폭이나 집중도의 증가가 지난 20년간 미국에서 경쟁이 쇠퇴한 현실과 관련이 있는 것인지 단언하기는 어렵다고 볼 수 있다.

미국 경제 성장의 퇴조 추세

지난 20여 년간 미국의 경쟁 체제가 쇠퇴했는지에 대해 명쾌한 진단을 내리기 어렵다고 언급했지만, 2005년 이후 생산성 향상 영역에서 퇴보가 일어나고 있다는 사실에 대해서는 의심의 여지가 없다. 여기서 세 가지 사실이 중요하다고 생각되므로 더 상세하게 논의해야 할 필요가 있겠다 (Aghion, Bergeaud, Boppart, Klenow et Li, 2019).[19] 첫 번째는 2005년 이후 생산성 퇴보 현상이 1996~2005년의 10년간 유난히도 생산성 향상이 눈에 띄게 발생한 시기(연간 3퍼센트 수준에 육박) 직후에 발생했다는 점이다(도표 4.6). 두 번째는 성장 가속화와 퇴보의 두 단계가 연이어 등장하는 현상이 정보 통신 기술을 활용 또는 생산하는 산업 분야에서 특히 두드러졌다는 점이다. 마지막으로, 생산성이 크게 상승한 기간은 부분적이긴 해도 기업

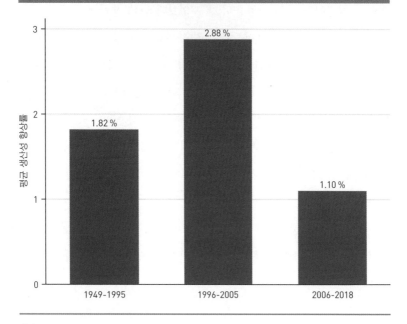

| 도표 4.6 | 미국의 생산성 향상률(1949~2018) |

출처: Aghion, Bergeaud, Boppart, Klenow et Li (2019).

집중도가 가장 빠르게 상승한 시기, 즉 1995~2000년과 겹친다는 점이다. 다시 말하면, 집중도가 급속히 높아지는 이 기간 동안에는 혁신과 경제 성장의 하락 양상이 결코 나타나지 않았다는 뜻이다.

이렇듯 위의 세 가지 사실을 보면 "경쟁이 1990년 이후 줄어들었고, 무엇보다도 이러한 경쟁 둔화가 2005년 이후 미국 경제 성장의 쇠퇴 원인"이라는 언뜻 보면 매력적인 설명에 제동이 걸린다. 미국의 경제 성장이 퇴보를 거듭하고 있는 이유에 대해서는 6장에서 더 자세히 다루도록 하겠다.

경쟁과 산업 정책

제2차 세계대전 직후 여러 선진국에서는 공업 분야 선두 주자들이 국가 산업 정책의 첨병 역할을 했다. 이러한 산업 정책이 '영광의 30년' 기간 내내 프랑스 경제의 재건과 성장의 주축을 이루었다. 미국에서도 이와 같은 요소가 결정적이었다. 특히 방위 산업, 항공 및 우주 산업 등에서 소비에트연방에 대항해 패권을 갖추는 데 산업 정책이 주효하게 작용했다. 같은 시기에 로버트 맥나마라(Robert McNamara)가 총재로 있던 세계은행은 개발도상국한테 걸음마 단계에 불과한 자국의 산업을 더욱 발전시키기 위해서는 보호주의 정책 및 수입 대체 정책이 바람직하다고 강권했다.

알렉산더 해밀턴(Alexander Hamilton) 혹은 프리드리히 리스트(Friedrich List)[20]가 최초로 고안했다고 볼 수 있는 '유치산업(infant industry)' 이론은 다음과 같이 요약해볼 수 있다. 두 가지 주 활동 영역을 갖추고 있는 개발도상국의 경제를 한 번 상상해보자. 한 분야는 대단위 농업이고, 또 한 분야는 이제 초기 단계에 있는 가내 제조업이다. 이 나라의 국가 경제는 공업 분야를 발전시키고자 하는데, 그 이유는 공업이야말로 국가 경제 전반에 긍정적으로 작용할 기술상의 외부성을 가져오기 때문이다. (경제 이론에서 외부성이란 일정 시장 참여자의 경제 행위가 다른 이들에게 의도치 않은 이익 혹은 손해를 가져옴에도 불구하고 그 당사자는 아무런 대가를 받지도 지불하지도 않는 현상을 말한다—옮긴이.) 하지만 공업에는 초기 고정 비용이 크게 들어간다. 시간이 지나면서 경험과 숙달도가 증가해 그 고정 비용이 줄어들긴 하지만 말이다. 이런 상황에서 이 나라가 즉각 국제 무역에서 완전 개방을 택한다면, 해당 상품의 제조 비용이 덜 드는 선진국으로부터 상품을 수입하는 처지가 된다. 이러한 정책 선택은 결과적으로 자국의 제조업 생산을 제한하고, 그러다 보면 숙달도 또한 향상시킬 수 없게 된다. 결국 기술 발전이 한계에 부딪치고, 국내 경제의 성장 또한 떨어질 수 있다. 이를 방지하기 위해 유치산업 이론 지지자들은 과도기를 위한 보호 정책 수립을 권고한다. 예를 들어, 일시적인 관세 장벽을 세운다든지 하는 방법이다. 이는 초기 단계에 있는 산업이 성장할 기회, 뒤늦게 출발했지만 다른 나라들을 따라잡을 기회를 주기 위함이다.

그렇기는 해도 이와 같은 산업 정책 개념은 점차 인기가 떨어졌다. 경제학자들은 산업 정책이 현장에서 야기할 수 있는 문제를 조금씩 인지하기 시작했다. 우선, 산업 정책은 기존에 자리 잡은 국내 대형 기업에 유리하게 작용하는 경향이 있어 경쟁을 제한하거나 편차를 불러일으키기 쉽다. 상품 및 서비스 시장에서 경쟁이란 혁신과 생산성 향상을 촉진하는 요소인데 말이다. (경쟁이 혁신을 촉진하는 이유는 경쟁 구도로 인해 기업들이 경쟁자보다 더 나은 위치에 있기 위해 혁신을 추구하기 때문이다.) 게다가 우선적으로 지원해줘야 할 기업을 선정하는 데 반드시 국가가 가장 적합한 책임자라고 할 수도 없다. 정부가 이런 선정을 하는 데 필요한 모든 정보를 보유하고 있지 않기 때문이다. 그런 상황을 악화하는 요소가 있다면, 그것은 바로 정부가 기존 대기업의 로비에 의해 영향을 받을 가능성이 있다는 점이다. 게다가 대기업이 부유해질수록 이들이 정부에 영향을 미칠 가능성 또한 커진다. 경제학자 앤 크루거(Anne Krueger)는 산업 정책이 과연 합당한지 그 자체를 재고해야 한다고 주장하기도 했다.[21]

이렇게 이론(異論)이 제기되면서 이른바 '수평'적인 정책을 지지하는 분위기가 주류를 이루게 되었다. 여기서 수평적이라는 말은 혁신과 성장을 촉진하기 위해 경제 전반에 적용할 수 있는 정책을 추구한다는 뜻이다.[22] 이 논지의 주요 축을 이루는 요소 중 하나가 지식 경제에 대한 투자 필요성이다. 특히 고등 교육 분야 및 연구 부문에 대한 투자라든지 경쟁 정책이나 실업 보험 개혁, 그리고 직업 교육 과정의 개혁을 통해 상품과 노동 시장을 개선함으로써 해당 시장을 더욱 역동적으로 만드는 일, 그리고 벤처 캐피털과 사모 펀드 등을 통해 혁신 사업에 재원을 마련하는 방법 등을 생각해볼 수 있다.

그렇다면 이러한 수평적 지원책에 만족해야만 하는가? 국가는 산업 분야에서 여전히 해야 할 역할이 남아 있는가? 만약 그렇다면 과연 어떤 역할을 해야 하는가? 1950~1980년을 주도한 산업 정책을 비판하는 목소리에 반박을 하기는 상당히 어려운 게 사실이다. 특히나 그 이후의 연구, 예를 들어 장자크 라퐁과 장 티롤(Jean-Jacques Laffont et Jean Tirole, 1993)[23]의 연구는 정보의 불균형이라든지 국가와 일부 민간 주체의 결탁 위험 등을 포함해 정부가 비효율적일 수밖에 없는 다양한 원인을 파헤친 바 있다. 하지만 그렇다고 해서 공공 기관의 개입 자체를 아예 배제해서는 안 된다고 생각한다. 공공 기관의 개입은 여전히 여러 가지 이유로 인해 정당한 존재 이유가 있다. 우선 공공 기관의 개입은 긍정적인 기술상의 외부성과 관계가 있다. 특허권 같은 요소를 예로 들 수 있는데, 이는 개인에 의해 내부화되지 않기 때문이다. 자신이 스스로 교육이나 연구 개발에 투자하겠다는 개인적 결정은 긍정적인 외부성, 즉 자신과 함께 일하는 사람이나 경제 전반에 자신이 행사할 수 있는 긍정적 영향을 반영해서 정해지는 것이 아니다. 바로 이런 점에서 개인은 교육 및 연구 개발에 저투자하는 경향이 생긴다. 그리고 이런 경향은 자금의 한계로 인해 더욱 가중된다. 그러나 이러한 지적 몇 가지만으로는 온전히 수평적이지 못한 국가 차원의 개입 정책을 정당화하기 어렵다.

수평적이지 않은 산업 정책을 옹호하는 첫 번째 논거가 있다면, 혁신에는 경로 의존성이 존재한다는 사실이다. 앞서 3장에서 QWERTY 자판의 사례를 통해 설명한 바 있는 이 경로 의존성 개념은 아무리 신기술이 훨씬 효율적이더라도 기존 관행의 영향력이나 변화에 들어가야 하는 과도한 비용으로 인해 신기술 도입에 어려움이 발생하는 이유를 설명해준다. 한 가지 사례를 들면, 친환경 혁신 분야를 이야기할 수 있다. 최근의 한 연구 결과에 따르면, 과거 내연 기관 개발 분야에서 혁신을 이루었던 자동차 기업들은 앞으로도 같은 영역에서 혁신을 추구할 경향이 크다고 한다. 바로 이것이 경로 의존성의 영향이다(Aghion, Dechezleprêtre, Hémous, Martin, Van Reenen, 2016).[24] 탄소세 도입이라든지 친환경 기술 혁신에 대한 재정 지원을 활용하면, 기술 전환 비용을 좀더 줄이고 자동차 기업이 전기 엔진의 영역으로 혁신 방향을 선회하게끔 촉진하는 효과를 가져올 수 있다. 바로 이런 면에서 국가가 해야 할 역할이 여전히 남아 있다고 하겠다. 단순히 혁신을 촉진하는 일뿐 아니라 지원 대상을 적절히 제한하는 차원의 개입을 통해 기업이 추진하는 혁신의 방향을 잡아주는 역할을 할 필요가 있다.

산업 정책을 지지하는 두 번째 논거가 있다면, '조율' 차원의 문제다. 실제로, 패트릭 볼턴과 조지프 패럴(Patrick Bolton et Joseph Farrell, 1990)[25]의 연구 그리고 라파엘 롭(Rafael Rob, 1991)[26]의 연구 결과를 보면 국가의 개입은 조율 문제를 해결해주고, 그럼으로써 전략적인 산업 분야에 대한 진입을 가속화하는 효과가 있다고 한다. 전략 산업의 시장 진입에는 상당한 고정 비용이 들어간다. 잠재적으로 진입 가능성이 있는 어떤 새로운 시장이 있다고 가정해보자. 그 시장에 진입하는 데에는 상당한 비용이 들어가지만 장래에 발생할 이윤은 불분명하다. 또 일단 그 시장이 활성화하기 전에는 알 수 없는 정보(특히 소비자로부터 발생하는 수요에 대한 정보)에 따라

이윤이 결정된다. 이럴 경우 그 어떤 개별 기업도 이 시장에 진입하는 최초의 업체가 되려 하지 않을 게 뻔하고, 다른 회사가 나서서 진입에 필요한 최초 고정 비용을 감당해주길 원할 것이다. 그렇게 해야 진입해야만 알 수 있는 정보의 혜택을 얻을 수 있으면서도 그 정보를 얻는 데 들어가는 비용이나 위험을 감당할 필요는 없기 때문이다. 다시 말하면, 정부의 개입이 없을 경우 이른바 '밀항자' 현상이 발생하는데, 이는 해당 시장 진입 자체가 늦어지거나 심지어 기업들의 시장 진입이 아예 발생하지조차 않는 결과를 가져온다. 이러한 문제를 해결하기 위해 국가는 그러한 특정 산업 분야에 한해 최초 진입 기업을 지원해주는 정책을 활용할 수 있다. 이렇게 하면 이어서 다른 기업들도 그 뒤를 따라가도록 장려하는 효과가 나타난다.

바로 여기서 보잉이나 에어버스 등 항공 산업 분야에서 정부 개입이 주효했던 이유를 찾아볼 수 있다. 항공 산업이야말로 고정 비용이 매우 높으면서도 수요는 불분명한 산업이기 때문이다. 이는 또한 미국 정부가 1958년 마련한 DARPA(Defense Advanced Research Program Agency) 프로그램이 성공적으로 활용된 이유이기도 하다. 이 프로그램은 '격변을 가져오는 혁신' 기술을 대상으로, 기초 연구 단계에서부터 적용 및 상용화 단계로 진행시키는 작업을 돕기 위한 정책의 일환이다. 이처럼 다음 단계로의 진행에 고정 비용이 매우 많이 들어가고 여러 경제 주체를 조율할 필요가 있는 경우 정부는 이 같은 프로그램을 활용할 수 있다. DARPA는 성공적으로 미국의 우주비행사를 우주로 보내 달에 발을 딛게 해주었고, 인터넷이나 GPS 같은 엄청난 혁신 연구를 매듭지을 수 있는 환경을 제공했다.

그렇다면 국가가 개입할 분야는 어떻게 정해야 할까? 무엇보다 각 경제 및 사회별로 우선순위라 생각하는 바에 따라 해당 정부의 선택이 결정된다. 그러한 우선순위 중에는 지구 온난화에 대한 대처라든지 재생 에너지 개발, 보건 분야 및 방위 산업 등이 포함된다. 그에 이어 숙련된 노동력이 집중적으로 필요하거나 경쟁의 강도가 높은 분야에 집중할 필요 또한 있는데, 그러한 선택을 통해 공공 투자가 경제 성장으로 이어지게끔 할 수 있기 때문이다. 국제 경제의 미시경제적 분석 자료를 활용한 초창기 연구에 따르면, 숙련 노동자가 집중되어 있는 분야에 더 한정해서 설계된 공공 투자 정책은 생산성 향상 또한 촉진하는 경향이 더 높게 나타났다(Nunn et Trefler, 2010).[27] 마찬가지로, 중국 자료를 바탕으로 한 또 다른 연구에서는 경쟁이 더욱 치열한 분야에 국가 개입을 집중하는 방식을 통해 생산성 향상에 기여할 수 있다는 결론이 나왔다(Aghion, Cai, Dewatripont, Du, Harrison et Legros, 2015).[28]

이어서 산업 분야별 지원을 어떻게 관할할지에 대한 문제가 있다. 분야별 지원은 단 하나 혹은 소수의 기업에 집중되지 않을 때, 즉 해당 산업 분야 전반의 경쟁 정도를 유지하거나 강화하는 데 활용될 경우에 제대로 생산성 향상을 촉진하는 경향이 있다. 또 필요한 경우 국가 차원의 분야별 지원 방침을 재고할 수 있는 장치도 마련해야 한다. 그렇게 해야만 국가 지원이 비효율적인 분야를 존속시키는 데 허비되는 걸 방지할 수 있다. 정부 그리고 개발 은행 등의 민간 투자자가 공동 지원 방식을 통해 이러한 장치 도입을 시도할 수 있다고 본다. 아래에서 더 자세히 설명하겠지만, 마지막으로 지적할 점은 다음과 같다. 즉, 이미 시장에 자리를 잡은 기업에 공공 지원을 해주면, '재할당' 효과로 인해 좀더 혁신적인 신진 기업의 시장 진입이 어려워질 가능성이 있다는 것이다. 이미 시장에 자리를 잡은 기업은 실제로 숙련 노동 비용이라든지 생산에 필요한 기타 여러 요소의 비용을 높이는 데 기여하기 때문이다. 그러므로 가능한 한 산업 정책과 경쟁 정책을 조화롭게 활용하면서 신생 기업의 잠재적 시장 진입을 방해하지 않는 형태의 분야별 국가 지원책을 도입해야만 한다.

한마디로 말하면 이렇다. 여기서 주요 논제는 산업 정책이라는 것 자체가 '옳다' 혹은 '그르다'는 차원이 아니라는 사실이다. 진정한 문제는 오히려 '어떻게'라는 접근 방식으로 풀어야 한다. 산업 정책이 경쟁 체제와 양립할 수 있으려면, 그리고 더욱 포괄적인 방식으로 혁신에 의한 성장과 양립할 수 있으려면, 산업 정책의 관할 문제를 어떻게 재고해야 할지 고민해야 한다는 뜻이다.

기업 간 역학 및 기존 기업 대상의 정부 지원 비용

기업의 생애 주기, 즉 시장으로의 진입, 성장 그리고 시장에서의 퇴장 과정은 경제 성장의 과정과 어떻게 상호 작용하는가? 그리고 기존 기업에 대한 정부 지원은 새로운 혁신 기업의 시장 진입과 성장에 어떠한 영향을 끼치는가? 코로나19 바이러스 위기가 닥친 후, 이 문제가 얼마나 중요한지를 가늠할 수 있게 되었다. 각국 정부는 한편으론 기존 기업을 지원해서 파산하는 기업의 수를 최소화하고, 일자리 및 축적된 인적 자본을 보전해야 하는 상황에 맞닥뜨렸다. 다른 한편으론 그러한 정책이 시장에 새로이 진입하려는 잠재적 창업 가능성에 피해를 주어서는 안 되는 상황이다. 이를 다시 정리해보면 이렇다. 창조적 파괴 과정 및 새로운 혁신 활동으로의 진입과 성장을 방해하지 않으면서 기존 기업이 필요로 하는 적절

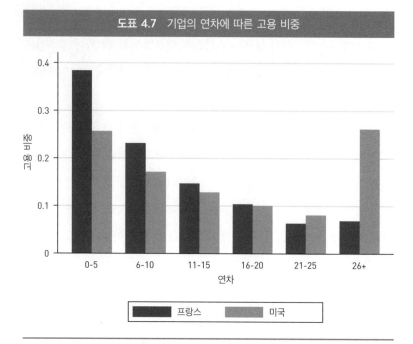

도표 4.7 기업의 연차에 따른 고용 비중

출처: Aghion, Bergeaud, Boppart et Bunel (2018).

한 정부 지원을 해주는 이중의 과제를 어떻게 양립시킬 수 있을까?

1장에서 슘페터 모델이 예상한 대로 창조적 파괴와 생산성 향상 사이에는 정비례 관계가 존재한다는 사실을 확인한 바 있다. 하지만 다른 두 드러진 사실, 그러니까 기업 간 역학과 성장을 연결하는 여러 가지 사실 또한 강조하지 않을 수 없다(Aghion, Bergeaud, Boppart et Bunel, 2018).[29] 미국과 프랑스 기업의 창업 후 연차에 따른 일자리 분포를 분석해보면, 오래된 기업(설립 후 26년 이상 된 경우)일수록 고용자로서 중요할 가능성이 프랑스보다 미국에서 높았다(도표 4.7). 그 이유는 미국 기업이 프랑스 기업에 비해 성장에 필요한 능력을 더 잘 갖추고 있으며, 시장에서 버티는 능

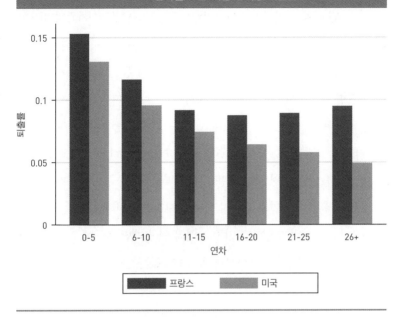

출처: Aghion, Bergeaud, Boppart et Bunel (2018).

력 또한 뛰어나기 때문이다. 그런 데다 창조적 파괴 현상은 미국보다 프랑스에서 두드러진다. 도표 4.8은 프랑스와 미국에서 기업의 시장 퇴출 비율을 비교한 자료다. 기업의 연차가 어느 정도든 미국보다 프랑스에서 기업의 파산 비율이 높으며, 신생 기업의 경우는 그러한 경향이 더욱 현저히 나타났다.

이 두 가지 수치는 동일한 상황에서 상호 보완적인 양면을 보여주는 자료라고 할 수 있다. 특히 가장 생산적이고 혁신적인 기업일지라도 프랑스에서는 일정 규모 이상으로 성장하지 못한다. 바로 그 이유로 인해 생산성 낮은 기업이 판로를 유지하고 시장에서 그나마 살아남을 수 있다.

그러니 중국에는 프랑스의 경제 성장 자체에 영향을 줄 수밖에 없다.

그렇다면 프랑스 기업의 성장을 방해하는 요소는 무엇인가? 첫째는 혁신적인 기업이 적절한 자금원에 접근할 방법이 부족하다는 점을 들 수 있다.[30] 벤처 캐피털이나 사모 펀드, 기관 투자자 등은 혁신에 자금을 대는 중요한 주체인데, 이러한 출자 체계가 프랑스보다 미국에서 훨씬 더 발달해 있다. 둘째는 규제의 문제로, 이는 특히 노동 시장과 관련이 있다. 기업이 일정 규모 이상으로 성장하는 순간, 이러한 규제의 영향을 받는다. 성장을 거듭하며 규제 적용 대상이 되는 특정 규모에 다가가는 기업은 규제의 존재로 인해 오히려 혁신을 꺼리기도 한다(Aghion, Bergeaud, Van Reenen, 2019).[31] 그렇다면 기존 기업의 연구 개발 활동에 정부 지원을 함으로써 어떻게든 이러한 한계에 대처해야 하는 걸까?

최근의 한 연구에 따르면, 그러한 지원 체계는 부정적 효과를 가져온다는 경고성 결론이 나왔다. 이러한 정부 지원은 상대적으로 경쟁력이 더 높은 신생 기업의 시장 진입을 방해할 위험이 있기 때문이다(Acemoglu et al., 2018).[32] 특히 이미 시장에 자리 잡은 기업에 지급하는 정부 보조금은 숙련 노동에 대한 수요를 더 높여 숙련 노동자에게 들어가는 노동 비용이 증가한다. 이렇게 비용이 추가되면 결국 잠재적인 시장 진입 기업이 기대할 수 있는 이득이 줄어들고, 그러다 보면 신생 기업이 시장 진입 자체를 단념하는 결과가 나타난다.

이러한 '재할당'의 부정적 효과를 다룬 또 하나의 연구가 있다. 2012년 2월에 마련된 유럽중앙은행의 ACC(Additional Credit Claims) 프로그램이 프랑스 기업의 역동성에 어떤 영향을 미쳤는지 분석한 내용이다(Aghion, Bergeaud, Cette, Lecat, Maghin, 2019).[33] ACC 프로그램은 마리오 드라기(Mario Draghi: 이탈리아의 은행가 및 정치인으로, 2011년 제3대 유럽중앙은행 총재로 취임―옮긴이)가 2008~2009년 유로존 경제 위기에 대한 대응책으로 경기 침체의 위험을 막기 위해 도입한 제도다. 그 내용은 유로존의 상업은행들이 상장 가치가 충분히 높은 기업에 내준 융자액을 유럽중앙은행에 총자산 계획에 대한 보증으로 내세울 수 있도록 한 것이다. 이러한 융자는 상업은행이 현금의 흐름을 확보할 수 있게끔 해준다. 상장 가치가 가장 높은 기업들, 그러니까 상환 조건을 지킬 가능성이 가장 높은 기업들은 '1단계'로 분류되었다. 그 외의 기업들은 대출 상환 가능성이 낮아질수록 2단계부터 5단계까지로 나뉘었다. 여기에 추가로 P단계가 있는데, 이는 거의 파산 직전에 있는 기업을 의미한다. 2012년 2월 이전까지는 4단계 이상의 기업에 내어준 융자만이 유럽중앙은행의 총자산 계획 절차에 적용될 수 있었다. 유럽중앙은행은 ACC 프로그램을 도입하면서 4단계에 위치한 기업을 추가했다.

유럽중앙은행이 ACC 프로그램을 도입한 이후 어떤 현상이 나타났을까? 우선은 4단계 기업들에 대한 대출 규모가 4단계 이하 기업들의 대출 규모보다 훨씬 더 커졌다. 특히 바로 아래 단계인 5+ 기업들과 비교했을 때 현저한 차이가 난다. 또한 4단계 기업들의 생산성 향상률이 높아졌다. 다시 말하면, 4단계 수준의 기업에 부과한 신용 제한이 풀리면서 해당 기업들이 투자를 늘렸다는 뜻이다. 특히 혁신과 관련한 부문에 투자가 확대되었다. 하지만 이러한 긍정적 효과는 재할당 효과로 인해 상쇄되었다. ACC 프로그램을 실행한 이후 시장에서 도태되는 4단계 기업의 수가 감소하고, 무엇보다 초창기 생산성 수준을 기준으로 보면 경쟁력이 떨어지는 기업들조차 도태하는 비중이 줄어들었다. 이렇게 훨씬 큰 경쟁력을 갖춘 신진 기업이 시장에 진입함으로써 생산성이 떨어지는 4단계 기업을 대체하는 과정에 ACC 제도가 잠재적으로 훼방을 놓은 셈이다.

이러한 재할당 효과가 존재한다는 사실은 위에서 언급한 연구 결과들로 입증되었다. 이를 통해 기업체를 대상으로 하는 정부의 모든 지원 제도는 그 정책이 기존 기업뿐 아니라 해당 분야에 진출하고자 하는 잠재적인 신생 기업에 어떠한 영향을 끼칠 수 있는지를 면밀히 감안해 수립되어야 함을 알 수 있다.

—

　이번 장에서는 경쟁과 혁신 사이의 관계에 대해 고민해보았다. 평균적으로 보면 경쟁은 혁신과 성장을 촉진하며, 경쟁이 혁신과 성장에 끼치는 효과는 기술의 경계에 근접한 기업한테는 긍정적이지만 그렇지 못한 기업한테는 부정적이라는 사실을 확인할 수 있었다. 또한 미국 경제의 성장이 담보하는 데에는 경쟁 체제의 쇠퇴가 그 이유로 작용하는지 의문을 제기해보았다. 이어 경쟁과 지식 재산권 보호 정책은 상호 보완적인 관계에 있다는 점도 확인했다. 또한 적절하게 고안된 산업 정책과 경쟁은 충분히 양립 가능하다는 의견을 개진했다.[34] 위에서 언급한 의문 중 몇 가지에 대해서는 이어지는 장들을 통해 다시금 접근할 예정이다. 특히 6장에서는 미국의 성장 둔화에 대해, 그리고 7장에서는 중진국 함정 현상에 대해, 그리고 13장에서는 세계화의 쟁점에 대해 논하고자 한다.

혁신, 불평등 그리고 조세 제도

자주 공론화되는 주제인 소득 불평등 문제는 특히 앤서니 앳킨슨(Anthony Atkinson)이나 토마 피케티(Thomas Piketty) 그리고 에마뉘엘 사에즈(Emmanuel Saez) 등의 학자들의 연구를 통해 큰 반향을 일으켰다.[1] 이들은 1980년대 이후 소득 분포도상의 최상위 집단을 위주로 불평등이 폭발적으로 확대된 현상을 부각시키는 데 전력을 기울였다. 미국의 '최상위 1퍼센트'가 가져가는 전체 소득 비중, 즉 소득 분포도 최상위에 위치한 가구의 소득 비중 변천사를 도표 5.1에서 확인할 수 있다(Piketty, 2013).[2]

이 도표를 보면 일련의 의문이 떠오른다. 우선 '최상위 1퍼센트'의 소득 비중을 불평등의 척도로 보고 거기에 집중하는 게 정당한 방식인가, 아니면 그 방법론 이외에도 불평등을 가늠할 수 있는 적절한 잣대가 존재하는가 하는 의문이다. 즉각 떠오르는 또 다른 의문 하나는 바로 불평등의 원천과 관계가 있다. 그중에서도 사람들은 어떻게 부자가 되는가,

도표 5.1 미국 최상위 1퍼센트의 소득 비중

출처: Piketty (2013).

혁신에 의한 성장은 불평등을 야기하는가, 그렇다면 어떠한 종류의 불평등을 야기하는가, 또 혁신은 다른 잠재적 불평등의 원천과 어떻게 다른가 하는 의문을 생각해볼 수 있다. 사회 이동을 확대하기 위해서는 주로 조세 제도에 의지해야 하는가? 성장에 피해를 주지 않으면서도 한층 더 포괄적인 형태의 성장이 이루어지게 하려면 어떻게 해야 할까?

바로 이러한 의문점들을 이번 장에서 다루고자 한다.

불평등을 어떻게 측정해야 할까

불평등이라는 주제에 접근할 때는 우선 "어떤 종류의 불평등을 말하는 건가?"라는 질문을 던져야 한다. 실제로 소득 불평등을 측정하는 방법은 여러 가지가 있는데, 이들은 등가의 방식이 아니다. 첫 번째는 불평등을 전반적 차원에서 측정하는 방식이 있다. 이는 각 개인의 소득이 동일하다고 가정한 '완전 평등'에 대비한 해당 국가의 상황을 반영하는 방법이다. 이렇게 전반적인 소득 불평등을 측정하는 방식 가운데 가장 흔히 사용하는 것이 지니계수다(아래 상자 참조). 한 나라가 완전 평등 상태에 근접할수록 그 국가의 지니계수는 0에 가까워지고, 반대로 제한된 몇몇 개인에게만 소득 집중도가 높을수록 지니계수는 1에 가까워진다.

로렌츠 곡선과 지니계수

아래 도표에서 검정색 점선으로 표시한 것이 로렌츠 곡선이다. 소득의 오름차순으로 정리한 인구의 각 집단을 그 집단의 소득이 대표하는 지점과 연결해놓은 것이다. 로렌츠 곡선은 다음의 방식으로 만들어진다. 도표의 A 지점은 가장 소득이 낮은 인구 집단, 즉 하위 20퍼센트가 버는 소득의 총합이 차지하는 부분을 연결한 지점으로서, 십분위수 중 맨 처음 두 단위가 된다. 아래 도표의 경우 이 두 단위, 즉 제1과 제2 십분위수는 이 나라 전체 소득의 3.4퍼센트를 벌어들인다. B 지점은 앞에서부터 제4십분위수(전체 소득의 12퍼센트)에 해당하고, 이후 지점들 또한 같은 방식으로 계속되어 소득의 마지막 십분위수까지 이어진다.

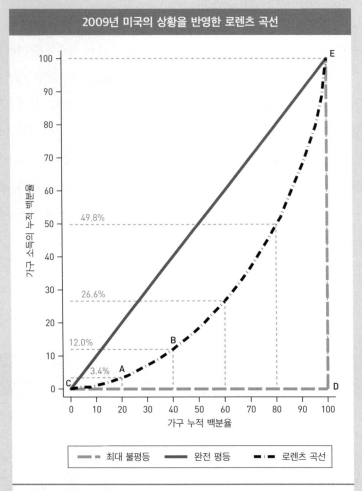

2009년 미국의 상황을 반영한 로렌츠 곡선

세로축: 가구 소득의 누적 백분율
가로축: 가구 누적 백분율

- 49.8%
- 26.6%
- 12.0%
- 3.4%

범례: ━━ 최대 불평등 　━━ 완전 평등 　━·━ 로렌츠 곡선

출처: DeNavas-Walt, Proctor et Smith (2010).[3]

만약 소득 분포가 완전히 평등하다면 점선은 실선으로 표시한 직선과 겹치게 된다. (이 선을 45도 직선 혹은 제1 이등분선이라고 부른다.) 그럴 경우 소득의 제1십분위수가 전체 소득의 10퍼센트를 벌고, 제2십분위수는 전체에서 20퍼센트를 버는 식으로 이어진다. 반대로, 전체 소득이 오직 한

사람 손에 집중되어 있고 그 외 모든 이의 소득이 전무한 경우에 로렌츠 곡선은 매우 볼록한 모습을 띤다. 앞부분은 도표의 가로축에 붙어 있다가 가로축의 100퍼센트 지점에서 갑자기 1로 확 상승선을 그리게 된다. 전체 인구 99.9999퍼센트의 소득은 0에 수렴하고, 0.0001퍼센트의 소득이 100에 달한다! 이렇게 되면 회색으로 표시한 긴 점선이 그려진다.

전반적인 불평등을 측정할 수 있는 지표인 지니계수를 간단히 설명하면, 도표에서 실직선(이등분선)과 점곡선 사이 공간 S를 C, D, E 지점을 연결한 삼각형이 그리는 공간 T로 나눈 값이다. 완전한 평등은 S 영역이 0인 경우에 해당한다. (점곡선이 실직선과 겹친다.) 그래서 결과적으로 지니계수는 0이 된다. 반면 불평등이 최대로 존재하는 경우라면 S=T의 상황인데, 그 결과로 지니계수가 1에 달한다.

두 번째는 소득 분포상의 최고점에서 나타나는 불평등을 파악하는 방식이다. 그중에서도 최상위 소득을 버는 1퍼센트 인구의 총소득이 해당 국가 내 모든 개인의 소득 총액에서 차지하는 비중을 분석하는 방식이 가장 흔하다. 도표 5.1에서 활용한 방식이다. 이 나눗셈은 너무나 단순한 계산이다. 가장 소득이 높은 사람으로부터 집단을 구성하기 시작해 두 번째 고소득자, 세 번째 고소득자 등이 이어져 상위 소득 1퍼센트에 속하는 마지막 사람까지 포함한 후, 이를 국가의 나머지 전체 인구와 비교한다. 1퍼센트 상위 집단에 소속된 개인의 소득을 모두 더한 다음 그 수치가 해당 국가 경제 활동 인구의 소득에서 차지하는 비율을 파악하는 것이다. 그렇게 하면 전체 소득 중에서 '최상위 1퍼센트'가 가져가는 소득의 비중이 나온다. 도표 5.1은 이 '최상위 1퍼센트'가 차지하는 비중이 미국에서 U자 형태의 곡선으로 변화했음을 보여준다. 이는 1980년까지 이

들의 소득 비중이 줄어들다가 1980년 이후 크게 상승하기 시작했다는 뜻
이다.

소득 불평등을 측정하는 세 번째 방식은 근본적으로 역동적인 성격
을 갖고 있다. 바로 부모의 소득과 자녀의 소득이 유사할 개연성을 살
펴보는 방식이다. 사실 이것은 사회 이동과 정반대되는 개념을 측정하
는 방식이다. 자녀의 소득이 부모의 소득과 정비례 관계에 있다면, 그 나
라의 사회 이동 가능성이 낮다고 볼 수 있기 때문이다. 도표 5.2를 보면
OECD 내 여러 국가가 어떤 위치에 있는지 알 수 있다. 가로축은 지니계
수를 통해 가늠한 전체적인 소득 불평등을, 세로축은 자녀의 소득과 부
모 소득의 상호 관계를 통해 계산한 동적 불평등을 보여준다. 놀랄 일은
아니지만 스칸디나비아 국가들(덴마크, 노르웨이, 스웨덴, 핀란드)에서 전반적
인 불평등과 동적 불평등이 모두 가장 낮은 걸로 나타났다. 즉, 전반적인
소득 불평등이 가장 낮으면서 사회 이동의 가능성은 가장 높은 나라들
이다. **그와 반대로** 앵글로색슨계 국가들, 즉 영국과 미국의 경우 전반적
인 불평등과 동적 불평등이 모두 가장 높았다. 이는 전체적인 소득 불평
등이 가장 크면서 사회 이동의 가능성은 가장 낮다는 뜻이다. 무엇보다
지니계수로 측정하는 전반적인 불평등과 동적 불평등 사이에는 정비례
의 상호 관계가 드러난다는 점을 확인할 수 있다. 각기 다른 지점에서 오
차의 제곱의 합이 최소가 되는 지점을 찾아 그리는 이른바 '최소제곱법'
직선은 명백히 상승선을 그린다. 이 직선이 보여주는 바는 한 국가 내에
서 사회 이동 가능성이 확보될수록 그 나라의 소득 불평등이 적다는 사
실이다(Corak, 2013).[4] 경제학자들은 이 직선에 '위대한 개츠비 곡선'이라
는 별명을 붙였다. 피츠제럴드의 소설 주인공이자 당대의 아이콘으로서
1920년대를 배경으로 신분 상승이라는 아메리칸드림을 체화한 인물이면

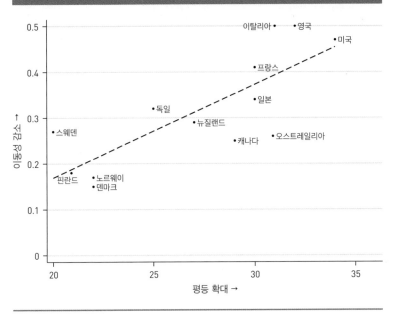

출처: Corak (2013).

서 그 아메리칸드림에 맞닥뜨린 환멸을 상징하는 백만장자 개츠비에서 착안한 이름이다.

　더 최근 들어 경제학자 라지 체티, 너새니얼 헨드런, 패트릭 클라인, 그리고 에마뉘엘 사에즈(Raj Chetty, Nathaniel Hendren, Patrick Kline et Emmanuel Saez, 2014)[5]는 공동 연구에서 미국을 지역별 노동 시장에 따라 해체해 사회 이동의 정도를 계산하는 방법론을 택했다. 도표 5.3은 지역 노동 시장 간에 분명 위대한 개츠비 곡선이 존재함을 보여준다. 사회 이동이 커질수록 전체적인 소득 불평등은 약화한다.

　동적 불평등 혹은 사회 이동과 '최상위 1퍼센트'가 차지하는 소득 비중

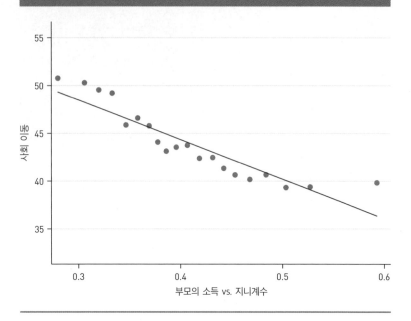

도표 5.3 미국의 위대한 개츠비 곡선

부모의 소득 vs. 지니계수

출처: Chetty, Hendren, Kline et Saez (2014).

사이에서도 이와 유사한 관계를 찾아볼 수 있을까? 도표 5.4를 보면 이에 대한 대답은 '그렇다'라고 할 수 있다. 미국의 지역별 노동 시장 중 사회 이동 정도가 높을수록 '최상위 1퍼센트'가 차지하는 소득 비중이 줄어드는 결과를 확인할 수 있다. 그러나 이 두 변수 사이의 관계가 아주 결정적이지는 않다. 상호 관계 계수가 −0.190에 그치기 때문이다. 도표 5.3에서 확인할 수 있는 −0.578(사회 이동 정도와 전체적인 소득 불평등 사이의 관계 계수)보다 훨씬 적은 수치다. 최상위 1퍼센트의 소득 비중이 가장 높은 지역 노동 시장은 전형적으로 캘리포니아, 코네티컷, 매사추세츠 등의 주에 위치하는데, 이는 특히나 혁신성이 높은 지역들이다. 이렇다 보니 자

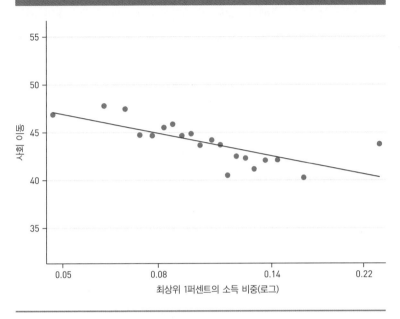

출처: Chetty, Hendren, Kline et Saez (2014).

연스럽게 불평등이나 사회 이동을 결정짓는 잠재적 요소로서 혁신을 감안하지 않을 수 없다.

혁신, 그리고 다양한 종류의 불평등

슘페터식 혁신에 의한 성장 이론의 바탕이 되는 두 가지 주요 견해는 성장과 불평등 사이의 관계에 있어 각각 시사하는 바가 있다.

첫 번째 견해에 따르면, 혁신은 독점으로 인한 이득을 기대하는 사업가의 활동에서 기인한다고 본다. 이 이득은 그 나름대로 또한 제도적 환경에 의존하는데, 그중에서도 지식 재산권의 보호 정도가 중요한 요소다. 조엘 모키르(Joel Mokyr, 2005)는 에이브러햄 링컨의 유명한 말을 인용해 "특허 제도는 천재의 불꽃에 기름을 끼얹었다"[6]고 적었다. 혁신으로 인한 이득은 혁신가들이 기대할 수 있는 소득 수준 상승의 가능성을 높여주는데, 특히 그 유명한 '최상위 1퍼센트' 집단에 합류할 가능성을 높인다. 애플을 창립해 부를 축적한 스티브 잡스처럼, 아니면 마이크로소프트를 설립해 최상위 부자가 된 빌 게이츠처럼, 또 스카이프의 발명자 중 하나로 스웨덴에서 가장 부유한 사람 중 한 명이 된 니클라스 센스트롬(Niklas Zennstrom)처럼 말이다.

좀더 일반적으로 말해보자면, 각각의 새로운 혁신은 혁신가로 하여금 기존의 혹은 잠재적인 경쟁자의 제품보다 자신의 제품을 향상시킬 수 있게 해준다. 혁신을 통해 또한 비용 절감 효과도 기대할 수 있는데, 특히 임금에 들어가는 비용 측면에서 그러하다. 이렇게 하면 혁신가가 실제 얻을 수 있는 이득이 늘어난다. 다시 말하면, 그의 소득이 임금에 대비해 증가한다는 뜻이다.* 이렇게 슘페터식 패러다임은 일차적으로 혁신이 소득 분포상 상위권에서 불평등을 높이는 효과가 있다고 예측한다. 즉, 한 국가 혹은 지역이 혁신적일수록 그 나라 혹은 지역의 소득 중에서 '최상위 1퍼센트'가 차지하는 비중이 늘어날 거라고 예상한다는 뜻이다.

슘페터 이론의 바탕을 이루는 두 번째 견해는 창조적 파괴 개념이다. 새로운 혁신은 옛 기술을 대체하며, 그 결과 과거 혁신가들에게 보상 역

---

* 이러한 예측을 미국과 핀란드의 자료를 바탕으로 시험해본 결과에 대해서는 10장을 참조하기 바란다.

할을 해준 그들의 이득을 소멸시킨다. 이러한 새로운 혁신은 실제 시장에 진입하는 신진 기업과 밀접한 관계가 있다. 새로운 혁신가들의 이득이 증가하는 반면, 기존 기업의 이득은 내리막길을 걷는다. 이런 맥락에서 생각하면 20년 전만 해도 스카이프 발명가는 시장에 존재하지 않았고, 애플이 탄생하기 전까지는 스티브 잡스라는 존재도 없었다. 결과적으로 슘페터식 패러다임이 내리는 두 번째 예측은 혁신, 특히 새롭게 시장에 진입하는 이들이 내놓는 혁신이 사회 이동의 원천이 될 수 있다는 것이다.

슘페터식 모델의 예측, 즉 '최상위의 불평등'(영어로는 top income inequality 라고 한다)이라고 부르는 상위 1퍼센트의 소득 비중뿐 아니라 사회 이동 가능성을 동시에 증가시킨다는 견해가 언뜻 보면 모순이라고 느껴질지도 모른다. 하지만 실제 미국 주들을 비교해보면 매우 분명히 위의 내용을 증명할 수 있다. 그중에서도 현재 미국에서 혁신을 주도하는 주 중 한 곳인 캘리포니아와 가장 혁신성이 덜한 주에 속하는 앨라배마를 비교해보면, '최상위 1퍼센트'가 캘리포니아의 전체 소득에서 차지하는 비중이 앨라배마의 '최상위 1퍼센트'가 그 주에서 차지하는 비중보다 상당히 높다는 사실을 알 수 있다. 이와 동시에 사회 이동의 정도를 살피는 지표 또한 앨라배마보다 캘리포니아에서 현저히 높게 나타난다.

혁신이 한편으로는 '최상위'의 불평등을 확대하면서 다른 한편으로는 사회 이동 가능성을 높인다는 사실은 혁신이 지니계수와 같은 더 포괄적인 불평등 지수에 영향을 주는지 가늠하기가 일단은 어렵다는 뜻이다. 그 결과 슘페터식 패러다임을 통한 세 번째 예측은 혁신과 전반적 불평등 지수 사이의 관계가 모호하다는 점이다.

하지만 소득 불평등에 대한 여러 가지 지표와 혁신 사이의 관계에 대해 실제 자료는 어떤 내용을 담고 있을까? 1975~2010년 미국 여러 주의

도표 5.5 혁신, 상위 1퍼센트 소득의 비중과 지니계수

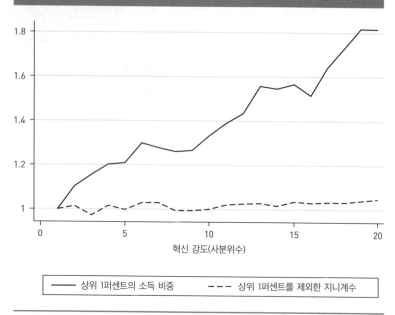

주: 지니계수는 여기서 최초 99백분위수의 지니계수다. 즉, 소득 분포의 상위 1퍼센트를 포함하지 않은 지니계수라는 뜻이다. 각 세트는 가장 낮은 혁신 사분위수 내의 가치에 의해 표준화된다.
출처: Aghion, Akcigit, Bergeaud, Blundell et Hémous (2019).

생산, 특허의 질, 그리고 소득 분포 관련 자료를 분석한 결과, 혁신은 이러한 '상위권'의 불평등이 가중되는 데 필수 요인 중 하나라는 점이 이미 증명되었다(Aghion, Akcigit, Bergeaud, Blundell et Hémous, 2019).[7]

특히 도표 5.5와 5.6을 보면 그러한 요지가 분명히 드러난다. 도표 5.5는 우선 최상위 1퍼센트에 혁신이 정비례하고 의미 있는 영향을 미친다는 사실을 보여준다(실선). 이 자료는 또한 혁신은 전반적인 불평등을 가늠하는 지표인 지니계수와 상호 관계가 없음을 증명한다(점선). 한편 도표 5.6은 미국 여러 도시의 자료를 바탕으로 분석한 혁신과 사회 이동 사

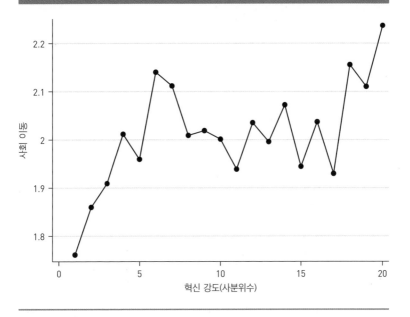

출처: Aghion, Akcigit, Bergeaud, Blundell et Hémous (2019).

이의 관계를 다룬 자료다. 이 자료에서 사회 이동은 서민층, 즉 부모의 소득이 1996~2000년 하위 20퍼센트에 속하는 집단 출신인 어떤 한 개인 이 성인이 되는 시점인 2010년에 소득 분포상 상위 집단, 즉 상위 20퍼 센트에 진입할 가능성이라고 정의할 수 있다. 혁신의 심화도는 한편 해당 도시의 인구 1인당 미국특허청(USPTO)에 출원된 특허의 수로 측정한다. 여기서 혁신과 사회 이동 사이에 정비례 관계가 성립한다는 사실이 드러 난다.

이를 통해 또 확인할 수 있는 바가 있다면 새롭게 시장에 진입한 기업 을 통한 혁신은 사회 이동의 가능성과 긍정적 상호 관계를 맺고 있다는 점이다. 이는 창조적 파괴를 통해 혁신이 사회 이동을 야기한다는 가설과 들어맞는 결과라고 볼 수 있다.

요약하면, 혁신은 소득 분포도상 최상위에서 불평등이 강화되는 데 기여하면서도 다음의 세 가지 미덕을 보여준다. 첫째 전반적인 불평등을 확대시키지 않고, 둘째 특히 시장 진입을 시도하는 신진 혁신가를 중심으로 사회 이동을 장려하며, 마지막으로 생산성 향상을 촉진한다.[8]

사회 이동의 수단 역할을 하는 혁신 기업

혁신과 사회 이동 사이의 정비례 관계는 새로운 혁신가들이 과거의 혁신가들을 대체한다는 데서만 비롯되는 건 아니다. 혁신성 높은 기업 자체가 사회 이동의 잠재적 수단 역할을 할 수 있다. 그러기 위해서는 해당 기업이 직원들을, 그중에서도 특히 가장 숙련도 낮은 직원들을 교육하고 또 승진시켜야만 가능한 일이다. 2004~2015년 영국 자료를 바탕으로 한 최근의 한 연구에 따르면, 혁신도가 높은 기업은 가장 숙련도 낮은 직종이라 할 수 있는 영역에 종사하는 이들, 예를 들어 상품 취급 전담 직원, 비서, 안전 요원, 특수 노동자, 운송업자, 판매원 등에게 '사회적 엘리베이터' 역할을 해준다고 한다(Aghion, Bergeaud, Blundell et Griffith, 2019).[9]

도표 5.7은 노동자 개인의 나이별로 미숙련 노동자의 시급 변화를 보여준다. 실선은 해당 노동자의 직장이 혁신적인 기업인 경우, 점선은 그렇지 않은 경우다. 여기서 기업의 혁신성은 연구 개발에 최소 1유로의 비용이라도 배정하는지를 기준으로 삼았다. 일차적으로 관찰할 수 있는 사실은 모든 연령대에서 미숙련 노동자의 임금은 비혁신 기업보다 혁신 기

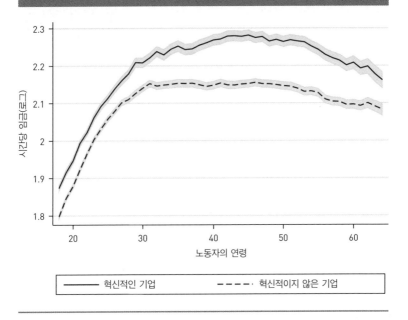

도표 5.7 숙련도 낮은 노동자의 평균 임금

노동자의 연령

— 혁신적인 기업   - - - - · 혁신적이지 않은 기업

출처: Aghion, Bergeaud, Blundell et Griffith (2019).

업에서 일하는 경우 분명하게 더 높았다는 점이다. 두 번째로 눈에 띄는 내용은 첫 번째 사실보다는 덜 놀랍긴 하지만, 고용주가 혁신적이든 아니든 나이가 들면서 임금이 상승한다는 점이다. 이는 그 노동자가 해당 기업 내에서 쌓아온 경력을 반영한 결과다. 그럼에도 불구하고 혁신적 기업에 종사하면 그렇지 않은 경우보다 나이에 따른 임금 증가치가 훨씬 더 높게 나타났다. 바꿔 말하면, 혁신 기업은 미숙련 노동자에게 사회적 엘리베이터 역할을 분명하게 해주고 있으며 장기간에 걸쳐 이들에게 투자를 하고 있다는 의미다.

　그렇다면 숙련된 노동 인구, 즉 중간 관리직, 엔지니어, 연구자 집단의

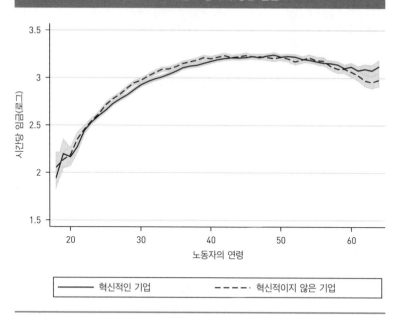

출처: Aghion, Bergeaud, Blundell et Griffith (2019).

경우는 상황이 어떻게 다를까? 도표 5.8을 보면, 한 직원이 연차에 따라 보너스를 받을 수 있는 경우 해당 보너스는 혁신 기업이건 비혁신 기업 이건 동일한 양상으로 증가한다. 다시 말하면, 숙련 노동자의 경우 혁신 기업에서 근무한다고 해서 추가 보너스가 발생하지는 않는다는 뜻이다.

마지막으로, 도표 5.9는 연구 개발 투자 비용을 기준으로 계산한 각 기업의 혁신성 정도에 따라 가장 숙련도 높은 노동자, 중간 숙련도 노동자, 그리고 미숙련 노동자의 평균 시급이 어떠한가를 보여주는 자료다. 이 도표에서도 점선이 거의 평행하게 그려지는 것을 보면 가장 숙련된 이들의 임금은 기업의 혁신성이라는 변수에 크게 영향을 받지 않는다는 게 재차

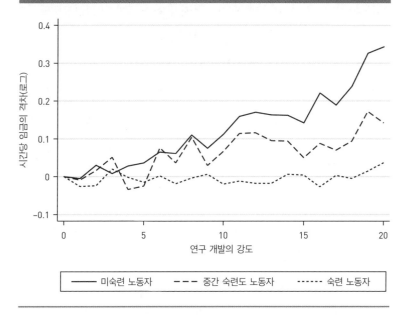

출처: Aghion, Bergeaud, Blundell et Griffith (2019).

드러난다. 반면 가장 숙련도 낮은 집단에 속한 노동자의 임금은 소속 기업체의 혁신성에 따라 크게 증가한다는 걸 확인할 수 있다.

이처럼 상황이 다르게 나타나는 것을 어떻게 해석할 수 있을까? 위에서 인용한 연구의 저자들은 다음과 같이 설명한다. 가장 숙련된 노동 인력은 무엇보다 그들이 보유한 '확인 가능한 능력'(영어로는 hard skills)을 기반으로 평가받는다고 본다. 즉, 그들의 학력이나 이력서를 통해 확인 가능한 부분이다. 반면 숙련도 낮은 노동자의 경우는 노동의 대가가 그들의 '확인 불가한 능력'(영어로는 soft skills)에 기대어 계산된다. 이는 해당 기업에 근무하는 과정에서 습득하는 경험이며, 그렇기에 기업이 성공적으로 움직이기 위해서 이들은 점점 더 필수불가결한 요소가 된다는 것이다. 혁신성이 높은 기업일수록 미숙련 노동자가 더 필요하다. 확인 불가한 능력을 더 많이 갖춘 이들이 더 중요하다는 뜻이다. 특히 믿을 만하다고 판단되는 직원이 필요하다. 이러한 기업은 직원이 자신에게 맡겨진 일을 완벽히 수행하지 않을 경우 잃는 부분이 크기 때문이다. 이는 혁신 기업일수록 다양한 종류의 업무 사이에 상호 보완성이 높다는 점에서 기인한다. 혁신적이지 못한 기업에 속한 미숙련 노동자에 비해 혁신성이 높은 기업에 고용된 미숙련 노동자의 임금이 유난히 높은 데에는 바로 위와 같은 까닭이 있다. 이는 또한 혁신 기업의 지도자들이 왜 (특히 실습 등을 통해) 미숙련 노동자의 업무 능력을 향상시키는 데 더 큰 관심을 기울이고 독려하는지를 설명해주는 요소이기도 하다.

위의 이야기를 종합해보면, 혁신과 사회 이동 사이의 관계를 혁신 기업에 고용된 미숙련 노동자의 임금 변화를 통해 아주 구체적인 방식으로 확인할 수 있었다. 국가는 혁신 기업으로 하여금 실제적으로 사회적 엘리베이터 역할을 하도록 장려할 수 있는 도구를 갖추고 있는 셈이다. 바로 직무 실습에 대한 정부 지원 제도를 통해서 말이다.

진입 장벽: '정상'에서 불평등을 초래하는 또 하나의 원인

스티브 잡스 vs. 카를로스 슬림

만약 '상위 1퍼센트' 소득 비중의 증가가 혁신에서 비롯되는 게 아니라 기존 기업이 신진 기업의 시장 진입을 방해하는 데서 기인한다면, 위에서 언급한 긍정적 효과를 기대하기란 어려울 게 분명하다. 진입 장벽은 새로운 혁신가의 노력을 방해함으로써 창조적 파괴의 과정 또한 가로막는 셈이다. 결과적으로 이러한 진입 장벽은 사회 이동의 가능성을 감소시킬 위험이 있다. 마지막으로 진입 장벽이 '상위 1퍼센트'가 차지하는 소득 비중을 늘리고 사회 이동은 줄인다고 할 때, 해당 진입 장벽이 전체적인 불평등 자체를 강화시킬 개연성 또한 매우 높을 거라는 예측이 가능하다.

애플의 창립자이자 혁신을 통한 부의 창출을 상징하는 스티브 잡스라는 인물 반대편에는 정치권력과 친밀한 멕시코 사업가이자 1990년대 텔멕스(Telmex)의 민영화 덕을 톡톡히 본 카를로스 슬림(Carlos Slim)이라는 인물이 자리한다. 부유한 사업가 카를로스 슬림은 무엇보다 멕시코 통신 산업 체계의 민영화를 통해, 그리고 규제가 거의 없는 상태에서 민간 기업이 통신 산업을 사실상 독점했기에 부를 축적할 수 있었던 인물이다. 멕시코 연방 정부 경쟁위원회의 규정에 통신 산업 분야가 포함되어 있지 않다는 사실 덕분에 그는 실로 크나큰 혜택을 입었다.

로비가 경제 성장과 불평등에 미치는 영향

기존 기업이 자사의 이윤을 보존할 목적으로 신진 기업의 시장 진입을 막으려 할 때 주로 사용하는 방법이 로비 활동이다. 원래 '로비(lobby)'라는 말은 현관 안쪽 공간을 의미하는 단어다. 19세기에 들어와서 이 단어는 좀더 구체적으로 영국 하원의사당의 복도 공간을 의미하게 되었다. 이곳은 다양한 집단의 대표자들이 찾아와 의원들과 교류하곤 했던 공간이다. 2017년 갤럽의 연례 조사 결과에 따르면, 미국인 중 58퍼센트가 로비스트의 윤리관이 '낮다' 혹은 '아주 낮다'고 평가했다. 은행가들에 대해서 동일한 수준의 평가를 내린 미국인은 21퍼센트였다는 점과 대비된다.

로비를 실행하는 이들은 누구이며, 로비 활동의 실제 규모는 어느 정도일까? 미국의 로비는 연간 30억 달러 규모의 경제 활동인 반면, 유럽 연합 내에서 이루어지는 로비의 연간 규모는 11억 4000만 유로에 그친다. 최근의 한 연구 결과가 보여주듯 매출액을 기준으로 가장 큰 규모의 기업이 로비 활동 또한 가장 활발히 벌인다. 그런 데다 로비에 가장 크게 의존하는 기업은 보통 생산성이 상대적으로 낮으면서도 타 기업보다 매출의 이윤 폭은 더 높은 회사라고 알려져 있다. 마지막으로, 경쟁 강도가 낮은 산업 분야일수록 로비 활동에 들이는 비용이 더 높다는 연구 결과도 있다(Dellis et Sondermann, 2017).[10]

정치가와 기업의 연결 고리는 이탈리아 자료를 통해 분석한 연구 결과에서도 증명된다(Akcigit, Baslandze et Lotti, 2018).[11] 도표 5.10을 보면 시장 점유율이 높은 기업일수록, 즉 도표에서 왼쪽에 위치할수록 소단위 및 대단위 지역, 나아가 전국 단위에서 정치 활동을 하는 직원의 비율이 높아진다는 것을 알 수 있다.

따라서 머릿속에 자연스럽게 다음과 같은 의문이 떠오른다. 로비란 실제로 결정권자한테 유용하고 풍성한 전문 지식을 제공하는 활동인가? 아니면 로비스트는 그저 새로운 경쟁자의 시장 진입을 막기 위해 압력을 행사하는 데 그치는가? 미국의 연방선거관리위원회와 상원이 공개하는 자료를 분석한 최근의 한 연구는 1999~2008년 미국에서 활동한 로비스트의 신원을 파악하고, 이들이 선거 운동 중에 내놓은 정치 기부금 명단을 정리하는 과정을 거쳤다(Bertrand, Bombardini et Trebbi, 2014).[12] 위 연구의 저자들은 특히 이 로비스트들의 개인 프로필에 관심을 기울였는데, 이는 로비스트가 과연 '전문가'인지, 아니면 '연줄'을 중심으로 하는 사람인지 판단하기 위함이었다. 연구자들은 '전문' 로비스트란 한정된 주제

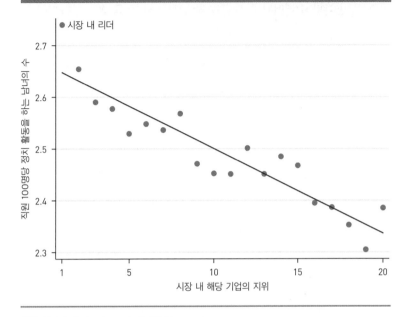

도표 5.10 시장 점유율, 혁신 그리고 정치 연관도

● 시장 내 리더

y축: 직원 100명당 정치 활동을 하는 남녀의 수

x축: 시장 내 해당 기업의 지위

출처: Akcigit, Baslandze et Lotti (2018).

에만 업무를 집중하는 인물로 정의하고, 이럴 경우에만 해당 로비스트가 진정한 전문성을 갖추었다고 간주했다. 또한 '연줄'을 중심으로 한 로비스트는 특정 정치 결정권자와 특별한 관계를 지닌 이들로 규정했다. 예를 들어, 같은 정당에 속해 있다든지 해당 정치인의 선거 활동에 한 번 이상 기부를 했다든지 하는 연결 고리를 말한다.

위 연구 결과에 따르면 1999~2008년 미국에서는 '연줄' 위주의 로비스트 비중이 증가했다고 한다. 그 외에도 2008년을 기준으로 로비스트의 4분의 3 이상이 비(非)'전문' 로비스트였으며, 54퍼센트 이상은 명백하게 '연줄'을 이용하는 로비스트였다. 또 오직 7분의 1 이하만이 연결 고리 없이 전문성으로 승부하는 로비스트였다는 분석 결과가 나왔다. 마지막으로, 공화당이 백악관과 상원을 장악했던 시기, 즉 2002~2007년 공화당에 연줄을 댄 로비스트는 다른 로비스트보다 소득이 평균 25퍼센트 더 높았다고 한다. 이 내용을 종합해보면, 일부가 '전문' 로비스트여서 사회에 유용한 정보를 제공할 잠재력을 지닌 인물일지언정 로비스트 중 절대 다수는 전문성 없이 정치계의 연줄을 이용하는 사람들이라는 점이 분명히 드러났다. 게다가 전문성을 통해 금전적 추가 이득이 발생한다고 해도 그 추가 이득은 연줄에 기인한 이득보다 빈약한 걸로 분석되었다.

이제 로비란 본질적으로 연줄에 의한 활동이라는 점이 드러났다. 그렇다면 로비 활동이 불평등 상황에는 어떠한 영향을 주는지 살펴보자. 도표 5.11은 미국의 여러 주에서 1998~2008년 소득 '상위 1퍼센트'의 비중과 로비 활동의 강도 사이의 관계를 나타낸 자료다. 로비 활동이 일정 수준 이상으로 심화하면 '상위 1퍼센트'의 비중이 큰 폭으로 증가하기 시작한다는 걸 관찰할 수 있다. 이는 로비 활동이 혁신과는 별도로 '최상위'의 불평등을 불러일으키는 또 하나의 원천이라는 뜻이다.

로비 활동이 '상위 1퍼센트'가 차지하는 소득 비중을 높이는 데 기여한다는 연구 결과는 별로 놀랍지 않다. 연줄 있는 로비스트는 이미 시장에 자리 잡은 기업이 자사의 시장 장악력을 유지하도록, 그러니까 그들의 이윤이 유지되도록 도와주는 역할을 한다. 특히 이들은 관세 도입 등의 방식을 통해 의뢰 기업의 산업 분야를 경쟁 구도로부터 보호하는 걸 지원해줄 뿐 아니라 공공 시장을 장악하고 은행 대출이나 감세 혜택을 더 수월하게 받을 수 있도록 하거나, 나아가 정부 보조금을 더 타내는 데까지 도움을 준다.

기업세 영역에서 로비 활동의 영향이 어떠한지 문제는 특하나 흥미롭

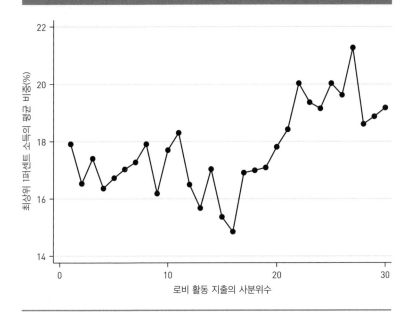

도표 5.11 로비 활동의 비용과 '최상위 1퍼센트'(1998~2008)

로비 활동 지출의 사분위수

주: 가로축의 각 지점은 로비 활동 비용의 특정 수준에 각각 해당한다. 연도에 따라 주(州)는 좌측에서 우측으로 도표상에서 쉽게 움직인다.
출처: Aghion, Akcigit, Bergeaud, Blundell et Hémous (2019).

다. 로비에 의지하는 기업은 세금을 더 피해가는 경향이 있고(특히 부채가 높은 기업일수록 그러하다), 자본 집중도가 훨씬 강하며 연구 개발 지출이 더 많은 경향을 보인다. 로비 활동은 이러한 기업이 연구 개발 비용에 대한 세액 공제라든지 특정 설비에 대해 좀더 유리한 세금 상각 일정을 확보할 수 있게끔 해준다(Richter, Samphantharak et Timmons, 2009).[13]

동일한 자료를 통해 재구성한 도표 5.12는 전반적인 소득 불평등 수치, 즉 그 유명한 지니계수가 미국의 특정 주에서 로비 활동의 심화에 따라 어떻게 변화하는지의 내용을 담고 있다.* 전반적인 소득 불평등은 로비가

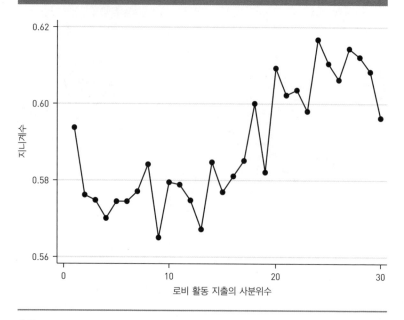

도표 5.12 로비 활동 비용과 지니계수

지니계수

로비 활동 지출의 사분위수

출처: Donnees de Aghion, Akcigit, Bergeaud, Blundell et Hémous (2019).

일정 수준 이상으로 심화하는 순간 큰 폭으로 증가한다. 이는 혁신이 전
반적인 불평등에 영향을 주는지 여부를 검토한 결과와 대비된다(도표 5.5).
로비 활동이 주로 연줄을 통해 이루어진다면 신생 기업의 시장 진입을
방해하는 게 당연하다는 점에서 이 결과는 예상했던 대로라고 할 수 있
다. 이렇게 함으로써 로비는 사회 이동을 감소시킴과 동시에 '상위권'의

---

* 주(州)가 가로축의 오른쪽에 위치할수록 해당 주에서의 로비 활동이 활발하다는 의
미다. 연도별로 해당 주는 가로축 위에서 이동하기도 하는데, 그 이유는 로비 활동의 강
도가 같은 주 내에서도 해마다 다르기 때문이다.

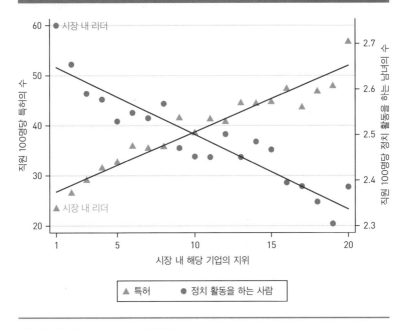

출처: Akcigit, Baslandze et Lotti (2018).

불평등 또한 강화한다. 반면 혁신은 사회 이동을 확대시키는데, 바로 이런 점으로 인해 전반적인 소득 불평등에 대해 혁신적 요소가 의미 있는 수준의 영향을 주지 않는 걸로 나타났다고 볼 수 있다.

　이제 혁신과 성장에 로비 활동이 어떠한 영향을 주는지 이야기해보자. 도표 5.13은 매출 기준으로 가늠한 기업 규모에 따라 기업 내 혁신의 강도를 보여주는 곡선을 도표 5.10의 내용에 추가한 자료다. 이 도표 5.13에서 드러나는 사실은 매출을 기준으로 상위권에 자리한 기업일수록 혁신 강도가 약화한다는 점이다. 이 수치가 시사하는 바는 한 기업이 시장에서 점차적으로 지배적인 위치를 차지하게 되면 해당 기업은 혁신에는 노력을 점점 덜 기울이는 반면, 정치적 연줄 만들기 같은 로비에 더 많은 투자를 한다는 사실이다.

하지만 이 연구의 저자들은 이탈리아 기업의 생산성 성장률이 정치적 연줄 생성에 투자하는 비용과 반비례 관계에 있다는 점을 지적한다. 반대로 일자리 성장과는 정비례 관계를 보였다. 정치 연줄은 실제로 시장에 자리 잡은 기업이 어느 정도의 행정 비용을 최소화하게끔 도와줄 수도 있으나, 생산성 향상을 돕는 제1의 원천인 혁신에는 방해가 된다는 의미다.

종합해보면, 로비에 들이는 투자는 두 가지 이유로 인해 성장에 부정적 영향을 준다. 우선, 성장하는 과정에서 시장에 이미 자리 잡은 기업은 점점 더 혁신에 대한 투자는 줄이고 로비에 대한 투자를 늘리는 경향이 있기 때문이다. 또 다른 이유는 기업과 정치인의 유착이 시장 진입 비용을 늘리고 창조적 파괴 의욕을 꺾기 때문이다. 정계에 연줄 있는 기업이 특정 산업 분야에 늘어날수록 해당 산업의 역동성은 감소한다. 새로운 기업의 진출은 줄어들고 기존 기업의 시장 퇴출 또한 줄어들며, 기업의 평균 연령이 늘어난다는 점에서 그러하다.

여기까지 분석한 결과, 주요 결론은 무엇일까? 첫 번째 결론은, 혁신이 '상위권' 불평등의 원천이라 해도 로비 자체나 로비로 인해 발생하는 진입 장벽 같은 다른 불평등의 원인들과는 다르게 혁신에는 여러 가지 미덕이 있다는 점이다. 첫째 혁신은 기업의 생산성 향상과 역동성의 근원이 되는데, 이는 정치적 연줄이 해줄 수 없는 역할이다. 둘째 혁신, 특히 시장에 진입하는 신진 기업에 의한 혁신의 경우에는 사회 이동 가능성과 긍정적 상호 관계를 보여준다. 반면에 로비는 시장 진입을 감소시킨다. 마지막으로, 로비 활동은 전반적인 불평등을 악화시키는 데 반해, 혁신은 그러한 요소와 상호 관계가 없는 걸로 보인다. 그러니 만약 소득 분포의 최상위권에서 발생하는 불평등을 공략하고자 한다면 모든 개인을 동일한 방식으로 대하지 않는 게 옳다. 특히 정치적 연줄에 기대는 개인 및 기업과 혁신가를 같은 방식으로 대해서는 안 된다. 그래야 하는 이유는 만약 혁신 의욕을 꺾음으로써 상위권의 불평등을 공략하는 방식을 동원한다면, 그와 동시에 사회 이동 가능성 또한 감소해 결과적으로 성장을 둔화시킬 뿐 아니라 전반적인 불평등까지 악화할 위험이 있기 때문이다. 따라서 그건 결국 자충수를 두는 셈이다.

두 번째 결론은, 그럼에도 불구하고 부자들에게 신경을 써야만 한다는 점이다. 여기에는 과거 혁신 요소에 힘입어 부를 축적한 이들도 포함된다. 실제로 과거의 혁신가들이 오늘날에 와서는 깊이 뿌리내린 기업으로 변모한 경우가 흔하다. 기업이 성장하면서 이들은 점점 더 로비와 정치권 연줄에 투자 비용을 늘리면서 혁신을 희생시킨다. 그렇다고 치면, 과거의 혁신가들이 자신의 옛 혁신을 통해 쌓은 부를 이용해 새로운 경쟁자의 시장 진출을 방해하는 상황을 방지하면서도 새로운 혁신에 대한 보상을 해줄 수 있는 방법에는 무엇이 있을까? 새로운 스티브 잡스의 등장을 장려함과 동시에 바로 그런 인물이 나중에 카를로스 슬림으로 돌변해버릴 가능성을 최소화할 수 있는 방도는 무엇인가? 유일한 방법은 조세 제도에 의존해 자본에 대한 할증세를 부과하는 길뿐일까? 아니면 전반적인 조세 제도를 재고해 뭔가 다른 방도를 활용해야 할까?

조세 제도를 어떻게 다루어야 하는가

스웨덴의 사례

1991년 스웨덴은 자본과 노동에 대해 이원화된 조세 제도 전면 개혁을 단행했다.[14] 이 조세 개혁의 주된 내용 두 가지는 소득세 과세 대상 중 상위 집단의 한계 세율을 88퍼센트에서 55퍼센트로 대폭 낮추는 조치, 그리고 누진세 원칙에 의해 높게는 72퍼센트, 평균 54퍼센트로 과세하던 자본 소득세에 대한 세율을 30퍼센트로 일괄 인하하는 조치라고 할 수 있다. 스웨덴의 1991년 조세 개혁은 1993년 이후 스웨덴의 1인당 총생산이 상승세를 타기 시작한 시점과 동시에 이루어졌다. 1994~2007년 스웨덴 국민의 1인당 부(富)는 연평균 3.4퍼센트 증가했다. 상대적으로 유로존에서는 동일 지표가 연간 2.4퍼센트였고, 유럽연합 회원국은 2.7퍼센트 증가한 시기였다. 게다가 혁신이라는 요소 또한 상승세를 기록하기 시작했는데, 1991년 이후 스웨덴의 1인당 특허 출원 수가 폭발적으로 늘어났다는 걸 도표 5.14가 보여준다(Aghion et Roulet, 2011).[15]

이러한 경험적 사실에 기반한 정보는 간접적인 성격의 자료다. 요컨대 성장과 혁신에 위에서 언급한 조세 개혁이 직접적으로 영향을 주었다는 뜻은 절대 아니라는 얘기다. 특히 1991년 스웨덴의 조세 개혁에는 화폐 평가 절하 조치뿐 아니라 행정 기관과 시 단위 지방자치 기관에 더 큰 자율성을 부여하고 공공 지출을 좀더 잘 관리할 목적으로 국가 전반의 개혁이 동반되었다. 그러다 보니 조세 개혁만의 효과라고 분리해 분석하기 어려운 측면이 있다. 그렇다고 해서 1990년대 초를 기점으로 그 전후를 살펴볼 때 스웨덴에서, 혁신과 생산성 향상의 측면에서 추이 변화가 분명히 있었다는 것을 부인할 수는 없다.

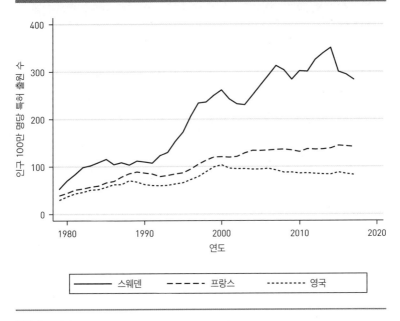

출처: Eurostat.

1991년 스웨덴의 조세 개혁은 불평등 양상에도 영향을 끼쳤을까? 도표 5.15를 보면 최상위 1퍼센트 집단에서는 제한된 수준에서 불평등 강화가 나타났다는 점이, 그리고 도표 5.16을 보면 전반적인 불평등이 약간 늘어났다는 점이 드러난다. 하지만 이는 독일, 프랑스, 이탈리아, 영국, 포르투갈 같은 다른 유럽 국가들에 비해 스웨덴이 여전히 더 평등한 국가라는 사실 자체를 바꿔놓을 정도는 아니다.

정리해보면 이러하다. 즉, 1991년 스웨덴의 조세 개혁은 성장과 혁신이 가속화하는 시점과 동시에 이루어졌지만 불평등을 극적으로 악화시키지는 않았다. 사실, 이러한 개혁 조치는 소득의 평등한 재분배, 그리고

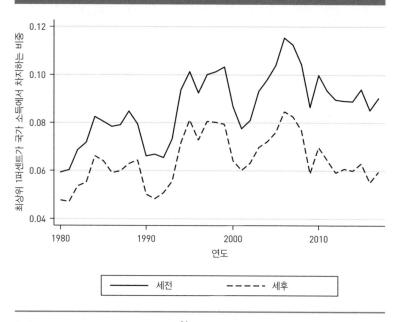

도표 5.15 스웨덴의 '최상위 1퍼센트' 비중 변화

출처: Blanchet, Chancel et Gethin (2020).[16]

특히 교육과 보건 분야에서 그에 상응하는 공공 투자 수준 유지라는 스웨덴 특유의 사회 보장 모델을 보전하면서도 세계화가 진행 중인 국제 경제 환경에 더 잘 적응하기 위해 혁신을 촉진하고자 하는 의지에서 비롯되었다. 이렇듯이 스웨덴은 공정성과 효율성이라는 이중의 요구 사항에 더 잘 대응하기 위한 체계로 수렴하는 방법을 추구했다고 볼 수 있다.[*]

---

[*]   그렇지만 1991년 개혁 이후 후속 조치를 통해 토지세와 상속세를 폐지하는 등 스웨덴이 개혁을 과도하게 시행했다는 비판의 목소리가 존재한다.

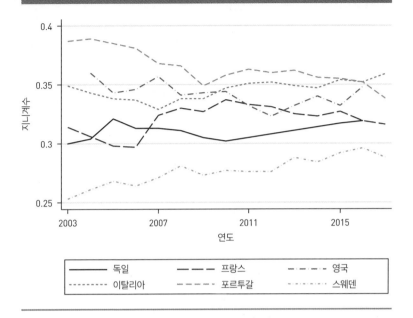

출처: 세계은행.

프랑스의 사례: 자본세를 증세하면 소득의 이동성이 증가한다는 분명한 증거는 없다

위에서 혁신과 혁신적인 기업이 사회 이동 확대 가능성을 견인할 잠재성을 갖고 있다고 언급했다. 이러한 가능성은 적절한 정책을 통해 국가가 활성화시킬 수 있는 영역이다. 반면 이미 상당한 수준에 있는 자본세를 더 높일 경우, 이는 단기적으로 사회 이동에 효과적으로 작용하지 못한다는 점이 드러난다. 특정 시기에 소득의 이동성 수준을 측정하는 방법 중 하나는 한 개인의 '위치', 즉 소득 분포도상 그의 위치를 특정 두 날짜에 따라 비교하는 방식이다. 인구 전반에 대해 평균적으로 각 개인별

이 두 '위치'의 상호 관계로 측정하는 내용이 국가 차원에서의 '소득 지속성'이다. 이 수치가 높을수록, 즉 1에 가까울수록 소득 이동성이 낮다는 뜻이다. 최근의 한 연구에 따르면(Aghion, Ciornohuz, Gravoueille et Stantcheva, 2020),[17] 2006~2017년 프랑스의 평균 소득 이동성이 상당히 낮게 나타났다고 한다. 2006년의 수치와 비교해 2017년에는 한 개인의 위치 사잇값이 0.69라는 상관관계 수치를 나타냈다. 이보다 더 놀라운 사실은 소득 이동성이 2006~2011년 및 2012~2017년을 비교해도 거의 동일하게 나타났다는 사실이다. 구체적으로 말하면 2006~2011년 개인의 '위치' 간 상호 관계 지수는 0.78이었던 반면, 2012~2017년 한 개인의 '위치' 간 상호 관계 지수는 0.80이었다.

이 사실이 놀라운 이유는 2011~2013년이 프랑스에서 수많은 조세 개혁을 실시한 시기였기 때문이다. 특히나 자본세와 노동세 조정이 2013년에 있었고, 2012년에는 부유세 세율표 정비 및 소득세 기준에서 45퍼센트 과세 구간의 추가 도입 조치가 이루어졌다. 이러한 일련의 조세 개혁에 대해 수많은 논의가 있었지만, 아직까지는 다양한 소득 구간에 속하는, 혹은 과세 기준에서 상이한 구간에 속하는 개인 납세자들이 신고하는 소득 변화 추이를 따라갈 수 있을 만큼의 자료가 쌓이지는 않은 상황이다.*

또 어떤 이들은 자본 과세를 노동 과세 방식에 맞추어 조정하는 정책을 도입한 2013~2017년의 기간이 그 같은 조치의 효과를 판단하기에 시간상으로 충분하지 않다고 주장한다. 하지만 2006~2017년 전체에 걸쳐 소득의 이동성이 도표상에서 완전히 수평을 그리는 모습, 그리고 2012~

---

* 이러한 패널 조사 자료는 매우 상세한 방식으로 프랑스에서 개인의 소득 변화를 추적할 수 있게끔 해준다. 이는 공공재무청(Direction Générale des Finances Publiques)이 보안을 유지하는 정보접근센터(Centre d'accès sécurisé aux données, CASD)를 통해 연구자들에게 제공하는 자료로, 소득세에 근거한 익명의 정보다.

> 2013년 조세 개혁 실시 이후에도 그러한 연속성의 단절 현상이 전혀 감지되지 않는 현실을 놓고 보면, 자본 과세율을 높이는 방식의 조세 개혁이 과연 단기적으로 사회 이동의 강화 요소로서 효과적인지 의심할 수밖에 없다.

조세 제도와 혁신의 관계에 대한 최근 연구를 통해 알 수 있는 것

최근의 여러 연구를 통해 조세 제도와 혁신 사이에는 인과 관계가 있음이 증명되고 있다. 그 첫 번째 원동력은 발명가의 이동성과 관련이 있다. 특히 우푸크 아크지기트, 살로메 바슬란제 그리고 스테파니 스탄체바(Ufuk Akcigit, Salomé Baslandze et Stephanie Stantcheva, 2016)[18]는 공저를 통해 조세 제도가 '두뇌 유출'에 미치는 영향을 분석했다. 좀더 구체적으로 말하면, 위 저자들은 두뇌 유출 사례 중에서 유난히 **아주 높은 수준의 발명가**(특허 출원 영향 지수에서 '상위 1퍼센트'에 위치하는 사람들을 말한다)들이 유출되는 경우와 조세 제도가 어느 정도까지 관련이 있는지 살피고자 했다. 특허 출원 영향 지수란 각 발명가가 출원하는 특허의 개수를 기준으로 하되 각 특허가 추후 인용되는 횟수에 따라 가중치를 매기는 방식으로 계산한다. 이 방법을 통해 인용이 적은 특허보다는 가장 많이 인용된 특허, 다시 말하면 추후의 혁신에 가장 기여를 많이 한 특허에 더욱 가중치를 둘 수 있다. 위 연구자들은 미국특허청과 유럽특허청(EPO)에 1977~2003년 출원된 특허권을 살피는 방식으로 국제적 차원의 연구를 진행했다. 우선 소득세 과세표 상위 집단에 부과하는 한계율과 모국에 머무르는 발명가 집단 사이의 상호 관계에 관심을 기울였다. 매우 높은 수준의 발

a) 매우 탁월한 발명가

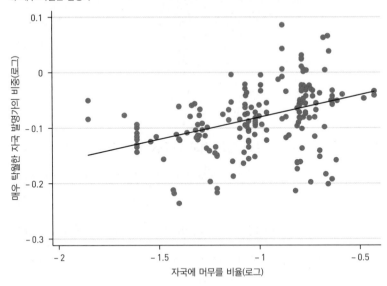

b) 덜 탁월한 발명가

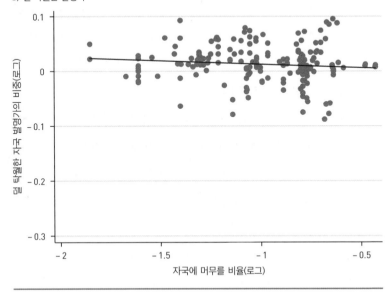

주: 가로축은 최고 과세 구간 내에서 과세되지 않은 소득의 비중을 로그로 표시한다. 예를 들어, 과세율이 이 구간에서 40퍼센트라고 하면, 비과세 소득 비중은 60퍼센트가 된다. 점이 오른쪽에 위치할수록 상위 구간의 과세율은 낮아진다.

출처: Akcigit, Baslandze et Stantcheva (2016).

명가 집단에서 유난히 그 상호 관계가 반비례하는 걸로 확인되었고, 그밖에 구간의 발명가 집단에서는 의미 있는 차이가 드러나지 않았다(도표 5.17). 이 평균 수준의 발명가들은 소중한 반(反)사실적 관찰 결과를 구성하는 집단이다. 이들의 경우 초고소득을 올릴 가능성이 더 적으므로 소득세 상위 과세 구간에 속할 우려가 적은 집단이기 때문이다.

아크지기트, 바슬란제와 스탄체바는 이어서 자연 발생 사례 두 건을 분석했다. 첫 번째는 소비에트연방의 붕괴였다. 이 사건으로 인해 러시아 연구자들이 국제 무대로 이동하는 일이 가능해졌기 때문이다. 도표 5.18을 통해 소비에트연방 붕괴 이전에는 러시아 발명가들의 이민이 세금과 관계가 없었음을 알 수 있다. 자국 영토를 떠나는 허가를 얻을 수 없었기 때문이다. 반대로 소비에트연방이 붕괴하자 일정 국가의 상위 한계 과세율과 그 해당 국가로 이민을 떠나는 러시아 발명가의 수 사이에 반비례의 상호 관계가 매우 분명하게 드러난다.

두 번째 사례로 이들은 미국의 로널드 레이건 대통령이 재선 임기 초반에 전격 실시한 세금 감면 정책을 다루었다. 레이건 대통령은 1986년 가계 소득 상위 한계 과세율을 50퍼센트에서 28퍼센트로 낮추었다. 도표 5.19에서 동그란 점을 찍은 곡선이 그 상황을 반영한다. 그의 개혁 정책이 연구자들의 이민에 어떤 영향을 주었을까? 위 연구의 분석 결과는 미국으로의 이민을 결정한 **가장 경쟁력 높은** 외국 연구자의 수가 눈에 띄게 늘었음을 보여준다(실선). 반대로 다른 선진국들의 자료를 이용해 미국

a) 소비에트연방 붕괴 이전

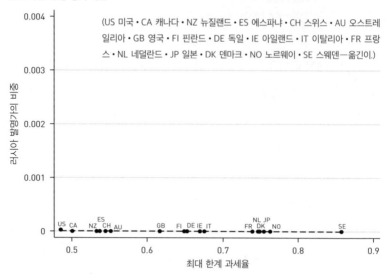

(US 미국 · CA 캐나다 · NZ 뉴질랜드 · ES 에스파냐 · CH 스위스 · AU 오스트레일리아 · GB 영국 · FI 핀란드 · DE 독일 · IE 아일랜드 · IT 이탈리아 · FR 프랑스 · NL 네덜란드 · JP 일본 · DK 덴마크 · NO 노르웨이 · SE 스웨덴—옮긴이.)

b) 소비에트연방 붕괴 이후

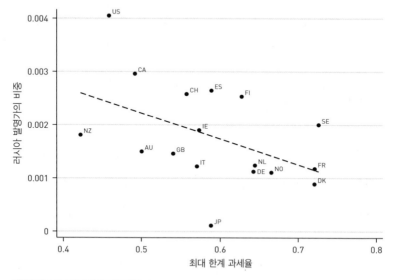

출처: Akcigit, Baslandze et Stantcheva (2016).

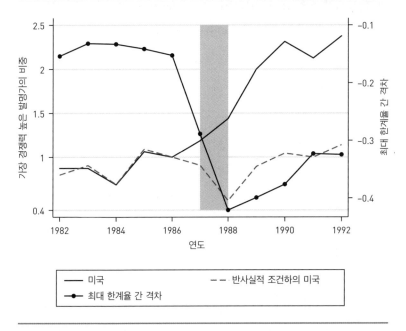

도표 5.19 1986년 조세 개혁과 미국 거주 외국 발명가의 수

미국	- - 반사실적 조건하의 미국
●─ 최대 한계율 간 격차	

주: 1986년 미국의 조세 개혁은 회색 영역으로 표시한 과세 연도 동안에 실행되었다. '가장 경쟁력 높은 발명가'라는 말은 여기서 특허 출원 영향 지수로 볼 때 '최상위 1퍼센트'에 속하는 발명가를 의미한다.

출처: Akcigit, Baslandze et Stantcheva (2016).

사례의 '반사실적 조건'을 구성해보면, 그러니까 다시 말해 1986년 레이건 정권의 감세 조치가 없었던 제2의 '가상의 미국'을 그려본다 치면, 외국 연구자의 이민 추세에 그 어떤 특이점도 발생하지 않을 것이라는 추측이 가능하다(점선).

발명가의 이동성에 조세 제도가 어떤 영향을 주는지 알아보았으니 이제 혁신 자체에 조세 제도가 어떤 영향을 주는지 살펴보도록 하자. 우푸크 아크지기트와 공저자들(Ufuk Akcigit et al., 2018)[19]은 이전에 사용한 적

없는 데이터베이스를 활용해 해당 사항을 분석하는 공동 연구를 진행했다. 그들이 활용한 데이터베이스는 1920년부터 한 건이라도 특허를 출원한 적 있는 미국인 발명가를 총망라한 명단과 특허의 내용, 그리고 기업이 납세한 세금(프랑스 조세 제도로는 기업세에 해당한다) 액수 및 개인 소득세를 모두 합친 자료였다.

조세 제도와 혁신 사이의 인과 관계를 성립시키기 위해 저자들은 두 가지 추산 전략을 사용했다. 첫 번째 전략은 미국의 각 주(州) 간 과세율 차이를 활용해 지역세가 발명가의 행동에 어떤 영향을 끼치는지 관찰하는 방법이었다. 두 번째 전략은 두 주의 경계 지역에서 한쪽 주에 속한 카운티와 경계 너머 건너편 주에 속한 카운티 사이에 연방 세율의 변화가 어떤 영향을 주는지 살피는 방식이었다.

이 두 가지 전략은 조세 제도와 혁신의 인과 관계에 관해 유사한 관찰 결과를 보여주었다. 특히 상위 한계 과세율이 1퍼센트 높아지면 특허 출원이나 발명가의 수 및 인용 횟수 등이 4퍼센트 감소한다는 결과가 나왔다. 기업세의 상위 한계 과세율이 1퍼센트 늘면 특허 출원의 수는 6~6.3퍼센트, 인용 횟수는 5.5~6퍼센트 감소하며 발명가의 수도 4.6~5퍼센트 줄어드는 것으로 나타났다.

이제 주 단위의 논의를 해보자. 도표 5.20은 미시간주가 1967년 2.6퍼센트의 주 정부 차원 지역 소득세를 도입한 이후(이듬해인 1968년에 5.6퍼센트로 재차 상향 조정) 혁신 정도(특허 수의 로그로 측정)의 변화를 보여주는 자료다. 이 표를 통해 혁신이 현저하게 낮아졌음을 확인할 수 있다. 점선은 '반사실적 조건하의 미시간주'를 보여준다. 즉, 다른 주의 자료를 바탕으로 미시간주에서 조세 제도의 변화가 전혀 없었을 경우를 가상했을 때의 그림이다. 이 반사실적 조건하의 미시간에서는 혁신의 정도가 명백하게

도표 5.20 조세 개혁의 사례 연구: 1967~1968년 미시간주

출처: Akcigit, Grigsby, Nicholas et Stantcheva (2018).

상승하는 시점을 전혀 목격할 수 없다. 혁신 정도가 아니라 발명가의 수를 고려해 곡선을 그려보아도 결과는 유사하게 나타난다.

이렇게 보면 과세로 인해 혁신에 부정적 영향을 미칠 수 있다는 게 증명되었다고 할 수 있다. 하지만 기억해야 할 점이 있는데, 바로 이러한 분석은 공공 지출이 일정 수준으로 이루어지고 있다는 조건하에서 진행되었다는 사실이다. 다시 말하면, 공공 투자가 어느 정도 유지되는 사회를 바탕으로 했다는 뜻이다. 한데 추후에 11장과 12장에서 다루겠지만, 공공 투자는 사실 혁신에 긍정적 영향을 준다. 공공 투자를 통해 연구 분야에 대한 지원이 가능하고 사회에 긍정적 결과를 가져다줄 수 있는 교육 제도에도 투자할 수 있으며, 의료 보건과 인프라에 투자가 이루어질 뿐 아니라 노동 시장에 적극적인 정책 도입이 가능하기 때문이다.

세금 제도는 이러한 정책을 실행하기 위한 재원을 마련하는 데 필수지만 국가는 연줄에 의존하는 이해 집단이나 정치인의 비위를 만족시키는 게 아니라, 세금으로 거둬들인 수입을 진정한 의미의 성장을 위해 투자해야 할 의무가 있다. 여기에는 교육, 보건, 플렉시큐리티(flexicurity: 고용의 유연성과 높은 수준의 직원 보호를 결합한 경제 및 사회 정책. 12장에서 자세히 논의한다—옮긴이), 산업 정책 등이 포함된다.

조세 제도, 혁신에 의한 성장, 그리고 정부의 '부패' 정도 사이에 어떠한 관계가 있는지에 대해서도 최근 한 연구에서 다룬 바 있다(Aghion, Akcigit, Cagé et Kerr, 2016).[20] 세금 압박도를 측정하기 위해 저자들은 기업세의 상위 한계 과세율 정보를 사용하고, 국가의 부패 수준에 대해서는 오타와 대학교가 발행하는 국가별 리스크 평가표의 부패 지수를 활용했다. 이 부패 지수는 국가를 두 그룹으로 구분한다. 즉, 부패 지수가 중간 값을 넘는 나라는 '부패' 국가로 분류하고, 부패 지수가 중간값에 못 미치는 나라는 '민주' 국가로 분류한다. '부패' 국가에서는 세금 압박과 성장 사이의 관계가 반비례한 반면, '민주' 국가에서는 그 관계가 현저히 정비례하는 것으로 나타났다.

좀더 엄격한 방식으로 인과 관계를 성립시키기 위해 미국 사례에 집중해보자. 시간이 흐름에 따라 미국 내 여러 주의 상황, 그리고 그 주를 구성하는 카운티들의 상황을 비교하는 방식을 택하면 흥미로운 결과가 드러난다. 여기서는 특정 주의 부패 정도를 측정할 때 그 주의 공무원이나 공공 기관의 직원 중에서 사법 처리 대상이 된 사람들의 수로 계산하며, 과세 수준 지표는 그 주 안의 소득세 세수로 계산한다.* 그러면 우선 이

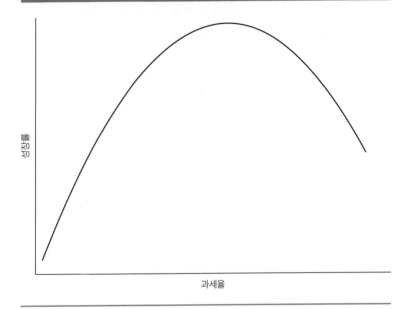

출처: Aghion, Akcigit, Cagé et Kerr (2016).

른바 래퍼(Laffer) 곡선이라 부르는 도표가 그려진다. 성장에 끼치는 과세의 영향이 거꾸로 된 U자 형태라고 예상할 수 있다(도표 5.21). 원천 징수액이 일정한 수준을 넘어서기 전까지는 증세하면 성장률이 높아지지만, 그 수준을 넘어서는 순간 '과도한 세금이 세제를 망치는' 상황이 되어버린다. 이러한 거꾸로 된 U자 모양의 관계는 앞에서 이미 언급한 바 있다. 이는 조세 제도가 경제 성장에 미치는 대립적인 두 가지 영향에서 기인

---

* 여기서 감안하는 모든 변수, 즉 성장·부패·세수 등에 대해 저자들은 하위 5년간의 평균값을 채택했으며, 47개 주에 대해 그리고 4개 하위 기간에 대해 회귀 분석을 실시했다.

한다. 국가는 한편으로 세수를 이용해 기업과 고용인이 생산성을 제고할 수 있게 하며, 또한 성장에 유리하게 작용할 특정한 투자를 해줄 수 있다. 다른 한편으로 공공 투자가 꾸준하다고 가정할 때 세금은 혁신 의욕을 꺾는 효과를 가져올 위험이 있다. 혁신을 통해 가능한 순이익이 세금으로 인해 줄어들기 때문이다. 어느 정도 세율에 이르기까지는 긍정적 효과가 앞서지만, 특정 세율을 넘어서는 순간 부정적 영향이 지배적이다. 그러므로 세금을 지나치게 올리는 조치와 마찬가지로 성장 촉진을 핑계로 무슨 수를 써서라도 감세를 하려는 접근 방식은 바람직하지 않다.

하지만 가장 흥미로운 점은 각 지역 단위의 부패 수준이 어떠한 방식으로 위의 결과와 상호 작용하며, 또 거꾸로 된 U자 모양 곡선을 변화시키는가 하는 부분이었다. 미국의 주 차원, 그리고 카운티 차원에서 실시한 분석을 통해 드러난 사실이 있다면, 해당 지역 단위 정부의 부패도가 클수록 성장에 부정적 영향을 주는 과세율의 시작점은 낮아진다는 것이다.

○

이번 장에서 우리는 혁신, 불평등 및 조세 정책의 관계를 분석하고 몇 가지 결론을 얻을 수 있었다. 우선 불평등을 측정하는 데에는 여러 가지 방식이 존재한다는 사실이다. 소득 분포도에서 상위권을 차지하는 집단(예를 들어 '상위 1퍼센트')을 살피는 방법, 전반적인 불평등을 가늠하기 위해 사용하는 지니계수(모든 국민이 동일한 소득을 얻는다는 가정하에 국가 전반의 상황을 살피는 방식), 그리고 부모 소득과 자녀 소득의 상관관계를 분석하는 방식(이는 사회 이동의 부재를 통해 불평등을 가늠하는 동적인 측정 방식이다) 등이다.

게다가 혁신이 소득 분포도에서 '상위'에 있는 소득자의 불평등을 심화시킨다고 해도 상위에는 그 외에도 다른 불평등의 원천이 존재한다. 특히 시장 진입에 대한 장애 요인이라든지 로비 활동 등을 예로 들 수 있다. 혁신은 분명 부인할 수 없는 긍정적 효과를 가져오지만—성장을 촉진하고 사회 이동과 긍정적 상관관계가 있으나 지니계수에는 의미 있는 수준의 변화를 초래하지 않는 등—로비 활동의 영향은 완전히 다르게 나타났다. 로비 활동은 성장을 둔화시키고 전반적인 불평등을 강화한다는 점에서 그러하다.

이번 장에서는 또한 혁신 기업이 사회적 엘리베이터 역할을 할 수 있다는 점을 지적했다. 특히 미숙련 직원들에게 그러한 효과가 두드러졌다. 국가 또한 마찬가지로 그러한 기업이 안정적이고 직업 능력을 쌓을 수 있는 일자리(영어로는 good jobs라는 표현을 쓴다)를 창출할 수 있도록, 그리고 특히 숙련도가 가장 낮은 이들을 중심으로 직원의 직업 교육에 진정한 투자를 할 수 있도록 장려함으로써 사회 이동을 촉진하는 역할을 할 수 있다.

조세 제도라는 도구는 분명 성장을 촉진하고 또 경제 성장이 더욱 포괄적인 성격을 띠도록 하는 데 필수불가결한 요소다. 조세를 통해 국가는 교육, 의료 보건, 연구, 인프라 등과 같이 성장의 동력 역할을 하는 분야에 투자할 수 있기 때문이기도 하고, 또 조세 제도를 통해 국가의 부를 재분배하고 개인의 위험 요소(실직, 질병, 직업 기능 저하)라든지 거시경제 차원의 위협(전쟁, 재정 위기, 전염병 등)에 대해 보장을 할 수 있기 때문이다.[*] 하지만 조세 제도는 유의해서 사용해야 하는 도구이기도 하다. 특히나 이

---

[*]   10, 11, 14장 참조.

번 장 두 번째 상자 안의 내용에서 살펴본 바와 같이[21] 사회 이동의 측면에서 조세 제도의 영향이 단기적으로는 증명되지 않는 데다 지나친 과세는 혁신 의욕을 떨어뜨려 결과적으로 성장을 둔화시킬 수 있다.

한 가지를 마지막으로 언급하며 5장을 맺고자 한다. 이 장에서는 혁신 활동에 대한 접근성에 있어서의 불평등이라는 문제를 의도적으로 논의에서 배제했다. 개인이 속한 사회적 배경이나 부모의 소득 수준, 자신의 교육 수준, 혹은 사회 직능별 분류에 따라 한 개인이 혁신가가 될 가능성이 어떻게 달라지는가 하는 문제 등을 말한다. 이 부분에 대해서는 10장에서 좀더 상세히 다룰 예정이며, 그중에서도 성장과 사회 이동을 강화할 수 있는 원동력으로서 교육 정책 및 혁신 정책 두 가지가 갖는 상호 보완성을 중점적으로 논하기로 한다.

장기 침체에 대한 논의

《힘든 시대를 위한 좋은 경제학》(2019)[1]이라는 저서를 통해 아브히지트 바네르지와 에스테르 뒤플로(Abhijit Banerjee et Esther Duflo)는 혁신과 장기적 성장에 대한 조엘 모키르의 낙관적인 시각과 반대로 비관적이었던 로버트 고든의 의견을 대조 분석했다.[2] 로버트 고든은 증기 기관, 전기 또는 내연 기관 등의 대형 혁신 시대는 이미 지나갔으며, 혁신은 이미 혁신에서 기인한 이윤이 크게 내리막길을 걷는 영역에 들어섰다고 믿는다. 따라서 그의 결론은 경제 성장이 지속적으로 약화할 거라는 예측으로 귀결된다. 반대로 모키르는 정보 통신 및 디지털 기술의 혁명 그리고 무역과 교류의 세계화가 혁신과 성장이 전대미문의 수준으로 번창할 수 있는 환경을 만들어주었다고 믿는다.

이번 장에서는 미국같이 혁신적인 사회에서 왜 지난 20여 년간 생산성 향상의 퇴보 현상이 일어나고 있는지 그 이유를 분석함으로써 고든의 관점과 모키르의 관점을 절충해보고자 한다.

독자들에게 여러 가지 예시를 제시하긴 하겠지만, 결국 가장 설득력 있는 이야기는 시장의 리더 혹은 슈퍼스타의 지위에 올라선 일부 기업이 다른 기업의 혁신에 미치는 의욕 저하 효과를 강조하는 사례들이다.

장기 침체를 놓고 벌어진 논란

1938년 경제학자 앨빈 핸슨은 미국경제학회 학술회의에서 학회장 자격으로 연설을 하면서,[3] 미국은 장래에 성장이 둔화할 수밖에 없는 상황이라는 견해를 피력했다. 미국은 이제 막 1929년의 대공황에서 벗어나고 있었다. 당시 핸슨으로서는 곧 제2차 세계대전이 일어나 공공 지출이 크게 늘어나고 총수요가 증가하는 사태가 발생하리라는 걸 예상할 방도가 없었다.

그 이후로 2007~2008년 엄청난 규모의 금융 위기가 또 한 건 찾아왔다. 이때 래리 서머스(Larry Summers, 2014)[4]를 비롯한 여러 저명 학자는 현 세계 경제 환경이 과거 핸슨이 1938년에 묘사한 상황과 비슷하다고 판단했고, 이를 '장기 침체'라고 부르기 시작했다. 투자 물자에 대한 수요가 너무나 부족하기 때문에 완전 고용 상태로 복귀하기 위해서는 이자율이 마이너스가 되어야 할 정도라는 게 서머스의 견해였다.

로버트 고든은 이에 대해 완전히 다른 관점을 갖고 있다. 그는 장기 침체의 위협은 공급의 문제라고 보았다. 특히 고든은 대단위 혁신은 이미 모두 발생했다고 생각하는데, 자신의 논지를 펼치기 위해 과실수의 비유를 제시했다. 최상 품질의 과일은 가장 쉽게 수확이 가능한 것이며, 최상의 수확 시점이 지난 후에 따는 것은 맛도 떨어지고 수확 자체가 어려워진다는 내용이다. 나무 위쪽으로 점점 더 올라가서 수확해야만 하는 수고를 더해야 함에도 과일의 품질은 오히려 쉽게 딸 수 있는 최상품보다 못하다는 비유다. 실제 사례를 하나 들면, 보잉 707이 상용화된 1958년에 비행기를 이용한 이동 시간의 평균값이 급격히 줄어들었다. 하지만 그해를 기점으로 비행기를 통한 이동 시간의 평균값은 더 이상 줄어들지 않았고,* 오히려 연료를 절약하려는 노력의 일환으로 비행시간이 늘어나기까지 했다.

모키르를 비롯한 슘페터학파의 경제학자들은 서머스나 고든보다는 장래에 대해 낙관적인 생각을 갖고 있다. 여기에는 적어도 두 가지 이유가 있는데, 먼저 정보 통신 기술 혁명이 지속적으로 그리고 철저하게 아이디어 생산의 기술을 개선시켰다는 점을 들 수 있다(Baslandze, 2016).[5] 두 번째는 정보 통신 기술의 새로운 물결과 함께 동시대에 발생한 세계화 현상이 규모의 경제를 통해 혁신으로 얻을 수 있는 잠재적 이득을 상당 수준 확대시키고, 또한 경쟁의 효과를 통해 혁신하지 않을 경우 잠재적 손실은 증대시켰다는 점이다.

실제로, 지난 수십 년간 특허 출원의 수와 그 영향력의 변화 추세를 살펴보면 질과 양에서 모두 혁신의 가속화 현상이 나타난다는 사실을 알 수 있다. 그렇다면 이러한 혁신의 가속화는 왜 생산성 향상에 긍정적으로 반영되지 않는 걸까?

---

* 초음속 비행기 콩코드가 1969년 상용화되자 비행시간이 급감하기는 했지만 이 기종에는 태울 수 있는 승객이 매우 제한적이었다. 게다가 콩코드의 운행은 2003년에 완전히 중단되었다.

이에 대해 해볼 수 있는 첫 번째 설명은 3장에서 언급한 대로, 지구상의 수많은 나라가 기술 혁신의 혜택을 한발 늦게 그리고 불완전하게 누리기 때문이다. 특히 체제의 경직성이라든지 부적합한 경제 정책 때문에 그러한 경우가 많다. 스웨덴이나 일본같이 시사하는 바가 큰 사례를 생각해보자. 1980년대 초반 이후로 생산성 향상 추세가 스웨덴에서는 가속화 현상을 보인 반면 일본에서는 둔화했다. 스웨덴은 사실 1990년대 초에 상당한 규모의 개혁을 추진했다(4장 참조). 스웨덴과 다르게 1980년대까지 굳건한 성장률을 자랑한 일본에는 저성장의 그늘이 자리 잡았다. 이는 인구 노화, 그리고 경제를 옭아매고 신진 기업의 시장 진입을 방해하는 대형 계열사들의 장악력 때문이라고 할 수 있다.* 1985~1993년 그리고 1994~2007년 두 차례의 기간 동안 OECD가 측정한 전 세계의 연간 생산성 향상률은 스웨덴이 평균 1.5포인트 늘어난 반면 일본은 1.1포인트 줄어들었다. 개혁이 지연되다 보니 신기술의 물결로부터 온전한 혜택을 누리지 못하는 상황이 발생한다는 점이 일본을 비롯한 여타 선진국들의 성장 둔화를 어느 정도 설명해준다고 하겠다. 하지만 이런 근거는 2000년대 이후 미국 같은 나라에서 성장이 답보하는 현상을 설명하기에 충분치가 않다.

두 번째 가능한 설명 방식은 1990년대 이후로 대출 조건이 느슨해졌다는 점에 주목한다. 특히 2008년 금융 위기 이후 심하게 융통성 있는 통화 정책을 운용한 탓에 그러한 추세가 더욱 강화되었다는 견해다. 도표 6.1을 보면 이자율 인하 추세가 장기적으로 이어지고 있다는 사실이 드러난다. 대출 조건이 느슨해짐으로써 비효율적인 기업이 시장에서 살아

---

* 중진국 함정 현상에 대해서는 7장에서 좀더 자세히 논의할 예정이다.

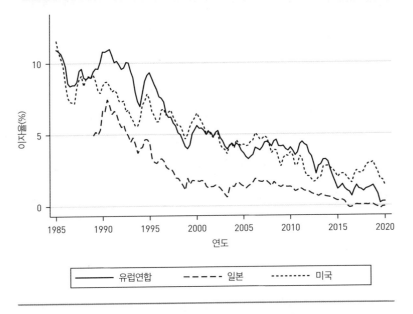

도표 6.1 장기적 관점에서 본 이자율 변화

이자율(%)

1985　1990　1995　2000　2005　2010　2015　2020

연도

─── 유럽연합　 ─ ─ ─ 일본　 ········· 미국

출처: OECD.

남을 수 있게 되었고, 이로 인해 혁신과 성장에 방해가 되었을 수도 있다는 논리를 바탕으로 한 설명이다. 2008년 금융 위기 이후 '좀비' 기업의 수가 크게 늘어났다는 사실을 그 예로 들 수 있다. 좀비 기업이란 적어도 10년 동안 영업을 이어온 기업 중 수익이 너무 낮아 3년 연속 대출 이자조차 낼 형편이 안 되는 기업을 말한다. 2018년 국제결제은행의 연구에 따르면, OECD 회원국 중 14개국에서 이른바 좀비 기업의 비중이 1990년 1퍼센트에서 2015년에는 12퍼센트로 급증했다고 한다(Banerjee et Hofmann, 2018).[6] 마리오 드라기 유럽중앙은행 총재가 2012년 도입한 ACC 프로그램이라는 실제 사례를 통해, 대출 제한을 풀 경우 생산성 향상과

기존 부실기업의 퇴출에 부정적 영향이 나타날 수 있음은 4장에서 살펴본 바 있다.

대출 조건은 그렇다면 정말로 느슨해진 것일까? 자금을 충당하기 위해 기업은 자본 비용을 충당할 수 있어야 한다. 기업의 자본이란 채권자들(주로 은행)이 융자해준 부채와 주주들이 보유하고 있는 자기 자본을 합친 개념이다. 자본 비용은 그러니까 두 가지 기준에 달려 있다. 대출에 들어가는 비용 그리고 자기 자본에 들어가는 비용이다. 첫 번째 요소, 즉 대출 비용은 구별하기 쉽지만 두 번째, 그러니까 자기 자본 비용은 투자자가 기대하는 이윤에 달려 있는 요소다. 만약 해당 기업의 활동에 위험성이 높다면 투자자는 그 위험 요소에 상응하는 보너스라든지 더 큰 이윤을 기대한다. 만약 사업 내용에 위험성이 별로 없다면 위험 관련 보너스에 대한 투자자의 기대가 별로 크지 않을 거라고 예측할 수 있다. 자기 자본의 비용은 관행적으로 무위험 수익률(전형적으로 10년 상환 국채를 기준으로 한다)에다 리스크 프리미엄을 더한 수치로 계산해왔다. 1980년대 이후 그리고 2008년 금융 위기 이후 은행의 대출 비용과 무위험 수익률은 반박의 여지가 없을 정도로 계속해서 낮아졌고(도표 6.1), 반대로 리스크 프리미엄은 증가했다.[7] 그 결과, 기업이 감당해야 할 자본의 총비용은 지난 20여 년 혹은 30여 년 동안 크게 변하지 않았다.

이제 이번 장의 남은 부분에서는 세 가지 추가 설명에 대해 논하도록 하겠다. 첫 번째는 고든의 견해와 유사한 이야기로, 아이디어 찾기 자체가 점점 더 어려워진다는 데서 출발한다. 두 번째는 성장을 측정하는 방식이 잘못되었으며, 새로운 혁신 요소가 기여하는 바를 기존의 측정 방식이 제대로 반영하지 못한다는 주장이다. 세 번째는 슈퍼스타 기업의 역할을 강조하는 견해다. 슈퍼스타 기업은 정보 통신이나 디지털 등 신기술의 도래를 통해 발전했지만, 이제 와서는 자신보다 더욱 새로운 혁신 기업의 시장 진입을 크게 방해한다.

새로운 아이디어를 찾는 것이 점점 더 어려워진다

니컬러스 블룸과 공저자들(Nicholas Bloom et al., 2020)[8]은 연구 분야의 생산성이 1세기를 단위로 점점 저하된다고 주장하는 연구 결과를 발표했다. 이들의 의견에 따르면, 일정 수준의 생산성 향상 혹은 일정 규모의 혁신을 이루기 위해서는 시간이 갈수록 점점 더 많은 연구자가 필요하다. 한 선행 연구에서는 연구 개발 분야의 연구자 및 엔지니어 수는 1953년 이후 계속해서 늘어났지만 생산성 향상 추세에는 두드러진 이류 현상이 일어나지 않았다는 점을 지적한 바 있다(Jones, 1995).[9]

도표 6.2의 내용이 1930~2000년 동안 위의 분석과 일치하는 일이 벌어졌음을 증명해준다. 실선은 생산성 향상의 변화 추이를 보여주며, 점선은 연구자 수의 변화 추이를 의미한다. 2000년대에 이르기까지 관찰 기간 내내 연구자 수의 증가에 따른 생산성 향상이 두드러지게 개선되는 일은 발생하지 않았다는 점을 확인할 수 있다. 이러한 자료로부터 결론을 내리자면, 경제 전반의 차원에서 볼 때 경제 성장을 통해 측정한 연구 활동의 이득은 시간이 지남에 따라 감소한다고 말할 수 있다.

하지만 블룸과 공저자들은 경제 전반에서 성장과 연구 사이의 관계를 분석하는 데 그치지 않고 특정 분야의 구체적 현황을 들여다보았다. 그중에서도 반도체, 건축 그리고 보건 분야의 사례를 집중 분석했다.

반도체 분야를 생각해보자. 잘 알려진 '무어(Moore)의 법칙'은 실리콘

주: 이 도표의 수치는 10년간 평균값에 해당한다. 예를 들어, 1950년 지점의 수치는 1950년대에 속한 10년간의 평균값이라는 뜻이다.

출처: Bloom, Jones, Van Reenen et Webb (2020).

칩에 들어가는 트랜지스터의 수가 2년을 주기로 2배 증가한다는 것이다. 즉, 연간 35퍼센트 정도 늘어난다는 뜻이다(도표 6.3). 과학적 근거가 뒷받침되는 법칙은 아니지만 반도체 관련 자료를 분석한 결과 나온 이야기다. 실리콘 칩은 1970년대 이후 놀랄 만큼 규칙적으로 무어의 법칙에 따라 발전해왔다. 이렇게 한 개의 칩에 들어가는 트랜지스터의 수가 지속적으로 증가한 결과, 예를 들면 반도체 칩이 1초에 수행할 수 있는 작업의 수로 측정하는 반도체의 성능은 끊임없이 개선되었다. 따라서 반도체 칩을 핵심으로 하는 컴퓨터나 로봇 혹은 스마트폰의 성능 또한 꾸준히

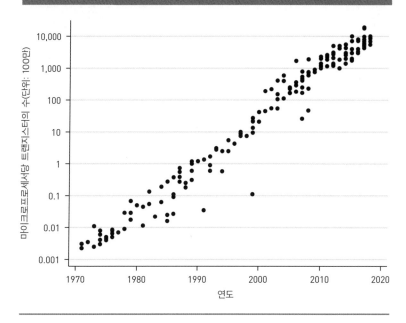

출처: Wikipedia.

향상되었다.

이와 평행을 이루는 이야기로 반도체 분야 대기업〔인텔, 페어차일드 (Fairchild), 내셔널 세미컨덕터(National Semiconductor), 텍사스 인스트루먼트(Texas Instrument), 모토롤라(Motorola) 등〕에서 일하는 연구자들의 수라든지 무어의 법칙에 따라 정해진 목표에 이르기 위해 필요한 인원 증가 현상을 논하 자면, 그 결론은 너무나 뻔하다. 트랜지스터 내에 칩의 밀도를 2배로 만 들기 위해 오늘날 필요한 연구자의 인원은 1970년대 초에 필요했던 인 원의 18배에 이른다. 우리는 이러한 결과가 반도체 분야에서 기술의 '경 계' 확장이 이제 상대적으로 훨씬 더 어려워졌음을 반영하는 것이라고

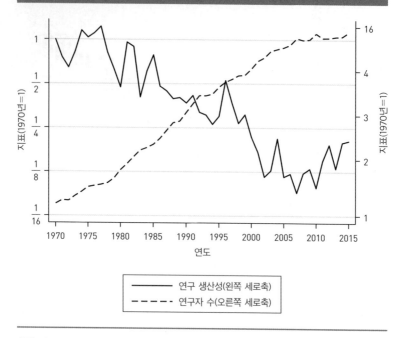

도표 6.4　약학 분야의 연구 생산성과 연구자 수

출처: Bloom, Jones, Van Reenen et Webb (2020).

본다.

약학 분야도 이와 유사해서, FDA의 승인을 받은 새로운 화학 분자의 수가 어떻게 되는지를 통해 가늠해볼 수 있는 연구 생산성의 저하 현상이 나타나고 있다. 도표 6.4가 보여주는 바와 같이 제약 회사에서 고용하는 연구자 수는 시간이 흐르면서 꾸준히 증가세를 보이고 있음에도 불구하고 말이다.

이러한 주장은 여러 가지 의문을 불러일으킨다. 우선 특정 기술을 보유한 특정 활동 분야를 파악해야 하는가, 아니면 그보다 특정 기능을 수행하는 일련의 기술을 놓고 분석해야 하는가? 예를 들어, 사진을 생각해

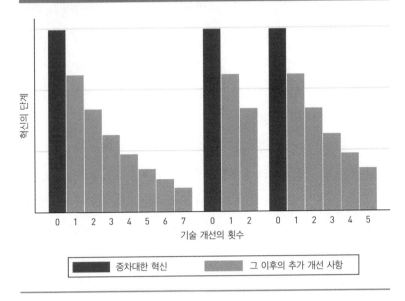

도표 6.5 1차 혁신과 2차 혁신

세로축: 혁신의 가치

가로축: 기술 개선의 횟수
0 1 2 3 4 5 6 7   0 1 2   0 1 2 3 4 5

■ 중차대한 혁신   ▧ 그 이후의 추가 개선 사항

출처: Akcigit et Kerr (2018).

보자. 코닥(Kodak)의 이윤은 크게 줄어드는 추세에 있지만 디지털카메라가 사진 시장을 이어받았고, 또 스마트폰이 그 뒤를 이었다. 이 각각의 발명은 특정한 기술 혁신의 물결 가운데 일어난 사건이다. 그러한 기술 발전의 물결은 도표 6.5에서 볼 수 있듯 대대적인 1차 혁신에 이어 중요성이 상대적으로 적은 2차 혁신을 일으켜 각각의 특정 분야를 변화시키는데, 사진 분야가 그러한 상황을 구체적으로 반영한 사례라고 할 수 있다(Akcigit et Kerr, 2018).[10]

게다가 반도체 기업의 활동을 칩 생산에 한정할 수는 없다. 예를 들어, 인텔 같은 경우 소프트웨어를 개발하고 컴퓨터를 생산하며 데이터 센터를 관리하는 업무도 수행하는 회사다. 인텔의 특허 출원 건수 총합에 대비해보면 반도체 관련 특허 건수는 1971년 75퍼센트에 달했지만 2010년에는 겨우 8퍼센트에 그쳤다. 다시 말하자면, 인텔은 그 기간 동안 활동 범위를 확장했다는 뜻이다. 그러므로 인텔의 반도체 담당 연구자들의 생산성을 논할 때, 인텔이 보유한 연구 인력 전체를 놓고 계산할 경우 합당한 분석을 할 수 없다는 얘기다. 실제로 반도체가 아닌 다른 분야 업무에 투입하는 인텔의 연구 인력은 계속해서 증가하고 있는 추세다.

반도체 업무를 하는 연구자조차 심지어 모두가 칩 한 개당 포함되는 트랜지스터의 수를 늘리는 작업과 관련한 일을 하는 것도 아니다. 트랜지스터 내의 밀도를 높이는 것을 넘어서 아예 새로운 종류의 칩은 구형 칩보다 비용이 적게 들며 더 여러 종류의 업무 수행 능력을 지닐 수 있다. 칩 내부의 트랜지스터를 좀더 솜씨 있게 배열해서 열기 배출을 더 신속하게 만들고 칩의 성능을 개선한다든지 하는 예를 들 수 있다(Byrne, Oliner et Sichel, 2018).[11] 이렇듯 '반도체' 분야로 구분되는 특정 산업 내에서조차 제품과 서비스의 다양성은 시간이 지나면서 계속 확장된다. 연구 투입 인력을 통해 해당 분야의 연구 생산성을 정말 제대로 측정하기 위해서는 실리콘 칩이 제공하는 서비스의 다양성 지수를 적용함으로써 연구 노력에 대한 측정을 수정해서 계산해야 한다. 이렇게 하면 아마 연구를 통한 이득은 언뜻 보이는 정도로 감소 추세를 나타내지는 않는다는 사실이 드러날지도 모른다.

또 한 가지 언급할 점은 특정 연구 개발 비용이 상당히 높게 보이는 이유는 경쟁 기업에 의해 그 비용이 '복사'되기 때문이라는 사실이다. 여기서 경쟁 기업은 특정 종류의 제품에 대한 최초의 혁신을 이루기 위해 같이 달려가고 있는 업체를 말한다. 이와 관련해서는 전기 자동차 배터리 분야를 예로 들 수 있다.

마지막으로, 특정 연구 비용은 실제로는 기업이 시장에서 자사의 위치를 유지하기 위해 지출하는 방어 차원의 투자에 해당한다. 경제학자 존 서튼(John Sutton, 1991)[12]은 연구와 혁신에 배당된 비용 중 일부가 어떤 의미에서 신진 기업의 시장 진출을 방해하게 되는지를 명확하게 설명한다. '방어적' 특허를 축적하는 행위는 기존 기업의 이윤을 보호하는 전략에 속한다.

위의 논의를 종합하면 다음과 같다. 즉, 혁신은 연이은 물결의 형태로 진행되고, 또 각각의 물결이 일 때마다 혁신에 의한 이득은 감소 추세를 보인다. 그러나 새로운 아이디어 생산이 점점 어려워지고 있다는 논리로 성장의 둔화를 설명하는 견해는 선행 연구들이 확고히 뒷받침해주는 주장은 아니다.

생산성 향상은 제대로 측정되고 있지 않다

특허 출원의 규모를 기준으로 보면, 지난 40여 년간 미국에서 혁신은 가속화하는 추세에 있다(도표 6.6). 이렇게 혁신이 가속화하는데도 어째서 생산성 향상의 추세에는 온전히 반영되지 않을까? 자연스럽게 내놓을 수 있는 설명으로는, 이렇게 혁신 정도와 생산성 향상률이 다른 길을 가는 이유는 근본적으로 측정 방식의 문제라는 견해가 있다. 이러한 '측정'상의 문제는 지난 수십 년 동안 악화일로에 있어왔지만 2000년대 초반 이후 유난히 더욱 나빠진 것으로 보인다.

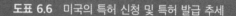

도표 6.6 미국의 특허 신청 및 특허 발급 추세

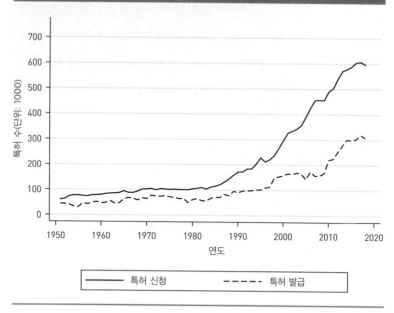

출처: 세계지식재산권기구.

정보 통신 기술과 디지털의 역할

측정의 문제는 우선 국내 총생산 계산 방식의 내재적 결함에서 비롯된다. 국내 총생산은 일정 기간 동안 한 나라 안에서 생산된 상품과 서비스 덕분에 창출된 부가가치를 시장 가격으로 계산한 수치라고 정의할 수 있다. 이렇듯이 국내 총생산 개념의 핵심은 생산을 측정하는 데 있다. 이는 물리적인 제품의 생산이 지배적인 국가 경제를 가늠하는 데 적절한 방식이지만, 디지털 경제가 제공하는 서비스의 다양성과 서비스 분야의 점점 늘어나는 비중을 가늠해내는 데는 애를 먹고 있다.

이렇듯이 국내 총생산의 정의는 사용 습관의 변화를 포함하지 않는다.

이 견해를 쉽게 설명해주는 이야기가 구글의 책임경제학자 핼 배리언(Hal Varian, 2016)[13]이 제시한 사진 시장의 사례다. 2000년도만 해도 전 세계에서 촬영된 사진은 800억 장에 달했다. 스마트폰의 도입은 그러한 환경을 완전히 뒤집어놓았다. 사진 촬영 횟수는 2015년에 2000년 대비 20배 증가한 1조 6000억 회에 이르렀다. 촬영 횟수와 병행해 한 장의 사진을 찍는 비용 또한 약 50센트에서 거의 무상으로 줄어들었다. 실제 필름과 사진기의 판매는 급감했다. 게다가 사진을 인화하는 행위 자체도 줄었다. 이제 사진은 더 이상 판매 대상이 아니라 공유 대상이기 때문이다. 사진은 이제 근본적으로 비상업적인 물품으로 변화했다. 이렇듯 사진이라는 분야는 사라지기는커녕 훨씬 더 고능률의 영역이 되었다. 하지만 소비자가 자체 생산하는 항목으로 변모하면서 사진은 생산 경제의 영역에서 벗어났고, 자연스레 생산성을 측정하는 데서도 빠졌다.

좀더 넓게 보면, 디지털 기술은 비상업적인 상품과 서비스의 등장을 촉진했다고 할 수 있다. 무료 소프트웨어라든지 접근 비용이 들지 않는 위키피디아 같은 인터넷 사이트는 무료 콘텐츠에 대한 접근을 가능케 했지만 그러한 활동은 국내 총생산을 계산하는 데 포함되지 않는다. 이러한 활동이 분명 대(大)백과사전이나 유료 소프트웨어 같은 상업적인 유료 서비스를 대체하고 있는데도 말이다.

국내 총생산이라는 지표의 또 다른 한계는 품질 개선 영역에 있다. 배리언은 스마트폰의 사례를 들어 이를 설명한다. 스마트폰이 부분적으로 대체하는 품목은 단지 사진기뿐만이 아니다. GPS, 비디오카메라, 이북(e-book), 자명종, 인터넷 검색 브라우저, 계산기, 녹음기 등 다양하다. 그럼에도 불구하고 이 모든 요소를 스마트폰이 통합했기 때문에 국내 총생산 규모는 오히려 감소한다. 그 이유는 스마트폰 도입으로 각 분야 전문적인 상품의 판매가 줄어들었을 뿐 아니라, 스마트폰이 불러온 품질 향상을 어떻게 측정할 것인가 하는 애로 사항이 존재하기 때문이다.

국내 총생산의 성장에서 스마트폰 같은 새로운 제품이 기여하는 부분을 계산하는 작업이 왜 이렇게 어려울까? 이는 무엇보다 가치 사슬이 국제화했다는 사실에서 기인한다. 예를 들어, 스마트폰 조립 공정은 대부분 해외에서 이루어진다. 캘리포니아주에서 아이폰의 디자인, 엔지니어링, 마케팅 업무를 한다고 해도 조립 작업은 중국 선전에서 하며 완제품 조립을 위한 필수 부품들은 28개국에서 제작한다. 게다가 수많은 디지털 서비스의 비물질적 성격은 경제 활동이 이루어지는 지역을 특정하기 어렵게 만든다. 이는 해당 분야 대기업이 조세 회피를 하기에 상당히 유리한 조건이다. 특히 유명한 GAFAM한테는 말이다. 실제 판매가 이뤄진 나라에서 영수증을 발행하지 않는다든지, 그룹사 내에서 가격을 조작해 그룹사가 활동하는 나라들 중에서 가장 과세율이 높은 나라에 위치한 자회사를 적자로 돌린다든지 하는 조세 회피 행위는 그렇기 때문에 국내 총생산의 계산에 직접적인 영향을 준다.

문제는 최근에 발생한 혁신, 그중에서도 디지털이나 정보 통신 기술 분야의 혁신이 성장에 준 영향을 측정하는 데 어려움이 있다고 해서 생산성 쇠퇴 현상을 충분히 설명할 수 없는가이다. 이러한 의문에 답하기 위해 데이비드 번, 존 퍼널드 그리고 마셜 라인스도프(David Byrne, John Fernald et Marshall Reinsdorf, 2016)[14]는 1978~2014년의 미국 노동 시간당 국내 총생산을 기준으로 미국 생산성 향상의 추이를 관찰하는 연구를 진행했다(도표 6.7). 각각의 하위 기간 동안(1978~1995, 1995~2004, 2004~2014) 막대의 높이는 각 기간별로 평균을 낸 시간당 국내 총생산의 연간 성장률에 해당한다. 도표를 보면 무엇보다 1995~2004년 동안 현저하게 높은

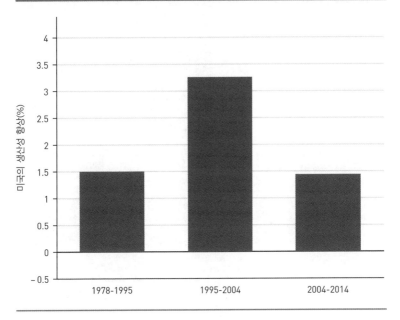

출처: Byrne, Fernald et Reinsdorf (2016).

성장률이 두드러지고, 이후 2004~2014년에는 둔화 추세가 분명하게 나타났다.

저자들은 이러한 자료를 놓고 여러 가지 측정의 문제점을 감안해 성장 측정 방식을 수정하고자 했다. 측정의 문제점에는 컴퓨터 및 소프트웨어의 품질 향상, 비물질적 투자, 그리고 인터넷 접근성과 온라인 커머스 발전 등의 요소가 포함되었다(도표 6.8).

종합해보면 이렇다. 즉, 위와 같은 산업 분야로 인해 지난 수년간 생산성 향상이 과소평가되었다고 해도 이들의 총 기여 비중은 미약하다. 그러므로 1995~2004년의 높은 성장, 그리고 2004~2014년의 성장 둔화라는

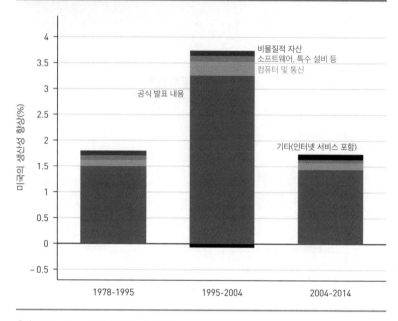

도표 6.8 통계 조정을 통해 본 미국의 생산성 향상 추이

출처: Byrne, Fernald et Reinsdorf (2016).

수수께끼를 해결하는 데 도움이 되지는 않는다. 결국 측정상의 문제라는 논지로 생산성 향상의 둔화를 설명하는 가설은 실제 자료를 통해 증명할 수 없는 상황에 이른다. 이러한 현실을 통해 내릴 수 있는 결론은 측정 방식의 오류가 해당 문제의 본질적 부분을 설명해주지는 못한다는 것이다(Syverson, 2017).[15]

창조적 파괴의 역할

디지털 경제 활동을 측정하는 문제는 그러므로 생산성 향상이 둔화한 최근 추세를 설명하는 충분조건이 되지 못한다. 2019년에 나온 한 연구가 성장 둔화 현상을 좀더 폭넓게 설명해준다(Aghion, Bergeaud, Boppart, Klenow et Li, 2019).[16] 이 연구는 지난 수년간 가속화한 현상이라고 판단되는 창조적 파괴를 측정하는 작업이 전반적으로 어렵다는 점에 바탕을 두고 창조적 파괴에 동반되는 혁신, 즉 기존 품목이 새로운 제품으로 대체될 경우 어째서 경제 성장의 과소평가라는 결과를 가져오는지 논한다. 실제로, 창조적 파괴의 정도가 미약한 미국의 주에서 특허의 수로 혁신을 측정해보면 혁신과 생산성 향상 간 상호 관계가 드러난다. 반면 창조적 파괴 정도가 강한 주에서는 그러한 상호 관계가 약하게 나타난다.

창조적 파괴가 왜 성장의 계측에 있어 혁신을 포함하는 과정을 복잡하게 만드는지 알아보자. 간단하게 이해할 수 있는 사례를 들어보겠다. 어제 그리고 오늘 어떤 상점에서 타자기를 보았다고 가정해보자. 아울러 그 금전적 가치, 즉 상품 가격이 어제오늘 사이에 올라갔다고 치자. 그러한 가격 상승은 순전히 물가 상승에 기인할 뿐 상품 자체는 동일한 타자기이기 때문에 그 어떠한 품질 향상도 가격이 오른 요인이라고 할 수 없다. 이제 같은 실험을 반복해보자. 이번에는 어제와 오늘 사이에 타자기의 성능이 조금 나아졌다고 가정한다. 예를 들면, 타자기의 자판이 미관상 조금 좋아졌다고 상상해볼 수 있다. 이제 다시 상품의 가격이 어제와 오늘 사이에 올라갔다고 치자. 그렇다면 구매자는 가격 상승의 요소가 무엇인지 손쉽게 구별해낼 수 있다. 타자기의 품질 향상이 가격 상승에 반영된 경우와 순전히 물가 상승만이 가격에 반영된 경우를 구별할 수 있다는 뜻이다. 품질 향상은 경계에서 발생했기 때문에 구매자는 새로운 타자기를 기존 유사 제품과 비교했을 때 위의 두 가지 가격 상승 요인을 구별할 수 있다. 이제 창조적 파괴력을 갖춘 혁신이 일어났다고 생각해보자. 어제와 오늘 사이에 타자기가 컴퓨터로 대체되었다. 다른 기능 외에 컴퓨터는 타자기가 수행하던 글쓰기 기능도 수행할 수 있다. 그것도 훨씬 효율적이고 훨씬 편안한 방식으로 말이다. 컴퓨터의 화폐 가치도 타자기보다 높다. 이럴 경우 구매자는 인상된 가격 중에서 물가 상승이 차지하는 비중과 품질 향상이 차지하는 비중을 구별하기 어렵다. 이러한 경우에는 어떻게 해야 할까?

통계 기관은 예를 들어 미국의 경우 이럴 때 '확대 적용' 혹은 '산입(算入)'*이라 부르는 방식에 의존한다. 각 상품 분야마다 평균 물가 상승률을 계산하되 창조적 파괴의 영향을 받는 제품은 아예 제외해버리는 방식이다. 이 방식을 동원하면 생산성 향상은 전형적으로 과소평가되는 경향이 있다(아래 상자 참조). 그 이유는 창조적 파괴를 동반하는 혁신을 통해 발생하는 품질 향상은 단계적 혁신을 통한 품질 개선의 정도보다 훨씬 높기 때문이다. 이 논지를 뒷받침하는 또 다른 예를 들어보자. 2000년대 중반 구형 핸드폰에서 살짝 개선된 플립형 핸드폰으로 진화했을 때(단계적 혁신 상품)보다는 '구세대' 핸드폰에서 2000년대 말에 스마트폰(창조적 파괴력을 지닌 혁신 상품)으로 진행했을 때 생산성 향상의 폭이 훨씬 크게 나타났다.

표 6.1을 보면 생산성을 통해 측정한 성장 수치(두 번째 열), 실제 생산성 성장의 수치(세 번째 열), 그리고 통계 기관이 놓친 성장의 수치(첫 번째 열)를 한눈에 알 수 있다. 통계에서 놓친 성장은 단순히 실제 성장과 측정 성장의 차잇값으로 계산한다. 미국의 경우 측정 성장은 1996~2005년에 크게 높아졌다가 2006~2013년에 급작스레 낮아졌으며, 누락된 성장은 1996~2005년, 그리고 2006~2013년에 매번 높아졌다. 하지만 이러한

---

* 비록 수많은 나라가 이 방식을 사용하긴 해도 프랑스를 포함한 일부 국가는 이 통계 방식을 극도로 드물게 적용한다.

산입 방식과 성장치의 누락

다음에 예로 든 디지털 분야의 사례는 '산입' 방식을 동원하는 통계 기관이 얼마나 과소평가를 하는지 이해하는 데 도움이 된다.

어떤 분야에 세 종류의 상품이 존재한다고 가정해보자.

- 상품 중 80퍼센트는 어제와 오늘 사이 품질이 달라지지 않는다. 위에서 첫 번째로 언급한 종류의 타자기에 해당한다. 이 상품의 가격 상승률은 어제오늘 사이에 4퍼센트로, 이는 순전히 물가 상승률에 기인한다.
- 상품 중 10퍼센트는 어제와 오늘 사이에 품질이 개선되었다. 하지만 이는 경계에서 발생한 혁신에 기인한다. 즉, 위에서 두 번째로 제시한 종류의 타자기라 할 수 있다. 어제와 오늘 사이에 품질 대비 가격이 6퍼센트 감소했다고 가정해보자. 다시 말하면, 이 경우에는 가격 상승보다 품질 상승이 조금 높았다는 얘기다.
- 나머지 10퍼센트의 상품은 창조적 파괴의 영향을 받았다. 다시 말해, 어제와 오늘 사이에 기존 제품이 새로운 제품으로 완전히 대체되었다는 뜻이다. 위에서 언급한 세 번째 예시, 즉 타자기가 컴퓨터로 대체된 경우를 말한다. 품질 대비 가격은 또한 어제와 오늘 사이 6퍼센트 감소했다.

규모로 보았을 때 해당 산업 분야의 총생산 성장률(물가 상승률을 제외한 수치)이 어제와 오늘 사이에 2퍼센트라고 가정하자. 또 '실제' 물가 상승률이 2퍼센트라고 하자$\left(\frac{80}{100} \times 4\% + \frac{10}{100} \times (-6\%) + \frac{10}{100} \times (-6\%) = 2\% \right)$. 화폐 가치로 본 국내 총생산은, 그러니까 2퍼센트 더하기 2퍼센트, 즉 4퍼센트다. 이 화폐 가치로 본 성장률을 통계 기관이 제대로 예측했다고 가정해보자.

산입 방식을 활용하면 통계 기관은 규모로 본 총생산의 성장을 실제 제대로 된 수치에 해당하는 2퍼센트로 계산하지 않는다. 산입 방식을 통해 나온 통계 기관의 수치는 창조적 파괴의 영향을 받은 제품이 성장에 기여한 부분을 배제하게 된다. 요컨대 시장이 취급하는 상품 중에서 단지 90퍼센트에 대한 물가 상승만을 계산한다. 이 통계 기관이 계산하는 평균 물가 상승률은 그러니까 $\frac{80}{80+10} \times 4\% + \frac{10}{80+10} \times (-6\%)$, 즉 2.9퍼센트다. 실제 물가 상승률이 2퍼센트임에도 불구하고 말이다.

이렇게 어제와 오늘 사이의 물가 상승률을 2.9퍼센트라고 계산하면 통계 기관은 실제 가치로 본 총생산의 성장률을 4퍼센트에서 2.9퍼센트를 뺀 1.1퍼센트라고 계산한다.

다시 말해, 통계 기관은 실제 가치로 본 총생산 성장을 2-1.1=0.9포인트만큼 과소평가했다는 결론이 나온다.

누락 성장의 내용을 반영하더라도 성장 둔화 추이를 온전히 설명할 수는 없다. 진정한 의미에서 실제 성장률은 여전히 1996~2005년, 그리고 2006~2013년에 모두 크게 하락했기 때문이다. 동일한 계산 방식을 프랑스에 적용해보면 누락 성장과 관련해 유난히도 유사한 추정치가 나온다. 1996~2005년에 0.47포인트, 그리고 2006~2013년에는 0.64포인트다 (Aghion, Bergeaud, Boppart et Bunel, 2018).[17]

즉, 통계 기관이 성장률을 과소평가한다는 논리는 2000년대 초부터 나타난 성장의 둔화 추이를 설명하는 데 있어 부분적으로만 도움이 될 뿐이다. 그러므로 성장 둔화를 설명하려면 근본 원인을 다른 곳에서 찾아야 한다.[18]

	누락 성장	공식 성장	실제 성장	누락된 수치의 비중(%)
1983~2013	0.54	1.87	2.41	22.4
1983~1995	0.52	1.80	2.32	22.4
1996~2005	0.48	2.68	3.16	15.2
2006~2013	0.65	0.98	1.63	39.9

표 6.1 미국의 누락 성장 및 실제 성장

출처: Aghion, Bergeaud, Boppart, Klenow et Li (2019).

리더 혹은 슈퍼스타 기업은 시장 진입을 시도하는 신진 기업의 의욕을 꺾는다

4장에서 토마 필리퐁(Thomas Philippon, 2019)[19]의 연구를 언급한 바 있다. 그의 주요 가설 중 하나는 미국의 성장 둔화가 경쟁 정책이 해이해진 데서 기인한다는 것이었다. 이렇게 경쟁 정책이 느슨해짐으로써 여러 경제 분야에서 경제 활동의 집중 현상이 강화되고 비즈니스 세계의 역동성이 떨어졌는데, 그중에서도 특히 창업이 감소했다는 게 그의 주장이다. 필리퐁의 가설은 경험에 의거해 되돌아보았을 때 혁신이나 기술 발전의 역학에 시사점이 있을지는 몰라도 성장의 둔화 추이를 설명하는 데 있어 혁신이나 기술을 중심에 두는 이론은 아니다. 그러나 우리의 분석은 다음의 두 가지를 제시한다. 하나는 성장 둔화나 소득에 노동의 기여 비중이 감소하는 등의 현상은 정보 통신 기술 분야의 생산자와 사용자에게 집중 발생하는 것이라는 가설이다. 그리고 다른 하나는 기업의 이득과 시장의 집중도는 경쟁을 방해할 가능성이 다분하기는 해도 오히려 혁신 자체를 불러올 수 있다는 가설이다.

좀더 적절한 접근 방식은 분석 자체에 혁신이라는 요소를 통합하는 이론이어야 한다고 생각한다. 이번 장의 남은 부분에서는 슘페터식 분석 틀을 활용해 이득의 증가와 성장 둔화를 동시에 설명할 수 있는 시도를 두 가지 해보고자 한다. 이러한 틀 안에서 이득은 부분적으로 혁신과 관련이 있으며, 기업은 그 이득을 얻길 기대하면서 자사의 혁신 강도를 결정한다. 또 새로운 혁신은 기존의 기술을 더 이상 쓸모없게 만든다. 이 두 가지 시도가 지닌 특수성 너머로 둘 사이의 공통점이 있다면, 그건 창조적 파괴라는 패러다임에 기반한다는 것이다. 두 경우 모두 이득은 과거에 이룬 혁신에서 비롯되었고, 과거의 혁신가들이 어느덧 경제의 특정 분야에서 리더 혹은 슈퍼스타 기업이 되면 오히려 해당 분야의 잠재적 경쟁 기업의 혁신 의지를 꺾는 역할을 한다.[20]

선두 기업에 의해 발생하는 의욕 상실

우푸크 아크지기트와 시나 아테스(Ufuk Akcigit et Sina Ates, 2019)[21]의 분석은 2000년 초반부터 미국 경제의 역동성이 쇠퇴하고 있는 상황을 보여주는 일련의 실증 사례로부터 시작된다. 이들은 그중에서도 산업 집중도의 심화와 마진율의 증가, 그뿐 아니라 다양한 산업 분야에서 **선두 기업**과 **후속 기업** 사이 생산성의 간극이 벌어지는 상황 등을 특히 강조한다. 그런 데다 특정 분야에서 이미 선두 주자가 된 기업, 즉 과거 가장 많은 특허를 축적한 바 있는 기업은 오늘날에도 가장 많은 특허를 출원하고 있다. 이러한 기업은 또한 '방어적'인 목적으로 가장 많은 특허를 사들이는 기업이기도 하다. 여기서 방어적인 목적이라는 말은, 그와 같은 특허 출원 및 매입이 자사가 활동하는 분야의 시장에 진입할지도 모르는 경쟁자들의 새로운 혁신을 방해하기 위해서 이루어진다는 뜻이다.

이 두 저자는 이러한 현상을 슘페터식 모델을 통해, 즉 선두 기업에 의해 혁신이 발생하고 이어 후속 기업들이 따라잡기를 한다는 구조를 통해 설명한다. 경쟁과 혁신 사이의 관계를 분석하며 4장에서 활용한 모델과 동일한 분석 틀이다. 슘페터식 모델로 보면, 후발 기업은 우선 선두 기업을 따라잡아야만 그 후에 그 기업을 앞지를 수 있다.

이러한 해석에서 이들 두 기업 사이의 간극이 벌어지는 상황을 설명할 수 있는 개연성 있는 논거가 있다면, 후속 기업이 선두 기업을 따라잡는 일 자체가 점점 더 어려워지고 있다는 점이다. 선두 기업이 자사가 축적해온 지식이 전파되는 걸 점점 더 방해하기 때문인데, 이러한 방해 행위에는 특히 방어 목적으로 특허를 사들이는 행위가 포함된다. 그러니 후발 기업에 대비한 자사의 기술적 우위를 더욱 확고히 하기 위해 혁신에 투자하는 일이 선두 기업한테는 아주 매력적인 선택지가 된다. 이들은 그렇게 했을 때 후발 기업이 자사를 따라잡을 가능성이 점점 줄어들고, 따라서 자사가 시장에서 이미 차지하고 있는 이득이 감소할 위험이 줄어든다는 점을 잘 알고 있다. 그 결과, 선두 기업과 후발 기업 사이의 평균 간극은 점점 커진다. 게다가 생산은 점점 더 선두 기업에 집중되어 이들의 이득은 오히려 증가하고, 결국 혁신을 이루고자 하는 후발 기업의 의지는 꺾여만 간다. 시장에 새로 진입하는 기업이 서야 하는 출발선의 위치가 후발 주자의 자리라면, 이러한 신진 기업의 시장 진출 자체가 방해를 받는다.

정보 통신 기술 혁명과 슈퍼스타 기업에 의한 의욕 상실

위의 연구 외에 다른 실제 사례에 대한 분석도 있다(Aghion, Bergeaud,

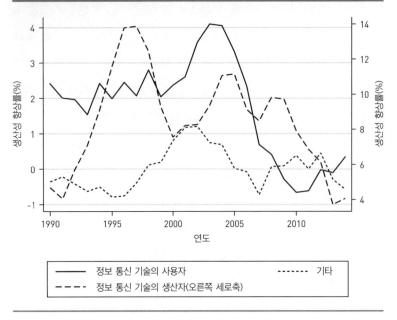

도표 6.9 정보 통신 기술의 심화 정도에 따른 생산성 향상

출처: Aghion, Bergeaud, Boppart, Klenow et Li (2019).

Boppart, Klenow et Li, 2019).[22] 생산성 향상 추이는 우선 비약적 성장을 보이고 나서 쇠퇴한다는 점(도표 6.9), 그리고 이러한 비약적 성장에서 쇠퇴로 이어지는 현상은 다른 분야보다 정보 통신 기술을 생산하거나 사용하는 분야에서 더욱 두드러진다는 점이 확인되었다. 게다가 소득을 구성하는 요소 중 노동이 차지하는 비중은 줄어드는데, 이러한 추이 또한 정보 통신 기술을 생산하거나 사용하는 분야에서 더욱 현저하게 나타난다(도표 6.10). 이렇게 생산성 향상의 쇠퇴 추이는 기업 내에서 소득 중 노동의 비중이 시간이 지남에 따라 감소한 데서 기인한 게 아니다. 이런 쇠퇴 현상은 오히려 복합적인 상황을 반영한다. 다시 말하면 '슈퍼스타' 기업, 즉

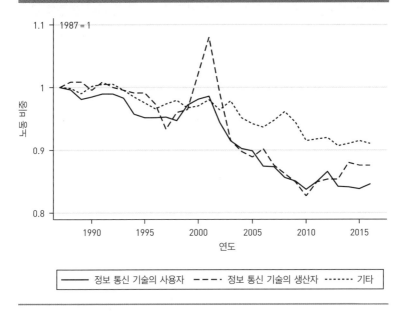

도표 6.10　정보 통신 기술의 심화 정도에 따른 노동의 비중

출처: Aghion, Bergeaud, Boppart, Klenow et Li (2019).

특성상 소득에서 노동의 비중이 낮은 기업이 시간이 지나면서 특정 경제 단위 내에서 무게를 점점 더해가는 상황 때문이다. 소득 내 노동 비중이 감소하는 정도는 기업의 소득 내에서 이윤의 비중이 증가하는 정도와 정확하게 일치한다. 요컨대 이윤의 증가는 복합 효과에 기인한다는 사실이 재차 입증되는 것이다. 시간이 지나면서 기업의 이윤이 전반적으로 계속 늘어났다기보다는 '슈퍼스타' 기업, 즉 어차피 마진율 높은 기업이 경제에서 차지하는 비중 자체가 점점 더 커지기 때문이다.[23]

다음 이야기를 통해 이 세 가지 실증적인 관찰 내용을 합리적으로 설명해볼 수 있다. 어떤 경제 단위 내에 슈퍼스타 기업과 나머지 기업이라는 두 가지 기업 범주가 있다고 해보자. 슈퍼스타 기업은 사회적 자본을 축적했고 모방하기 어려운 노하우를 보유하고 있으며 이미 연줄을 형성해놓았을 수 있다. 이렇게 해서 스타벅스나 월마트 같은 기업은 모방하기가 아주 어려울 뿐 아니라 추월하기란 더욱더 어려운 비즈니스 모델과 물류 체계를 완성해놓았다.

각각의 기업은 다양한 상품 라인을 시장에 선보일 수 있다. 다양한 종류의 여러 상품을 판매한다는 뜻이다. 그리고 자사 판매 제품 각각에 대해 혁신을 선보일 수 있는데, 그렇게 하면 혁신으로 인한 이윤을 확보하게 된다. 혁신에 힘입어 또한 자사가 장악한 상품 라인의 수 자체도 확대할 수 있다.

그렇다면 특정 경제 단위 내에서 단 하나의 기업이 모든 상품 라인을 장악하는 상황을 막아주는 것은 무엇인가? 바로 시간의 제약이다. 또 운영에 들어가는 고정 비용은 기업이 생산하는 제품 수에 비례해서가 아니라 그보다 더 높은 비율로 증가하기 때문이기도 하다. 이러한 시간 제약의 요소 때문에 기업의 CEO는 자사 생산 제품의 수를 일정 수준으로 제한해야만 한다. 일정 수를 넘어서면 기업의 운영 비용이 무한대로 증가한다.

이제 여기에 정보 통신 기술 혁명이라는 요소가 개입한다. 이 혁명은 기업의 CEO가 시간을 절약하고 활동 범위를 확대할 수 있게끔 해준다. 다시 말해, 제어할 수 있는 제품 라인의 수를 늘릴 수 있게 된다는 뜻이다. 하지만 슈퍼스타 기업은 그 밖의 기업들보다 훨씬 효율적이다. 그 때문에 활동 범위 확장을 통한 수익 개선의 이익을 다른 기업들보다 훨씬 높게 누릴 수 있다. 이렇다 보니 슈퍼스타 기업 전체는 각 회사의 활동 영역을 확장하고 이는 다른 기업들한테 피해를 주게 된다.

그러므로 단기적으로 볼 때 정보 통신 기술 혁명은 슈퍼스타 기업이 경제 내의 더 많은 영역을 장악할 수 있게끔 해줌으로써 생산성 향상을 촉진시킨다고 할 수 있다. 이는 1995~2005년 생산성 향상률이 높아진 이유를 설명해준다. 특히 정보 통신 기술과 관련한 업계의 추이에 대해 그러하다. 하지만 좀더 장기적인 관점에서 보면, 정보 통신 기술 혁명은 성장에 부정적 영향을 줄 수 있다. 슈퍼스타 기업이 다른 기업에 미치는 '의욕 상실'의 효과 때문이다. 슈퍼스타 기업이 장악해버린 상품 라인 각각에 대해 다른 기업들은 혁신을 하고자 하는 의욕 자체를 잃게 된다. 실제로, 슈퍼스타 기업의 우위를 빼앗으려면 다른 기업은 비용을 엄청나게 절감하는 방식을 수용할 수밖에 없는데, 그렇게 하면 혁신을 통해 얻을 수 있는 이득 또한 줄어든다. 결과적으로 슈퍼스타 기업이 장악하는 상품 라인의 수가 늘어날수록 다른 기업들은 혁신에 대한 의욕을 잃어간다. 그런데 보통 이러한 '기타 기업'이 한 경제 단위 내에서 대다수를 차지한다. 이야기를 종합해보면 이러하다. 즉, 슈퍼스타 기업이 장악하는 상품 라인의 수가 늘어나면 정보 통신 기술 혁명은 혁신을 전반적으로 감소시키고, 그럼으로써 장기적으로는 성장에 방해가 된다.

정보 통신 기술 혁명은 소득 중 노동이 차지하는 비중에 대해, 그리고 기업의 마진율에 대해 어떤 영향을 미치는가? 슈퍼스타 기업은 전형적으로 다른 기업들에 비해 마진이 높고 소득 대비 노동의 비중이 낮다. 슈퍼스타 기업의 시장 점유 비중이 높아지면 정보 통신 기술 혁명은 평균적으로 마진을 높이면서 소득 대비 노동의 비중을 감소시키는 경향이 있다. 이는 '복합 효과'에서 기인한다. 다시 말하면, 다른 기업은 특정 상품 라인에 대한 자사 이윤이 감소하는 현상을 맞닥뜨리는데, 이는 슈퍼스타 기업이 그 분야에 경쟁자로 등장할 가능성이 높기 때문이다. 그럼에도 불구하고 평균 마진은 상승하는데, 그 이유는 기업의 근본 특성상 이윤이 훨씬 높은 슈퍼스타 기업이 좀더 많은 수의 상품 라인을 좌지우지할 것이기 때문이다.[24]

위와 같은 이야기는 경제 정책에 있어 상당히 흥미로운 시사점을 지닌다. 특히 기업 합병을 용이하게 해주는 방향의 정책은 슈퍼스타 기업이 더욱 덩치를 늘리고 더욱더 많은 분야를 장악하게 할 가능성이 있다. 단기적 관점에서는 성장을 촉진하지만 장기적으로 보면 혁신과 성장이 결국 훨씬 더 저해되는 결과를 가져온다. 그렇기 때문에 정보 통신 기술과 인공 지능 등 기술 영역의 혁명이 단기적으로나 장기적으로 성장에 도움이 되게끔 하기 위해서는 반드시 경쟁 정책의 방향에 대해, 그리고 무엇보다 기업의 합병을 조율하는 반트러스트 정책에 대해 재고할 필요가 있다. 이 책은 이러한 관점에서 리처드 길버트(Richard Gilbert)가 2020년 펴낸《혁신은 중요하다: 첨단 기술 경제를 위한 경쟁 정책(Innovation Matters: Competition Policy for the High-Technology Economy)》[25]을 통해 제시한 견해와 맥락을 같이한다(아래 상자 참조). 이처럼 적절한 경쟁 정책을 동반하느냐 여부에 따라 같은 기술 혁명도 장기적인 성장에 매우 상이한 효과를 가져올 수 있다. 기술 혁명은 그 자체로는 의미가 없다. 기술 혁명과 제도 그리고 경제 정책이 함께 가야만 한 국가의 성장 전망이 결정된다.

디지털 경제에 걸맞은 경쟁 정책 세우기

리처드 길버트는《혁신은 중요하다》에서 잠재 경쟁 기업을 매수 혹은 제거하거나, 신진 기업의 시장 진입 방해에 성공한 슈퍼스타 기업의 등장을 미국 경쟁 정책이 미연에 방지하지 못했다고 지적한다. 이 주장을 기반으로 그는 가격과 시장 점유율에 중점을 두는 정적인 경쟁 정책에서 벗어나 혁신에 기반한 경쟁 정책을 도입해야 한다고 제안한다. 이러한 방향 전환을 성공리에 이루기 위해서는 우선 해결해야 할 특정 문제가 몇 가지 있는데, 그중 반트러스트 정책과 관련한 지배적 접근 방식은 '관련 시장(relevant market)에 대한 정의' 또는 '시장 점유율'의 개념에 기반하고 있다. 독점과 유사한 상황을 가져올 수 있는 식의 합병을 막기 위해 이 같은 지배적 접근 방식은 무엇보다 가격 상승과 맞서 싸우는 데 집중한다.

하지만 합병이나 매수가 어느 정도로 신진 혁신 기업의 시장 진출을 방해할지, 경쟁사의 연구 개발 투자를 방해할지, 또는 변화하는 시장에서 경쟁을 위협할지 제대로 파악하지 못하고 있는 게 현실이다. 달리 말하면, 기존의 반트러스트 법률은 기업의 집중화로 인해 벌어지는 상황이 가져올 역동적인 시사점에 대해 지나치리만큼 무관심하다는 뜻이다. 그런데 바로 그러한 기업의 집중 현상이야말로 슈퍼스타 기업의 등장을 용이하게 하는 환경이다. 혁신을 방해하고 타 기업의 시장 진입에 훼방을 놓는 방식을 통해 슈퍼스타 기업은 미국에서 생산성 향상 추세가 둔화하는 데 기여했다.

그렇다면 구체적으로 어떤 조치를 취해야 할까? 길버트는 미국의 반트러스트 법안을 전면 개편해야 한다고 생각하지는 않지만 적어도 '역동적 경쟁'을, 다시 말해 혁신, 신진 기업의 시장 진출, 새로운 시장 창출 등을 장려하기 위해서는 법안 활용 방식을 재고해야 한다고 주장한다. 그는 특히 반트러스트 정책을 관장하는 기관들이 더 이상 기존 시장의 정의를 주요 지침으로 삼아서는 안 된다고 본다. 게다가 합병이나 매수의 비용과 이득을 분석할 때, 혁신의 기대 효과라든지 새로운 시장의 창출 가능성 등을 그 내용에 포함해야 한다는 주장이다. 우리는 미국의 경쟁 정책에 대한 리처드 길버트의 비판을 유럽의 경쟁 정책에 대해서도 똑같이 적용할 수 있다고 생각한다. 따라서 길버트가 미국에 제언한 개선책을 유럽에서도 동일하게 적용해야 할 것이다.

●

장기적 시선으로 혁신과 성장을 바라볼 때, 조엘 모키르의 낙관론에 동의해야 할까, 아니면 로버트 고든의 비관론에 한 표를 던져야 할까? 과학의 미래나 앞으로 혁신을 이룰 수 있는 인간의 능력에 대해 낙관적 시선을 견지한 모키르도 일리가 있다. 그런데 이번 장에서 분석한 바에 따르면, 고든이 비관적 의견을 피력한 이유는 꼭 필요한 제도의 변화를 방해하는 정치 경제 분야의 저항 세력이 존재하기 때문이라는 점을 알 수있었다. 특히 경쟁 정책이 혁신이라는 요소를 제대로 고려하지 않는다면 정보 통신 기술 혁명이나 인공 지능 혁명 등은 혁신과 성장을 촉진하기는커녕 오히려 방해하는 요인이 될 수 있다. 이번 장 및 바로 앞 5장에서 소개한 분석 내용을 바탕으로 또 한 가지 시사점을 언급하자면, 혁신을 포괄하는 경쟁 정책은 성장을 촉진할 수 있을 뿐 아니라 사회 이동을 확대하는 도구가 될 수 있다는 점이다. 그러므로 경쟁 정책은 좀더 평등하고 포괄적인 성장을 이루는 데 있어 누진세 제도만큼이나 중요한 도구, 아니 누진 세제를 보완해줄 도구라고 할 수 있다.

아르헨티나 신드롬

1890년 아르헨티나의 1인당 국내 총생산은 미국의 40퍼센트 정도였다. 이는 아르헨티나가 '중간 소득' 국가, 즉 중진국이었다는 뜻이다. 요컨대 아르헨티나의 1인당 국내 총생산은 당시 브라질이나 콜롬비아보다 3배나 높았다. 당시로 치면 일본의 수준과 비슷했고, 캐나다 수준에 육박하고 있었다. 심지어 프랑스의 1인당 총생산보다도 약간 높았다. 미국의 1인당 총생산의 40퍼센트 수준을 아르헨티나는 1930년대까지 유지했다. 좀더 구체적으로 살펴보면, 1938년에 그러한 경향이 급변했다는 사실이 차우 검정(Chow-test)을 이용한 통계 실험을 통해 드러난다(Aghion, 2016).[1] 그 이후 1939년부터 아르헨티나의 1인당 국내 총생산은 미국의 1인당 국내 총생산 대비 하락세를 보여왔다(도표 7.1).

이러한 하향세를 어떻게 이해해야 할까? 아르헨티나의 경제 성장은 대규모 농산물 생산에 크게 의존했다. 따라서 농기계를 수입해야 했고, 이

도표 7.1 미국 대비 아르헨티나의 1인당 국내 총생산

출처: Aghion (2016).

와 관련한 인프라를 감당하기 위해 국외 자본의 출자를 받아야만 하는 구조였다(Bergeaud, Cette et Lecat, 2018).[2] 불행한 일이지만 농산물 생산 및 수출에 집중된 이러한 산업 구조로 인해 아르헨티나의 국가 경제는 자국 생산 농산물에 대한 전 세계 수요의 변동에 매우 취약해졌다. 그리하여 1929년 세계 대공황 시기는 아르헨티나의 경제 성장이 하락세를 보이는 시작점이기도 했다. 이런 하락세를 피하기 위해서는 생산을 다양화하고 산업화를 한층 더 추구하며 또 혁신에 집중하는 대책을 세웠어야 했다. 그런데 수출에 사활을 걸고 국제 경쟁에 순응하는 정책을 도입하기보다 아르헨티나는 '수입 대체(영어로는 import substitution)' 정책을 실시하며

자국의 기존 경제 운용 방식에 틀어박히는 모습을 보였다. 한마디로 정리하면, 아르헨티나는 '축적'을 기반으로 하는 농업 경제 단계에서 '혁신을 중심으로 하는' 산업 경제 단계로 진행하기 위한 제도 개혁을 이루어내지 못했다는 뜻이다.

중간에 흐지부지해진 나라가 아르헨티나뿐인 건 아니다. 어떤 나라는 강력한 성장 동력에 힘입어 최상위 부국들의 수준에 수렴할 수 있을 거라는 기대를 받았음에도 중도에 답보하고 말았다. 이러한 양상을 보인 나라들은 이렇게 중간 소득 국가 단계에 머물게 되면서 선진국 반열에는 진입하지 못했다. 그 결과 생겨난 개념이 '중진국 함정'이다. 이러한 '덫'의 존재가 시사하는 바는 중진국 단계에 있는 국가가 선진국 대열에 진입하는 일은 상당히 복합적인 성격의 전환 과정이라는 점이다. 실제로 이 단계에 있는 국가는 새로운 성장 전략을 찾아내야 하고 진정한 혁신에 기반해 고부가가치를 생산하는 방향으로 전환을 이루어야 한다. 바로 그러한 단계를 아르헨티나는 넘어서지 못했다.

중진국 함정이라는 수수께끼는 다른 의문들을 또 불러일으킨다. 우선, 좀더 앞선 국가들의 수준으로 후발 국가가 수렴하는 경우, 또 그러지 못하는 경우는 어떠한 동력이 작용하는가 하는 점이다. 축적과 모방에 의한 성장이 아니라, 혁신에 의한 성장을 이루는 힘으로는 어떤 요소가 있는가? 어째서 어떤 국가는 중진국 함정에서 벗어나기 위해 필요한 제도 변화를 이뤄내지 못하는가? 이번 장에서는 이 같은 여러 의문점에 대해 답을 구하고, 마지막으로 대한민국의 경험을 사례로 우리의 논지를 마무리하고자 한다. 1997~1998년 아시아 금융 위기를 겪으면서 한국은 따라잡기 전략을 추구하던 기존의 국내 제도에 변화를 이끌어냈다. 그 덕분에 한국은 성장 모델 자체를 변경해 중진국 함정에서 벗어날 수 있었다.

수렴하는 경우와 수렴하지 못하는 경우의 원인에 대해

평균 생활 수준은 수렴하지만……

생활 수준에 있어 국가 간 수렴 현상은 존재하는가? 도표 7.2와 도표 7.3을 보면 이 질문에 대한 일차적인 답을 찾을 수 있다. 이 두 자료는 경제 발전의 초창기(1960년 1인당 국내 총생산 수준으로 판단) 수준에 따라 1961~2017년 1인당 국내 총생산의 연평균 성장률이 어떠한 추이를 그리는지 보여준다. 각 지점은 특정 국가를 나타낸다. 도표에서 왼쪽에 위치한 나라들은 1960년 1인당 국내 총생산 수준이 낮은 편에 속했다. 시작 시점인 1960년에 1인당 국내 총생산이 높은 편에 속하는 국가들은 도표에서 오른편에 위치한다. 이 도표는 단순히 1인당 국내 총생산의 초기 수준과 평균 성장률 사이에 관계가 있는지를 수학적 모델로 살피고자 하는 시도다. 그럴 목적으로 이른바 통계 분석에서 '정규 방정식'이라 불리는 직선을 그어보는데, 이는 해당 직선과 각 점들 사이 거리의 제곱값, 즉 오차의 총합을 최소화해 회귀식을 구하고자 하는 선이다. 이 직선은 두 집단에서 모두 하향 추세를 보인다. 평균적으로 말하면, 덜 선진국이었던 국가들은 시작 시점에서 이미 선진국이었던 나라들보다 1인당 국내 총생산으로 평가하는 생활 수준의 지표상 더 빨리 성장하는 모습을 보인다. 후발 국가와 선진국의 생활 수준 사이에 평균적으로는 수렴 현상이 나타난다는 얘기다. 그런데 이 직선은 OECD 국가들 사이에서 더욱 경사진 모양을 띤다. 동질의 국가들 간에 수렴 현상이 더 강하게 나타난다는 뜻으로, 이를 '클럽 내 수렴(영어로는 club convergence)'이라고 한다. 반면 OECD 비회원국들 사이에서는 국가 간의 상이한 상황 때문에 수렴 현상이 덜 분명하게 나타난다. 신흥 국가, 그중에서도 아시아의 '호랑이' 혹은

도표 7.2 1960년 생활 수준을 기준으로 1961~2017년 1인당 국내 총생산의 평균 성장률(OECD 회원국)

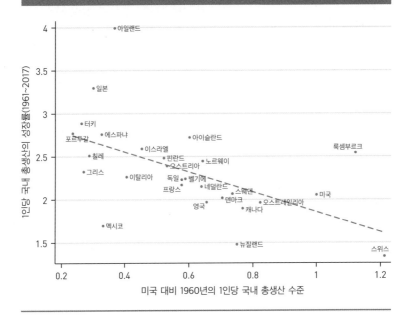

주: 이 도표는 1960년 이후의 자료를 확보할 수 있는 27개 OECD 회원국에 대한 내용이다.
출처: Penn World Table version 9.1.

'용'이라는 별명이 붙은 국가들은 선진국 집단과 빠르게 수렴하는 추세를 보인다. 반대로 아프리카 대륙, 그중에서도 가장 후발 국가들은 정체 중이거나 무기력한 성장세를 보인다.

⋯⋯그렇지만 양극단으로는 분산 현상이 발생한다

이렇듯 수렴 현상은 평균을 계산했을 때에만 들어맞는 이야기라고 하겠다. 모든 국가가 균등하게 가장 앞서 있는 선진국 생활 수준으로 수렴하는 게 아니다. 그중에서도 미국의 1인당 총생산 대비 가장 후발 국가들의

1960년 생활 수준을 기준으로 1961~2017년 1인당 국내 총생산의 평균 성장률(OECD 회원국)

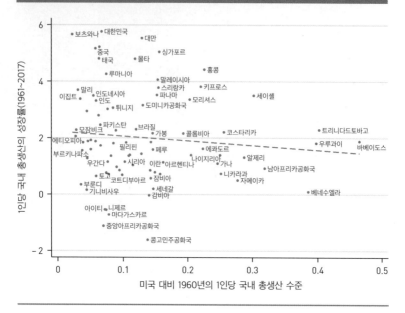

주: 이 도표는 1960년 이후의 자료를 확보할 수 있는 84개 OECD 비회원국을 대상으로 한 것이다.
출처: Penn World Table version 9.1.

1인당 총생산 비율은 시간이 가면 갈수록 벌어진다. 만약 수렴이 발생한다면 그건 그저 '클럽 내 수렴'으로, 일부 국가는 선진국의 1인당 총생산 수준으로 수렴하고 또 일부 국가는 그렇지 못한 상황에 처한다. 표 7.1은 프리칫(Pritchett, 1997)[3]의 1997년 연구에서 영감을 얻었고, 매디슨 역사 통계(Maddison Historical Statistics)를 바탕으로 재구성한 자료다. 이를 보면 이 비율이 1870년 15.1에서 2016년에는 85.6으로 폭증했음을 알 수 있다.

이렇게 가장 빈곤한 국가들과 가장 부유한 국가들 사이의 분산(divergence) 현상이 계속해서 커져만 가는 상황은 빈곤국과 부유국 집단 간 성

	1870	1960	2016
구매력 평가 달러로 미국의 1인당 국내 총생산(A)	3,736	18,058	53,015
구매력 평가 달러로 최빈국의 1인당 국내 총생산(B)	247	514	619
최빈국*	북한	레소토	중앙아프리카공화국
A/B 비율	15.1	35.1	85.6

표 7.1 1인당 총생산 수준의 간극 확대

출처: Maddison Project Database 2018.
*고려 대상 연도에 대한 자료를 확보한 국가들 중에서 최빈국을 의미한다.

도표 7.4 경제 성장률의 분포(1961~2017)

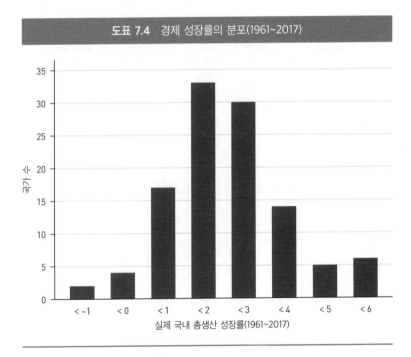

출처: Penn World Table version 9.1.

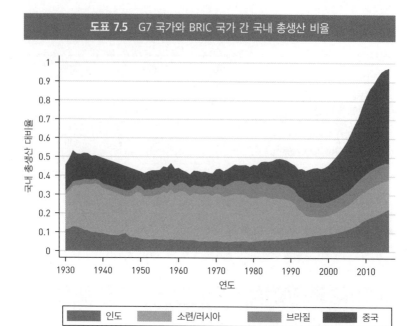

도표 7.5 G7 국가와 BRIC 국가 간 국내 총생산 비율

출처: Maddison Project Database (2018).

장 변수의 차이에서만 기인한 일이 아니다. 현실을 보면 일부 국가에서는 생활 수준이 1961~2017년에 오히려 악화되었고 이는 1인당 국내 총생산의 성장률이 마이너스를 기록하기도 했다는 뜻이다(도표 7.4).

이와 반대로 일부 국가는 8퍼센트 넘는 상당히 높은 성장률을 기록해왔다. 이러한 높은 성장을 기록한 나라로는 우선 중국과 인도가 있다. G7 국가에 대비한 이 두 국가의 총생산은 1990년대 말 이후 매우 큰 성장세를 보인다(도표 7.5).

전 세계 소득 분배는 어떠한 추이를 보이는가

전 세계 소득 분배의 양상이 평균으로 볼 때 수렴하지만 또한 양극으로 분산 현상이 나타나는 상황을 어떻게 해석해야 할까? 하비에르 살라이마르틴(Xavier Sala-i-Martin, 2006)[4]은 1970년부터 2000년까지 전 세계 138개국에서 소득 분포의 변화를 재구성한 연구 결과를 발표했다. 이 작업을 위해 그는 세계은행이 세대(household, 世帶)를 대상으로 실시한 앙케트 자료를 바탕으로 각 국가의 소득 분배 양상을 재구성했다. 살라이마르틴은 우선 각 국가의 불평등 요소에 관심을 기울이면서 1970~2000년의 소득 분배를 비교했다. 중국과 인도에서 소득 분포는 1970~2000년에 분산의 추이가 확대되는 모습을 보였다. 이 두 나라 내에서 소득 불평등이 증가하고 있었던 것이라고 해석할 수 있다. 미국의 경우에도 고소득자 간 분산 현상이 1970~2000년에 증가했다. 이는 5장에서 언급한 현상, 즉 상위 1퍼센트가 차지하는 비중이 증가하는 현상과 일맥상통하는 결과라 하겠다.

그럼에도 불구하고 살라이마르틴은 좀더 나아가서 국가 간에 존재하는 빈곤과 불평등의 양상 변화를 지니계수 차원에서 논하고자 했다.* 이를 위한 첫 번째 분석 방식은 1인당 총생산의 변화를 국가 간에 비교하는 것이다. 여기서는 각 국가가 규모에 상관없이 같은 중요도를 지닌다고 가정한다(표 7.1에서와 같이). 이렇게 하면 가장 부유한 국가와 가장 빈곤한 국가 사이의 간극은 시간이 흐르면서 계속 늘어나고, 전 세계 차원의 불평등 또한 지속적으로 강화된다는 결론이 나온다. 하지만 이러한 지표에는 한계가 있다. 만약 소득이 전반적으로 매우 낮거나 혹은 매우 높은 나라의 경우 이들 국가의 규모가 통계상 의미 없을 정도로 작다면 위에서

---

* 이 지표를 구성하는 방식에 대해서는 5장에서 다루었다.

언급한 비율을 통해 개인 차원에서 전 세계 소득의 추이에 대한 결론을 도출해내는 게 불가능하기 때문이다.

그래서 살라이마르틴은 전 세계 차원에서 개인 소득의 분포를 관찰하는 방식의 대안적인 방법론을 활용한다. 그렇지만 이 방법론은 특정 국가의 한 시민이 얻는 소득을 다른 나라의 한 시민의 소득과 직접적으로 비교할 수 없다는 문제에 직면한다. 이에 살라이마르틴은 '구매력 평가(purchasing power parity, PPP)'를 통해 개인의 소득을 '수정'하는 방식을 택한다. 구매력 평가는 각 국가별로 계산한 환율로서 각기 다른 화폐의 구매력을 공통 단위로 표시하게 해주며, 그럼으로써 국제 차원에서의 비교가 가능하다. 이렇게 해서 특정 국가의 각 개인에게 소득이라는 구매력을 감안하게 되고, 그럼으로써 그 개인의 소득을 전 세계 다른 개인들의 소득과 비교하는 작업이 가능해진다. 그런 후에는 전 세계 차원에서 소득의 분포를 구성하기만 하면 되는데, 이는 계산상 각 개인이 동일한 비중을 차지하게끔 만들어놓았기 때문에 가능한 일이다(도표 7.6).

언뜻 보면, 시간이 흐르면서 소득 분포가 오른쪽으로 이동하는 현상은 전 세계 대다수 개인의 소득이 증가했기 때문이고, 또 극도의 빈곤 수위(수직선) 이하 수준에서 생활하는 인구의 비중이 계속해서 감소해왔기 때문이라는 해석이 가능하다. 연간 소득 495달러를 빈곤의 기준으로 보는 세계은행에 따르면, 전 세계 인구의 빈곤율이 1970년 15.4퍼센트에서 2000년 5.7퍼센트로 줄어들었다고 한다. 일정 단위를 구성하는 이들의 전반적인 불평등 수준을 가늠하는 지표인 지니계수를 계산해보면 지속적인 하락 추세가 드러난다. 1979~2000년 국가 간 불평등이 4퍼센트 정도 감소했다는 뜻이다(도표 7.7). 이렇게 전 세계를 단위로 한 지니계수가 감소한 주요 이유는 중국에서 찾을 수 있다. 중국을 분석에서 제외하

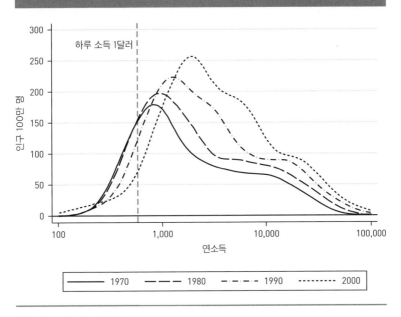

출처: Sala-i-Martin (2006).

면 지니계수는 해당 기간 동안 오히려 증가한다. 위의 이야기를 종합해보면, 개인 차원에서 볼 때 1970~2000년에 지니계수를 기준으로 한 전 세계 불평등은 감소했다고 결론 내릴 수 있다. 하지만 가장 부유한 국가와 가장 빈곤한 국가 사이의 1인당 총생산 비율을 감안하면, 1970~2000년에 전 세계 차원의 불평등은 오히려 증가했다고 보아야 한다.

평균적으로 수렴이 일어나는 현상, 그리고 '클럽 내 수렴'이라 부르는 현상을 어떻게 설명할 수 있을까? '클럽 내 수렴'이란 다시 말하면, 일부 나라는 선진국의 생활 수준으로 수렴하지만 그 밖의 나라는 선진국과 더 멀어지거나 오히려 생활 수준이 절대적으로 악화하는 현상을 말한다.

도표 7.7 전 세계 차원의 지니계수

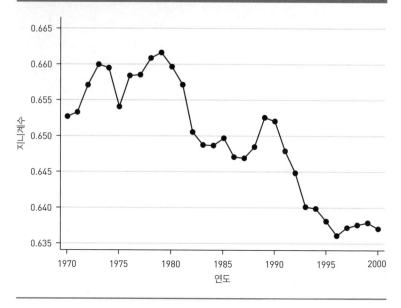

출처: Sala-i-Martin (2006).

두 가지 대안에 대한 설명

성장을 주로 다루는 경제학자들은 이러한 수렴 현상을 이해하기 위해 두 가지 설명을 제시한다. 첫 번째는 자본으로 인한 수익의 감소 현상에 기반한 설명이다. 솔로(Solow, 1956)[5]의 모델을 기초로 로버트 배로와 하비에르 살라이마르틴(Robert Barro et Xavier Sala-i-Martin, 1995)[6]이 특히 발전시킨 이 이론에서는 소비 제품의 생산은 자본을 필요로 하지만 자본의 한계수익은 점점 감소한다고 본다. 풀어서 설명하면 이렇다. 즉, 기계 재고 0에서 출발하면 기계 한 대를 추가할 때마다 상품 생산은 크게 증가한다. 반면 기계가 100대 있는 상황에서 시작한다고 하면 한 대를 추가한다고 해서 생산이 눈에 띄게 늘어나지는 않는다는 뜻이다. 이렇듯 위의 접근법에 따르면, 자본 확보가 미미한 후발 국가에 비해 선진국, 즉 '기계 재고를 이미 상당수 확보한' 국가의 성장은 더 미약한 증가세를 보인다는 분석이 나온다.

이 설명은 간단하다는 점이 매력이긴 하지만, 구체적 실례에 대입해서 자세히 들여다보면 그 논리를 증명하는 데 어려움이 있다. 우선, 이 이론에 따르면 자본의 수익은 시작점부터 자본이 빈약했던 나라에서 훨씬 더 크게 나타나기 때문에, 이들 국가는 이미 부유한 상태에서 출발한 나라들보다 훨씬 더 빨리 성장해야만 한다. 수익 감소라는 개념을 통한 설명은 그러니까 '클럽 내 수렴' 현상이라든지, 가장 부유한 국가들에 비해 최빈 국가들의 생활 수준이 오히려 악화하는 등 실제 현실에서 벌어지는 현상을 설명하지 못한다. 이러한 지적은 경제학자들이 '루커스의 모순'이라고 부르는 상황을 연상시킨다. 경제학자 로버트 루커스(Robert Lucas)는 1990년 연구[7]에서 이렇게 논한 바 있다. 자본으로 인한 수익이 후발 국가들에서 훨씬 높다는 논리로부터 출발하면 부유한 나라의 자본은 수익을 좇아 빈곤 국가로 흘러들어야 정상이지만, 오히려 실제로는 그와 반대 현상이 일어난다고 말이다.

그런 데다 이렇게 자본의 수익 감소라는 원리에 의존하는 접근법은 '아르헨티나의 모순' 또한 설명해주지 못한다. 즉, 초창기에 상당히 높은 성장을 보이면서 최상위 선진국의 생활 수준으로 수렴될 가능성이 높아 보이던 나라가 도중에 경제 성장이 멈춰버리는 현상 말이다. 그뿐만 아니라 왜 어떤 국가는 출발점에서 자신보다 더 뒤처져 있던 국가들로부터 추월을 당하는지에 대해서도 설명을 제시하지 못한다. 예를 들어, 오스트레일리아의 1인당 총생산은 20세기 초 캐나다의 1인당 총생산보다 훨씬 더 앞서 있었다. 하지만 이 두 나라의 생활 수준은 20세기를 지나면서 완전히 정반대로 역전되었다.

마지막으로, 로버트 솔로의 이론을 곧이곧대로 해석하면 경제 개발이 이어질수록 국가의 성장은 점점 더 둔화해야 한다. 그러나 1700~1978년의 전체 기간을 대상으로 하되 그중 무작위로 10년 단위를 두 군데 골라내 살펴보아도, OECD 국가*의 1인당 총생산의 연평균 성장률은 그 직전 10년보다 50퍼센트는 더 높다는 사실을 알 수 있다(Paul Romer, 1986).[8]

이런 사항을 고려하다 보면 수렴의 두 번째 요인을 생각하게 된다. 즉, 기술 따라잡기라는 요소가 그것인데, 이는 이득 감소 현상보다 본질적으로 더 슘페터식 모델에 근접해 있다. 슘페터식 패러다임 안에서 보면 성장이란 혁신에 기반한다. 그런데 후발국에서 혁신이란 선진국이 고안한 첨단 기술을 '모방'하거나 '적용'하는 일이라고 할 수 있다. 다시 말하면, 수렴하기 위해 후발 국가는 선진국을 따라잡아야 하고, 그 따라잡기란 기술 모방에 대한 투자에 기반한다는 뜻이다.

국가 간 지식 전파가 생산성 향상의 요소로서 지니는 중요성을 흔히 강조하곤 한다. 1971~1990년의 국제 자료를 살펴보면, 한 나라가 성장하는 데 외국의 연구 개발 투자가 긍정적 영향을 준다는 사실이 특히 드러난다(Coe et Helpman, 1995).[9] 이러한 결과는 국제 무역이 한 국가에서 다른 국가로의 지식 배포 과정을 수월하게 해준다는 것을 시사한다. 특허에 대한 분석을 해보면, 지식 전파의 중요성을 확인할 수 있다(Aghion, Bergeaud, Gigout, Lequien et Melitz, 2019).[10] 도표 7.8은 새로운 상대 국가에 수출하는 한 프랑스 기업의 특허를 해당 국가의 기업들이 인용하는 비율

---

* 폴 로머(Paul Romer)는 1870년 이후 연간 자료를 확인할 수 있는 11개 OECD 회원국을 대상으로 연구했다.

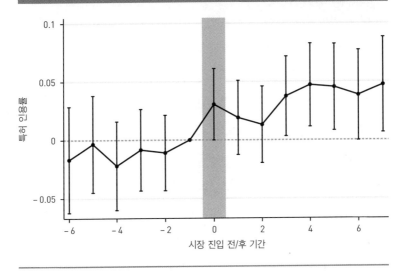

도표 7.8 프랑스 기업이 새롭게 진출한 나라의 기업에서 해당 프랑스 기업의 특허를 인용하는 비율

출처: Aghion, Bergeaud, Gigout, Lequien et Melitz (2019).

의 변화를 보여준다. 도표의 t=0는 프랑스 기업이 이 외국 시장에 처음 진출하는 시점을 의미한다. 프랑스 기업이 보유한 특허를 해당 국가의 기업들이 인용하는 비중이 0 시점 이후로 분명히 증가하는 양상을 띤다. 다시 말하면, 프랑스 기업을 통해 외국 시장에서 이루어지는 기술 이전의 강도는 그 프랑스 기업이 해당 국가의 시장에 진출하는 시점부터 높아진다는 뜻이다.

이제는 기술 따라잡기에 기반한 대안적인 접근 방식이 위에서 언급한 실제 사례를 설명하는 데 도움이 되는지 살펴보도록 하자. 우선 '평균적인' 수렴이라는 문제에서, 한 국가가 1인당 총생산을 기준으로 가장 앞선 국가로부터 멀리 자리할수록 해당 국가 기업들은 자사의 활동 분야에서 기술의 경계와 멀리 있을 가능성이 높다. 그 결과, 그러한 기업은 첨단 기술을 모방하거나 적용하려 할 때 실행해야 하는 기술상의 '도약'이 훨씬 더 커야만 한다. 이런 현상을 '기술 격차의 장점'이라고 부를 수 있다. 중국이 프랑스보다 더 빠르게 성장을 할 수 있었던 이유는 첨단 기술에 적응해야 하는 중국 기업들이 해내야 했던 기술 도약이 혁신을 주도하는 프랑스 기업들이 해내야 했던 수준보다 훨씬 컸기 때문이라고 할 수 있다. 중국 기업들은 사실 프랑스 기업들보다 더 낮은 기술 수준에서 출발했기 때문이다.

'클럽 내 수렴' 현상은 어떠한가? 모방이든 첨단 수준의 혁신이든 혁신은 비용이 상당히 들어가는 활동이다. 특히 연구자나 자격을 갖춘 직원을 고용하기가 훨씬 어렵고, 연구 개발에 대한 투자 비용을 마련하기 어려운 후발 국가들한테는 더욱 그러하다. 그러니 혁신에 들어가는 상대적으로 훨씬 더 높은 비용을 보상할 정도로 혁신에 의한 이득이 크지 않다면 그 나라에서 혁신은 일어날 수 없다. 지식 재산권에 대한 보호가 충분히 마련되어 있지 않은 나라에서 혁신으로부터 예상되는 이득은 혁신 발생을 기대하기엔 너무 미약한 수준이다. 수렴 클럽에서 소외되는 이러한 국가들은 전형적으로 최빈국인 경우가 많다. 종합해보면, 각 혁신 단계에서 실행되는 기술 도약이 후발국에서는 훨씬 더 큰 규모로 일어나는 경향이 있기는 해도 이러한 국가들의 성장률은 결국 선진국의 성장률보다 더 낮은 모습을 보인다는 얘기다. 이런 나라는 가장 앞서가는 국가들의 1인당 총생산 수준으로 수렴하지 못한 채 정체하고 만다.

기술력 따라잡기와 중진국 함정

중진국 함정을 설명하는 방식

어떤 신흥 국가는 처음에는 신속하게 성장해 선진국을 따라잡을 것처럼 보이다가 어느 순간이 지나면 기술의 경계로부터 점점 멀어지며 성장 궤도에서 이탈하는 모습을 보인다. 그러한 사례에 대해서는 어떤 설명이 가능할까? 이 책의 논리는 위에서 묘사한 바 있는 기술 따라잡기 모델의 한 변이(變異)라고 할 수 있는 가설에 바탕을 둔다. 풀어서 설명하자면, 그 변이 이론에서는 어떤 나라든 모든 기업이 기술 따라잡기와 자체 혁신이라는 양쪽 노선 중에 택일할 수 있다고 가정한다. 자체 혁신은 '기술 경계에서의 혁신'이라고 할 수도 있다. 자국 기업 대다수가 기술의 첨단 수준에서 멀리 뒤처져 있는 나라, 즉 가장 후발 국가들에서는 기술 따라잡기가 성장의 주요 동력으로 활용된다. 이러한 국가의 기업이 후발 주자라는 상황을 벗어나기 위해서는 상당한 수준의 기술 도약이 필요하기 때문이다. 반면 각각의 기업이 자사의 분야에서 첨단을 달리고 있는 나라, 즉 이미 앞서 나가고 있는 나라에서는 '기술 경계에서의 혁신'이 성장의 주 원동력으로 작용한다. 이런 나라에서 활동하는 기업들한테 기술 따라잡기 방식은 사소한 정도의 발전을 가져다줄 뿐이기 때문이다(Acemoglu, Aghion et Zilibotti, 2006).[11]

위의 논지는 다음의 방식으로 이론화해볼 수 있다. 즉, 다음의 도표 7.9에서 '따라잡기'라고 표기한 직선은 기술 따라잡기를 장려하는 정책을 대표한다. 이는 '혁신' 직선이 나타내는 바, 즉 첨단 혁신을 장려하는 정책과는 다르다.

도표 7.9는 성장을 최대화하고 기술의 경계 수준으로 수렴하도록 촉진

해주는 정책이 무엇인지를 보여주는 자료다. 이 도표는 이렇게 읽어낼 수 있다. 즉, 도표에서 한 국가가 오른쪽에 위치할수록 그 나라는 현재 첨단에 가깝다. 또 어떤 국가가 도표 상단에 위치할수록 그 나라는 미래에 기술 첨단에 가깝게 된다는 뜻이다. '따라잡기' 직선은 따라잡기 정책을 선호하는 국가에서 현재와 미래 사이 어느 시점에 기술의 경계에 근접해지는지를 보여준다. '혁신' 직선의 경우, 첨단 혁신에 유리한 정책을 도입한 나라라면 오늘과 미래 사이 어느 시점에 기술의 경계 영역에 이르게 될지를 알려준다. 오늘날 기술의 경계 수준에서 상당히 멀리 떨어져 있는 경우, 즉 'â' 임계치보다 아래에 위치한다면, '따라잡기' 정책이 그 나라의 성장을 극대화해줄 수 있다. 반면 오늘날 이미 첨단 수준에 어느 정도 근접한 경우, 즉 'â' 임계치를 넘어서 있을 때 그 국가의 성장은 혁신 정책을 선택해야 최대화될 수 있다(도표 7.9a). 안타깝게도 다수의 후발 국가들이 기술 따라잡기 장려 정책을 우선적으로 택하곤 하는데, 그렇게 되면 그 나라는 도표상에서 '따라잡기' 직선을 따라간다는 뜻이다. 하지만 이들은 방향을 전환해 첨단 수준의 혁신을 장려하는 정책을 도입해야 하는 시점, 즉 '혁신' 직선을 따라가야 할 시점에 와도 여전히 따라잡기 위주의 정책을 유지한다. 도표로 얘기하자면 여전히 '따라잡기' 직선상에 위치한다는 뜻이다. 이러한 결정으로 인해 해당 국가는 비혁신이라는 함정에 빠지는데, 이게 바로 중진국의 함정이라 할 수 있다(도표 7.9b).

그 이유는 무엇일까? 설명을 해보자면, 첨단 혁신에 유리한 정책 중 경쟁 정책이 있다는 걸 들 수 있다. 이 부분에 대해서는 4장에서 언급한 바 있다. 그런데 경제 발전 도상에서 따라잡기 단계를 통해 번영을 이룬 기업은 이득을 보전하고자 하기 때문에 자사가 장악한 시장에서 경쟁이 심화되는 걸 원치 않는다. 결과적으로 그런 회사는 재원의 일부를 정치권

a) 성장을 극대화하는 전략

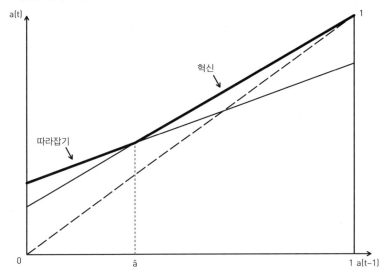

b) 중진국 함정

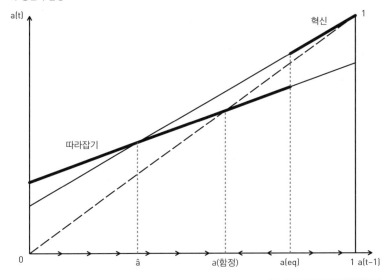

출처: Acemoglu, Aghion et Zilibotti (2006)에서 발췌.

력이나 사법부에 압력을 가하는 데 사용하게 된다. 경쟁을 장려하는 새로운 규정이 도입되는 걸 막아보려는 노력의 일환이라 할 수 있다. 이런 점과 관련해서는 일본이 아주 유용한 사례다. 일본에서 경쟁이란 국가 차원에서 아주 단단히 단속해온 영역이다. 1949년 설립 이후 강력한 권력을 자랑하는 일본 재무성은 수출 라이선스 발급을 제한하는 기조를 유지하고 있다. 일본 정부는 또한 계열사 또는 '거대 기업 집단'으로 알려진, 산업계와 금융계가 뒤섞여 있는 대형 컨소시엄의 투자에 정부 지원금을 허용하곤 한다. 정치권력, 국가 행정부, 산업 및 금융계가 서로 긴밀하게 상호 침투된 상황을 고려하건대 1945~1985년 타국의 부러움을 살 정도로 매우 높게 유지되던 일본의 성장이 1985년 이후로 크게 추락해버린 상황은 놀랍지 않다.

다른 사례 하나를 더 들자면 대한민국이 있다. 과거 대한민국 정부는 재벌이라고 불리는 거대 종합 회사들의 성장에 유리하면서 수출을 장려하는 정책을 매우 주도적으로 이끌었다. 하지만 1998년 경제 위기에 재벌 기업들이 약화하자 신진 혁신 기업의 시장 진입이 촉진되었고, 그러는 가운데 구조 개혁의 길이 열렸다. 이 과정 동안 잠시 성장이 주춤했던 대한민국은 이내 성장률을 상당 수준 회복했다.

첨단 혁신 정책과 따라잡기 정책

따라잡기에 유리한, 그리고 첨단 혁신을 장려하는 정책이란 구체적으로 어떤 정책을 말하는가?

우선, 첨단 영역의 혁신을 장려하는 원동력에 대해 이야기해보자. 첨단 혁신은 무엇보다 지식 경제에 달려 있으며, 그중에서도 기초 연구와 박사 양성 과정이 중요하다. 사실 한 나라가 기술의 경계에 가까울

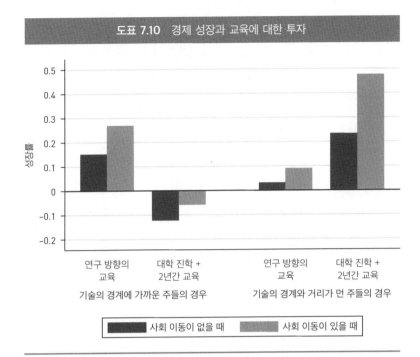

도표 7.10 경제 성장과 교육에 대한 투자

주: 한 사람의 교육비 지출 1000달러당 장기적인 성장에 미치는 영향을 측정한 것이다. (프랑스에서는 바칼로레아 통과 후 2년, 즉 고등 교육의 제1주기 교육 기간이다—옮긴이.)
출처: Aghion et Howitt (2010).

수록 그 나라의 생활 수준이 높으며 박사 과정, 즉 연구 학위 과정에 대한 투자가 해당 국가의 생산성 향상에 기여하는 정도 또한 높아진다 (Vandenbussche, Aghion et Meghir, 2006).[12] 반대로 후발 국가에서는 초등 및 중등 교육에 대한 투자를 우선시한다. 전 세계적으로 입증된 이러한 차이점은 한 나라 내에서 지역별로도 동일하게 적용할 수 있다. 도표 7.10은 미국 내에서 기술의 경계에 가까운 주, 즉 매사추세츠·코네티컷 등의 성장이 연구와 박사 과정에 대한 투자에 의해 크게 촉진되고 있다는 점을 보여준다. 반면 그보다 뒤처진 앨라배마나 미시시피의 성장 촉진 동력은 대학 학부 과정에 대한 투자에 의존하는 편이다(Aghion et Howitt, 2010).[13] 실제로 한 연구에서 필리프 아기옹과 공저자들(Philippe Aghion et al., 2010)[14]은 미국의 어떤 주에서 첨단 수준에 가까울수록 연구 과정에 대한 투자가 혁신을 촉진하는 요인이라는 사실을 증명한 바 있다. 여기서 혁신은 각 주가 출원하는 특허의 수로 측정했다.

'혁신'에 의한 성장을 이끄는 두 번째 원동력으로는 상품과 서비스 시장에서의 경쟁이 있다. 여기에는 적어도 두 가지 이유가 있다. 우선 경쟁 강화는 이미 첨단에 있는 기업으로 하여금 경쟁을 벗어나기 위한 혁신을 추구하게끔 만든다*(4장 참조). 그러나 국가가 부유할수록 각 분야마다 기술의 경계에 자리한 기업의 수가 많아진다. 그러니 경쟁은 이미 앞서 나가고 있는 국가에 더욱 성장의 원동력 역할을 할 가능성이 있다는 추론이 가능하다. 두 번째 이유는 '경계' 영역의 혁신이 모방보다 창조적 파괴를 더욱 필요로 한다는 점이다. 실제로, 새로운 분야를 탐색하는 과정에는 위험이 따른다. 따라서 탐색 과정에서 성공하지 못하더라도 기업이 해당 분야에서 쉽게 이탈할 수 있도록 해줌으로써 추후에 다른 잠재적 혁신가들이 진입할 수 있는 환경을 만들어야 한다. 도표 7.11과 도표 7.12는 '평균적인' 수렴의 추이에 관심을 기울이되 시장 진입 장벽이 평균을 상회하는, 즉 경쟁이 미비하다고 볼 수 있는 국가들을 경쟁의 정도가 높은 국가들, 즉 시장 진입 장벽이 낮은 국가들과 나누어 살펴본 자료다(Zilibotti, 2016).[15] 특정 국가에서 시장 진입 장벽의 높이는 해당 국가에 자리한 기업이 행정상의 등록을 하는 데 들어가는 날짜로 계산했다. 후발

---

* 여기서 기술의 경계에 있는 기업이란 생산성 수준이 자사 활동 분야의 선두 기업에서 볼 수 있는 생산성 수준에 거의 근접한 기업을 의미한다.

a) 시장 진입 장벽이 높은 경우

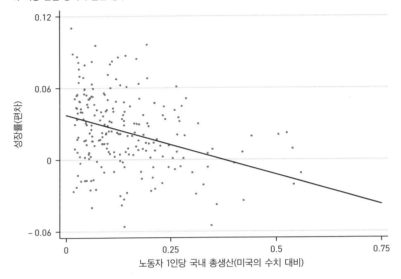

b) 시장 진입 장벽이 낮은 경우

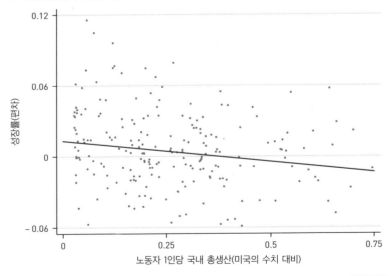

출처: Zilibotti (2016).

a) 부패도가 높은 경우

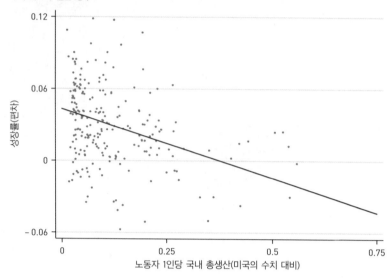

b) 부패도가 낮은 경우

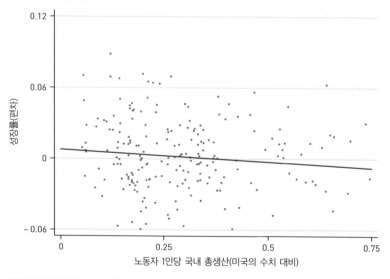

출처: Zilibotti (2016).

국가들, 그러니까 도표 왼쪽에 자리한 국가들에서 시장 진입 장벽의 높이는 1인당 총생산 성장에 별 영향을 주지 않는 걸로 나타났다. 반면 선진국, 그러니까 두 도표에서 각각 오른편에 위치한 국가 집단을 살펴보면, 그중 시장 진입 장벽이 높은 국가의 성장이 상대적으로 장벽이 낮은 나라들에 비해 상당히 저조하다는 게 드러난다.

국가 경제의 발전 정도와 경쟁의 영향 간 이러한 상호 관계가 해당 국가의 성장에 미치는 중요한 결과로는 부정부패의 문제가 있다. 실제로, 국가 부패도가 높을수록 이미 시장에 자리 잡은 기업은 경쟁을 약화시키고 신생 기업의 진입을 방해하기 위해 국가 정책에 압력을 가할 가능성이 높아진다. 그러니까 선진국일수록 그 사회의 부정부패가 성장에 불리하게 작용할 거라는 추정이 가능하며(Zilibotti, 2016)[16] 이를 증명해주는 자료가 바로 도표 7.12다.

혁신에 의한 성장의 세 번째 원동력은 금융 제도의 체계와 관련이 있다. 선진국일수록 주식 시장, 사모 펀드, 벤처 캐피털 등을 통한 출자가 그 나라의 경제 성장을 촉진하는 역할을 한다. 반대로 모방을 우선시하는 후발 국가의 성장은 은행 출자의 힘을 빌리는 경향이 크다(Diallo et Koch, 2018).[17]

이제 모방을 통한 경제 성장 모델에서 원동력이 되는 요소에 대해 논하도록 하겠다. 첫 번째로는 선진국들로부터의 기술 이전을 용이하게 만드는 정책을 들 수 있다. 중국의 사례를 보자. 중국은 비슷한 경제 수준인 인도나 브라질에 비해 무엇보다 국가 인구 전반의 교육 수준이 매우 높다는 특징이 있다. 2018년 UN 통계에 따르면 25세 이상 중국인의 78.6퍼센트가 중등 교육을 이수했다. 브라질의 경우 동일 항목에서 59.5퍼센트, 인도는 51.6퍼센트를 기록한 것과 큰 차이가 있다. 중국이 이러한 교육 수준을 이룰 수 있었던 이유는 이미 오래전부터 우선적으로는 초·중등 교육에, 이어 프랑스로 치면 대학의 1기 과정, 즉 학사 과정의 교육에 대대적인 투자를 한 덕분이다. 중국 정부는 외국인 직접 투자(foreign direct investment, FDI)를 장려해왔으며, 직접 투자의 틀 안에서 개발된 기술에 대한 접근 권리를 확보하기 위해 상당히 강경한 자세로 협상을 펼쳐왔다. 이렇게 해서 중국인은 점진적으로 서양의 첨단 기술에 접근할 수 있게 되었고, 이는 최근 유전체 편집 기술 등의 영역에서처럼 중국발 특허가 질적으로 크게 향상하는 데 기여했다. 그렇기는 해도 중국은 여전히 따라잡기 논리에 사로잡혀 있는 것처럼 보이는 게 사실이다. 또 첨단 혁신의 수준으로 넘어서지 못한 채 힘겨워하는 단계에 있다(아래 상자 참조).

중국, 그리고 국제 시장으로의 기술 전파: 유전체 편집 기술의 사례

시릴 베를뤼즈와 앙토냉 베르조(Cyril Verluise et Antonin Bergeaud, 2019)[18]는 공동 연구에서 기계 학습(machine learning), 그중에서도 특히 "자동화한 특허 탐색"[19] 기능의 발전 추이를 바탕으로 '유전체 편집'이라는 특정 기술의 사례를 다루었다. 자동화한 특허 탐색 방식을 쓸 때 연구자들은 '씨(graine)'라 불리는 특허의 작은 핵(즉, 해당 특허에서 다루는 기술을 대표하는 핵심 내용)에서 시작해 자신의 관심 대상 기술을 정의한다. 이어지는 다음 단계는 언어 자동 처리 방식의 도움을 받아 그 '씨'의 의미론적 특이 사항을 '학습하는' 단계다. 마무리 단계에서는 전 세계 특허 자료군을 자동 탐색의 대상으로 삼는다. 특허에 포함된 문장 중 '씨'가 묘사하는 업무와 유사한 요소를 지닌 새로운 발명품을 찾아내는 과정이다. 이러한 방식으로 시공간을 가로질러 일정 기술을 좇아가

볼 수 있다. 위 저자들은 그중에서도 '유전체 편집' 분야를 놓고 위의 접근 방식을 적용해보았다. 300개 특허로 구성된 '씨'에서 이들은 1990년대 초부터 2019년까지 G7 국가의 특허청과 대규모 후발 국가들의 특허청에 등록된 1만 6000건에 육박하는 특허를 자동으로 파악해낼 수 있었다. 어떤 특정 기술이 전 세계로 전파되는 과정에 대해 정형화된 양상을 도출하기는 아직 이르지만, 이러한 처리 방식은 유전체 편집이라는 틀 안에서 상당히 의미심장한 관찰 결과를 몇 가지 보여준다.

그중 첫 번째는 유전체 편집과 관계된 특허의 분량이 극소수 국가 및 관계자들에게 매우 집중되어 있다는 사실이다. 1990년대 초반 이후로 이 분야와 관련된 특허 중 70퍼센트 가까이를 미국특허청이 내주었고, 1위와 한참 먼 2위는 중국으로 11퍼센트를 차지했으며, 이어 일본이 8퍼센트 그리고 캐나다가 6퍼센트였다. 미국특허청에서 부여한 특허의 수가 2000년대 초반 급상승하긴 했지만 관련 기술이 중국으로 전파되기 시작한 것은 2010년대 들어서였다. 이 시기가 지나면서 중국의 따라잡기는 엄청난 규모로 이루어졌다. 2018년에 이르자 중국이 유전체 편집 분야 특허 중 20퍼센트 가까이를 차지하게 된다(도표 7.13). 하지만 실제 특허를 고안한 발명가와 특허 수탁자의 출신 국가를 자세히 살펴보면 다른 양상의 도표가 그려진다. 독일과 프랑스 그리고 영국의 특허청에서 부여한 관련 특허는 모두 합쳐도 전 기간 동안 3퍼센트를 밑돌지만, 이 세 나라 국적의 사람들이 전 세계 유전체 편집 관련 특허 중 2~3퍼센트씩을 각각 그리고 매년 생산해냈다는 사실이 드러난다. 따라서 출신국 특허청을 통해 등록된 특허 수와 비교할 때 실제로는 이들 세 나라 국적 관계자가 차지하는 비중이 훨씬 더 높다는 이야기다. 이와 반대로 중국 국적 관련자의 수는 같은 항목을 볼 때 비중이 훨씬 적다. 이렇게 대비되는 상황은 전 세계로 전파되는 관련 특허의 객관적 양태가 실제로는 그 기술을 진정 자기 것으로 만들어 첨단 영역으로 더 나아갈 수 있는 자국 관계자들의 능력과는 간극이 있다는 점을 시사한다.

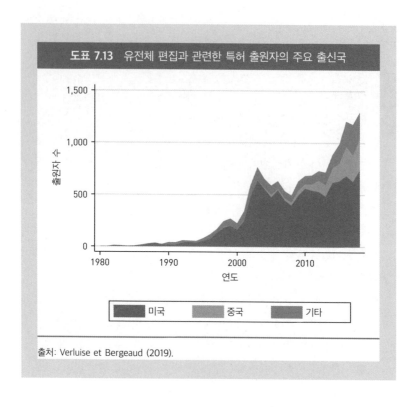

도표 7.13 유전체 편집과 관련한 특허 출원자의 주요 출신국

출처: Verluise et Bergeaud (2019).

후발 국가들에서 성장의 두 번째 원동력은 자원의 재할당이다. 중국의
경우 연구 개발에 투자하는 기업과 그렇지 않은 기업이 동일하게 성장을
기록한다. 이는 각 기업의 생산성이 애초 어떤 수준이었는지와 상관없이
나타나는 현상이다. 반면 대만에서는 연구 개발에 투자하는 기업의 성장
이 그렇지 않은 기업의 경우보다 높게 나타나고, 애초부터 생산성이 높
았던 기업은 유난히 더 그런 경향이 있다. 중국과 대만의 이러한 대조적
사례를 통해 살펴보면, 중국에서 연구 개발에 대한 투자 할당을 제대로
하지 못할 경우 중국 경제 전체의 성장에 다소간 영향을 끼칠 수 있다는
추정이 가능하다.

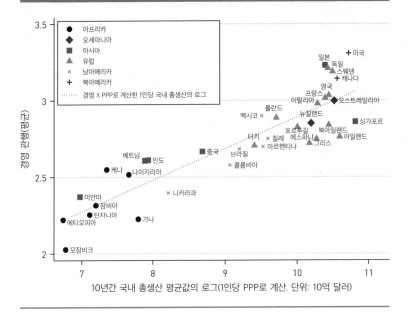

도표 7.14 성장과 경영 관행의 관계

범례:
- ● 아프리카
- ◆ 오세아니아
- ■ 아시아
- ▲ 유럽
- × 남아메리카
- + 북아메리카
- ······ 경영 X PPP로 계산한 1인당 국내 총생산의 로그

y축: 경영 관행(평균)

x축: 10년간 국내 총생산 평균값의 로그(1인당 PPP로 계산. 단위: 10억 달러)

출처: World Management Survey, 2013년 4월 자료.

모방을 통한 성장 모델의 동력이 될 수 있는 세 번째 요소는 경영 능력의 개선이라는 측면이다. 실제로 더 나은 경영인이란 자국 내의 필요에 맞게 적용할 수 있는 외국의 신기술이라든지 새로운 비즈니스 등을 파악함으로써 기업을 성장시키는 임무를 더 잘해낼 수 있는 사람이다. 이에 대해 '세계 경영 조사(World Management Survey)' 팀은 매우 대규모로 추출한 전 세계 기업들의 표본을 통해 경영 관행에 대한 정보를 제공한다. 경영 관행에 있어 가장 높은 점수를 받은 국가는 미국이고, 미국을 바짝 쫓아가는 나라로는 일본, 독일 그리고 스웨덴이 있다(도표 7.14). 이 분야에서 성적이 가장 낮은 나라 중에는 아프리카 국가가 다수 있는데, 특히 탄자

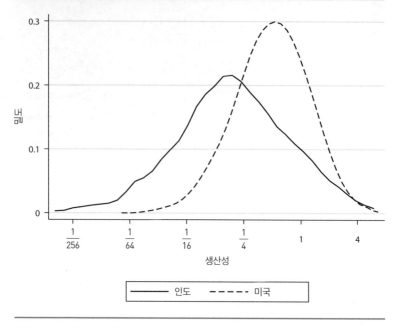

출처: Hsieh et Klenow (2009).

니아, 가나 그리고 에티오피아를 예로 들 수 있다. 도표 7.14는 가장 후발 국가들에서 경영 관행의 성과가 가장 저조하다는 분석 결과를 보여준다. 그렇다면 이 분야에 투자를 제대로 한다면 후발 국가의 성장을 한층 촉진할 여지가 있다는 결론이 나온다.

도표 7.15는 우리의 동료 셰창타이와 피트 클레노[Hsieh Chang-Tai(謝長泰) et Pete Klenow, 2009][20]가 제시한 자료로, 인도와 미국 기업의 생산성 분포를 나타낸다. 생산성 수준은 미국보다 인도에서 훨씬 폭넓게 분산되어 있고, 생산성이 아주 낮은 기업의 비중은 미국보다 인도에서 훨씬 높다. 셰와 클레노가 2014년에 제시한 자료로[21] 앞서 1장에서 이미 소개한

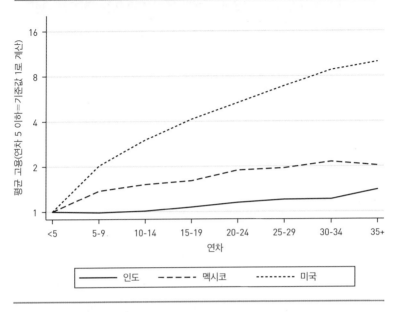

도표 7.16 연차에 따른 기업 규모

출처: Hsieh et Klenow (2014).

내용을 담고 있는 도표 7.16을 보면, 그 밖에 다른 나라들을 대상으로 연차에 따라 기업의 평균 규모가 어떤 변화 추이를 보이는지 확인할 수 있다. 미국 기업은 인도 기업과 비교할 때 시간이 지나면서 계속 성장하는 모습을 보이고, 또한 더욱 장기간에 걸쳐 성장 추세를 유지한다.

위에서 제시한 두 자료는 인도 경제 전반에 중대한 영향을 미치는 인도 특유의 상황을 보여준다. 구체적으로 말하면, 가장 생산성 높고 혁신적인 기업조차 일정 규모 이상으로 성장하는 데 어려움을 겪는다는 사실은 오히려 생산성이 너무나 낮은 기업이 살아남을 수 있는 환경을 만든다는 걸 시사한다. 이는 종합해보면, 결국 혁신의 누적 합계, 즉 인도 경제의 성장 전반에 영향이 미친다는 뜻이다. 인도 기업이 규모 면에서 잘 성장하지 못하는 현실은 어떻게 설명할 수 있을까? 이런 현상은 인도 기업 대부분이 가족 회사인 경우가 많고, 경영 문화가 잘 자리 잡지 못했다는 점으로 설명할 수 있다. 평균 교육 수준이 아직 낮은 편이고, 인프라가 부족하고, 대출 시장에 결함이 많다는 점 또한 요인이라고 할 수 있다(Akcigit, Alp et Peters, 2016).[22]

1998년 대한민국의 경제 위기는 전화위복이었나

대한민국은 중진국 함정을 벗어나는 데 성공한 대표적 사례다.[23] 모순처럼 들리지만 1997~1998년 동아시아의 경제 위기는 한국이 실제 위기 상황을 직접 겪음으로써 성장 모델을 전환하는 계기가 되었다. 1998년 금융 위기 이전까지 따라잡기를 기반으로 하던 한국의 경제 성장 모델은 다음의 몇 문장으로 요약할 수 있다. 1950년대 한국전쟁 직후 1인당 국민소득이 매우 낮았던 한국은 1960~1997년 고도의 경제 성장을 기록하며 새로운 모습으로 탈바꿈했다. 이 기간 동안 1인당 국내 총생산은 연평균 7퍼센트 가까이 성장했다.

　이렇게 따라잡기를 통한 성장은 잘 알려진 한국식 '재벌' 기업, 즉 산업계와 금융계에 포진한 대형 종합 회사들의 발전에 크게 의지한 방식이었다. 이 재벌 기업은 여러 측면에서 정부의 탄탄한 지원을 등에 업고 성장을 이어갔다. 애초부터 유리한 대출 조건에다 정부 지원까지 더해졌고, 화폐 절하를 통해 국가 차원의 산업 보호 정책을 실행했으며, 수출 지원금 제도의 혜택도 받았다. 또한 파산 위기에 처했을 때는 정부가 구제해준다는 명백한 혹은 암묵적인 보장이 존재했다. 무엇보다 한국 정부는 신생 기업의 시장 진입 및 시장 내 경쟁을 줄이는 데 노력을 기울였다. 그러기 위해 새로운 기업의 금융 시장 진입 제한, 높은 수준의 창업 비용 유지, 새로운 해외 투자자의 국내 시장 진입 규제(외국인 투자자는 한국 기업의 주식을 26퍼센트 이상 보유할 수 없었다) 등의 조치를 시행했고, 반트러스트 관련 규제를 도입하는 데는 매우 느슨한 태도를 보였다.

1990년대 초반 재벌 기업들의 기세가 가장 등등했을 시점의 매출액 규모로 보았을 때, 최대 규모 재벌사 30곳이 대한민국 총생산의 16퍼센트를 생산했다. 그중에서도 5대 재벌 계열사, 즉 현대, 삼성, LG, 대우, SK가 국내 총생산의 10퍼센트를 차지했다. 이 재벌 회사들은 정부의 지원에 힘입어 1960년대부터 1995년까지 대한민국 경제가 신속한 성장을 이루는 매개 역할을 했다. 재벌사에 금융 지원과 무역 및 통화 보호 조치를 취해 국내 기간산업을 발전시키고자 하는 의지적 선택이 없었다면 대한민국은 여전히 농업 국가로 남아 있을지도 모른다. 하지만 30년도 채 안 되는 기간 동안 대한민국은 전자 제품과 정보 통신 분야에서 전 세계 선두 국가 중 하나로 올라섰다.

그런 가운데 1997~1998년 아시아에 금융 위기가 닥쳤다. 이 위기는 대우 같은 일부 재벌의 파산을 불러왔고 살아남은 재벌사는 취약해졌다. 재벌 기업들이 취약해진 것은 금융 위기로 인해 대출 기준이 강화되었다는 점에서 당시 위기로 인한 직접적 결과이기도 하지만, 또한 지원을 해주는 대신 대가를 요구한 국제통화기금(IMF)의 강제 정책으로 인한 결과이기도 하다. 무엇보다 IMF는 대한민국에 '직접 투자 시장'의 자유화를 요구했다. 그리하여 해외 투자자가 보유할 수 있는 최대 주식 비중이 1997년 26퍼센트에서 50퍼센트로 늘어났고, 1998년에는 50퍼센트에서 55퍼센트로 증가했다. IMF는 또한 반트러스트 규제를 철저히 강화하고 또 실행에 옮기라고 주문했다. 금융 위기 직전 시기의 수준과 그 직후인 1998~2000년의 수준을 비교하면 완화 조치는 3배로 늘어난 반면 반경쟁적이라고 판단되는 경제 행위에 대한 벌금 징수는 25배로 늘어났다. 이러한 변화로 인해 대한민국은 국내는 물론 국제 무대에서 좀더 경쟁에 개방된 경제를 갖추게 되었다.

1997~1998년의 충격 요법은 대한민국에서 생산성, 혁신, 기업의 역동성에 어떤 영향을 주었는가? 혁신의 측면에서 보면, 1990년 초 대한민국에서 미국특허청에 출원한 특허의 수는 독일보다 8배 적었다. 2012년에 이르자 대한민국 인구가 독일 인구의 절반임에도 불구하고 독일보다 30퍼센트나 더 많이 특허 출원을 하는 나라가 되었다. 게다가 금융 위기 이전에는 다른 기업들보다 재벌이 출원하는 특허의 수가 좀더 빠르게 증가하는 추세였다면, 위기 이후로는 전세가 역전되었다. 재벌 기업이 출원하는 특허 수는 정체한 반면 '비재벌' 기업이 출원하는 특허의 증가 속도에는 가속이 붙었다.

이번엔 생산성의 문제를 살펴보자. 금융 위기 이전에 대한민국의 생산성은 정체하기 시작하고 있었다. 혹은 하락세라고 할 법한 움직임까지도 보였다. 하지만 1997~1998년 이후 재벌 기업 중심이긴 하지만 다른 기업들도 마찬가지로 재빠른 회복세를 보이기 시작했다. 이러한 생산성의 재도약, 나아가 경제 성장의 재도약은 금융 위기 이전에는 재벌이 주도하던 산업 분야에서 특히나 두드러지게 나타났다. 이러한 현상이 사실크게 놀랍지 않은 이유는 그러한 분야들이야말로 금융 위기로 인해 가장큰 타격을 입었고, 또한 위기에 대응한 개혁 조치의 주요 대상이 되었기때문이다. 그런 데다 '비재벌' 기업의 시장 진입은 1997~1998년 위기 이후 한국의 산업 전반에 걸쳐 크게 촉진되었다.

위의 논의를 종합해보면, 1997~1998년 위기는 그때까지만 해도 재벌 기업과 정부의 야합에 의해 방해받던 '비재벌' 기업의 혁신을 촉진함으로써 재벌의 영향력을 제한하고, 또 한국을 경쟁에 좀더 개방하는 계기가 되었다. 그 결과 한국 경제의 생산성 향상에 기여했다고 할 수 있다. 이렇듯 당시 금융 위기는 생산성 향상 가속화를 불러왔고, 이런 현상은 근본적으로 '비재벌' 기업의 시장 진입과 혁신 활동에서 비롯되었다고 볼 수 있다.

—

개발도상국 중 어떤 나라는 선진국 생활 수준에 수렴하고 또 어떤 나라는 그러지 못하는 이유를 이해하기 위해 이번 장에서는 '클럽 내 수렴' 현상이라는 개념을 제시했다. 일부는 모방과 기술 따라잡기를 장려하는 제도 및 정책 방향을 선택하는 신흥 국가인데, 또 어떤 나라는 도무지 '이륙'을 하지 못하고 있다. 선진국 수준으로 수렴하는 나라 중 일부는 '가다가' 도중에 성장이 멈추기도 한다. 그 이유는 무엇보다 제도 변화가 너무 더디거나 아니면 제도 변화를 아예 실행하지 못함으로써 따라잡기 위주의 경제를 첨단 혁신 중심의 경제로 전환하지 못하기 때문이다. 이 같은 현상은 시장에 이미 자리 잡은 기업과 기득권 세력이 신진 경쟁 기업의 시장 진입뿐 아니라 경쟁을 촉진하려는 그 어떤 개혁에도 훼방을 놓아서 일어난다. 그러나 경쟁에 개방적인 태도는 혁신을 통한 성장을 추구하기 위한 원동력이다. 금융 위기 발생이라든지 국가 간 경제 분야의 경쟁은 해당 국가 정부의 등을 떠밀어 필요한 구조 개혁을 실행하게끔 할 수 있다는 점에서 '중진국 함정'을 벗어나는 데 기여하기도 한다. 예를 들면, 대한민국의 경우 1997~1998년 금융 위기는 당시 기존 재벌들이 약화하면서 오히려 다른 한국 기업들이 경쟁 체계에 들어서는 계기를 마련했고, 이어 대한민국이 혁신 국가 반열에 오르는 요인이 되었다.

무슨 수를 써서라도 산업화를 이루어야 하는가

경제, 영토, 사회 측면에서 지난 2세기는 엄청난 변화의 시기였다. 성장의 이륙 단계가 영국과 프랑스 그리고 미국에서 차례로 발생했고, 이것이 농업 기반 경제로부터 산업 기반 경제로 가는 경제 체제의 전환과 동시대에 일어났다는 점은 앞에서 확인한 바 있다. 하지만 최근 들어 산업 분야는 쥐고 있던 주도권을 서비스업에 빼앗겼다. 나폴레옹 1세 시대 프랑스에서는 경제 활동 인구 3명 중 2명이 농업에 종사했다. 2018년에는 프랑스의 경제 인구 4명 중 3명이 서비스업에서 일하고 있는 상태다. 경제 구조 내의 큰 분야들 사이에서 발생하는 이러한 창조적 파괴는 이른바 '구조적 변화'라고 부르는 현상과 일맥상통한다. 경제학자 사이먼 쿠즈네츠는 1971년 노벨 경제학상 수상 연설에서 "경제 내에서 구조적 변화율은 매우 높다. 구조적 변화의 주요 국면은 농업에서 비농업 활동으로 전환하는 과정, 그리고 최근 들어서는 산업에서 서비스업으로 전환하는

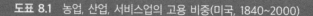

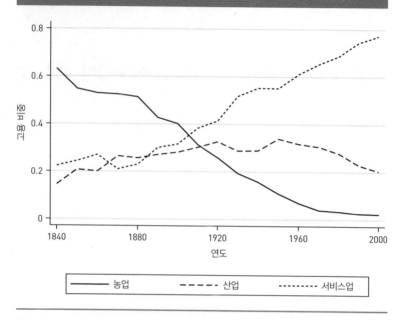

출처: Herrendorf, Rogerson et Valentinyi (2014)에서 사용한 자료.

과정이라 할 수 있다"[1]고 강조한 바 있다.

도표 8.1은 미국에서 1840~2012년의 농업, 산업 및 서비스 분야 일자리 비중의 변화를 보여준다. 이 도표를 보면 1840년 이후로 농업 분야가 차지하는 일자리 비중이 지속적으로 감소하고 있다는 사실이 드러난다. 또 1950년까지 산업의 일자리 비중이 늘어나다가 그 뒤로는 계속해서 서비스업의 일자리 비중이 늘어나고 있다는 점, 특히 1950년대 이후로 그 추세에 가속이 붙었다는 점을 알 수 있다. 이렇게 경제 발전 과정에서 구조적 변화가 일어나는 것을 '쿠즈네츠 현상'이라고 부른다.

모순적인 일이긴 해도 이러한 연속적 패러다임 변화는 시간이 지나도

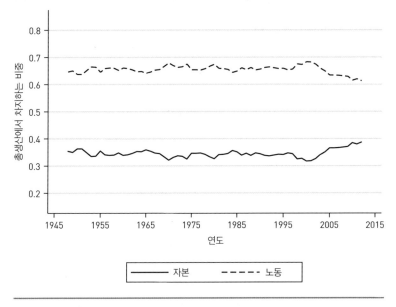

출처: 미국 노동통계국 (2014).

놀랄 정도로 일관성을 유지해온 주요 경제 변수 중 몇 가지를 바꿔놓지 못했다. 그러한 일관성을 경제학자 니컬러스 칼도어(Nicholas Kaldor, 1908~ 1986)의 이름을 따서 '칼도어 현상'이라고 하는데, 이는 총소득 중에서 노동과 자본의 비중은 거의 변화하지 않는다는 원칙을 제시한다. 미국을 예로 1948~2012년의 상황을 보여주는 자료가 바로 도표 8.2다.

쿠즈네츠 현상과 칼도어 현상을 양립시켜 이해하는 방법이 있을까? 대대적인 산업화는 과연 경제 발전 과정에서 반드시 필요한 중간 단계일까? 이번 장에서는 이런 주요한 의문 사항들에 대해 다루고자 한다.

쿠즈네츠 현상과 칼도어 현상

구조적 변화: 쿠즈네츠 현상

벨라루스 출신 미국 경제학자 사이먼 쿠즈네츠는 2장에서 살펴본 바와 같이 국가 통계의 선구자 중 한 명이다. 아울러 성장, 경제 주기 그리고 경제 발전 등과 같은 주제에 대한 연구로도 잘 알려져 있다. 노벨상 시상식에서 쿠즈네츠는 근대 경제 성장의 여섯 가지 특징을 언급하는 연설을 했는데, 이는 국가 생산과 그 구성 요소를 측정한 자신의 분석을 기반으로 한 내용이었다. 그가 제시한 경험적인 여섯 가지 규칙성은 오늘날 '쿠즈네츠 현상'으로 알려져 있다. 그중 이번 장에서 관심을 기울일 내용은 그가 세 번째로 언급한 부분이다. 즉, 구조적 변화란 확고부동한 과정이라는 것이다. 요컨대 먼저 농업에서 산업으로의 전환이 이루어진 후 산업에서 서비스업으로 중심이 옮겨가는 과정의 순서가 변하지 않는다. 게다가 쿠즈네츠의 연구를 통해 얻을 수 있는 중요한 교훈 하나는 경제 발전 과정에서 구조적 변화가 두 가지 접근법을 통해―역사적 접근 그리고 생활 수준을 기준으로 한 접근―모두 유사하게 드러난다는 사실이다.

역사적 접근법은 세 가지 경제 분야가 시간이 흐름에 따라 순차적으로 발전한다고 본다. 농업에서 산업으로, 이어 서비스업의 순으로 말이다. 도표 8.3은 도표 8.1에서 알 수 있는 구조적 변화를 재확인해주는 자료로서, 다른 점이 있다면 농업·산업 그리고 서비스의 세 분야를 연구하되 일자리 기준이 아니라 가구별 소비를 기준으로 살펴보았다는 점이다 (Alder, Boppart et Müller, 2019).[2] 그래서 도표 8.3은 구조적 변화가 경제 주체의 선호 및 그러한 선호가 시간이 흐르면서 변화하는 과정과 관련이 있음을 시사한다. 도표 8.4와 8.5는 프랑스와 영국의 총생산에서 1840년

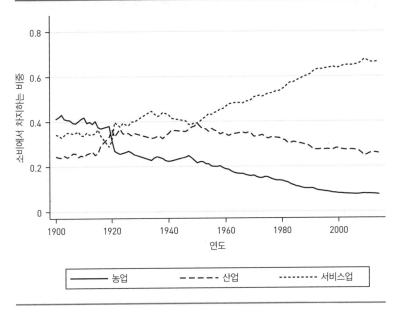

출처: Alder, Boppart et Müller (2019).

이후 세 가지 분야의 비중이 어떻게 변했는지를 보여주는데, 여기서도 다시금 쿠즈네츠 현상을 확인할 수 있다.

생활 수준을 기준으로 판단하는 접근법을 통해서도 경제의 세 분야가 차지하는 각각의 비중 또한 동일한 변화 추이를 보인다(Herrendorf, Rogerson et Valentinyi, 2014).[3] 도표 8.6은 농업, 산업, 서비스업이 전체 고용에서 차지하는 비중의 변화를 산업화한 10개국(벨기에, 에스파냐, 핀란드, 프랑스, 일본, 대한민국, 네덜란드, 스웨덴, 영국, 미국)의 생활 수준을 기준으로 살펴본 내용이다. 여기서 생활 수준은 매디슨의 자료를 바탕으로 계산한 1인당 국내 총생산으로 가늠했다. 10개국 전체에서, 생활 수준이 올라갈

도표 8.4 프랑스 국내 총생산의 분야별 분포

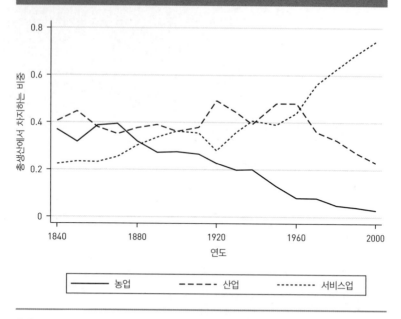

출처: Herrendorf, Rogerson et Valentinyi (2014)에서 사용한 자료.

수록 농업이 고용에서 차지하는 비중이 줄어드는 현상을 확인할 수 있다
(도표 8.6a). 또한 생활 수준의 향상과 함께 서비스업의 고용 비중은 꾸준히
증가한다(도표 8.6c). 제조업의 고용 비중을 들여다보면 거꾸로 된 U자 모
양의 그림이 나오는데, 이는 생활 수준이 전반적으로 향상하는 동안 전
체 고용에서 제조업의 비중이 늘어나다가 일정 시점에 이르면 감소세로
돌아선다는 뜻이다(도표 8.6b). 그러니까 생활 수준이 낮은 국가의 특징은
농업 분야의 비중이 크다는 것, 그리고 산업 분야나 서비스업이 발달하
지 못했다는 것을 알 수 있다. **반대로,** 생활 수준이 높은 나라에서는 대
다수 국민이 서비스업에 종사한다.

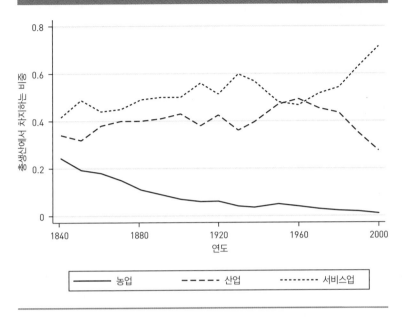

도표 8.5 영국 국내 총생산의 분야별 분포

출처: Herrendorf, Rogerson et Valentinyi (2014)에서 사용한 자료.

경제의 불변 요소: 칼도어 현상

헝가리 출신 영국 경제학자 니컬러스 칼도어는 초창기엔 신자유주의 이론을 지지했으나 후에는 포스트케인스학파를 이끄는 학자 중 한 명이 되었다. 케임브리지 대학교 교수이자 제2차 세계대전 이후 영국 노동당 정부의 자문으로서 그는 불완전 경쟁부터 자본 이론에 이르기까지 여러 영역에서 경제학 이론의 변화에 기여했다. 칼도어는 무엇보다도 성장, 생산성 및 소득 분포에 대한 연구로 잘 알려져 있다. 1961년 여섯 가지의 정형화한 사실을 논하는 논문을 통해,[4] 장기간으로 보면 자본의 수익률, 총생산에서 자본이 차지하는 비중 그리고 국가 소득에서 자본 및 노동에

a) 농업

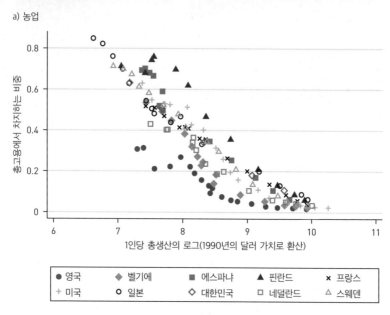

b) 산업

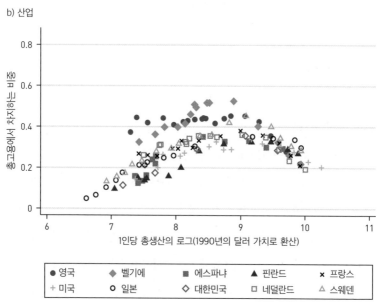

c) 서비스업

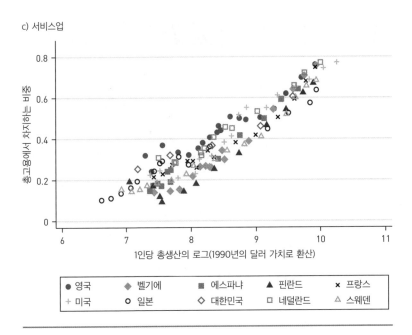

출처: Herrendorf, Rogerson et Valentinyi (2014).

의해 발생하는 수익이 차지하는 비중 등의 요소에는 거의 변화가 없다고 주장했다. 그에 앞서 1955년 발표한 논문에서는 이렇게 썼다. "생산 기술, 노동에 대비한 자본 축적 그리고 1인당 실제 소득이 근래에 놀라울 정도로 변화했음에도 불구하고, 선진 자본주의 경제에서 자본을 통한 수익 및 노동을 통한 수익의 비중이 기존 비율 그대로 상대적 안정 추세를 보이는 점을 제대로 이해하지 못한다면 (국가 소득 내에서 자본과 노동의 수당이 차지하는) 비중을 결정하는 요소에 관해서는 그 어떠한 가설도 지적으로 만족스러울 수 없다."[5] 그의 말대로 도표 8.7과 도표 8.8은 영국에서 1770~2010년, 그리고 프랑스에서 1820~2010년 동안 각각 자본의 수익률이 거의 동일 수준으로 유지되었음을 보여준다(Piketty, 2013).[6] 도표 8.9는 미국

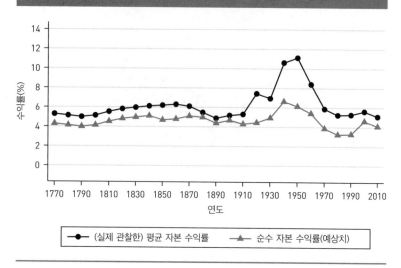

도표 8.7 영국에서 자본의 수익률(1770~2010)

수익률(%)

1770 1790 1810 1830 1850 1870 1890 1910 1930 1950 1970 1990 2010
연도

● (실제 관찰한) 평균 자본 수익률　▲ 순수 자본 수익률(예상치)

출처: Piketty (2013).

도표 8.8 프랑스에서 자본의 수익률(1820~2010)

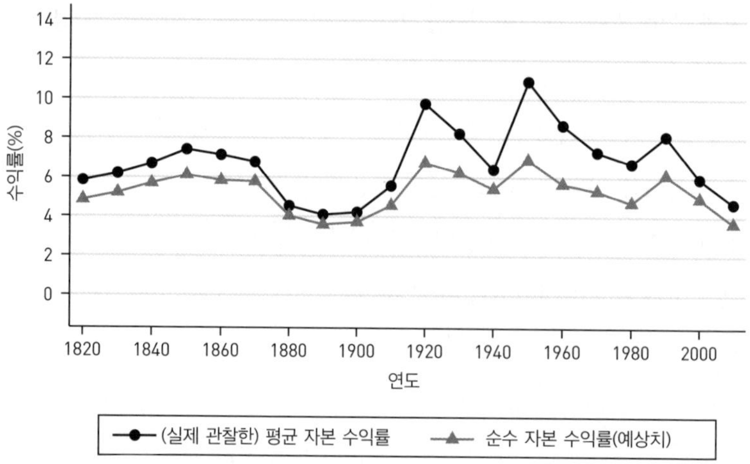

수익률(%)

1820 1840 1860 1880 1900 1920 1940 1960 1980 2000
연도

● (실제 관찰한) 평균 자본 수익률　▲ 순수 자본 수익률(예상치)

출처: Piketty (2013).

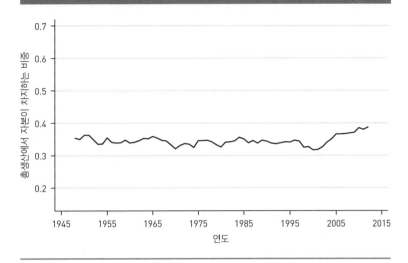

출처: 미국 노동통계국 (2014).

총생산에서 자본의 비중이 1948~2012년 거의 안정적으로 유지되었음을
보여주는데, 이 내용은 앞에서 도표 8.2를 통해 확인한 바 있다.

마지막으로, 영국(도표 8.10a)과 프랑스(도표 8.10b)에서 각각 1770~
2010년과 1820~2010년 동안 국가 소득 중 자본의 비중이 약간 줄어들고
노동의 비중은 약간 늘어났다. 이는 미국에서의 장기간 관찰을 통해 자본
과 노동이 국가 소득에서 차지하는 비중에 거의 변화가 없음을 확인해준
도표 8.2의 내용과 일맥상통하는 결과다.*

---

* 하지만 우리는 6장에서 2000년대 초반 이후 미국에서 소득 중 노동의 비중이 감소
하는 현상이 나타났다는 점을 지적한 바 있다. 이는 칼도어 현상이 지난 20여 년 동안
덜 강력하게 작용했기 때문이라고 해석할 수 있다.

a) 영국

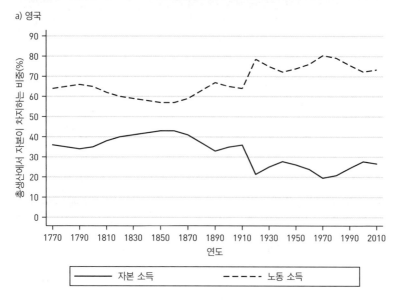

b) 프랑스

출처: Piketty (2013).

쿠즈네츠 현상 설명하기

2장에서는 농업 경제에서 산업 경제로 이행하는 과정을 설명했다. 특히 조엘 모키르를 인용해 산업 분야에서 혁신의 역할에 대한 그의 연구 내용을 다룬 바 있다. 여기서 산업의 혁신이란 세 가지 요소가 맞아떨어졌기에 가능했다. 첫째, 계몽주의 혁명 및 지식 전파 방식의 개선(그중에서도 우편 서비스의 향상, 《대백과사전》의 출간을 통한 지식의 정형화, 언론의 확대 등에서 기인했다)이 있다. 둘째, 무엇보다 특허권의 등장과 함께 지식 재산권의 보호가 강화되었다는 점을 들 수 있다. 그리고 마지막으로, 이웃 나라보다 더 앞서 나가고자 혁신을 장려하고 본국에서 심한 제약을 받는 발명가들이 이웃 나라로 피신할 수 있는 환경을 만들었던 유럽 내의 국가 간 경쟁 체계라는 요소가 자리한다. 이러한 제도적 차원의 설명은 시장으로 치면 '공급'이라는 측면을 중심으로 한다. 다시 말하면, 혁신이 좀더 용이해지고 비용 절감을 절감할 수 있게끔 해주는 조건에 대한 설명이라는 뜻이다. 하지만 위와 같은 논의는 똑같이 필수적인 두 번째 근간을 언급하지 않는다. 즉, 수요와 소비의 역할에 대한 논의가 빠져 있다.

'수요'의 측면과 '공급'의 측면

1950년대 이후 농업과 산업 생산의 쇠퇴를 가속화한 서비스업의 등장을 어떻게 설명할 것인가? 이러한 현상에 대해서는 시장에서 '수요'의 측면과 '공급'의 측면을 모두 바라보아야 제대로 설명이 가능하다. 이 문제에 대한 논의에서 빼놓을 수 없는 권위자로 티모 보파르(Timo Boppart, 2014)[7]를 들 수 있다

그는 2014년 연구에서 가구당 소비 수준이 시간이 흐르면서 어떤 변화

추이를 보이는지 집중적으로 살폈다. 다시 말하면, 농산품과 공산품 그리고 서비스의 두 영역으로 나누어 가구당 소비에서 어떠한 조정 현상이 나타나는지 관심을 기울였다는 뜻이다. 시간이 흐르면서 가구별 소비에서 서비스 영역에 대한 소비가 늘어나는 추세에 기여하는 요소는 두 가지가 있다. 하나는 수요의 측면으로서, 가구에서는 '소득 효과'의 혜택을 본다. 요컨대 한 가구의 생활 수준이 개선될수록 그 가구에서 일차적인 필요성에 따른 물품, 즉 음식 같은 데 사용하는 소득 비중이 줄어든다. 두 번째는 공급의 측면으로서, '대체 효과'가 나타난다. 서비스보다 농산품이나 공산품의 생산 비용이 더 빠르게 감소하는 경향이 있다. 이러한 비용 하락을 기업은 상품 판매가에 반영하므로 농산품 및 공산품의 가격은 서비스의 가격보다 더 크게 하락한다. 결과적으로 가구당 소비를 살펴보면 서비스에 점점 더 많은 비용을 지불하게 된다는 뜻이다.

경험적으로 드러나는 세 가지 규칙성 설명하기

보파르는 중요한 경험적 관찰 결과 세 가지를 제시했다.[*] 우선 가구당 전체 소비에서 농산품과 공산품이 차지하는 비중은 시간이 흐르면서 꾸준한 속도로 줄어든다(도표 8.11a). 이러한 실증적 사실은 소득 수준을 다섯 구간으로 나누어 각각 따로 살펴보아도 동일한 추이로 나타난다(도표 8.11c). 서비스 가격 대비 상품의 가격 또한 시간이 흐르면서 일정한 속도로 감소한다(도표 8.11b). 마지막으로 관찰 기간 내내 어느 시점을 보아도 가난한 가구에서는 부유한 가구와 비교할 때 예산의 좀더 큰 비중을 상

---

[*] 보파르는 이를 위해 두 종류의 미국 자료, 즉 경제분석청(Bureau of Economic Analysis)과 소비자 지출 통계 조사(Consumer Expenditure Survey) 자료를 동원했다.

a) 가구별 지출에서 상품이 차지하는 비중

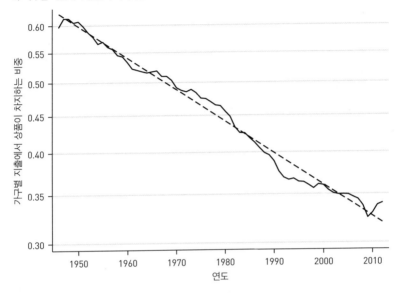

b) 서비스 대비 상품의 가격

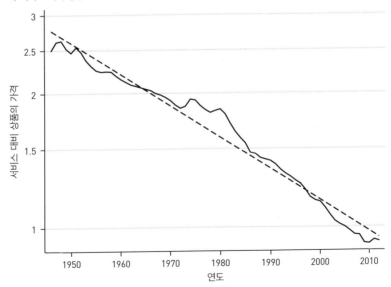

c) 가구당 소득 수준에 따라 상품 구매에 사용되는 소비 비중

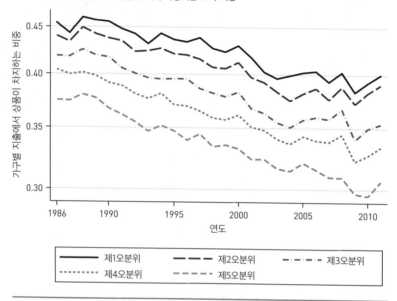

출처: Boppart (2014).

품 소비에 할애하는 모습이 나타난다(도표 8.11c).

이 도표들이 제시하는 경험적 관찰 결과는 미국의 상황을 반영하는 내용이기는 하지만 타 선진국들에서도 이와 유사한 변화가 발생한다. 이런 현상을 해석하기 위해 보파르는 중요한 경제 동력 두 가지를 동원하는데, 바로 공급의 측면에서는 보멀 법칙, 그리고 수요의 측면에서는 엥겔 법칙이다.

공급의 측면과 보멀 법칙

윌리엄 보멀은 미국의 신고전주의학파 경제학자로 방대한 연구를 통해 매우 다양한 분야를 다루었고, 특히 기업가 정신이라든지 경쟁과 관련한

연구로 잘 알려져 있다. 그가 남긴 연구 업적 가운데 여전히 가장 유명한 내용은 아마 이른바 '비용 질병(영어로는 Baumol cost disease라고 한다)'이라고 불리는 '보멀 법칙'(1965)[8]일 것이다. 이 법칙은 다음과 같이 이해할 수 있다. A와 B라는 두 가지 상품이 있다고 해보자. 두 상품의 공급은 시간이 지나면서 동일한 속도로 늘어나지 않는다. 그 이유로는 예를 들어, 상품 A를 생산하는 분야의 생산성이 상품 B를 생산하는 분야의 생산성보다 빨리 향상되기 때문일 수 있다. 희소 효과로 인해 공급이 좀더 느리게 증가하는 상품 B의 가격은 공급이 더 빠르게 증가하는 상품 A의 가격보다 올라갈 수밖에 없다. 그 결과, 가계나 기업 같은 경제 주체가 상품 A를 더 많이 소비하기로 결정하더라도 그들의 소득 중 상품 B의 소비에 들어가는 비중은 줄어들지 않는다. 심지어 늘어나기까지 한다. 그건 상품 A의 가격보다 상품 B의 가격이 상대적으로 높아지기 때문이다. 풀어서 설명하면, 상품 A 분야의 생산성이 더욱 크게 향상되면 오히려 상품 B의 구매에 들어가야 하는 소득의 비중이 증가하는 현상을 가져올 수 있다는 뜻이다.

이제 다시 농산품 및 공산품 분야와 서비스 분야에 대한 이야기로 돌아가보자. 규모의 경제 및 기계화 덕분에 농산품 및 공산품 분야에서는 시간이 지나면서 노동 생산성이 대폭 향상되었다. 반면 서비스업은 그 정도의 생산성 향상을 이루지 못했다. 그 이유는 특히 문화, 여가, 부동산 관련 업무, 교육, 보육 등을 포함하는 서비스업 활동은 규모의 경제를 달성하기가 더 어렵고 게다가 노동의 요소가 여전히 지배적일 수밖에 없기 때문이다. 이렇게 노동 생산성이 약한 현상을 설명하기 위해 예술 분야의 예를 들어보겠다. 슈베르트의 4중주를 생각해보자. 이 작품을 연주하는 데 필요한 연주자의 수는 19세기나 지금이나 여전히 변함이 없다. 그런 데다 슈베르트의 현악 4중주를 연주하는 바이올린 연주자의 '수익'이 증가한다는 것 자체가 불가능하다. 이는 마치 생산성을 높이기 위해 셰익스피어 희곡을 연기하는 배우의 수를 줄이는 게 불가능한 것과 마찬가지다. 이렇듯 고전 음악이나 연극의 생산성은 향상되지 않았고, 인력이라는 요소는 이러한 분야에서 압축될 수 없다(Baumol et Bowen, 1965).[9]

그렇지만 이와 동시에, 인력을 계속해서 끌어오기 위해 서비스업계의 고용주들은 생산업계와 같은 속도로 임금을 올려줄 수밖에 없다. 이렇게 서비스업계의 임금 상승은 공산품 제조업계 대비 여전히 미약한 서비스업의 생산성 향상과 맞물리면서 결과적으로 상품 생산 비용보다 서비스 생산의 비용이 증가한다. 생산 비용은 가격에 반영되므로 상대적으로 서비스에 지불해야 하는 비용은 상품 비용에 비해 늘어난다(도표 8.11b). 앞서 이야기한 현악 4중주의 예로 돌아가면, 연주자의 생산성은 향상되지 않았지만 이들의 실질 임금은 19세기 이후로 증가했다. 이러한 비용 증가를 생산성 향상으로 상쇄하지 못하기 때문에, 그리고 인력 요소는 현악 4중주를 실현하기 위해 불가피하기 때문에 결국 연주 입장료의 가격이 높아지는 결과로 귀결된다. 예술과 문화는 이런 의미에서 '비용 증가 질병'을 앓고 있다고 할 수 있다.

하지만 보멀 법칙과 공급에 기반한 이러한 논리만으로는 가계 예산 중에서 상품에 배정되는 비중이 시간이 지나면서 왜 감소하는지(도표 8.11a), 그리고 그 어떤 시점을 놓고 보아도 좀더 부유한 가구가 왜 가난한 가구보다 가계 예산 중 상품 소비에 할애하는 비중이 더 적은지에 대한 의문을 모두 해소해주지 못한다(도표 8.11c). 바로 이런 점에서 엥겔 법칙과 수요를 통한 설명이 필요하다.

수요의 측면과 엥겔 법칙

엥겔 법칙이란 독일 통계학자 에른스트 엥겔(Ernst Engel, 1821~1896)이 벨기에 가정의 예산을 관찰한 내용을 바탕으로 1857년에 발표한 경험주의적 경제 원칙이다.[10] 실제로 보면 상품, 특히 농산품은 생존에 필수적인 요소로 여겨지기 때문에 가구 예산이 어떻든 소비 대상이 될 수밖에 없다. 반면 서비스는 필수불가결하지 않으므로 가계의 소득이 일정한 수준을 넘지 않고서는 소비 대상에 포함되지 않는다. 그 결과, 부유한 가구일수록 일차적 필요에 의한 상품, 즉 음식이나 의복에 대한 소비가 예산에서 차지하는 비중이 줄어들고, 문화 활동이나 여행 등 서비스 구매에 쓰이는 예산의 비중은 늘어난다.[11] 도표 8.12는 도표 8.11c와 마찬가지로 소득이 늘어남에 따라 식료품에 할당되는 가구별 소득 비중이 줄어드는 현상을 보여준다. 프랑스의 조사 자료를 살펴보아도 이러한 엥겔 법칙이 작용한다는 걸 확인할 수 있다.

쿠즈네츠 현상의 수수께끼 풀기

시간이 흐름에 따라 상품을 소비하는 데 들어가는 가구당 예산 비중이 줄어드는 현상을 어떻게 설명할 수 있을까? 한편으로는 보멀 법칙이 말하는 대로 시간이 흐르면서 서비스 비용보다 상품의 비용이 더 감소하므로 경제 주체가 저렴해진 상품을 더 소비하게끔 되는 게 맞는 듯하다. 다른 한편으로는 서비스 가격이 상대적으로 높아지면 그 서비스에 들어가는 가구당 예산 비중은 기계적으로 줄어들어야 하는 게 맞는 듯 보이기도 한다. 이 두 가지 효과 중에서 어떤 요소가 더 주효하게 작용할까?

위의 수수께끼를 풀려면 엥겔 법칙과 보멀 법칙을 함께 동원해야 한다. 우선, 보멀 법칙은 시간이 흐르면서 서비스 가격 대비 상품 가격이

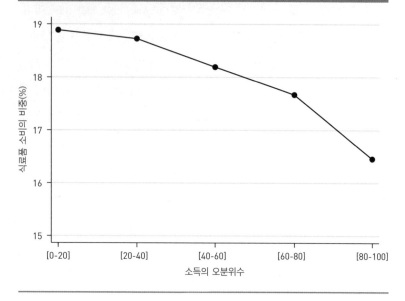

| 도표 8.12 | 프랑스 오분위 소득 구간별 가구당 식품 지출 비중 |

식료품 소비의 비중(%)

소득의 오분위수

[0-20] [20-40] [40-60] [60-80] [80-100]

출처: 프랑스 국립통계경제연구소(INSEE)의 '2010~2011 가계 예산 조사'를 바탕으로 저자들이 계산한 내용.

상대적으로 감소하는 정도가 산업 분야와 서비스업 분야 사이에 존재하는 생산성 향상 변수 간의 차이와 같다는 걸 보여준다. 상대적인 가격 하락은 각 세대가 그 밖의 다른 모든 조건이 동일하다는 가정하에 상품 소비를 늘리게끔 만든다. 하지만 상품 가격이 하락하면 이는 세대별 구매력을 상승시키는데, 이를 소득 효과라고 부른다. 이러한 소득 효과는 경제 주체가 상품 및 서비스를 더욱 소비하도록 부추긴다. 그러나 엥겔 법칙이 시사하는 바는 세대의 구매력이 올라갈수록 소득 효과는 점점 더 서비스 소비를 선호하는 방향으로 움직이며, 그러다 보니 시간이 지나면서 서비스에 들어가는 소비 비중이 점점 늘어난다는 점이다.

구조적 변화와 칼도어 현상을 함께 이해하려면

쿠즈네츠 현상, 즉 서비스 생산보다 상품 생산에 있어 기술 발전이 더욱 강력하게 발생하고 또 소비 추세는 점점 서비스로 향해간다는 이론과 칼도어 현상, 다시 말해 전체 소득에서 자본과 노동이 차지하는 각자의 비중은 꾸준히 유지된다는 이론, 이 둘을 양립시켜 이해할 수 있는 방법은 무엇일까? 인공 지능 같은 기술 혁명에 대해서도 이와 동일한 질문을 할 수 있다. 기술 혁명의 도래와 소득 중 노동과 자본의 비중이 거의 불변한다는 관찰 내용을 어떻게 한 틀에서 이해할 수 있을까?

실제로, 위의 두 가지 경우 구조적 변화는 기존 생산 과정에서 노동이 자본에 의해 대체되거나(첫 번째 관련 예로는 농산품이나 공산품의 생산을 생각할 수 있고, 두 번째 관련 예로는 기존의 업무를 자동화하는 것을 들 수 있다), 아니면 좀 더 노동 집약적이고 새로운 경제 활동이 도입되어 기존의 노동 요소를 대체할 수 있다는 가능성을 시사한다(첫 번째 관련 예로는 새로운 서비스의 생산을 생각할 수 있고, 두 번째 관련 예로는 잠재적인 새로운 업무를 들 수 있다).

여기서는 이러한 수수께끼에 대해 두 가지 설명 방식을 동원해보고자 한다. 첫 번째는 시장 규모와 기술 변화의 방향이라는 개념을 중심으로 설명하는 방법이다. 그리고 두 번째는 다시금 보멀 법칙을 동원하는 설명 방식이다. 우선은 '좀더 숙련된 **방향**으로 나아가는 기술 변화'라는 개념을 소개하고, 이어 그 개념을 이번 장에서 다루는 문제, 즉 구조적 변화와 칼도어 현상을 양립시키는 데 적용해보도록 하겠다.

시장 규모와 기술 변화의 방향

근본적인 개념은 다음과 같이 요약해볼 수 있다.[12] 즉, 특정 시장의 규모가 늘어나면 기업은 수요 증가에 더 잘 대응하기 위해서는 해당 시장을 향해 혁신의 방향을 잡아야 수익성이 있다고 생각하게 된다는 것이다.[13] 다른 사례를 통해 이러한 추론을 뒷받침해보자.

베이비붐과 임금 불평등을 생각해볼 수 있다. 1970년대 초 베이비붐 세대가 미국의 노동 시장에 진입했다. 이들은 전 세대에 비해 교육 수준이 높았다. 그 주된 이유는 미국 정부가 제2차 세계대전 참전 용사 가족에게 자녀 무상 교육이라는 혜택을 주었기 때문이다. 그 결과, 1970년이 되자 고학력 노동 인력의 공급이 재빠르게 늘어났다. 단기적으로 보면 이러한 고학력 노동 인구가 많아지면서 학력 프리미엄, 정확히 말하면 고등 교육을 이수한 사람의 임금과 중등 교육까지만 이수한 사람의 임금 차이가 줄어드는 결과가 발생했다(Aghion et Howitt, 2010).[14] 다르게 말하면 1970년에 고학력 노동자와 저학력 노동자 사이의 임금 불평등이 감소하는 현상이 발생했다는 뜻이다. 이러한 추세는 1970년대 말까지 이어진다(도표 8.13). 그런데 왜 1980년대 초에 와서는 학력 프리미엄이 오히려 폭증하는 현상이 발생했을까?

1970년 고학력 노동에 대한 수요가 급작스럽게 늘어나자 이들 고학력자를 필요로 하는 기계 설비 시장의 규모 또한 확장되었다. 이는 기계 설비와 관련한 혁신의 소득 또한 높아지게 만들었다. 그 결과, 혁신은 고학력 노동자가 작동하는 기계 설비의 품질 향상을 추구하는 방향으로 자리를 잡았고, 고학력 노동의 생산성이 저학력 노동의 생산성보다 훨씬 더 많이 향상되었다. 1980년대부터 미국에서 고학력 노동자와 저학력 노동자 사이에 임금 불평등 현상이 심화하기 시작한 이유는 바로 그러한 배경을 통해 설명할 수 있다.

두 번째 사례는 탄소세 및 환경친화적인 혁신과 관련한 이야기다. 9장

─── 대학교 학위를 받은 개인이 일한 시간의 비중(왼쪽 세로축)
┅┅┅ 대학 교육을 통한 임금 프리미엄(오른쪽 세로축)

출처: Aghion et Howitt (2010).

에 가면 전기 자동차 사례를 통해 혁신이 자진해서 환경친화적 방향으로 향하지는 않는다는 사실을 자세히 논할 것이다. 과거에 환경 오염을 일으키는 경제 활동에서 혁신을 이루었던 기업일수록 오늘날에도 유사한 경제 활동에서 혁신을 추구하는 경향이 강한데, 이와 같은 현상을 '경로 의존성'이라고 부른다. 하지만 이제는 탄소세 증가 등의 이유로 인해 탄소 가격이 올라가면 혁신의 방향이 환경친화적인 쪽으로 향하게 된다는 것을 여러 연구 결과가 보여주고 있다.[15] 이에 대한 설명은 간단하다. 즉, 탄소 가격이 증가하면 소비자의 환경친화 제품의 소비 수요가 늘어나 결과적으로 환경친화 제품의 시장 규모가 확대되기 때문이다. 그렇게 되면 환경친화적인 제품에 대한 혁신을 했을 경우, 기업의 소득 또한 증가하므로 기업은 점점 더 환경친화적인 제품 관련 혁신을 추구하게 된다는 이야기다.

방향성을 띤 혁신, 그리고 칼도어 현상[16]

쿠즈네츠 현상이라고도 부르는 구조적 변화와 칼도어 현상을 '방향성을 띤 혁신'이라는 개념을 통해 조화시킬 수 있을까?

위에서 우리는 노동 생산성 향상이 서비스업보다 농산품이나 공산품 분야에서 더 크다는 점을 논의한 바 있다. 서비스보다 상품의 생산에서 기계화 경향이 훨씬 강하기 때문이다. 자본으로 노동을 대체하면 노동력에서 자유로워짐과 동시에 임금 저하가 발생한다. 게다가 모든 다른 조건이 동일하다는 전제하에 이는 소득에서 노동이 차지하는 비중을 낮추고, 그러면 생산에서 노동은 덜 필수적인 요소가 되고 만다.

그럼에도 불구하고 이러한 효과는 방향성을 띤 혁신 효과에 의해 상쇄되는데, 그 과정은 다음과 같은 논리로 이해해볼 수 있다. 상품 생산 분야에서 자본이 노동을 대체하는 데 따른 결과로 발생하는 노동 비용의 감소는 새로운 서비스를 고안하는 방향으로의 혁신이 가져올 이득을 증가시킨다. 실제로, 서비스 생산은 노동 요소에 훨씬 더 의존하기 때문에 임금이 하락하면 새로운 서비스 활동의 수익성이 높아질 수 있다. 결과적으로, 새로운 서비스 창출 쪽으로의 방향성을 지닌 혁신이 더 확대된다는 이야기다. 이러한 혁신은 그 자체로서 두 가지를 시사한다. 첫 번째로, 서비스 업종이 발전할 거라는 예상이 가능하다. 이는 엥겔 법칙에 의존하지 않고도 쿠즈네츠 현상에 대해 대안적인, 아니 보완적일 수 있는 설명을 제시한다고 하겠다. 두 번째로, 이러한 서비스 분야의 확장은 노동 요소에 대한 수요를 증대시킬 거라는 점이다. 노동 수요가 늘어나면 이내 임금은 높아지고, 그러면 소득 내에서 노동의 비중이 다시금 회복된다.

보멀 법칙으로 설명하기

쿠즈네츠 현상과 칼도어 현상을 양립시키는 또 다른 방식은 노동이라는 요소가 결국은 상품이나 서비스의 생산에 필수불가결할 수밖에 없다는 데서 출발한다(Aghion, Jones et Jones, 2017).[17] 예를 들어, 소비재 상품의 생산이 다양한 생산 요소에 달려 있고, 모든 생산 요소가 다 필수불가결하다고 가정하자. 해당 생산 활동이 자동화하지 않았다면 각각의 요소를 생산하는 데 노동을 동원해야 할 테고, 만약 자동화했다면 각 요소의 생산은 자본에 의해 생겨난다. 여기에 조건을 더해 디지털 혁명 덕에 시간이 지나면서 점점 더 많은 생산 요소가 자동화한다고 가정할 수 있다. 이런 논리가 보여주듯 아직 자동화하지 않은 요소를 생산하는 활동은 매 순간 계속해서 조금씩 자동화의 길로 향하게 된다는 뜻이다.

이때 두 가지 반대되는 효과가 동시에 작용한다. 한편으로, 양적인 면에서 자동화가 늘어날수록 생산 요소의 구성에서 자본은 점점 더 큰 비중을 차지하게 된다. 다른 조건이 모두 동일하다는 전제하에 이는 소득에서 자본의 비중을 점점 증가시키는 경향이 있다. 이것이 바로 **양의 효과**다. 다른 한편으로, 자본 축적은 노동의 희소성을 증가시킨다. 그런데 노동이란 생산에 없어서는 안 될 요소다. 생산 과정의 일정 부분은 여전히 노동을 필요로 하기 때문일 뿐 아니라, 소비재 상품의 생산에서 모든 생산 요소는 필수불가결하기 때문이다. 그러다 보니 자본 비용 대비 노동의 비용은 시간이 갈수록 점점 늘어난다. 이를 보멀 효과 혹은 **가격 효과**라고 한다. 위의 설명처럼 생산에서 자본과 노동의 비중은 한 경제 단위 내에서 항시, 심지어 구조적 변화가 발생하더라도 꾸준히 유지된다.

산업화는 경제 발전 과정에서 필수 단계인가

두 단계에 걸쳐 이루어지는 것으로 설명되는 구조적 변화 모형, 즉 농업 중심 경제에서 산업 경제로 이동한 후 산업 중심 경제에서 서비스업 중심 경제로 나아간다는 이론은 과연 모든 경제 발전의 원형이라고 할 수 있을까? 아니면 산업화 단계를 '건너뛰는' 일이 가능할까? 이 질문은 여전히 농업에 대한 의존도가 큰 국가들에 유난히 중요하다. 만약 그게 가능하다면 이들 국가는 중간 단계로부터 해방되어 아예 새로운 경제 발전 모델의 시대를 열 수 있기 때문이다.

가나와 대한민국

경제학자 조지프 스티글리츠(Joseph Stiglitz)는 2012년 발표한 논문[18]에서 가나와 대한민국을 비교하며 경제 발전의 주축 역할을 하는 산업화 단계의 장점을 강조했다. 1960년만 해도 이 두 나라 경제의 근간은 모두 농업이었고 1인당 국내 총생산 수준은 대한민국이 944달러, 가나가 1056달러로 매우 비슷했다(2010년의 달러 가치로 환산한 수치). 그런데 2010년을 기준으로 1인당 국내 총생산이 대한민국에서는 23배로 늘어나 2만 2087달러에 이르고, 가나의 경우는 1298달러에 그쳤다.* 대체 그 이유는 무엇인가?

이에 대해 스티글리츠는 대한민국이 만약 1960년 당시 자국의 비교 우

---

* 2010년의 미국 달러로 환산한 가치임.

위였던 쌀 생산에만 계속 집중했더라면 가나와 비슷한 변화를 겪었을 거라고 지적했다. 다시 말하면, 자발적으로 60년 전부터 대한민국 정부가 실행해온 정책, 즉 국가 산업 발전을 장려하는 정책이 아니었더라면 대한민국은 오늘날 세계에서 가장 효율적인 쌀 생산국이 되었을지는 몰라도 1인당 국민 총생산은 성장 궤도에 들어서지 못했을 테고 전자 제품에 이어 반도체를 선도하는 리더 국가가 되지도 못했을 거라는 게 스티글리츠의 주장이다. 2010년을 기점으로 가나가 상당 수준의 경제 발전을 이루고 있기 때문에 가나의 사례에 대해서는 추후에 더 자세히 언급하도록 하겠다.

산업화는 경제 발전에 왜 유리한가

가나와 대한민국을 비교하는 것만으로 경제 발전에는 산업화가 필수불가결하다고 정당화할 수 있을까? 대한민국의 성공적인 경제 발전은 그 밖의 다른 요소로도 설명할 수 있다. 특히 포괄적인 제도를 마련해* 기술 따라잡기를 통한 성장에 용이한 환경을 조성했다는 점을 들 수 있다(Acemoglu et Robinson, 2012).[19] 즉, 지식 재산권 보호, 교육에 대한 대규모 투자, 정부 지원 융자 등의 방식을 통해 대규모 국가 기간산업 발전에 의지적으로 지원을 지속한 국가의 방침, 공공 조달 및 수출 지원 등이 한국의 경제 발전이 이룩하는 데 기여한 요소였다.

---

* 다른 아제모글루와 제임스 로빈슨(Daron Acemoglu et James Robinson, 2012)의 표현에서 빌려온 것이다. 이들은 '포괄적인(inclusives)' 제도, 즉 사업가 정신 및 혁신을 장려하는 제도와 '추출식(extractives, 抽出式)' 제도, 즉 불리한 지식 재산권 제도 및 경쟁력 낮은 교육 체계로 인해 혁신과 민간 기업의 의욕이 상실되는 제도를 대조·분석했다.

성장에 속도를 더해 서구 사회의 생활 수준에 좀더 빨리 수렴하기 위해서는 왜 농업이나 서비스 대신 산업 발전에 투자해야만 할까? 경제 발전 과정에서 산업 발달이 불가피한 단계라는 주장에는 여러 가지 논거가 존재한다.

첫 번째 논거는 산업이 다른 분야보다 훨씬 가치 사슬의 중심에 위치한다는 점이다. 더 구체적으로 말하면, 특정 분야에서 산업화가 일어나면 그 이전이건 추후건 다른 분야의 성장 또한 촉진한다는 뜻이다. 여기서 가치 사슬의 '이전'의 측면에서 보면 DVD 생산 공장이 DVD 플레이어 생산 공장의 발전을 촉진하고, 더 크게는 멀티미디어 산업의 발전에 영향을 주는 상황을 그려볼 수 있다. '추후'의 측면에서는 우유 가공 공장을 건설하면 아이스크림 생산 시설이 발전하는 데 영향을 줄 수 있다.

두 번째 논거는 산업화는 실행을 통한 습득, 바로 그 유명한 '행동으로 배우는 과정' 덕분에 더 많은 지식을 생산해낼 수 있으며, 또한 그 지식은 이내 해당 경제의 다른 분야, 즉 농업 혹은 서비스 분야로 퍼져나가서 경제 전반의 성장을 촉진할 수 있다는 주장이다. 특히 산업의 발전은 농업을 근대화하는 데 기여하지만 농업 분야의 발전은 산업의 생산성 향상에 그다지 영향을 끼치지 못한다.

조지프 스티글리츠를 위시한 일부 경제학자는 바로 이러한 점, 즉 국가 산업과 그 나라 경제의 다른 분야 사이에 존재하는 기술적 외부성을 내세움으로써 프리드리히 리스트의 "교육자적 보호주의"[20]를 계승했다고 할 수 있다. 19세기에 실제로 리스트는 외국 경쟁 국가에 대항해 과도기적인 보호주의가 필요하다고 주장했는데, 그렇게 함으로써 신생 국가의 산업이 발전할 기회를 얻을 수 있다는 논지였다. 이렇게 발전 초기 단계에 자국의 산업을 보호함으로써 이들 산업은 뒤늦은 출발에도 불구하고 규모 경제라든지 생산성의 측면에서 다른 나라들을 따라잡을 기회를 얻는다. 그럼으로써 국가 산업은 자국 내에서 지식과 전문성을 확장 및 성장시킬 수 있으며, 그런 후에는 자국의 비산업 분야에 이를 전파하는 역할을 하게 된다.* 이러한 논리는 농업이나 서비스업 같은 기타 분야는 지식이나 전문성을 생산하는 능력에 있어 그리고/또는 해당 업계에서 생산한 지식을 경제 전반에 전파시키는 능력에 있어 산업과 동일 수준에 있지 않다는 암묵적 견해를 바탕에 깔고 있다.

세 번째 논거는 국외 수요가 국내 기업을 성장하게 해준다는 측면에서 수출이 경제 성장의 강력한 원동력이라는 점이다. 이 부분에 대해서는 13장에서 다시금 논하도록 하겠다. 그런데 대한민국이나 동남아시아의 '호랑이' 국가들의 경우를 보면, 해외로부터의 수요는 요컨대 공산품에 대한 수요를 의미했다.

네 번째 논거는 산업화는 제도가 좀더 잘 발전하도록 도울 수 있다는 점이다. 한국의 경우 재벌의 성장은 사실상 대출 기관의 발전, 인프라 건설, 그리고 공공 조달 및 수출 장려 정책의 수립을 촉진했다. 앞서 7장에서 논의한 바와 같이 이와 같은 정책 및 제도는 비록 나중에는 성장의 장애물로 작용하는 측면도 있긴 하지만, 한국 경제의 이륙 및 기술 따라잡기가 성공하는 데 크게 기여했다.

---

* 여기서 지적할 점은 리스트의 주장이 일시적 보호주의였지 영구성을 띤 보호주의가 아니었다는 것이다. 충분히 성장해서 국제 무대의 경쟁에 나설 수 있으면 기업은 바로 자유 무역에 노출되는 걸 감수해야 한다. 리스트는 자유 무역이란 서로 비슷한 정도로 성숙한 국가들로 이루어진 세상에서나 가능하다고 믿었다.

산업화를 지지하는 이들은 마지막으로 다음의 논거를 든다. 즉, 산업화는 도시화를 촉진하고 도시화가 이루어지면 이어서 따라잡기 및 혁신을 통해 좀더 신속한 성장이 가능해진다는 것이다. 도시화는 특히나 새로운 인프라 또는 제도 설립의 측면에서 규모의 경제라는 효과 덕을 볼 수 있게끔 해준다. 도시화가 이루어지면 또한 경제 주체 간의 상호 작용을 강화할 수 있기 때문에 아이디어의 교환뿐 아니라 새로운 아이디어의 등장에도 훨씬 유리한 환경이 마련된다는 논지다.

산업화가 성장 및 발전의 요소라는 경험적 증거는 다수 존재한다. 모두 산업화 단계를 거친 현재 선진국들의 사례를 제외하더라도 동아시아의 '네 마리 용', 즉 대한민국·대만·홍콩·싱가포르가 있고, 더 최근에는 '네 마리의 호랑이', 즉 태국·말레이시아·인도네시아와 필리핀의 사례가 있다. 마지막으로 중국의 예를 들면, 1970년대 말 이후 중국의 경제가 이룩한 현상은 산업의 발전과 동시에 발생했다고 볼 수 있다. 하지만 그렇다고 해도 과연 산업화가 경제 발전에서 무조건 필수불가결한 단계일까?

서비스를 통한 성장: 인도의 특이 사례

중량급 국가인 인도와 중국을 비교하는 작업은 여러 측면에서 흥미롭다. 이 두 나라 경제는 비슷한 수준의 인구를 보유하고 있으며, 중국이 인도보다 2배가량이기는 해도 양국의 경제 성장률 또한 매우 높다. 세계은행의 수치를 보면 1990~2018년 중국의 성장률을 1인당으로 환산하면 평균 8.8퍼센트였고, 인도의 경우는 4.7퍼센트였다. 그런데 이 두 나라 사이에는 상당한 차이점이 하나 존재한다. 역시나 세계은행 자료를 보면, 2018년 기준으로 중국에서는 산업 분야가 국내 총생산의 41퍼센트를 차지한 반면, 인도에서의 산업 비중은 27퍼센트에 불과하다.

산업화가 덜 진행되었기 때문에 인도가 중국보다 훨씬 느리게 성장하고 있는 걸까? 하지만 인도가 불리한 상황에 있는 게 전혀 아니라는 걸 수많은 지표가 시사해준다(Fan, Peters et Zilibotti, 2020).[21]

우선, 전체 고용에서 산업의 비중이 정체 중이지만, 서비스업의 비중이 현저히 높아져가는 추세와 인도의 1인당 총생산 증가 현상이 동시에 발생하고 있다. 이러한 경험적 관찰 결과는 실제 인도의 경제 발전이 산업보다는 서비스업의 발달에 더욱 의존하고 있다는 견해를 뒷받침해준다. 분명하게 확인할 수 있는 이 사실은 다음의 두 가지 수치를 통해 한층 더 보강된다. 도표 8.14를 보면 인도의 지역별로 이러한 분석을 세밀하게 분석해볼 수 있다. 도표의 인도 지역은 평균 1인당 총생산 수준에 따라 4개의 집단으로 분류되어 있다. 첫 번째 집단 Q1은 1인당 총생산 수준이 가장 낮은 지역들에 해당하며, 마지막 Q4는 1인당 총생산이 가장 높은 지역들을 의미한다. 이 자료상의 수치를 보면, 농업·산업·서비스업 및 공공재 분야의 비중이 1987년(도표 8.14a)부터 2011년(도표 8.14b)까지 어떻게 변했는지를 알 수 있다. 가장 부유한 지역 Q4와 가장 빈곤한 지역 Q1 사이에 명백하게 차이가 나는 영역은 1987년 수치를 보건 2011년 수치를 보건 둘 다 서비스업 분야다. 그런 데다 1987년과 2011년을 비교해보면, 농업이 가장 지배적이던 1987년과 다르게 2011년에 이르면 가장 부유한 지역에서 지배적인 경제 활동 분야는 서비스업이라는 사실이 드러난다.

마지막으로 이 연구 결과는 1인당 총생산 성장률 지표와 총생산 중 서비스 분야가 차지하는 비중이라는 지표 사이에 정비례의 상호 관계가 존재한다는 사실을 보여준다. 이를 설명하는 방법은 무엇일까? 엥겔 법칙

a) 1987년

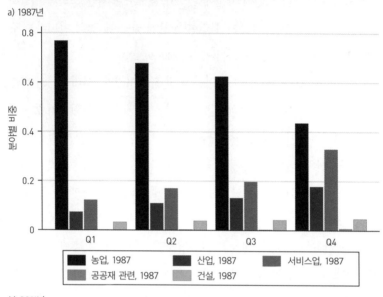

b) 2011년

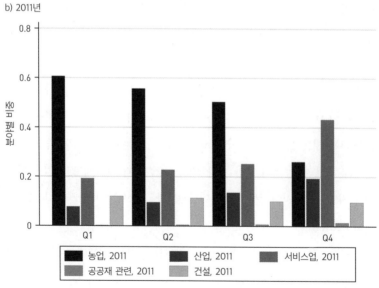

출처: Fan, Peters et Zilibotti (2020).

을 활용하되 혁신 요소를 함께 감안하면, 인도의 이러한 현상에 대한 설명이 가능하다. 경제 발전과 함께 생활 수준이 향상하면 서비스업이 확장되는 결과가 나타난다. 이렇게 서비스업의 시장 규모가 확대되면 해당 분야의 혁신을 통해 얻을 수 있는 잠재 이득 또한 높아진다. 따라서 서비스 분야 혁신에 가속이 붙고, 이어 해당 지역에는 1인당 총생산의 증가가 촉진된다는 논리다.

종합해보면, 산업화의 장점을 신뢰한다고 해도 서비스업 또한 좀더 탐색해보아야 할, 무시할 수 없는 성장 잠재력을 지니고 있음이 드러난다고 하겠다. 실제 사례 분석을 추가로 진행해 이러한 가설을 명백하게 확인한다면, 이는 세계의 수많은 빈곤국에 희망을 줄 수 있다. 여전히 농업 위주 경제인 빈곤 국가들은 집약적인 산업화 단계를 꼭 거치지 않고서도 경제 발전을 이룰 방법을 찾고 있기 때문이다. 이는 산업화가 점점 진행되면서 기후 온난화 또한 가속이 붙는다는 점을 생각해보더라도 바람직한 일이라고 본다.

앞에서 한국과 가나를 역사적으로 비교하며 한국의 손을 들어주었다. 그런데 2010년 이후 가나 또한 상당히 높은 국내 총생산 성장률을 보이고 있다. 2011년에는 11퍼센트에 이르기까지 했다. 하지만 2000년대 말부터 2010년대 초까지 가나에서 유독 발전한 분야는 서비스업이다. 이는 산업화 단계를 우회해 서비스 업종 중심 경제로 직행하는 걸로 보이는 또 하나의 사례라고 할 수 있다. 어째서 가나는 1960년대보다 2000년대 후반에 와서 더 성장하고 있는 걸까? 이 두 시기의 중대한 차이가 있다면, 1980년대를 지나면서 세계화에 가속이 붙었다는 점이다. 오늘날 세계화에 따라 생산 공정을 국제적 차원에서 분담하다 보니 서비스 생산국에서는 공산품 수입이 더 늘어났고, 그 반대급부로 상품과 접목된 서비스를 수출할 수 있게 되었다. 이러한 변화는 서비스 분야에서 좀더 혁신을 추구하는 중요한 촉진제 역할을 했다.

●

쿠즈네츠는 일정 경제 단위가 시간이 흐르면서 겪는 구조적 변화는 두 단계에 걸쳐서, 그리고 순차적으로 일어난다고 보았다. 첫 번째 단계는 농업의 발전에 이어 산업의 발전이 이루어지는 단계다. 그리고 두 번째로는 산업의 발전에 이어 서비스업의 발전이 이어지는 단계다. 이러한 과정을 이해하기 위해 이번 장에서는 공급, 즉 상품과 서비스 사이의 상대적 가격 변화라는 요소와 수요, 즉 소득의 변화 내지는 소비자의 선호도와 관계있는 요소를 모두 감안해야 한다고 주장했다.

그런데 산업화의 단계는 과연 필수불가결한가? 한편에서 다니 로드리크(Dani Rodrik, 2008)[22] 같은 일부 경제학자는 제도상의 발전 및 도시화를 이끌고 기술 지식을 습득해 경제 내 다른 분야로 전파하는 역할을 한다는 점에서 산업의 역할을 중요시한다. 반대편의 시선에서 보면, 인도가 흥미로운 반례를 제시한다. 인도는 자국의 경제 발전을 서비스업에 기초하고 있는 국가 중 하나다. 여전히 농업 위주의 국가들에 산업화 단계를 건너뛸 수 있다는 대안적 모델을 제시할 수 있는 잠재 가능성을 보여준다. 무엇보다 교역의 세계화 현상, 디지털 혁명 그리고 서비스업계 혁신 등의 요소에 의존하는 이러한 대안적 모델이 과연 실제로 실행될 수 있을지는 시간이 지나야 알 수 있으리라 생각한다. 서비스업 중심 경제로 직행하는 이러한 새로운 경제 체계 전환 모델이 지닌 추가적 장점이 있다면, 바로 환경과 관련한 부분이다. 운송 분야를 제외하면 서비스업은 산업 분야보다 탄소 배출량이 4배나 적다. 결과적으로, 국가 혹은 대륙 단위에서 산업화 단계를 건너뛸 수 있다면, 아마도 전 세계적 차원에서 성장과 환경을 성공적으로 양립시키는 경제 성장 방식이 될 수 있다고 본다. 환경 문제와 환경친화적 혁신에 대해서는 바로 다음 장에서 더욱 자세히 다룰 예정이다.

친환경 혁신과 지속 가능한 성장

1970년대가 되자 연구자나 경제 정책 결정권자에게 자연 자원 고갈 문제가 중요한 우려 사항으로 떠올랐다. 이를 증명해주는 자료가 그 유명한 메도스 보고서(Meadows Report: 한국에서는 이 보고서의 30주년 개정판인 《Limits to Growth》가 2021년에 《성장의 한계》라는 제목으로 번역 출간되었다―옮긴이)다. 이는 1970년 로마 클럽이 MIT 소속 연구자들에게 의뢰한 연구 보고서다. 메도스 보고서는 1820년 산업혁명과 함께 시작된 성장의 시기를 마무리하고 제로 성장이라는 해결책을 택해야 할 필요성을 강조하며 다음과 같은 결론을 내렸다. "제한되어 있는 그리고 계속해서 감소하는 비재생 자원과 우리 지구상의 제한된 공간으로 인해 인구 증가는 종국에 생활 수준을 저하시키며 더 복잡한 문제들을 불러일으킬 거라는 원칙적인 결론을 받아들일 수밖에 없다."[1]

이렇게 경종을 울리는 목소리와 함께 온실 효과로 인한 기후 온난화 문제에 대해 사람들이 각성하기 시작하면서 우리 인류는 정체의 시대로 들어설 운명이라는 견해가 힘을 얻기에 이르렀다. 2019년 출간되어 많은 영감을 준 《이번 월말 이후의 기후(Le Climat après la fin du mois)》(2019)[2]라는 저서를 통해 크리스티앙 골리에(Christian Gollier)는 19세기 초까지만 해도 대기 중 이산화탄소 포화도가 안정적으로 유지되어 약 280ppm*수준이었다는 사실을 매우 명확하게 설명해준다. 실제로, 인간의 활동으로 인해 발생하는 이산화탄소는 식물의 광합성과 바다가 다 흡수하는 수준이었다는 것이다. 하지만 1820년 산업혁명 이후 그리고 이어진 대규모 화석 연료의 사용으로 인해 이러한 균형이 무너졌다. 19세기 초 280ppm이던 대기 중 탄소 포화도는 계속해서 증가해 2018년에는 410ppm에 이르렀다. 이러한 급속한 증가가 온실 효과를 발생시켰고, 연쇄적으로 상당 수준의 기후 온난화를 불러일으켰다는 이야기다. 환경에 대한 영향은 여러 가지 측면에서 나타났다. 가뭄, 화재, 홍수 등의 현상은 점점 더 빈도가 높아지고 강도 또한 심해졌다. 생물 다양성 역시 심각하게 감소했다. 그런 데다 온난화는 인간의 활동에도 영향을 미친다. 혹염으로 인해 사망률이 폭증한다든지 폭설 때문에 노동 생산성이 눈에 띄게 타격을 받는다든지 하는 일이 발생한다는 점에서 그러하다.

자원 고갈이라는 주제와 기후 온난화에 맞서기 위해 꼭 필요한 투쟁이라는 화두에는 수많은 질문이 뒤따른다. 한정된 자연 자원과 기후 문제로 인한 제약 때문에 결국 장기적으로 우리 경제는 정체 혹은 나아가 퇴

---

* ppm은 공기 중 오염도를 계산하는 데 사용되는 포화도 측정 수치다. 이는 오염원의 미립자를 기준으로 하는데, 위 경우에는 이산화탄소가 공기 100만 미립자 속에 얼마나 포함되어 있는지를 알려주는 지표다.

보의 상황을 맞을 수밖에 없는가? 효율적인 에너지 전환은 어떻게 고안해야 할까? 질적인 성장 그리고 지속 가능한 성장이라는 과제와 기후 온난화에 대한 투쟁이라는 과제를 동시에 해결하기 위해 국가가 활용할 수 있는 주요 수단은 무엇인가? 이번 장에서는 이러한 의문점에 대해 탐색해보도록 하자.

지속 가능한 성장: 슘페터 vs. 맬서스

2장에서 '맬서스의 덫'이라 부르는 모델을 언급한 바 있다. 맬서스의 덫이라는 틀 안에서는 장기적 성장이 불가능한데, 그 이유는 생산성이 조금이라도 향상하면 인구가 늘어나 1인당 총생산을 다시금 생계유지 수준으로 끌어내린다고 보기 때문이다. 이 패러다임이 극단적으로 느껴질지도 모른다. 하지만 실제를 놓고 보면, 몰리에르(Molière)의 희곡 《부르주아 귀족(Le Bourgeois gentilhomme)》에 등장하는 주인공 주르댕(Jourdain)처럼 미처 자각하지도 못한 채 맬서스의 논리에 사실상 빠져 있는 이들이 매우 많다. 탈성장(degrowth)이야말로 자연 자원 고갈 우려나 기후 변화의 위급성에 대한 유일한 대책이라고 내세우는 이들이 바로 그 부류에 속한다. 이들의 관점은 다음과 같이 설명해볼 수 있다.

　오직 자본 축적에만 의존해 성장하는 경제 단위가 있다고 생각해보자. 그리고 그 경제 내에서는 소비재 상품의 최종 생산을 위해 자본뿐 아니라 자연 자원의 추출이 반드시 필요하다고 해보자. 자본 축적, 즉 투자는 저축과 대등하다. 그리고 저축은 최종 생산의 일부에 해당하는데, 그 나머지가 소비되기 때문이다.* 자연 자원의 매장량에는 제한이 있다. 그러면 이제, 자본으로 인한 수익이 이미 축적된 자본과 더불어 증가하건 감소하건 유효한 명제는 두 가지다. 하나는 경제가 초장기적 관점에서 보면 어쩔 수 없이 정체할 운명이라는 것이고, 또 하나는 단기적으로 성장이 둔화하는 현상은 경제의 수명을 늘려준다는 것이다.

초장기적 시선으로 볼 경우, 경제는 침체할 수밖에 없는 운명이란 걸 증명하려면 귀류법이라는 논리를 동원해야 한다. 예를 들어, 경제가 무기한 X퍼센트 이상의 성장률을 보인다고 해보자. 그리고 여기서 X는 무조건 양수다. 이 가정이 의미하는 바는 이렇다. 즉, 최종 생산은 시간이 지나면서 제로로 수렴하지 않는다. 이러한 가정이 실제로 들어맞기 위해서는 자연 자원의 추출을 일정 수준 이상으로 항시 유지해야만 한다. 그런데 그렇게 하다 보면 매장된 자연 자원은 일정 시간 이후 고갈될 수밖에 없다. 그 제한적인 매장량이 고갈되고 나면 최종 생산은 곧바로 제로가 된다. 이 결과는 시작점에서의 가설, 즉 최종 생산은 무한대로 성장한다는 가설과 정면으로 모순된다. 장기적으로 보았을 때 가능한 유일한 성장률은 그러니까 결국 0퍼센트뿐이다.

단기적으로 성장이 둔화하면 경제의 수명이 늘어날 수 있다는 건 모든 단기적 경제 둔화는 자연 자원의 절약에 기여하기 때문이라는 점, 따라서 장기적으로 보면 더 오랫동안 해당 자원을 추출할 수 있기 때문이라는 점에서 비롯된다. 이렇게 해서 최종 상품을 더 오랜 기간에 걸쳐 생산할 수 있다는 뜻이다.

1970년대에 성장의 한계를 주장한 이들이 바로 이런 논리를 동원했다.

---

* 이는 1장에서 언급한 로버트 솔로의 성장 모델과 다를 바 없다. 단 한 가지 차이점이 있다면, 여기서는 최종 생산에 자연 자원 또한 사용된다는 조건이 있을 뿐이다.

상당히 논리적이고 설득력 있어 보이는 추론이라 하겠다. 현재 탈성장을 지지하는 이들의 움직임 또한 바로 이러한 논리에 기반한다. 우리는 이런 논리에서 벗어날 수 있을까? 맬서스의 덫 사례와 마찬가지로 해답은 단한마디, 즉 혁신에 달려 있다. 오직 혁신만이 가능성의 한계 자체를 더 넓게 확장시킬 수 있다. 오직 혁신만이 자연 자원을 점점 덜 사용해도 되게끔 해줄 수 있고, 또 이산화탄소를 덜 배출하게끔 해줄 수 있기 때문에 종국에는 우리 삶의 질을 지속적으로 향상시키는 역할을 할 수 있다. 오직 혁신을 통해서만 점점 더 깨끗한 새로운 에너지원을 찾아낼 수 있고 앞으로도 그럴 것이다. 그 예로 프랑스는 원자로 도입을 통해 탄소 배출량을 확 낮출 수 있는 길이 열렸다. 또한 재생 에너지의 발전은 탄소 배출을 줄이기 위한 움직임을 한층 진전시켜주었다.

창조적 파괴는 매우 강력한 변화의 동력이라는 점을 다시 한번 상기해보자. 창조적 파괴는 어떤 기술을 신기술로 대체할 수 있게 해줄 뿐 아니라, 생산 방식 자체를 완전히 바꾸는 일조차 가능케 할 수 있다. 그런데 우리가 처한 환경 위기가 얼마나 긴급한지를 보면(특히 특정 영역은 유난히 더 위급하다), 그 같은 극적인 변화가 반드시 필요하다. 그렇기에 에너지 믹스(energy mix: 에너지원의 다각화를 의미─옮긴이)를 재생 에너지원 위주로 전환하는 과정에서 에너지 산업 전체의 모델 자체가 바뀌어야 한다는 얘기다. 여기서 해야 할 중요한 질문은 이러하다. 즉, 혁신은 과연 자발적으로 환경 오염을 덜하는 기술의 방향으로, 더 전반적으로 말하면 자연 자원을 아낄 수 있는 기술의 방향으로 향하는가? 아니면 그와 반대로 혁신의 방향을 바꾸기 위해 국가의 개입이 필요한가? 바로 이 질문에 대한 논의를 이어서 해보자.

친환경적 혁신, 경로 의존성 그리고 국가의 역할

기업은 자발적으로 '친환경적' 혁신을 선택하는가(다음 상자 참조)? 자동차 업계에 대한 분석을 실시한 최근의 한 연구는 이 질문에 대한 답이 명백히 '그렇지 않다'는 점을 보여준다(Aghion, Dechezleprêtre, Hémous, Martin et Van Reenen, 2016).[3] 저자들은 80개국의 자동차 관련 기업이 1978~2005년 출원한 특허 관련 자료를 살펴서 '친환경적' 혁신, 즉 전기 자동차 개발과 관계있는 특허[*]와 환경을 오염시키는 방향의 혁신, 그러니까 연소 기술과 관계있는 특허를 분류했다. 그러한 자료를 통해 기업이 환경 오염을 일으키는 혁신보다 환경친화적 혁신을 향하는 성향을 결정하는 요소는 대체 무엇인지를 분석하고자 했다. 특히 해당 기업이 과거에는 어떤 방향의 혁신을 이루었는가에 관심을 기울였다. 과거 환경 오염을 불러일으키는 기술 분야에서 혁신을 이루었던 기업은 계속해서 그 방향으로 가는가, 아니면 방향을 전환해서 환경친화적 기술 혁신으로 나서는가?

과거에 이미 내연 기관 분야에서 많은 혁신을 이룬 기업은 해당 분야의 혁신이 가져오는 소득이 점점 감소하기 때문에 이제는 전기 모터 쪽으로 방향을 전환하는 게 더 유리하다는 판단을 내릴 거라고 생각하기 쉽다. 그런데 위에서 언급한 논문의 저자들은 현실에선 그렇지 않다는 결론에 도달했다. 과거 내연 기관 개발에서 혁신을 이뤘던 기업일수록 오늘날에도 해당 분야의 혁신을 계속 추구하는 경향이 있다는 이야기다.

---

[*] 전기 자동차가 과연 '깨끗한지'에 대해서는 여전히 논란이 있다. 사실 전기 자동차를 만들기 위해서는 배터리를 포함해 반드시 친환경적이지만은 않은 생산 공정이 들어가는 부품이 필요하다(Ademe, 2016).

'친환경적' 혁신

친환경적 혁신은 프랑스에서 에코-혁신(éco-innovation) 혹은 환경 혁신(innovation environnementale)이라고도 부른다. 이는 그 과정 주기 내내 환경을 위협하는 요소라든지, 오염 혹은 자원 활용에 있어 부정적 영향 등을 줄일 수 있는 새로운 제품이나 공정 또는 방법론 등을 의미한다.

이러한 혁신은 재활용이나 재생 에너지 생산 및 저장같이 기업의 주요 경제 활동이 환경 보호인 분야에서만 발생하는 게 아니라, 언뜻 보기에는 환경에 대한 우려와는 거리가 먼 분야, 예를 들면 건설·자동차 혹은 화학 등의 분야에서도 발생할 수 있다. 그런 데다 친환경적 혁신은 기술 분야일 수도, 아닐 수도 있다. 예를 들면 조직과 관련한 혁신이나 제도상 혁신, 마케팅 영역의 혁신 또한 친환경적인 성격을 띨 수 있다.

이미 사용한 상품의 재활용 가능성을 개선하는 방식의 친환경 혁신이 핵심 역할을 한다. 이러한 혁신은 예를 들어 기존 기계 설비의 효율성을 개선하는 점진적 혁신을 훨씬 능가한다고 볼 수 있다. 사실, 재활용은 진정한 경제 모델의 전환을 가져왔다. 특히 추출, 제조, 소비, 폐기로 이어지는 선형적인 경제 모델을 벗어나 '순환' 경제 모델을 도입할 수 있게끔 해주었다. 말하자면 추출, 제조, 소비 그리고 재활용을 거쳐 다시금 제조 등으로 계속 이어져 단절 없는 선순환 과정이 가능해졌다는 뜻이다.

다시 말하면 자사가 비교 우위를 확보한 분야를 이어가고 있다는 뜻이다. 이러한 **경로 의존성**이 시사하는 바가 있다면 외부 개입이 없을 경우 내연 기관 전문 기업이 자발적으로 전기 모터 개발 쪽으로 방향을 틀지는 않을 것이라는 점이다. 즉, 이러한 기업의 혁신 활동이 환경을 오염시키지 않고 친환경적 성격을 띠도록 하는 방향 전환에는 정부 개입이 필

설명	IPC 코드
표 9.1 친환경적이거나 환경 오염적인 특성 범주에 따른 특허 카테고리 구분표	
친환경 특허	
전기 자동차	
자동차 내부 동력원에 의한 전기 추진	B60L 11
전기 추진 자동차의 전기 안전장치 작동 매개 변수 제어(매개 변수에는 속도, 감속, 에너지 소비 등 포함)	B60L 3
전기 구동 자동차 추진을 일으키는 방식, 경로 및 장치	B60L 15
전기 추진 관련 총체의 정비 및 조립	B60 K1
자동차 본체나 기능 혹은 다른 종류의 하위 총체를 결합하는 제어 방식. 전기 추진 단위의 제어(예를 들어, 발전기 모터) 포함/에너지 축적 방식의 제어 포함/배터리나 축전기 같은 전기 에너지 관련 기술 포함	B60W 10/08, 24, 26
하이브리드 자동차	
상호적이거나 공유적인 추진이 가능하게끔 여러 대의 주 모터를 배열 혹은 조립하는 각종 방식(예를 들어, 전기 모터와 내연 기관이 모두 포함된 하이브리드 추진 시스템)	B60K 6
하이브리드 자동차에 특화된 제어 시스템(예를 들어, 적어도 한 종류 이상의 주요 모터(전기 연소 기관 포함)가 탑재되어 있으며 모든 모터를 자동차의 추진에 사용하는 방식을 의미)	B60W 20
회생 제동:	
운동 에너지를 전기 에너지로 전환하는 방식의 회생 제동	B60L 7/1
모터 발전기를 탑재한 자동차의 엔진 운동에 회생 에너지를 공급하는 방식의 제동	B60L 7/20
수소/연료 전지 자동차:	
자동차 본체나 기능 혹은 다른 종류의 하위 총체를 결합하는 제어 방식: 연료 전지 제어 포함	B60W 10/28
일차 전지, 이차 전지 및 연료 전지가 공급한 에너지를 사용해 발생시킨 자동차 내부 에너지를 통한 전기 추진	B60L 11/18

연료 구성 요소 및 그 제작	H01M 8
오염성 특허	
피스톤 내연 기관. 연소 기술을 사용하는 모터 전반	F02B
연소 기관의 제어	F02D
연소 기술을 사용하는 모터의 실린더, 피스톤 및 뼈대. 연소 기관 내부의 방수 처리용 보강재 정비 작업	F02F
연소 기관에 혼합 연료 혹은 이 혼합 연료를 구성하는 제품의 보급	F02M
연소 기관의 시동	F02N
(압축 기술을 제외한) 내연 기관의 점화	F02P

출처: Aghion, Dechezleprêtre, Hémous, Martin et Van Reenen (2016).

요하다는 의미다.

어떤 특허, 즉 혁신의 성격이 환경친화적인지 여부를 판단하기 위해 저자들은 표 9.1에서 재구성한 '국제 특허 분류(IPC)'를 활용했다. 그중에서도 의미 있는 수준으로 지식을 진전시킨 특허에 초점을 두었는데, 그러기 위해 미국특허청, 유럽특허청 그리고 일본특허청(JPO)에 동시 출원된, 이른바 '3극 특허'라고 부르는 것들을 살펴보았다. 도표 9.1은 1980~2005년 자동차업계에서 친환경적인 3극 특허와 환경 오염의 성격이 큰 3극 특허의 변화 추이를 보여준다. 환경친화적 성격을 띤 혁신이 거의 부재했던 기간을 꽤나 오래 거친 후 1990년 중반에 와서야 비로소 이륙 현상을 관찰할 수 있다. 그렇다고 하더라도 환경을 오염시키는 종류의 혁신과 대비해 '따라잡기'가 이루어진 수준이라 보기는 어렵다.

우리는 기업이든 개인이든 그리고 1978~2005년 동안 환경친화적이든 오염원이 되었든 매해 각 혁신가들이 출원한 3극 특허의 수를 파악할

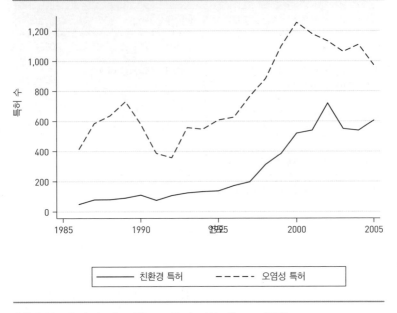

도표 9.1 자동차 산업 내 친환경적 혹은 환경 오염적 3극 특허의 변화 추이 (1980~2005)

출처: Aghion, Dechezleprêtre, Hémous, Martin et Van Reenen (2016).

수 있을 뿐 아니라 한 혁신가가 획득한 특허의 내력도 알 수 있다. 이러한 정보는 특히 오늘날 친환경적이거나 그렇지 않은 생산 기술에 혁신을 추구하는 기업의 성향에 대해 해당 기업이 예전부터 축적해온 관련 특허 보유고가 얼마나 영향을 주는지를 보여준다.

분명히 드러난 사실은 다음과 같다. 즉, 과거에 환경친화적인 특허 출원에서 상위 10퍼센트에 자리했던 기업은 오늘날에도 환경친화적인 특허를 생산할 가능성이 5퍼센트 높다. 대칭적으로 보면 과거에 환경을 오염시키는 성격의 특허를 축적한 기업은 오늘날에도 그러한 종류의 특허를 출원한 가능성이 높아진다. 따라서 특정 기업이 환경친화적이거나 오염을 일으키는 분야에서 혁신을 추구하는 선택을 함에 있어 분명 경로 의존성이 존재한다고 볼 수 있다. 결과적으로 국가의 개입 없이 기업이 친환경 혁신으로 가는 자발적 방향 전환을 할 거라고 기대하는 건 어불성설이다.

여기서 긍정적인 소식이 있다면 바로 공공 정책을 통해 혁신의 방향을 환경친화적 생산 기술로 바꿀 수 있다는 점이다. 저자들은 휘발유 가격이 10퍼센트 올라갈 경우 기업이 친환경 혁신으로 방향을 바꾸려는 경향이 10퍼센트 늘어난다고 지적했다. 이러한 혁신의 방향 전환은 8장에서 언급한 시장 규모의 효과와 같은 데서 비롯된다고 하겠다. 그 말은 휘발유 가격을 인상하면 내연 기관 자동차에 대한 수요가 줄어들어 환경 오염 성격을 지닌 혁신이 가져다줄 잠재 이득이 감소하고, 그러다 보면 기업은 친환경적 혁신으로 방향을 돌리게 된다는 얘기다.

저자들은 휘발유 가격 인상과 관련한 여러 정책을 2005년에 시행했다고 가정했을 때 2028년까지 친환경 특허 보유고의 변화 추이(실선) 및 환경 오염을 일으키는 특허 보유고의 변화 추이(점선)에 어떠한 영향이 있을지 모의 실험을 해보았다. 도표 9.2a는 휘발유 가격이 전혀 인상되지 않았을 경우의 추이를 나타낸다. 도표 9.2b, 도표 9.2c 그리고 도표 9.2d는 각각 2005년에 휘발유 가격이 10퍼센트, 20퍼센트 혹은 40퍼센트 인상됐을 경우의 변화 양상을 보여주는 모의 자료다. 이 중에서도 휘발유 가격이 40퍼센트 인상된다고 가정한 경우, 실선과 점선이 2020년에 완전히 수렴한다는 점에 주목하자. 그럴 때 2020년 시점 이후로 기업은 자발적으로 친환경 혁신을 선택하게 되는데, 그 이유는 기업이 이미 해당 분야에서 가장 높은 전문성을 갖추었기 때문이다.

물론 독자들은 휘발유 가격 40퍼센트 인상이라는 가정은 비현실적이

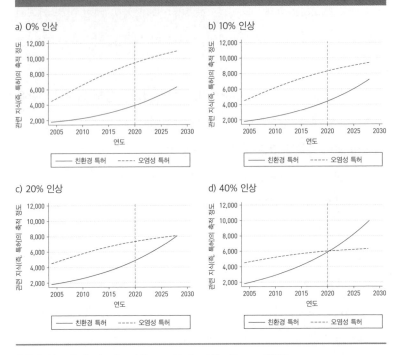

a) 0% 인상

b) 10% 인상

c) 20% 인상

d) 40% 인상

출처: Aghion, Dechezleprêtre, Hémous, Martin et Van Reenen (2016).

라고 반박할 수 있다. 그건 맞는 말이다. 후대에 엄청난 비용을 떠안길 수 있는 행태이기 때문이다. 징벌적 친환경 세제의 도입은 행동 교정을 목표로 하는데, 이는 매우 논란이 불붙기 쉬운 영역이다. 그 실례가 바로 프랑스의 '노란 조끼' 시위라고 할 수 있다. 이 시위야말로 휘발유 가격의 인상으로 인해 촉발되었으니 말이다.* 게다가 세금 제도가 에너지원

---

* 프랑스에서 노란 조끼 시위가 벌어질 무렵, 수입 연료의 가격 상승으로 인해 휘발유 가격이 매우 높아져 있었다는 점을 지적할 필요가 있다. 당시 가격 상승은 탄소세 증세

전환에 유일한 도구여서는 안 된다. 그러니 친환경 혁신을 위한 연구로 방향을 틀기 위해 단 하나가 아닌 여러 가지 수단을 고민하며 논의를 확장시킬 필요가 있다.

친환경 혁신을 장려하는 데는 어떤 정책이 필요한가

윌리엄 노드하우스 vs. 니컬러스 스턴

기후 온난화가 성장에 미치는 영향을 분석하고 여러 환경 관련 정책의 비용 및 혜택을 연구하기 위해 경제학자들은 우선 고전적인 성장 모델을 취해서 거기에 기후 변화라는 요소를 편입시키는 방식을 사용한다.[4] 예를 들어, 윌리엄 노드하우스(William Nordhaus, 1992)[5]가 개발한 DICE(Dynamic Integrated Climate-Economy), 즉 기후 경제 통합 역학 모델은 노동과 자본을 동원해 최종 상품이 생산되는 경제를 바탕으로 한다. 노동과 자본이라는 두 요소의 생산성은 기술 발전을 통해 시간이 갈수록 개선되는 기술 요소와 정비례 관계에 있다. DICE 모델에서 생산성은 또한 환경의 질과도 정비례 관계에 있다. 환경의 질은 기온 상승이 발생하면 낮아지게 되는데, 기온 상승 자체를 초래하는 요소는 해당 경제의 총생산이다. 이러한 가설은 생산 활동이 탄소를 배출하고, 탄소 배출은 기후 온난화에 영향을 준다는 사실을 내포하고 있다.

로 인한 결과가 아니었다. 탄소세는 매년 1월 1일에 인상되는 걸로 정해져 있었으니 말이다. 노란 조끼 시위가 확산되자 프랑스 정부는 2018년 재정(財政) 법안에서 탄소세 인상 궤도를 하향 조정할 수밖에 없었다.

이런 경제에서 비효율성의 유일한 원천이 있다면, 각 생산자는 자신의 생산 활동이 전체 탄소 배출량에 미치는 영향, 그러니까 종국에는 생산성에 미치는 부정적 영향을 감안하지 않는다는 점이다. 이와 같이 발생한 탄소 배출은 그런 의미에서 부정적 환경의 부정적 외부성으로 작용한다. 경제학의 표현을 빌리자면, 개별 생산자가 환경적 외부성을 내부화하지 않는다고 말할 수 있다. 생산자가 이 외부성을 내부화하게끔 하는 방법에는 어떤 것이 있을까? 가정된 상황에서는 외부성이 단 한 가지밖에 없으므로 경제 정책의 유일한 도구는 경제 전반을 효율적인 '경로'로 다시 들어서게 하는 일이다. 그러기 위한 방법 중에는 화석 연료에 대해 탄소 함량에 비례한 세금을 부과하는 탄소세가 있다.

이 같은 모델을 활용하는 경제학자들이 제기하는 본질적인 의문은 현재 세대와 미래 세대 사이에 환경 정책의 비용을 어떻게 분담하는가 하는 문제다. 애초부터 매우 높은 탄소세를 부과해야 할까? 그렇게 하면 현세대에 큰 타격을 준다. 아니면, 현재와 미래 세대 간에 희생을 분담할 수 있도록 탄소세 인상을 조금 더 점진적으로 적용하는 정책을 택해야 할까? 이 질문에 대한 대답은 현재와 미래 사이에 이른바 '가치 할인(discounting: 경제학에서, 가까운 미래의 가치는 상대적으로 크게 할인되지만 지금으로부터 먼 미래의 가치는 상대적으로 적게 할인되는 것을 의미한다—옮긴이)' 비율을 어떻게 계산하는 게 맞는지에 대한 각자의 의견에 달려 있다. 바로 여기서 기후 온난화의 영향에 대한 접근의 차이가 드러난다. 한편에는 윌리엄 노드하우스처럼 낙관론을 견지하는 학자들이 있는가 하면, 반대편에는 비관론의 대표 주자 니컬러스 스턴(Nicholas Stern)이 있다.

영국 경제학자로 런던 정경대학 교수인 니컬러스 스턴은 전 세계에서 인정받는 환경 및 경제 발전 문제 전문가다.[6] 2000~2003년 세계은행 부

총재로 재직한 그는 특히 기후 변화 시대의 경제에 대한 보고서를 통해 대중에게 알려졌다. 2006년 영국 정부가 발간한 스턴 보고서[7]는 기후학자가 아니라 경제학자가 주도한 기후 변화 관련 보고서로는 사실상 최초였다. 최초로 경제학 지식을 통해 기후 변화가 가져올 경제 비용의 규모를 가늠해보고자 한 시도였다. 그가 활용한 방법론에 대해 비판이 일기는 했지만 스턴 보고서의 결론에 대해서는 이론의 여지가 없었다. 강력하게 그리고 미리부터 온실가스 배출 감소를 위한 행동을 취하지 않으면 매년 전 세계 총생산이 5~20퍼센트까지 피해를 입을 수 있다는 내용이었다.

반면 예일 대학교 교수이자 미국 출신 경제학자인 윌리엄 노드하우스의 견해는 아주 다르다. 그는 마틴 와이츠먼(Martin Weitzman)과 함께 기후 변화를 모델화하는 분석 방법의 선구자로서 환경경제학 연구로 특히 잘 알려져 있다. 그중에서도 위에서 언급한 DICE 모델은 성장에 영향을 주는 요소, 그러니까 탄소 배출, 탄소 주기, 기후 변화, 기후 변화로 인한 피해 및 기후 정책 등을 모두 포괄하는 모델이다.

노드하우스는 지구 온도가 섭씨 3도 정도 높아지면 2100년경에는 전 세계 총생산의 수준이 2.1퍼센트 정도 하락하고, 섭씨 6도 높아지면 8.5퍼센트 낮아진다고 예측했다(Nordhaus, 2007).[8] 그러니까 온난화의 영향이 상당히 미약하다는 결론이었다. 1세기가 넘는 기간 동안 전 세계 총생산이 8.5퍼센트 줄어든다는 말은 1년 단위 총생산으로는 연간 0.1퍼센트 감소하는 정도에 불과하기 때문이다! 수많은 기후학자는 노드하우스의 수치가 크게 과소평가되었다고 지적하며 그의 이러한 낙관적인 시선을 비판했다.

실제로 노드하우스는 가치 할인율을 낮게 잡고 있다. 다시 말하면, 현재 세대 대비 미래 세대에 좀더 큰 무게를 두었다는 뜻이다. 따라서 그의 낙관주의는 경제 성장의 혜택을 입을 미래 세대는 현재 세대보다 훨씬 부유할 테고, 그렇기에 기후 변화 문제에 더욱 용이하게 대처할 수 있을 거라는 생각에서 비롯되었다. 그러한 견해를 가진 노드하우스는 스턴보다 좀더 점진적인 탄소세를 제안한다. 스턴의 경우는 확실히 훨씬 높은 가치 할인율을 가정하기 때문에 강력하고 즉각적인 행동을 취해야 한다고 권고한다.

환경, 그리고 방향성을 띤 혁신[9]

열역학 자동차같이 환경을 오염시키는 상품과 비오염 혹은 친환경이라고 할 수 있는 전기 자동차 등의 상품을 모두 생산하는 경제 단위를 한 번 가정해보자.* 그 경제 내에서 오직 환경을 오염시키는 상품의 생산만이 탄소 집중도를 높이고 기후 온난화에 일조한다. 기술 발전의 방향을 오염원이 되는 상품의 생산으로 잡든지, 아니면 오염을 일으키지 않는 상품의 생산으로 잡든지 하는 문제는 해당 기업의 '내생적' 결정이다. 이 말은, 혁신의 방향을 환경을 오염시키는 기술 쪽으로 잡거나 친환경 기술로 잡거나 해당 경제 내 기업의 결정에 달려 있다는 뜻이다.

　내생적 기술 발전의 특징을 지닌 이 경제에서는 탄소 배출이라는 부정적인 환경적 외부성에다 두 번째 비효율의 원천인 경로 의존성까지 더해진다. 친환경 기술보다는 환경 오염을 일으키는 기술 분야의 혁신을 추구하는 결정을 내리는 기업은 현재의 방향 때문에 자사가 미래에 가서도 여전히 환경을 오염시키는 성격의 기술 혁신을 도모할 가능성이 더욱 높

---

* 현재의 가정 아래서 전기 자동차는 친환경 기술 영역에 속한다.

아진다는 걸 염두에 두지 않는다. 기술 발전의 원천으로 '방향성을 띤 혁신'을 도입하면 분석이 훨씬 풍요로워지고, 환경과 관련한 경제 정책 논의의 성격과 세부 사항을 현저하게 바꿔볼 수 있다.

첫 번째 시사점이 있다면 노드하우스의 가치 할인 수준으로도 비오염을 추구하는 성격의 혁신으로 방향을 트는 조치를 즉각적으로 취할 수 있다는 것이다. 그 이유는 다음과 같다. 처음에는 내연 기관 모터 생산 기술이 전기 모터를 생산하는 기술보다 훨씬 앞서 있다고 가정해보자. 공공 기관의 개입이 없다면, 경로 의존성으로 인해 기업은 계속해서 내연 기관 모터 분야의 혁신만을 거듭할 것이다. 이미 그 분야에 뛰어난 기술을 보유하고 있으니 말이다. 그렇게 되면 내연 기관 모터 생산 기술과 전기 모터 생산 기술 사이의 수준 차이가 점점 더 벌어지고, 결과적으로 전기 모터 분야로 혁신의 방향을 전환하기 위한 미래의 정책에는 기간도 훨씬 더 걸리고 비용도 많이 들게 된다. 이 논리는 치통에 비유해볼 수 있다. 충치가 악화하고 있는데도 치과 진료를 받기까지 너무 뜸을 들인다면 나중에 가서 받아야 할 치료는 시간도 훨씬 오래 걸리고 더 힘들 수밖에 없다.

정부 개입이 지연되면 그 비용은 어떠할까? 가치 할인 비중을 스턴의 1퍼센트로 대입하든 노드하우스의 1.5퍼센트로 대입하든 정부 개입 지연 비용은 상당한 수준일 거라고 예상된다. 노드하우스의 접근을 택하든 스턴의 접근을 택하든 매개 변수의 값이 합리적이라고 본다면, 정부가 택해야 할 최적의 정책은 혁신 연구의 방향을 즉시 친환경으로 향하게끔 하는 일이다.

두 번째 시사점은 국가의 개입은 일시적이라는 것이다. 전기 모터 생산 기술이 내연 기관 모터 생산 기술의 수준을 따라잡으면, 그때는 기업이 자연스럽게 알아서 전기 모터를 더욱 혁신하고자 하는 선택을 하게 된다. 다시금 경로 의존성이 작용하기 때문이다. 경로 의존성이 이제는 친환경적 혁신에 유리하게끔 발휘되는 셈이다.

세 번째 시사점은 경제 정책에는 두 가지 도구가 모두 필요하다는 것이다. 이는 위에서 가정한 특정 경제 내에서는 비효율성의 원인이 두 가지 존재하기 때문이다. 하나는 부정적 환경상의 외부성이며, 나머지 하나는 경로 의존성이다. 탄소세는 주로 환경적 외부성에 대응하는 데 사용되는 반면, 친환경 혁신에 정부 보조를 해주는 정책을 통해서는 경로 의존성에 좀더 직접적으로 대응할 수 있다. 물론 위에서 살펴본 바와 같이 탄소세를 과도하게 부과하면 환경을 오염시키는 성격의 혁신을 단념시키는 효과가 나올 수도 있다. 하지만 두 가지 도구를 활용하면, 즉 탄소세와 더불어 친환경 혁신을 대상으로 정부의 지원을 추진하면 기후 온난화 대응을 위해 과세를 지나치게 할 필요가 없다.

친환경 혁신 기술의 전파

환경은 전 세계가 공유하는 재화이므로 한 나라가 일방적으로 친환경 정책에 투자할 경우에도 이는 전 세계에 이익이 된다. 탄소 배출 감소는 전 지구적 혜택을 가져오기 때문이다. 결과적으로 각 나라는 자국 대신 다른 나라들이 환경 보호 노력을 하겠거니 하고 방임한 채 무임승차를 기대할 가능성이 있다. 그렇다면 과연 기후 온난화에 맞서기 위해 진정한 국제 협력이란 가망이 아예 없다는 뜻일까?

지금 우리 모두는 신흥 국가들이 점점 더 목소리를 높이며 정당한 경제 발전을 요구하는 시대에 살고 있다. 이들의 요구는 분명 정당하다. 선진국들은 환경 오염을 일으킨 산업혁명 덕분에 지난 2세기 동안 성장해왔다. 이제 와서 자신들을 따라잡기 위해 동일한 성장 방식을 실천할 권리가 분명 있는 개발도상국에 그 권리를 부정하기란 어려운 일이다. 그 방식을 실행하지 말라고 강요할 수 없다. 바로 그렇기 때문에 신흥 국가들은 탄소 배출 감소와 관련한 목표 달성 노력에 동참하길 꺼린다고 볼 수 있다.

하지만 친환경 혁신을 도입한다면, 전 세계 차원에서도 조화로운 방식으로 기후 온난화에 맞서 싸우는 방법을 놓고 논의 사항 자체를 전환할 수 있다.* 특히 중국이나 브라질 같은 일부 신흥 국가는 국제 수준에서 혁신에 기여하고 있긴 하지만, 개발도상국 대다수는 여전히 선진국에서 발명한 기술을 모방하거나 차용하는 정도의 정책을 추구하고 있는 게 현실이다(7장 참조).

이제 한 번 이런 가정을 해보자. 선진국이 힘을 합쳐 친환경 기술 혁신 쪽으로 방향을 바꾸기로 하고, 그들이 개발한 신기술에 대한 접근을 허용해 후발 국가들에 좀더 쉽게 전파되게끔 하는 결정을 내린다. 그렇게 하면 후발 국가의 기업은 자사의 혁신 방향을 친환경 기술을 적용하는 쪽으로 잡느냐, 아니면 환경 오염을 일으키는 기술을 적용하는 쪽으로 잡느냐 사이에서 결정을 내려야 하는 상황에 처한다. 이럴 경우 선진국에서 환경 오염 기술 대비 친환경 기술의 발전 단계가 일정 수준을 넘어서면 개발도상국 기업들로서는 오염을 일으키는 옛 기술을 버리고 새로운 친환경 기술을 적용하는 방향을 택하는 게 훨씬 이득이라는 점을 쉽게 증명할 수 있다. 예를 들면, 중국은 이미 태양광 패널 분야에서 전 세

---

* 여기서는 선진국과 개발도상국의 경우를 따로 구분해서 살펴본다. 하지만 기술 발전 수준에서 차이가 있는 국가 집단에 대해서는 이 논거가 보편적이다.

계 시장을 주도하고 있으며, 이제는 배터리나 전기 자동차에 엄청난 투자를 하고 있는 상황이다. 위 논의를 종합해보면 기후 온난화에 성공적으로 맞서기 위해 세상 모든 나라가 한꺼번에 조직적으로 움직여야만 하는건 아니라는 뜻이다. 선진국끼리 일방적인 협력을 통해 우선 혁신을 친환경 기술의 방향으로 이끌면서 개발도상국으로 기술이 전파될 수 있도록 확고한 정책을 동반하는 걸로도 충분하다.

하지만 지금까지의 논의는 세계화라는 변수를 온전히 반영하지 않았다. 무엇보다 국제 무역에 신흥 국가들이 자유롭게 진입할 수 있다는 사실을 감안하지 않은 논의였다. 자유 무역이라는 요소를 포함해 살펴보면 바로 위에서 묘사한 최상의 시나리오에 한 가지 허점이 발생한다. 실제로 한 번 세계화가 진행된 경제의 맥락에서 생각해보자. 선의를 품은 어떤 국가들의 집단이 일방적으로 오염 기술을 막고 친환경 기술에 투자하기로 결정을 내렸다고 가정하자는 뜻이다. 예를 들어, 탄소세를 부과하고 친환경 혁신에 상당한 정부 지원을 몰아주는 방식으로 말이다. 이 집단에 속하지 않은 일부 국가는 이런 경우 이른바 '오염 천국'으로 탈바꿈하는 자발적인 선택을 하게 된다. 다시 말하면, 오염을 일으키는 기술을 전적으로 수용하는 국가가 되거나 오염 기술을 전문으로 하는 다국적 기업의 보금자리가 된다는 뜻이다. 위에서 언급한 선의를 가진 국가에서 활동할 권리를 상실하더라도 기업은 이와 같은 '오염 천국'에서 사업을 이어갈 수 있다. 그리고 자유 무역 덕분에 이들은 전 세계로 자사 생산품을 재수출할 수 있다. 선의를 가지고 친환경 혁신을 주도한 선진국도 이들의 수출 대상에 포함된다. 종국에는 전 세계의 환경이 단기적으로나마 오히려 악화하고, 기술 변화의 방향을 친환경 혁신 쪽으로 틀고자 하는 움직임 또한 둔화하거나 심지어 방해받을 위험이 있다.

이러한 '선의의' 기후 관련 정책이 야기할 수 있는 부작용을 방지하기 위해서는 한편에선 친환경 기술을 전파하고 개발도상국이 이를 적용할 수 있게끔 지원하는 방향의 정책을, 그리고 다른 한편에서는 친환경 기술에 접근할 수 있음에도 불구하고 '오염 천국'이 되는 길을 선택한 국가를 대상으로 '탄소 국경세(carbon border tax)' 부과 정책을 동시에 실천하는 길을 택해야만 한다. 여기서 강조할 부분이 있다면, 친환경 기술을 다른 나라로 전파한다는 것은 해당 기술을 처음으로 개발한 국가에 상당히 비용이 큰 '투자'라는 점이다. 실제로, 이러한 기술의 전파는 관련 혁신가들에게 손실이라고 볼 수 있다. 자신이 개발한 내용을 다른 나라가 모방하는 순간, 그 소유권을 빼앗기는 것이나 진배없기 때문이다. 그러므로 기술을 개발한 국가는 이러한 혁신가들의 손실을 보상할 수 있는 방법 또한 모색해야만 하는데, 바로 여기에서 비용이 발생한다. 이 같은 우대조치와 '탄소 국경세' 같은 위협성 정책을 함께 동반해야만 전 세계 차원의 기후 온난화에 효율적으로 맞서기 위해 제시한 위의 방식, 즉 일부 국가가 일방적으로 선의의 기후 관련 정책을 동원하고 또한 신기술의 타국 전파를 허가하는 접근 방식이 진정한 의미를 띨 수 있다.

소비자, 경쟁 그리고 친환경 혁신

만약 이 단계에서 분석을 멈춘다 해도 국가 개입이 필수불가결하다는 게 이 글의 핵심 메시지라고 할 수 있다. 환경 문제로 인한 재앙을 피하기 위해 기술 변화의 방향을 친환경 혁신 쪽으로 전환하려면 국가의 개입이 꼭 필요하다. 국가의 개입이 없으면 기업은 오염원이 되는 기술 쪽으로의 혁신을 선택하고, 경로 의존성으로 인해 시간이 갈수록 그러한 경향이 점점 강해질 것이다. 그 결과, 환경 오염은 더욱 악화하고 기후 온난화 또한 가속화할 뿐이다.

그렇다면 친환경으로 가는 전환에 있어 국가가 유일한 주체여야 할까? 시민 사회 또한 무엇보다 기업의 사회적 역할이라는 측면에서 해야 할 임무가 있지 않을까? 기업의 사회적 책임이라는 개념에 관해서는 1970년 밀턴 프리드먼(Milton Friedman, 1970)[10], 그리고 프리드먼 이전에는 1920년에 아서 피구(Arthur Pigou, 1920)[11]가 단호하게 반대 의견을 피력한 바 있다. 프리드먼과 피구는 기업이 이윤 최대화라는 유일한 목적을 추구해야 한다고 보았기 때문이다. 반면 경제 내 여러 가지 비효율성의 원인, 즉 거래 비용, 정보 불균형, 부정적 외부성 등에 대처하고 재분배 정책을 통해 불평등을 해결해야 하는 건 정부의 역할이라는 게 이들의 견해였다. 시민 사회 역할의 최소화 의지를 공통분모로 하는 극단적 자유주의자와 국가주의자들은 게다가 프리드먼의 주장에 동조하는 입장이다.

하지만 국가가 스스로 이루어낼 수 있는 것에는 한계가 있다. 이런 점을 설명한 연구자들이 롤랑 베나부와 장 티롤(Roland Bénabou et Jean Tirole, 2010)[12]이다. 5장에서 논의했듯이 정부는 보통 다양한 이익 단체의 로비 활동에 노출되어 있다는 점이 첫 번째 한계다. 두 번째 한계는 기후 온난화란 전 세계 차원의 문제라는 사실에서 기인한다. 그러니까 한 나라의 정부만으로는 어떻게 해볼 여지가 거의 없는 문제라는 것이다. 이러한 조건이라면 문제 해결을 위해 시민 사회에 기대는 건 어떨까?

그중에서도 소비자의 역할을 생각해볼 수 있다. 소비자는 이제 상품을 선택할 때 사회 및 환경과 관련한 요소를 감안하려는 경향을 점점 더 강하게 보이고 있다. 실제로 소비자는 기업의 선택에 영향력을 발휘한다(Aghion, Bénabou, Martin et Roulet, 2020).[13] 그러니까 소비자가 환경 문제에 진정한 관심을 기울이는 국가의 경우, 국내 자동차 시장의 경쟁이 심화하면 기업들이 점점 더 친환경 기술, 예를 들면 전기 자동차의 영역에서 혁신을 추구하는 경향이 있다. 이러한 논지는 상당히 직관적이다. 4장에서 논의했듯 경쟁은 기업으로 하여금 가격 대비 품질을 향상시키고 타사와의 경쟁에서 벗어나기 위해 더욱더 혁신에 박차를 가하도록 독려하는 역할을 하기 때문이다. 그러면 이제는 소비자가 환경을 중시하며 방향성을 띤 혁신을 추구하는 국가 경제를 한 번 상상해보자. 이 같은 경제 내에서 경쟁이 심화하면 기업은 친환경적인 내용에 대비해 상품 가격을 낮추는 방향으로 혁신을 추구하게 된다. 풀어서 설명하면, 기업은 경쟁에서 벗어나고자 하는 목적하에 좀더 환경친화적인 신제품 생산을 위한 혁신을 추구한다는 뜻이다. 이와 반대로 소비자가 환경적 요소보다는 상품 가격에 더 관심을 기울이는 경제에서는 경쟁이 심화한다고 해서 친환경 혁신이 촉진되기는커녕 오히려 환경 문제가 악화하는 결과를 초래한다. 바로 이것이 이른바 '중국 신드롬'이라 부르는 현상이다. 즉, 경쟁이 심화하면 가격은 낮아지고 소비자의 수요가 증가하는데, 수요에 따라 생산이 증가하면서 환경 오염 또한 더 심해지는 현상을 말한다.

도표 9.3은 1984~2019년 동안 미국에서 환경에 대한 관심이 변화하는 추이를 조사한 갤럽의 여론 조사에 기초한 자료다.[14] 2000~2010년 관심도가 분명한 하락 추세를 보이기는 했지만 2010년 이후로 다시 역전되는 양상이 나타난다.

좀더 포괄적으로 여러 나라 국민의 환경 관련 관심도를 측정하기 위해 1998~2002년, 그리고 2008~2012년에 진행된 국제 사회 통계(Inter-

도표 9.3 환경과 경제 성장 간 미국인의 선호 추이

출처: Gallup.

national Social Survey, ISS) 프로그램의 여론 조사 자료를 살펴보도록 하자. 이 여론 조사 대상 국가의 소비자에게는 모두 동일한 설문지가 전달되었다. 설문지에는 "환경을 보호하기 위해 어느 정도까지 세금이나 상품 구매 비용을 추가로 지불할 수 있다고 생각합니까?" "만약 환경 오염을 줄이는 데 그 돈을 사용한다면 당신의 소득 중 일부를 포기할 의향이 있습니까?" 같은 내용이 포함되어 있었다. 해당 조사는 대표적인 선진국들을 망라한 전 세계 42개국을 대상으로 이뤄졌다.

기업들이 각 국가의 시장에서 마주해야 하는 경쟁 수준을 측정하기 위해 저자들은 두 가지 자료를 활용했다. 우선 각 나라의 국제 무역 개방 정도(세계은행이 발표하는 지표)를 살폈고, 두 번째로는 각국에서 상품 시장에 존재하는 규제의 정도(이는 OECD가 발표하는 각국 경쟁도 지표의 정반대 척도라고 보면 된다)를 참고했다.

자동차 산업에 초점을 맞춘 위 연구에서는 기업이 내연 기관 모터 분야에서 혁신을 추구하는지, 아니면 전기 모터 개발에서 혁신을 추구하는지, 또 그러한 경향에 있어 경쟁 및 환경 문제에 대한 관심이 어떤 영향을 미치는지를 분석했다. 여기서 내린 주요 결론은 탄소세 말고도 친환경 혁신을 촉진할 수 있는 또 하나의 강력한 수단이 존재한다는 점이다. 바로 해당 국가 시민들이 보여준 친환경 상품에 대한 선호도와 상품 시장 내 경쟁을 결합한 것이다. 이와 같은 연구 결과는 특별히 흥미롭다. 탄소세라든지 연구 개발에 대한 직접적인 공공 지원 정책을 보완할 수 있는 영역이 있다는 걸 시사하기 때문이다. 그러한 영역으로는 상품 시장의 자유화나 로비 활동 규제를 포함한 경쟁 강화 방침이라든지, 시민들이 환경 문제에 좀더 관심을 갖도록 유도하는 교육 위주 정책을 생각해볼 수 있다.

중간 단계 에너지원과 에너지 전환

중간 단계 에너지원, 그러니까 석탄이나 석유만큼은 아니지만 재생 에너지보다는 더 많이 환경을 오염시키는 에너지원이 분명 존재한다. 그렇다면 에너지 전환을 어떻게 고민해야 할까? 천연가스가 바로 중간 단계 에너지원의 전형적 예라고 할 수 있다. 화석 연료로 분류되기는 하지만 천연가스는 탄화수소 연료 계열에서 가장 깨끗한 연료다. 연소 시 석유보다는 30퍼센트 적게, 그리고 석탄보다는 50퍼센트 적게 탄소를 배출한다. 그런데 기존 천연가스 종류와는 다른 셰일가스*라는 원료가 중간 단계 에너지의 형태로서 새삼 사람들의 관심을 끌고 있다. 셰일가스 추출이 지닌 이점 혹은 위험**을 놓고 특정한 논쟁을 시작하는 건 이 글의 논지가 아니다. 석탄과 재생 에너지 사이에 자리한 중간 단계 에너지원에 의지할 경우 발생할 수 있는 재정(裁定: 영어로는 trade-off라고 한다) 효과를 이해하고자 하는 게 우리의 의도다.

셰일가스 혁명은 미국 가스 시장의 판도를 바꾸어놓았다. 도표 9.4를 보면 미국 가스 시장의 변화 추이를 파악할 수 있다. 2008년 이후 2018년까지 10년 동안 그 유명한 '셰일가스 붐'이 일어나면서 생산량이 50퍼센트나 증가했다. 반면, 도표 9.5는 전력 생산에서 석탄이 차지하는 비중의 변화 추세를 보여준다. 천연가스 비중은 늘어나고 있는 데 반해, 2008년 이후로 석탄 비중의 하락세에 가속이 붙고 있음을 알 수 있다.

석탄에서 천연가스로 이렇게 전환하는 과정은 탄소 배출에 어떤 영향을 주었는가? 도표 9.6을 보면 에너지를 생산할 때 발생하는 탄소 농도

---

* 셰일가스는 해양 편암층에 있는 천연가스를 일컫는다. 추출이 용이한 보통 천연가스와 달리 투수성도 없고 다공질도 아닌 종류의 암석 내에 갇혀 있기 때문에 셰일가스 추출은 유난히 복잡하며, 지층 파쇄를 위해 화학 물질을 초고압으로 주입하는 수압파쇄법 등 고도의 기술을 동원해야만 한다.

** 셰일가스 추출 문제는 실제로 매우 열띤 논란의 중심에 있다. 로버트 호워스, 러네이 샌토로와 앤서니 인그래피(Robert Howarth, Renee Santoro et Anthony Ingraffea, 2011)가 강조한 대로, 셰일가스 추출에 따른 메탄가스 배출량은 보통 천연가스를 추출하는 경우보다 30퍼센트나 높다. 게다가 메탄가스는 이산화탄소보다도 온실 효과에 더 큰 영향을 준다. 지하수층을 오염시킬 가능성을 배제할 수 없다는 점 때문에 이 추출법은 논란을 일으키는 방식일 수밖에 없다.

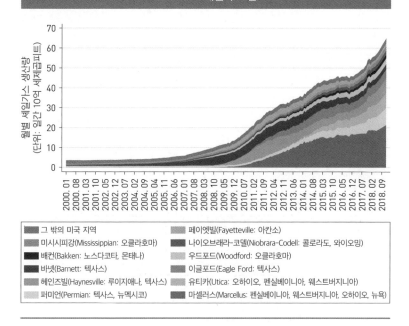

도표 9.4 셰일가스 붐

세로축: 월별 셰일가스 생산량 (단위: 일간 10억 세제곱피트)

범례:
- 그 밖의 미국 지역
- 미시시피강(Mississippian: 오클라호마)
- 배컨(Bakken: 노스다코타, 몬태나)
- 바넷(Barnett: 텍사스)
- 헤인즈빌(Haynesville: 루이지애나, 텍사스)
- 퍼미언(Permian: 텍사스, 뉴멕시코)
- 페이엣빌(Fayetteville: 아칸소)
- 나이오브래라-코델(Niobrara-Codell: 콜로라도, 와이오밍)
- 우드포드(Woodford: 오클라호마)
- 이글포드(Eagle Ford: 텍사스)
- 유티카(Utica: 오하이오, 펜실베이니아, 웨스트버지니아)
- 마셀러스(Marcellus: 펜실베이니아, 웨스트버지니아, 오하이오, 뉴욕)

주: 1세제곱피트＝0.0283168세제곱미터.
출처: EIA.

의 감소 추세에 가속도가 붙었음을 알 수 있다(점선). 탄소 농도란 전력을 한 단위 생산할 때마다 배출되는 이산화탄소의 양을 말한다. 이렇게 탄소 농도가 감소하는 현상은 대체 효과라는 개념을 통해 설명이 가능하다. 오염을 매우 많이 일으키는 에너지원인 석탄에서 그나마 오염이 덜한 에너지원인 셰일가스로 옮겨가는 과정을 통해, 요컨대 적어도 부분적인 '대체'를 통해 에너지원의 한 단위당 오염은 점점 낮아진다. 그럼에도 불구하고 규모 경제의 효과가 이러한 대체 효과를 상쇄하고도 남을 가능성이 있다. 실제로, 셰일가스를 보충 에너지원으로 도입하자 에너지 비용이 감소했고, 그 결과 기업의 생산 비용이 낮아졌다. 따라서 기업은 더욱 생산

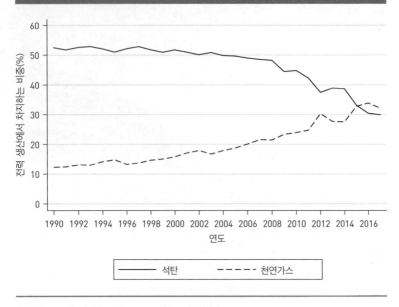

도표 9.5 전력 생산에서 석탄과 천연가스의 기여 비중

출처: Acemoglu, Aghion, Barrage et Hémous (2019).

량을 늘리고, 아마도 그로 인해 탄소 배출량 또한 늘었을 것으로 예상할 수 있다. 하지만 도표 9.6을 보면 탄소 배출의 총수준이 2008년까지 계속해서 증가하다가(실선) 2008년부터는 감소세로 돌아섰음을 알 수 있다. 그러니까 여기서는 대체 효과가 규모 효과보다 더 주효했다고 판단할 수 있다.

셰일가스가 일으키는 환경 파괴에 대한 비판 요소를 열외로 한다고 했을 때, 망설임 없이 대대적으로 셰일가스 활용에 나서야만 할까? 역시나 혁신에 미치는 영향을 고려한다면 신중할 필요가 있다. 이 의문점과 관련해 최근의 한 연구를 살펴보자. 이 연구는 소비재 생산에 석탄, 셰일가스 그리고 재생 에너지라는 세 가지 에너지원을 동원하는 경제 단위를 기준

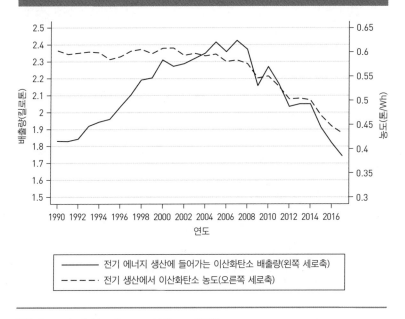

도표 9.6 전력 생산에서 이산화탄소의 배출과 농도

범례:
——— 전기 에너지 생산에 들어가는 이산화탄소 배출량(왼쪽 세로축)
– – – – 전기 생산에서 이산화탄소 농도(오른쪽 세로축)

출처: Acemoglu, Aghion, Barrage et Hémous (2019).

으로 이뤄졌다(Acemoglu, Aghion, Barrage et Hémous, 2019).[15] 석탄은 셰일 가스보다 오염을 더 많이 일으키고, 셰일가스는 재생 에너지보다 오염을 더 불러온다. 기업은 화석 연료, 즉 석탄이나 천연가스와 관련된 기술 발전에 투자하느냐, 아니면 재생 에너지 관련 기술 발전에 투자하느냐 하는 선택의 기로에 선다. 장·단기적으로 셰일가스 붐은 탄소 배출에 어떤 영향을 주었을까?

단기적 결과를 보면, 다시 말해 현재의 기술 수준을 놓고 볼 때, 셰일 가스 도입은 위에서 언급한 두 가지 상반된 결과를 가져온다. 첫 번째는 대체 효과로서 환경 오염을 감소시킨다. 다른 하나는 규모의 효과로, 기

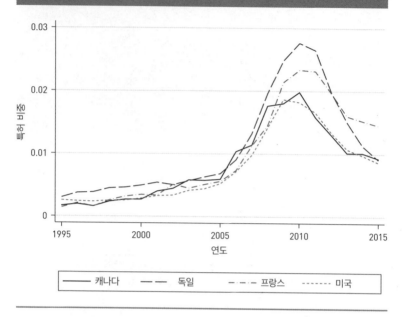

출처: Acemoglu, Aghion, Barrage et Hémous (2019).

타 조건이 모두 동일하다면 환경 오염을 가중시킨다. 도표 9.6이 보여주듯 대체 효과가 우세한 경향이 나타난다. 혁신을 도입할 때, 그리고 두 종류의 혁신, 즉 화석 연료 아니면 재생 에너지 사이에서 기업이 어떤 선택을 하는지 감안할 때, 장기적인 관점에서는 어떤 결과가 생길까? 화석 연료 붐이 발생하면 기업은 적어도 일시적으로는 재생 에너지 관련 혁신을 외면하게 된다. 시장의 규모, 그러니까 이 경우에는 화석 연료와 관련한 수입이 붐 발생 후 증가하기 때문이다. 도표 9.7은 총 특허 수 대비 재생 에너지 관련 특허 증가율이 2008년까지는 계속해서 상승세를 유지하다가 2008년 이후로 감소하기 시작하는 추이를 보여준다.

이렇듯 셰일가스 붐은 재생 에너지 쪽으로 가는 기업의 혁신 방향 전환 과정을 지연시킬 가능성이 있다. 심지어 경로 의존성으로 인해 아예 그러한 전환 자체를 방해할 가능성도 있다. 셰일가스 붐으로 인해 화석 연료에 관한 전문 지식의 축적이 이루어지기 때문에 기업은 장래에도 관련 기술을 혁신하는 활동을 절대 멈추지 않게 된다. 여기서 '중간 단계 에너지의 함정'이라는 표현을 사용해볼 수 있겠다. 지연을 시키든 아예 방해를 하든 두 경우 모두 셰일가스 추출은 장기적으로는 탄소 배출량의 증가를 가져온다. 또한 셰일가스 붐이 없었더라면 피할 수 있었을 기후 재앙의 개연성을 오히려 가중시키기도 한다.

그렇다면 이러한 중간 단계 에너지원의 존재를 그냥 없었던 셈 쳐야 하는 걸까? 아니면 이러한 자원을 활용할 수 있는 다른 최선의 방법이 존재하는 걸까? 장기적으로 혁신에 끼칠 부정적 영향을 최소화하면서도 단기적으로 긍정적일 수 있는 활용 방식이 있을까? 위에서 언급한 연구의 저자들은 자신들이 구성한 모델의 매개 변수가 합리적이라는 가정하에 이렇게 제안했다. 셰일가스 붐을 동반하되 재생 에너지 관련 혁신에도 여전히 강력한 지원을 하고, 또 2~3퍼센트로 의미 있는 수준이지만 지나치지는 않은 탄소세 과세 방침을 결합한 정책이 최상의 방안이라고 말이다. 이들은 이렇게 할 경우 중간 단계 에너지원의 함정을 피하면서도 친환경 혁신으로 향하는 에너지 전환을 앞당길 수 있으리라 전망했다.

━

이번 장의 분석을 통해 네 가지 주요 명제가 도출되었다. 첫째, 자연 자원의 고갈이라는 한계와 기후 온난화에 맞선 투쟁의 필요성에도 불구하고 우리의 삶의 질과 생활 수준을 계속해서 향상시켜줄 요소는 바로 혁신이다. 둘째, 혁신은 자발적으로 환경친화적인 성격을 띠지는 않는다. 오히려 과거에 환경 오염을 일으키는 종류의 혁신을 한 기업이라면 장래에도 계속해서 동일 분야의 혁신을 추구할 가능성이 높다. 그러므로 이러한 영역에서 국가의 개입이 필요하다. 기업의 혁신 방향이 친환경 쪽으로 잡힐 수 있게끔 하기 위해서다. 그렇다고 해서 국가가 기업을 대체하려 들어서는 안 되고 부양책을 제시하는 역할을 맡아야 한다. 위에서 기업이 환경친화적 혁신을 하게끔 하는 정부의 여러 가지 정책 도구를 확인할 수 있었다. 특히 탄소세 과세, 친환경 혁신을 위한 정부 보조, 개발도상국으로의 친환경 기술 이전, '오염 천국' 탄생을 저지하기 위한 '탄소 국경세' 등을 예로 들었다. 셋째, 중간 단계 에너지원, 즉 천연가스에 의존하는 방법은 단기적으로는 탄소 배출 증가율을 둔화시킬 수 있지만, 그와 동시에 이러한 중간 단계 에너지원의 '덫에 걸려' 에너지 전환 자체가 지연될 위험이 있다. 여기서도 정치권력의 역할이 중요한데, 훌륭한 폴리시 믹스(policy mix: 경제의 성장과 안정을 동시에 추구하기 위한 혼합 정책—옮긴이)를 택함으로써 에너지 전환을 진행하다 말고 중도에 그만두는 일이 없도록 해야 한다. 마지막으로 넷째, 기업이 친환경 기술 분야에서 혁신을 추구하도록 장려하는 데는 시민 사회의 역할이 중요하다. 이번 장에서는 소비자의 역할을 주로 언급했지만, 기업의 사회적 책임이라든지 중앙은행 및 상업은행이 기저에 깔고 있어야 할 사회적 책임 또한 시민 사회의 중요한 요소라고 할 수 있다.* 15장에서는 시장, 국가 그리고 시민 사회

---

* 최근 몇 년 사이의 논의 중에서 되짚어보아야 할 한 가지는 사실 중앙은행(영국, 프랑스를 비롯한 유럽의 중앙은행)의 기후 온난화 투쟁 개입에 대한 문제다. 환경친화적

의 상호 보완성에 대해 다시금 논의하고자 한다.

분야에서 기업의 혁신을 장려하기 위해 중앙은행은 자국의 상업은행들한테 탄소 대차
대조표를 조건부로 삼아 기업 융자를 실시하라고 압박했다. 경제학자 중에서 이 책을
쓴 저자들의 동료 패트릭 볼턴, 모르강 데스프레(Morgan Després), 루이스 아와주 페
레이라 다 시우바(Luiz Awazu Pereira da Silva), 프레데릭 사마마(Frédéric Samama)
그리고 로맹 스바르츠만(Romain Svartzman) 등이 이러한 정책 변화의 선구적 역할
을 했다. 이들이 함께 작업한 다음의 공저 논문을 참고하기 바란다. "Le 'Cygne Vert':
les banques centrales à l'ère des risques climatiques", *Bulletins de la Banque de
France*, 229 (8), 2020.

혁신이라는 무대 뒤

지금까지 혁신은 일종의 블랙박스와 같다고 여겨져왔다. 어떤 추상적인 인물이 연구 개발에 투자를 하고, 일정한 개연성에 따라 혁신을 이뤄내고, 또 이를 특허 출원해 운용한다는 식으로 혁신이라는 개념을 이해했다는 뜻이다. 그러나 현실은 이보다 훨씬 복잡하다.

첫 번째로, 혁신가가 될 기회를 모든 사람이 동일하게 얻지는 못한다. 사회 및 가정 환경, 특히 부모의 소득이나 교육 수준 또는 직업 등이 한 개인의 혁신 성향에 영향을 미친다. 물론 고유한 능력이나 재능 또한 개인마다 균등하게 배분되지 않는 요소인데, 이것 역시 혁신 가능성에 영향을 준다. 혁신 가능성에 가장 큰 영향을 주는 요소를 구별해내는 일이 가능할까? 또 한 기업 내에서 볼 때, 혁신은 혁신가 이외의 기업 구성원, 즉 다른 직원이나 경영진 등에게 어느 정도 혜택을 줄까?

두 번째로, '일정한 시기에, 장래 뭔가 성과로 이어질 수도 있는 개연성을 띤 연구 개발 투자'라는 말로 혁신을 요약할 수는 없다. 혁신이란 여러 단계를 거쳐서 이루어지는 일련의 과정으로 이해해야 한다. 그 첫 단계는 전형적으로 기초적인 연구다. 즉, R&D에서 R의 단계로, 이러한 연구는 반드시 특허에 이를 만한 단계가 아니고, 그걸 수행하는 이들은 순전히 금전적인 이득을 목표로 하지 않는다. 이어 응용 연구 및 '개발', 즉 R&D에서 D의 단계가 있다. 기초 연구의 동력에는 어떤 요소가 있는 가? 좀더 응용을 거쳐 직접 상업화할 수 있는 단계의 연구와 기초 연구 는 어떤 관계를 맺고 있는가? 혁신 과정에서 위의 각 단계, 즉 기초 연구 단계와 응용 연구 단계에 가장 적합한 제도는 각각 무엇인가? 이번 장에 서는 이런 일련의 질문에 대한 답을 찾아보고자 한다.

발명가가 되는 사람은 누구인가

발명가가 될 가능성은 사회 혹은 가정 배경 등의 요소에 의해 얼마만큼 영향을 받는가? 여기서는 '발명가'를 일생 동안 적어도 한 건의 특허를 출원하는 사람으로 정의하도록 하겠다.* 도표 10.1a는 미국에 거주하는 한 개인이 미국특허청에 적어도 한 건의 특허를 출원할 가능성을 1996년 부터 2012년까지 살펴본 자료다. 여기서 그 가능성과 부모의 소득이 상 관관계를 보인다는 점을 알 수 있다(Bell, Chetty, Jaravel, Petkova et Van Reenen, 2019).[1] 이 도표에서 부모의 소득은 가로 좌표의 축을 따라 백분위

---

* 그렇지만 혁신에 대한 좀더 포괄적인 이해의 틀에서 보면, 이러한 정의는 상당히 제 한적이라고 여겨질 수도 있음을 염두에 두도록 하자.

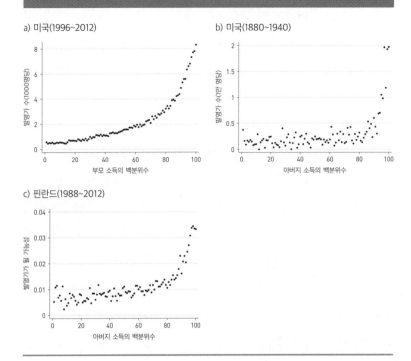

도표 10.1 부모의 소득과 발명가 될 가능성

a) 미국(1996~2012)

b) 미국(1880~1940)

c) 핀란드(1988~2012)

출처: Bell, Chetty, Jaravel, Petkova et Van Reenen (2019); Akcigit, Grigsby et Nicholas (2017); Aghion, Akcigit, Hyytinen et Toivanen (2017).

집단 100개로 나눠서 오름차순으로 표시되어 있다. 부모의 소득 구간을 의미하는 각 백분위수에서 도표는 자녀가 일생 동안 적어도 한 건의 특허를 출원할 가능성을 백분율로 보여준다. 알파벳 J자 형태를 그리는 이 도표는 발명가 될 가능성은 그 자체로서 매우 낮음을 의미한다. 아울러 부모의 소득이 낮을 경우 그 가능성 또한 매우 저조하다는 것을 뜻한다. 반대로 발명을 한 건이라도 할 가능성은 소득 분포도에서 부모의 소득이 상위권에 도달하면, 그중에서도 상위 20퍼센트 집단에 이르면 크게 높아지는 양상을 보여준다.

도표 10.1b는 미국의 역사적 자료를 통해 재구성한 내용이다. 과거 시점에도 그렇고, 더욱 장기간(1880~1940)을 관찰해보아도 한 개인의 발명 개연성과 부모 소득의 상관관계를 보여주는 J자 곡선이 도표 10.1a와 유사하게 그려지는 것은 마찬가지다(Akcigit, Grigsby et Nicholas, 2017).[2]

마지막으로, 도표 10.1c는 1988~2012년의 핀란드 자료를 가지고 재구성한 내용이다. 부모의 소득과 발명가가 될 개연성 사이에 역시나 J자 형태의 상호 관계가 있음을 재차 확인할 수 있는 자료다*(Aghion, Akcigit, Hyytinen et Toivanen, 2017).[3] 핀란드는 미국보다 교육에 대한 접근이 훨씬 더 평등한 나라라는 점을 감안하면, 이러한 유사성은 더더욱 놀라운 일이다. 특히 PISA 시험의 결과를 보면, 핀란드 초등 교육과 중등 교육의 수준이 매우 뛰어나다는 사실을 확인할 수 있다. 핀란드는 2018년 PISA 시험의 독해 능력 부문에서 77개국 중 7위를 기록했다. 미국과 프랑스는 이 분야에서 그해에 각각 13위와 23위를 기록했다.** 게다가 핀란드의 교육은 영·유아 교육부터 박사 과정까지 완전 무상으로 제공되기 때문에 결과적으로 교육이 모두에게 열려 있다고 할 수 있다.

미국에서 이러한 J자 모양의 곡선이 나타나는 현상을 어떻게 설명할 수 있을까? 그리고 핀란드처럼 미국보다 훨씬 평등주의적 성향이 강한 국가를 살펴보아도 같은 형태의 곡선이 그려지는 현상은 또 어떻게 이해할 수 있을까?

---

* 이 연구에서 '발명'은 유럽특허청에 적어도 한 건의 특허를 출원한 것으로 정의한다.
** 독해 영역 외에 수학과 과학까지 포함하면 핀란드는 77개국 중 10위, 미국과 프랑스는 각각 25위와 26위를 기록했다.

사회 혹은 가정 환경으로 인한 혁신의 장벽: 미국의 경우

미국의 J자 곡선(도표 10.1a)을 이해하기 위해 고려해야 할 사항으로 자연스럽게 두 가지가 떠오른다. 한 가지는 부모의 소득이 아이의 초기 능력에 영향을 준다는 사실이다. 초기 능력이라 함은 부모로부터 물려받은 차이점을 의미하는데, 학습 능력일 수도 있고 혁신과 관련한 직업에 대한 흥미일 수도 있다. 두 번째로 떠오르는 생각은 부모의 소득이 높을수록 혁신가가 되는 과정에 존재하는 여러 가지 진입 장벽을 극복하는 게 훨씬 쉽다는 점이다.

도표 10.2는 초기 능력에 따라 일생 동안 발명을 한 건이라도 할 가능성을 보여준다. 세로축은 1000명당 발명가가 몇 명인지를 가리키고, 가로축은 CE2 학년 당시의 수학 시험 점수다. 회색 세모로 표시한 실선은 소득 상위 20퍼센트에 속하는 부모를 가진 자녀한테 이러한 상호 관계가 어떻게 드러나는지를 보여준다. 아울러 검정색 동그라미로 표기한 실선은 소득 하위 80퍼센트에 속하는 부모의 아이들에게서 그 같은 상호 관계가 어떻게 나타나는지 보여준다. 우선, 초기 능력과 발명가가 될 개연성 사이의 관계에서 이 두 집단에 해당하는 도표는 둘 다 J자 형태를 띤다. 아주 특별한 능력을 가진 아이가 아니라면 발명가가 될 개연성 자체가 낮다는 뜻이다. 반면 아이한테 비범한 능력이 있다면, 발명가가 될 개연성은 두드러진 증가세를 보인다. 맨 오른쪽의 회색 세모 실선과 검정색 동그라미 실선의 격차는 만약 초기 능력이 동일하게 매우 뛰어난 경우 아이가 발명가로 성장할 가능성은 부모의 경제력이 높을수록 늘어난다는 것을 보여준다. 이런 차이는 보통의 능력을 지닌 아이에게는 덜 분명히 나타난다. 종합해보면, 이 도표는 아이의 초기 능력의 중요성을 실증적으로 보여주면서도, 평균 이상의 능력을 지닌 아이가 열매를 맺기까

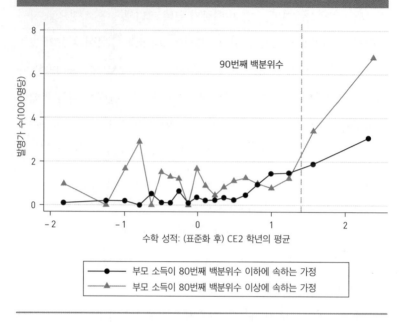

출처: Bell, Chetty, Jaravel, Petkova et Van Reenen (2019).

지 부모의 소득이 중요한 역할을 한다는 점 또한 강조한다고 할 수 있다.

이 장 도입부에서 언급한 바 있는 2019년 연구에서 가정 환경이 발명 개연성에 미치는 영향과 초기 능력의 영향을 분리해 분석하기 위해 알렉산더 벨(Alexander Bell)과 공저자들은 관찰 대상을 두 집단으로 분류했다. 한 집단은 소득 상위 20퍼센트 가정이고, 다른 한 집단은 그 밖의 가정, 즉 하위 80퍼센트 가정이었다. 이를 기초로 연구자들은 이 두 집단에서 CE2 연령 아이들의 능력이 동일하게 분포한다는 가상의 시나리오를 구성했다. 다시 말하면, 사회적 배경이 CE2 학년 아이들의 능력에 전혀 영향을 주지 않을 거라는 가설을 세웠다는 뜻이다. 이러한 가설에 따르면 두 집단 사이의 혁신 지수 차이가 3분의 2 이상, 즉 68.8퍼센트만큼 아이들의 사회적 배경에서 기인한다는 결론이 나온다. 하지만 아이의 사회적 배경이 초기 능력에 전혀 영향을 주지 않을 거라는 이 가설은 지나친 가정이라는 점을 지적해야겠다. 요컨대 이 연구의 결과, 즉 68.8퍼센트는 최소치로 보아야 하며, 아이가 혁신을 이룰 가능성에 사회적 배경이 미치는 영향은 실제론 이보다 훨씬 현저히 높으리란 걸 확신할 수 있다.

혁신에 영향을 끼치는 다른 종류의 사회적 장애물 또한 생각해볼 수 있다. 첫 번째는 재정상의 장애 요소를 들 수 있다. 부모의 경제력이 제한을 받으면 빈곤 가정의 아이들은 학업을 이어갈 수 없다. 두 번째는 지식 영역에서의 장애 요소다. 여유 있는 가정의 부모는 교육 수준 또한 더 높고 자신의 지식을 아이들한테 전달하는 게 사실이다. 마지막 세 번째는 가정의 문화 및 열망과 관련한 장애 요소다. 이 말은 아이들이 부모가 자신에 대해 품는 포부에 영향을 받고 부모의 직업 선택으로부터도 영향을 받는다는 뜻이다.

주위 환경이나 사회적 배경이 미치는 영향은 여러 차원에서 설명이 가능하다. 지리적 측면에서 보면, 아이가 성장하는 고용 지역(zone d'emploi)의 혁신성이 높을수록 나중에 그 아이가 혁신을 이룰 가능성 또한 높다. 부모의 직업 환경 측면에서 보면, 부모가 일하는 분야가 혁신적일수록 아이의 혁신 가능성이 높다. 마지막으로 아이와 부모 사이에 실제 모방이 발생한다는 측면에서 보면, 발명가의 자녀가 혁신을 이룰 경우 거의 대부분 그 부모와 동일한 분야에서 성과를 낸다.

미국 자료를 통해서 사회적 배경과 가정의 배경이 혁신에 미치는 영향에 대해 알게 된 것은 무엇인가? 우선 부모의 소득과 아이가 혁신을 이룰 가능성 사이엔 매우 분명한 관계가 있다는 점이다. 이는 부모의 소득이 높을수록 더욱 명백하게 드러난다. 이러한 상호 관계는 부분적으로는 가정 환경이 아이의 초기 능력에 영향을 주기 때문이기도 하지만, 무엇보다 빈곤층 아이들이 혁신에 접근할 기회를 제한하는 진입 장벽이 여럿 존재하기 때문이다. 또 다른 중요한 장벽이 있다면 바로 문화적 측면에서 찾을 수 있다. 이는 출신 가정의 환경에 따라 아이들이 품는 희망이 달라진다는 사실과도 관계가 있다.

핀란드 사례의 수수께끼

미국이 아닌 핀란드의 경우를 고려해보아도 부모의 소득과 아이의 혁신 가능성엔 유사한 상관관계가 있다. 그런데 핀란드는 미국보다 훨씬 평등주의적 성향이 강한 나라다. 이러한 모순을 어떻게 설명할 수 있을까? 핀란드의 자료를 활용한 한 연구 논문은 1988~2012년에 대한 세 종류의 통계 정보를 바탕으로 그 의문에 대한 답을 찾고자 했다(Aghion, Akcigit, Hyytinen et Toivanen, 2017). 저자들이 활용한 세 가지 자료는 이랬다. 첫 번째는 부모의 소득, 사회 직능별 지위 그리고 교육 수준 등을 보여주는 핀란드의 행정 통계, 두 번째는 같은 기간 동안 1만 2575명의 핀란드 발명가와 관련된 유럽특허청의 통계 자료. 그리고 마지막 세 번째는 핀란드의 의무 군복무 관련 자료였다. 이 세 번째 자료는 핀란드의 전반적인 IQ 수준, 특히 혁신가들의 IQ 수준에 대한 정보를 포함하고 있다. IQ라는 지표는 가끔 논란을 일으키긴 해도 위에서 언급한 CE2 시험의 경우처럼 개인의 학습 능력 수준을 가늠할 수 있게끔 해주는 자료라고 볼 수 있다.

도표 10.3은 부모의 교육 수준과 자녀가 혁신을 이룰 가능성 사이의 관계를 보여준다. 아버지의 경우는 도표 10.3a, 어머니의 경우는 도표 10.3b로 표시했다. 여기서 아버지나 어머니의 교육 수준이 높을수록 아

a) 아버지의 교육 수준

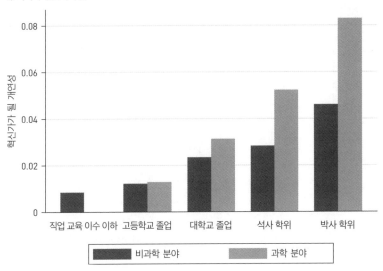

b) 어머니의 교육 수준

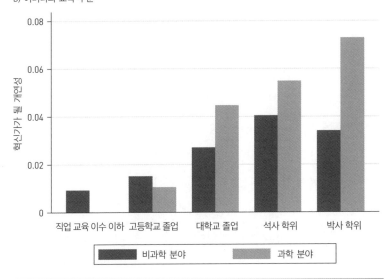

출처: Aghion, Akcigit, Hyytinen et Toivanen (2017).

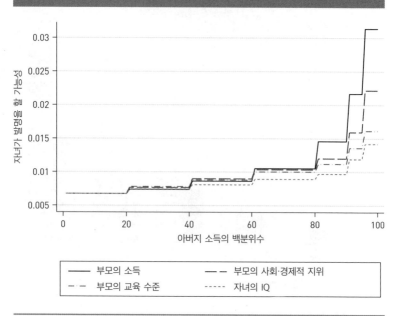

출처: Aghion, Akcigit, Hyytinen et Toivanen (2017).

이가 혁신을 이룰 가능성이 커진다는 사실이 드러난다. 그중에서도 아버지나 어머니가 과학 분야에서 박사 학위를 받은 사람일 경우, 그 자녀가 혁신가가 될 가능성이 현저히 상승한다. 이러한 결과는 혁신에 있어 교육이라는 장벽이 분명 존재한다는 점을 증명한다.

이제 수수께끼 같은 핀란드의 사례로 돌아가보자. 핀란드에서 아버지의 소득에 따른 아이의 혁신 가능성을 측정해보면(도표 10.1c), 위에서 언급한 J자 곡선이 그려진다는 걸 확인할 수 있다. 즉, 아버지의 소득이 높을수록 아이가 발명 특허를 낼 가능성이 높다는 이야기다. 이러한 기본 관계를 기반으로 이와 거의 동일한 관계를 정형화시켜보자. 구체적으로 말하면, 전국 단위의 소득 분포도에서 아버지의 소득 구간에 따른 혁신 가능성(도표 10.4의 실선)을 살펴보자는 뜻이다. 차이점이 있다면 아버지의 소득을 연속적인 방식이 아니라 단계적인 방식으로 측정했다는 것뿐이다.

현실에서는 경제학적 회귀 분석(여기서는 아버지의 소득을 통해 자녀의 발명 가능성을 설명한다는 뜻이다)을 통해, 그리고 여기에 그 밖의 변수, 즉 부모의 소득, 부모의 사회·경제적 지위 및 교육 수준, 그리고 개인의 IQ 등의 변수를 점차적으로 추가해서 나온 결과를 모델화해 분석을 진행했다. 그 결과, 역시 앞에서 관찰한 것과 같은 상호 관계가 드러났다. 즉, 아버지의 소득이 높을수록 자녀가 발명을 할 가능성이 높아지는 걸로 나타났다는 뜻이다. 이러한 실선 도표에서 출발해 이번에는 부모의 사회 직능별 계층에 의한 영향(긴 점선)을 배제할 경우, 자녀의 발명 가능성과 아버지의 소득 간 관계가 어떻게 변화하는지를 또한 살펴보았다.* 이 경우에는 도표가 약간 평평해지는데, 이는 부모의 사회·경제적 계층이 아이가 발명가가 될 가능성에 영향을 준다는 뜻이다.

이어 부모의 교육 수준(기본 점선)이라는 변수를 배제하고 위 두 요소의 상호 관계를 살펴보았다. 이 경우 도표가 현저하게 평평해지는 모습을 볼 수 있는데, 특히 부모의 소득이 높을수록 그러한 현상이 두드러진다. 이러한 도표의 변화는 핀란드에서 J자 곡선이 나타나는 현상을 설명하는 데 교육 요소가 상당히 중요하다는 걸 증명한다. 좀더 부유한 가정에서 태어난 아이들이 발명을 할 가능성이 높다는 관찰 결과를 설명해주는 핵심 요소 중 하나는 바로 부유한 가정의 부모는 대개 교육 수준이 높고 그

---

* 부모의 사회 직능별 상황은 네 가지, 즉 '블루칼라' '화이트칼라 주니어' '화이트칼라 시니어' '기타'로 분류해 분석했다.

점이 아이한테 영향을 미치는 거라고 볼 수 있다. 핀란드의 교육 제도가 매우 경쟁력 있고 또한 매우 평등하지만, 부모의 영향은 여전히 결정적이라고 말할 수 있다. 이러한 영향은 물론 부모가 자녀에게 지식을 전달하는 과정에서도 이루어지지만, 위에서 언급한 바와 같이 부모가 아이들한테 미래에 대한 소망을 전달하느냐 여부에 따라서도 달라진다. 평균적으로 말하면, 과학 분야에서 박사 학위까지 공부를 마친 부모는 아이들에게 야심과 희망을 더욱 일깨운다.

마지막으로 개인의 IQ라는 요소를 고려해보자(짧은 점선). J자 곡선이 훨씬 더 눈에 띄게 평평해지는 추이가 나타난다. 이는 부모의 소득과 아이의 IQ 사이에 정비례 관계가 있음을 시사한다. 이러한 상호 관계는 대체 어떻게 설명해야 할까? 이 영역은 모래 늪과도 같아서 아마 경제학자보다는 사회학자나 심리학자들이 그 질문에 대한 답을 제대로 할 수 있으리라 생각한다.[4] 여기서 제시할 만한 설명 한 가지를 언급하자면, 부유한 가정에서 태어난 아이들이 IQ 테스트를 보는 데 필요한 준비를 더 잘 갖췄을 수 있다는 주장이 존재한다. 그런 데다 보통은 부유한 가정의 부모가 학력 수준이 높은 경우가 더 많고, 부모의 학력과 IQ 사이에, 또한 부모의 IQ와 자녀의 IQ 사이에도 정비례의 상호 관계가 존재하는 게 사실이다.

요약해보면, 핀란드 사례의 수수께끼는 소득 높은 부모가 교육 수준 또한 높다는 사실을 통해 대부분 설명이 가능하다는 얘기다. 높은 교육 수준은 아이들 세대에 가서 그 자녀의 혁신 가능성에 영향을 준다.

그러니까 미국 사례에 대한 연구와 비교해 핀란드의 경우를 분석한 이 연구는 부모의 교육 수준에 대한 자료를 명시적으로 활용해서 교육 및 장래 희망의 경로가 중요하다는 점을 확인시켜주었다고 할 수 있다. 핀란드 자료를 통해 살펴볼 수 있는 게 한 가지 더 있다면, 가정 환경이 진정 새로운 아인슈타인이 꽃피우는 걸 방해하는 요소가 될 수 있는지 여부다. 연구 결과는 실제로 그렇다는 결론을 보여준다. 저소득층, 즉 하위 20퍼센트 소득층에 있는 아버지 밑에서 성장하는 형제 A와 B가 있다고 해보자. 형제 A의 IQ는 평균치와 비슷한 반면, 형제 B의 IQ는 매우 높은 편이다. 이 조건에서 서민층 아버지를 고소득층 아버지로 대체하면, 개인 B가 혁신을 이룰 가능성은 개인 A보다 3배 이상 증가한다. 더 넓게 이야기하자면, 높은 IQ를 지닌 개인의 경우 다른 사람보다 부모의 소득 증가에 따른 혁신 가능성 확대 속도가 훨씬 빠르다는 뜻이다. 요컨대 빈곤층 부모, 그러니까 교육 수준이 상대적으로 낮고 연줄도 부족한 부모 밑에서 태어날 경우 높은 IQ를 지닌 자녀의 혁신 가능성이 상당한 방해를 받는다는 얘기다. 즉, 가정 환경과 관련한 격차로 인해 우리 사회는 새로운 아인슈타인이 될 잠재성을 지닌 이들을 잃고 있다는 뜻이다.

교육 정책과 연구 개발 지원 사이의 상호 보완성

첨단 지식에 대한 접근이나 연구에 대한 동기 부여라는 요소, 그리고 지적 능력에 개인 간 격차가 있다는 점 등을 모두 감안해보면, 성장 정책에 직접적으로 시사하는 바가 있다. 우푸크 아크지기트, 제러미 피어스와 마르타 프라토(Ufuk Akcigit, Jeremy Pearce et Marta Prato, 2020)[5]가 공저 논문을 통해 설명했듯 개인이 연구 및 혁신 분야의 직업을 택하지 못하는 데에는 적어도 두 가지 이유가 있다. 첫 번째로 그러한 분야의 직업을 추구할 만한 물질적 자원이나 인적 자본을 갖추지 못했기 때문일 수 있다. 두 번째로는 그러한 자원을 다 갖추고는 있지만 그 개인이 다만 연구자의 길이 아닌 다른 직업을 선호하기 때문일 수 있다.

연구 개발에 대한 공공 지원은 한편으로는 해당 분야 연구직의 수익성을 높여줌으로써(특히 연구소 설비를 차리기 위한 접근 비용을 낮추고 연구자의 임금을 높이는 방식으로) 자격을 갖춘 개인이 다른 직종으로 가지 않고 연구와 혁신을 추구하는 직업을 선택하게끔 장려할 수 있다. 다른 한편으로는 교육에 대한 공공 투자를 확대해 재능 있는 서민층 자녀가 고등 교육을 이수하고 연구자 및 혁신가의 길을 걸을 수 있도록 해주는 방법이 있다. 이두 가지 정책, 즉 연구 개발에 대한 공공 지원과 교육 분야의 공공 투자는 혁신과 성장에 긍정적이고 상호 보완적인 영향을 줄 수 있다는 뜻이다. 이러한 정책은 각각 다른 경계에 있는 이들이 기로에 섰을 때 연구자의 길을 택하도록 인도하는 방법이기 때문이다.

정부 예산이 한정되어 있다면 보유 자원 대부분을 교육에 투자하는 것이 혁신을 통한 성장 효과를 최대화하는 방법이다. 반대로 예산을 좀더 확보할 수 있는 정부에 가장 최적화한 정책은 교육 분야에 대한 공공 투자와 연구 개발 지원을 적절히 배합하는 것인데, 이때 결코 교육에 대한 공공 투자를 희생시키지 않아야 한다는 점이 중요하다. 실제로, 타고난 능력을 갖춘 사람들* 중 충분한 수가 첨단 지식에 접근할 수 있고, 그래서 나중에 연구자의 길을 걸을지 여부를 선택할 위치에 있어야만 비로소 연구 개발에 대한 공공 지원이 혁신과 성장에 의미 있는 영향력을 행사할 수 있기 때문이다.

---

* 핀란드의 사례 연구와 마찬가지로 여기서도 저자들은 IQ 테스트 결과를 활용했다. 하지만 이번에는 덴마크의 자료를 이용했는데, 이는 개인의 초기 능력을 가늠해봄으로써 예측 가능한 결과를 내기 위해서였다. 알렉산더 벨과 공저자들의 2019년 연구에서는 CE2 학년의 수학 시험 결과를 능력 측정을 위한 대안적인 지표로 활용했다는 점을 다시한번 상기해보자.

혁신을 통해 기업 내에서 누가 혜택을 입는가

여러 가지 경제 정책이나 혁신과 관련한 제도를 분석하는 과정에서 항상 혁신가는 혁신을 통한 이득을 통째로 가져가는 한 명의 개인 사업가로서 다루어진다. 하지만 현실적으로 혁신은 보통 기업 구조 내에서 일어난다. 따라서 혁신을 통한 수익이 혁신가와 기업 내 다른 주체들 사이에 어떻게 배분되는지에 대한 의문이 생긴다.

최근의 한 연구는 다시금 핀란드 자료를 바탕으로 이러한 의문에 대한 답을 찾아보려 했다(Aghion, Akcigit, Hyytinen et Toivanen, 2018).[6] 이 연구는 각각의 개인을 고용하는 기업, 개인의 업무 분야 그리고 임금에 관한 상세한 정보를 바탕으로 고용주와 고용인 관계를 분석했다. 저자들은 1988~2012년의 핀란드 데이터베이스를 바탕으로 이를 유럽특허청에서 발행하는 특허 관련 자료와 연관 짓는 방식으로 연구를 수행했다. 여기서 발명가란 1988~2012년에 적어도 한 건의 특허 출원을 한 개인이다. 위의 자료를 보면, 어떤 발명가가 홀로 작업하는 사람인지 또는 기업에 속한 직원인지 즉각 드러난다. 하지만 연구자들은 기업 내에서 작업하는 발명가 및 화이트칼라, 블루칼라 그리고 사업가한테만 집중했다.* 기업에 속한 개인이 이제 막 유럽특허청에 새로운 발명을 출원했다면, 이것이 당사자 및 회사 내 다른 관계자들의 소득에 어떤 영향을 미칠까?

연구 저자들은 특정 혁신으로 인해 발생하는 전체 소득을 혁신 발생 5년 전부터 10년 후까지의 기간 동안, 그리고 기업 내 관계자를 네 분야로 나누어 분석했다. 직장 내에서 네 가지 분야라고 하면 사업가, 발명가, 화이트칼라 그리고 블루칼라 직원을 말한다. 도표 10.5는 그 분류를 따

---

* 여기서 사업가는 한 기업의 자본을 적어도 50퍼센트 이상 보유한 대주주를 말한다.

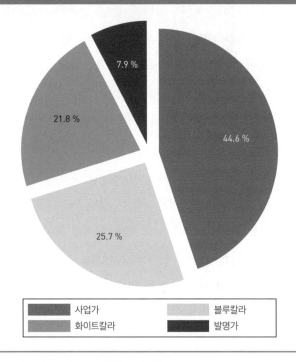

도표 10.5 사회·경제적 계층 구별에 따라 나누어본 혁신을 통한 이득 배분

7.9%

21.8%

44.6%

25.7%

■ 사업가		■ 블루칼라	
■ 화이트칼라		■ 발명가	

출처: Aghion, Akcigit, Hyytinen et Toivanen (2018).

르고 있는데, 혁신으로 인해 사업가가 가져가는 이득의 몫이 44.6퍼센트로 가장 높다는 사실이 드러난다. 이어 블루칼라 직원들의 몫이 25.7퍼센트로 두 번째로 크다. 이는 기업 내에서 인원이 가장 많은 층이기 때문이다. 다음은 관리자, 즉 화이트칼라 직원들이 21.8퍼센트를 가져가고, 마지막으로 발명가는 전체 이득의 7.9퍼센트만을 차지한다. 종합해보면, 직원 전체가 47퍼센트 가까이 이득을 얻는다는 얘기다. 이는 핀란드에만 해당하는 특이 사항일까?

이와 유사한 연구가 미국 기업 및 직원들의 세무 자료를 통해 이루어진 바 있다. 그 연구에서는 2000~2014년의 미국특허청 특허 자료를 교차 분석에 활용했다(Kline, Petkova, Williams et Zidar, 2019).[7] 연구자들은 납세 자료 및 특허 관련 자료를 확보할 수 있고 높은 잠재성을 지닌* 특허를 처음으로 출원한 미국 기업 약 2000곳을 대상으로 표본 조사를 수행했다. 해당 기업들은 미국에서 특허 출원을 하는 기업의 평균 규모보다 조금 작은 회사로서 해당 기간 동안 직원 수가 평균 61명 정도였다. 이 연구의 목적은 새로운 특허로 인해 발생하는 소득 충격이 해당 기업 내 직원들의 보수에 어떻게 반영되는지를 가늠하는 데 있었다. 저자들은 미국특허청으로부터 특허를 승인받은 기업과 유사한 기술 분야에 있지만 특허 출원을 거부당한 기업을 비교하는 방식을 취했다.

우선 관찰할 수 있는 사실은 근로자가 그들의 임금을 **통해** 특허로 발생한 이득의 30퍼센트를 가져간다는 것이었다. 이는 같은 집단이 47퍼센트를 가져간 핀란드의 경우보다 낮은 수치다. 그런 데다 소득 증가 양상은 근로자의 직종에 따라 상이했다. 새롭게 고용한 이들의 임금에는 회사에서 새롭게 출원한 특허가 전혀 영향을 주지 않았고, 오직 연차가 더 높은 근로자만 혁신으로 인한 혜택을 입었다. 게다가 연차 있는 직원들 사이에서도 남자가 유난히 혜택을 더 받았다. 다시 말해, 해당 기업에서 혁신이 발생함으로써 남녀 직원 사이의 임금 격차가 오히려 더 늘어났다는 뜻이다. 마지막으로, 새로운 특허가 소득에 미치는 영향은 기업 내 상위 25퍼센트 (즉, 최상위 사분위에 속하는) 직원들한테 크게 집중되었다. 이런 결과는 핀란드 기업 내에서도 관리자 위주로 혁신의 혜택이 발생한 점을 증명한 연구 내용과 유사하다.

---

* 특허의 잠재성은 해당 특허의 객관적 특징을 바탕으로 가늠한다.

이렇듯 기업 내에서 혁신은 발명가에게만 이득을 가져오지 않고 다른 직원과 경영자한테도 혜택을 주는데, 그중에서도 직능별 소속이나 연차 또는 성별에 따라 임금 변화를 통한 혜택의 정도가 다르게 나타난다는 것을 알 수 있다. 이러한 분석은 흥미롭게도 혁신 관련 조세 제도와 관련해 잠재적으로 시사하는 바가 있다. 단순히 발명가한테 부과하는 소득세 효과에만 신경을 쓸 게 아니라 오히려 기업 내 경제 주체 전반의 소득세에 대한 효과를 고려해야 한다는 점이다. 특히 발명가가 소득 분포도에서 상위 5퍼센트에 속하는 반면, 그 기업의 사장은 상위 0.1퍼센트에 속한다고 해보자. 순진하게 생각하면 상위 0.1퍼센트한테 높은 세금을 매기되 상위 5퍼센트의 세금은 내버려두어도 혁신에 부정적 영향을 주지 않을 거라는 결론을 내릴 수 있다. 그렇지만 이는 혁신이 이루어지는 과정에서 경영자의 중요성을 간과하는 논리다. 보통 기업의 경영자는 혁신에 대한 투자를 위해 자기 소득 일부를 희생하는 경우가 많다. 따라서 이들은 혁신 과정에서 분명 핵심 구성 요소 중 하나라고 보아야 한다.

기초 연구의 동기

앞의 여러 장을 통해 다양하게 분석해본 슘페터식 패러다임에서 핵심 인물은 사업가/혁신가*다. 이들은 자신보다 전 세대에 만들어진 지식에서 출발하되 자신의 혁신 가능성을 높이기 위해 연구 개발에 투자하는 인물이다. 그는 왜 혁신하는가? 혁신은 상업화가 가능하고, 그 결과 자신에게

---

* 여기서는 앞에서의 논의와 달리 사업가와 혁신가를 구분해서 다루지 않는다.

금전적 이득을 가져다주기 때문이다. 지식 재산권 보호는 그러니까 이 과정에서 필수불가결한 역할을 한다. 혁신가와 그가 누릴 재산상의 이득을 모방의 위협으로부터 보호해주는 장치이기 때문이다. 이러한 패러다임은 앞에서 언급한 몇몇 실증적인 수수께끼와 특정 사례를 제대로 이해하기 위해 매우 유용한 시각을 제공한다. 하지만 모든 경제학상의 패러다임과 마찬가지로 슘페터식 패러다임 또한 이론보다 훨씬 복잡한 현실을 어느 정도는 은폐하는 측면이 있다.

지식의 축적 과정이라는 측면부터 이야기해보자. 현실에서 혁신이란 단순히 과거의 혁신에만 기대어 이루어지는 게 아니다. 혁신은 기업이 주도하는 연구 개발 논리나 부양책에 순응하지 않는 기초 연구에 무엇보다 크게 의지하는 게 사실이다. 대학이나 독립 연구소 등에 소속된 연구자들은 유사한 자격을 갖춘 기업체 소속 연구자보다 소득이 훨씬 적은 경우가 많다(Stern, 2004).[8] 대학교 일자리, 그리고 임금이 더 높은 기업체 소속 일자리 사이에서 선택권을 가진 연구자들이 대학을 선택하는 이유는 무엇일까? 대답은 단 두 어절로 요약할 수 있다. 바로 학문의 자유다. 대학의 연구자들은 자신만의 연구 노선을 자유롭게 결정할 수 있다. 어떤 새로운 연구 프로젝트를 파고들기 위해 자유로이 결정하고 이를 수행하다가 어느 시점에서 포기하고 또 다른 방향의 연구를 시작하는 일이 가능하다. 자유롭게 연구에 참여하되 결과가 도출되지 않는 경우도 있고, 무조건 상업화할 수 있는 결과를 도출해내지 않아도 되는 연구 프로젝트에 참여할 수도 있다. 게다가 다른 연구자와 자유롭게 교류하고 누구와 협업할지 또한 자유롭게 결정한다. 자신이 연구한 결과를 다른 연구자들과 공유하는 것도 자유롭다. 이런 점 때문에 이들은 경제적 보상과 자유 사이에서 판단을 해야 한다.

대학의 '자유로운' 연구와 기업의 '집약적인' 연구

왜 기초 연구와 응용 연구가 모두 필요한가? 어째서 기초 연구는 학문의 자유를 보장받는 대학에서 주로 이루어지는 반면, 응용 연구와 상업적 혁신은 결국 기업에서 이루어지는가? 간단히 이렇게 생각해보자. 즉, 모든 혁신 과정이 도표 10.6에서처럼* 두 단계로 이루어진다고 가정해보는 것이다. 우선 기초적인 발견 하나에서 모든 혁신이 시작된다. 예를 들어, 새로운 정리(theoreme, 定理)라든지 새로운 미립자 혹은 새로운 박테리아를 발견했다고 치자. 이는 기초 연구, 즉 0단계다. 이어 이러한 새로운 아이디어 혹은 새로운 발견을 바탕으로 혁신의 과정을 마무리하고 상품화 가능한 신제품에 도달하는 또 다른 차원의 발견이 이뤄진다. 이 단계의 예로는 백신이나 약품을 생각해볼 수 있으며 이를 응용 연구, 즉 1단계라고 하자.

이러한 단계는 둘 다 불확실성을 지닌다. 0단계 기초 연구든 1단계 응용 연구든 노력 끝에 어떠한 결과에 도달할지 알 방도가 없다. 특히 기초 연구 0단계가 구체화되지 않으면 1단계는 아예 존재조차 할 수 없다. 원칙적으로 보면, 이 각 단계는 연구자가 원하는 대로 자신의 연구를 구성하고 또 전파할 수 있는 대학 내에서 이루어질 수도 있고, 연구와 전파를 긴밀히 관리하는 기업 내에서 이루어질 수도 있다. 그런데 실제 세계에서는 거의 대부분의 기초 연구가 대학 내에서 주로 이루어지는 이유가 무엇일까?

---

* 연구 과정을 이렇게 선형화한 도식은 그 자체가 지나친 단순화의 결과이긴 하다. 실제로 새로운 기초 아이디어는 상업화 단계에 매우 가까이 도달한 응용 연구 단계에서 도출되는 일이 자주 발생한다.

| 기초 연구 0단계 | 응용 연구 1단계 | 상업화 |

출처: 저자들의 재구성.

필리프 아기옹, 마티아스 데와트리퐁과 제러미 스타인(Philippe Aghion, Mathias Dewatripont et Jeremy Stein, 2008)[9]은 공저 논문을 통해 기초 연구는 무엇보다 탐색하는 단계이며 불확실성이 큰 특징이라는 설명을 내놓았다. 정말로 어떤 구체적인 적용이 가능한지 여부도 모른 채 새로운 영역을 탐험하는 일이라고 할 수 있다. 연구자들로 하여금 자유롭게 연구 전략을 선택하도록 하는 데에는 이중의 장점이 있다. 첫 번째는 정보와 관련한 장점이다. 다시 말하면, 기초 연구를 하는 연구자는 어떻게 전진해야 하는지, 어떤 실마리를 따라가야 하는지, 또 어떤 실마리를 아예 포기하는 게 더 좋은지를 가장 잘 아는 사람이기 때문이다. 두 번째는 재정과 관계있는 장점이다. 자신에게 부여된 학문의 자유에 대한 반대급부로서 대학 소속 연구자는 대체적으로 기업체 소속 연구자보다 더 낮은 보수를 받아들인다. 연구 과정의 모든 단계에 대해 일일이 민간 업체 수준의 보수를 지급하면 비용이 지나치게 들어갈 게 틀림없다. 응용 연구나 상업화까지 이르지 못하는 연구를 포함해야 한다면 더욱 그렇다. 이러한 두 가지 장점에다 추가로 생각할 수 있는 요소는 연구자끼리 자유롭게 아이디어를 주고받을 수 있다는 점이다. 기초 연구는 동료 간의 교류 덕분에, 그리고 각 연구자가 자유롭게 대학 동료의 과거 연구 결과에 기초해 자신의 연구 노선을 세울 수 있다는 사실 덕분에 상당한 진전을 이루는 분야다. 한 아이디어를 가지고 연구에 착수한 연구자 A가 자신이 의도한 결과를 내지 못하더라도, 그 연구자 A의 태동 단계 아이디어를 이어받아 동료 연구자 B가 다음 1단계에 도달해 상업화의 가능성에 이를 수 있도록 변모시킬 수도 있다. 사전 단계에서 아이디어 교류를 제한해버리면 1단계 문턱을 넘어설 아이디어의 흐름이 제약을 받을 수밖에 없고 결국에는 혁신으로 구체화될 수도 없다.

기초 연구자들이 종종 어떤 연구 주제로 방향을 잡아야 할지 선험적으로 고민하는 반면—대답하는 일만큼이나 좋은 질문을 하는 일이 중요하다—응용 연구인 1단계에는 길이 이미 완전히 닦여 있다. 1단계 연구를 성공적으로 수행해 상업화 가능한 혁신을 이뤄내려면, 그 목표한 혁신에 온전히 집중하는 연구자로 이루어진 팀이 필요하다. 바로 여기서 기업체의 역할이 분명해진다. 기업은 투자하고자 하는 상품에 대한 새로운 틈새시장을 미리부터 파악하고 있으며, 그 목표를 이루기 위해 소속 연구자들에게 매우 구체적인 지시 사항을 전달한다. 기업체 소속 연구자들은 요컨대 자신의 연구 노선을 자유롭게 결정할 수 없다. 이들은 기업 내에서 자신이 하는 연구 활동에 대해 다른 연구자들과 소통도 자유롭게 할 수 없다. 왜냐하면 소속 기업체는 자사의 혁신을 외부에서 수용(expropriation, 收用)해버릴 위험에 대비해야 하기 때문이다. 이러한 위험 요소는 특히 혁신 과정 중 상업화 단계에 거의 다다랐을 때 더욱 첨예하게 여겨진다. 이처럼 자유의 박탈이 이중으로 발생하기 때문에 이에 대해 기업체 연구자들은 대학에서보다 높은 임금으로 보상을 받는다.

요약해보면, 대학 내의 연구에는 삼중의 강점이 있다. 우선 비용이 적게 들고, 연구자가 자유롭게 연구 계획을 세울 수 있으며, 또한 학문의 자유를 누리는 소속 연구자가 타 연구자들과 자유롭게 의견을 교환할 수 있다.[*10] 기초 연구자의 학문의 자유를 옭죈다면 혁신 과정에 해가 될 뿐이며, 종국에는 새로운 아이디어의 규모와 다양성도 움츠러드는 결과를 가져온다. 게다가 근본적으로 새로운 아이디어를 주입해줄 신진 연구자들의 진입에도 방해 요소가 될 수 있다.

이제 잠시 다른 가정을 해보자. 연구 과정에서 각각의 진전 사항이라든지 새롭게 발견한 모든 정리(定理)가 특허 체계에 의해 철저하게 지식 재산권의 보호를 받는 세상을 상상해보는 것이다. 응용 연구자들이 0단계에 참여한 기초 연구자 모두에게 보상을 해주어야 한다고 가정하면, 그 행정 비용이나 재정 비용이 엄청나게 들 게 뻔하다. 그렇게 되면 1단계 연구에 대한 의욕은 꺾일 수밖에 없다. 예를 들어, 특허권 소유자 몇몇이 특정 약품 개발을 위한 연구 계획 자체를 차단하는 일이 가능하다. 이런 현상을 '반(反)공유 재산**'의 비극이라고 한다(Heller, 1998).[11] 공동 소유권이 지나치게 세분화하면서 새로운 혁신 가능성이 차단되는 결과 나타나는 현상이다. 그렇다고 해도 특허권이란 상품화 가능한 혁신과 이를 불러온 응용 연구에 대한 지식 재산권을 보호해준다는 점에서 정당화할

---

* 대학의 역할에 대한 이 책의 분석은 연구 영역에 초점을 맞추었으며 교육 및 강의 영역은 제외했다. 대학이 지닌 이 두 가지 기능 사이의 상호 보완적 성격에 대해서는 사회학자의 시선으로 분석한 피에르미셸 멩제(Pierre-Michel Menger)의 2016년 논문을 추천한다.

** 민영화라는 개념이 공동 자산의 보호 및 과도한 착취를 막기 위한 방책으로 등장했다. 실제로 개인 소유권자는 자신의 이득이 달려 있는 자원을 보전하는 데 관심을 기울인다. 하지만 민영화 과정을 통해 소유권이 지나치게 세분화하는 결과가 나타났다. 동일 자원을 여러 명의 소유주가 공동 소유하기도 한다. 이 경우 다른 이들의 공동 자산 활용을 한 명의 공동 소유자가 저지할 수 있는데, 그 실례가 특허권의 영역에서 드러난다.

수 있는 권리다. 비록 기초 연구 단계에서 남용될 경우 오히려 비생산적 역할을 할 수도 있지만 말이다. 이 패러다임이 시사하는 또 한 가지는—가장 근본적인 차원에서 얘기하자면—상업화 단계의 혁신은 좀더 '자유로운' 제도적 환경에서 빛을 볼 가능성이 높다는 것이다.

'생쥐와 연구자'

기초 연구에 대한 접근이 훨씬 확대될 경우 혁신에는 어떠한 영향이 있을까? 〈생쥐와 학자(Of mice and academics)〉라는 제목의 논문에서 피오나 머리와 공저자들(Fiona Murray et al., 2016)[12]은 기초 연구에 관한 지식 재산권 축소를 가져온, 즉 기초 연구의 개방도를 높인 한 자연 실험이 미국 생물학 분야의 혁신에 미친 영향을 분석했다.

지금으로부터 1세기 훨씬 전에 시작된 생쥐를 이용한 실험은 생물학 분야의 발전에 매우 큰 공헌을 했다. 그런데 약 30여 년 전에 진정한 의미의 과학 혁명이 일어났다. 유전자 조작을 통해 생쥐를 만들어낼 수 있는 길이 열린 것이다. 생쥐에게 암이나 당뇨병을 일으키는 유전자를 주입할 수 있고, 반대로 그런 유전자를 추출해낼 수도 있게 되었다.* 이러한 유전자 실험에 1만 3000마리 이상의 생쥐가 동원되었고, 각 실험은 기초 연구에서 최초의 논문을 양산했다. 이제부터 이 최초의 기초 연구 논문을 한 조(組)의 '생쥐-논문'이라고 부르기로 한다. 우선 하버드 대학교 의과 대학 연구자들이 옹코(Onco)라는 기술을 개발했다. 그리스어로 '종양'

---

* 생물학자 마리오 카페키(Mario Capecchi), 마틴 에번스(Martin Evans) 그리고 올리버 스미시스(Oliver Smithies)는 "줄기 뿌리 세포를 이용해 생쥐에게 특정한 조작 유전자를 주입할 수 있는 원리를 발견한 공로"로 2007년 노벨 생리의학상을 수상했다.

을 의미하는 온코스(onkos)에서 따온 이름을 붙인 이것은 이른바 '종양-생쥐'를 만들어내는 기술이다. 종양-생쥐란 유전자 변이의 성격, 여기서는 악성 종양으로 발전할 가능성이 매우 높게끔 종양 유전자*를 주입한 생쥐를 의미한다. 이러한 유전자 조작은 암 연구를 진전시키는 데 목적이 있었다. 이 발명은 관련 연구자들에 의해 1988년 미국특허청에 특허 출원이 되었고, 추후에 듀폰(DuPont)이 해당 특허권을 사들였다. 이차적으로 듀폰은 크레록스(Cre-lox)라는 기술에 초점을 맞추기 시작했다. 이는 특정한 유전자를 활성화 혹은 비활성화시킬 수 있는 생쥐를 만들어내는 기술이다.

위 연구의 자연 실험은 다음과 같았다. 미국 국립보건원은 옹코 및 크레록스 기술과 관련해 듀폰이 미국 연방 정부 및 메인주 바하버(Bar Harbor)에 위치한 실험용 생쥐 전문 기관 잭슨 연구소(Jackson Laboratory)와 양해 각서를 체결하도록 종용했다. 이 양해 각서는 실질적으로 듀폰이 지닌 지식 재산권을 축소시켰고, 이로 인해 대학 연구자들이 좀더 쉽게 옹코 및 크레록스 기술을 이용한 실험을 할 수 있게 되었다. 크레록스와 옹코 기술 관련 양해 각서는 각각 1998년과 1999년에 체결되었는데, 이 서명 날짜 전후의 상황을 관찰함으로써 위 기술을 이용한 실험 결과에 대한 연구자들의 접근이 용이해질 경우 기초 연구에 긍정적 영향이 있는지 알아볼 수 있다.

기초 연구와 응용 연구 사이의 연관 관계에 대한 우리의 분석으로 미루어보건대, 이러한 자연 실험은 한편으론 기초 단계에서 더 많은 아이디어를 생성해내고, 또 한편으론 연구 분야에서 다양성과 신선함을 더해

---

* 만약 발현될 경우 암이 발병하기 쉽게 만드는 유전자를 뜻한다.

주는 역할을 할 거라고 예상할 수 있다. 연구자들은 앞에서 언급한 양해 각서 체결 이후의 상황을 관찰함으로써 바로 그 예상과 같은 결과를 확인했다. 좀더 구체적으로 말해, 위 연구자들은 1983~1998년 나온 '생쥐-논문' 조를 적어도 한 개는 인용한 논문을 2006년까지 추적해보았다. '생쥐-논문' 조는 2171개, 그리고 '생쥐-논문' 조에 대한 개별 인용은 적어도 43만 2000건이 있었다. 크레록스 양해 각서 체결 이후에는 두 가지 현상이 눈에 띈다. 첫째, 크레록스 생쥐를 다루는 '생쥐-논문' 조에 대한 인용이 20퍼센트 가까이 늘어났다. 둘째, 인용이 늘어난 분야는 특히 혁신성 높은 논문,[*] 혹은 새롭게 등장한 저자들이 작성한 논문, 혹은 그 전까지는 전혀 '생쥐-논문' 조를 인용한 적 없는 기관에 소속된 연구자들이 작성한 논문, 그리고 심지어 새로 창간된 학술 저널이었다. 옹코 양해 각서 체결 이후의 변화를 분석해보아도 결과는 유사하다. 즉, 결론은 기초 연구에 대한 접근을 용이하게 만들면 혁신이 확대된다는 것이다.

염기 서열 분석

염기 서열 분석은 기초 연구 분야의 새로운 발견에서 지식 재산권 보호 제도가 미치는 부정적 영향에 대한 또 하나의 사례를 제공한다. 여기에 대해서는 하이디 윌리엄스(Heidi Williams, 2013)[13]가 분석한 바 있다. 염기 서열 분석이란 유전자를 구성하는 DNA 기본 요소의 배열을 철저히 따져보는 작업을 말한다. 유전자는 하나 혹은 여럿의 단백질을 생성하게 해주는 DNA의 일부다. 바로 이 단백질 성분이 외부에서 관찰 가능한 한 개인의 외형적 특성 전반, 즉 표현형(phenotype, 表現型)을 결정한다. 또 유

---

[*]   새로운 논문의 혁신성은 해당 논문이 포함하는 새로운 주제어의 비중으로 계산했다.

전자형(genotype)이란 개념은 이 특정 표현형을 생성시킨 유전자의 집합체를 의미한다. 따라서 '비정상적인' 유전자는 비정상적인 단백질의 유전 정보를 지니고 있고, 이 유전자형과 표현형 사이의 연관성에 의해 어떤 질병을 유발하게 된다.* 예를 들면, 점액과다증이나 혈우병, 혹은 헌팅턴병 같은 유전 질환은 환자 개인이 품고 있는 유전자에 의해 결정된다. DNA 서열을 분석하는 작업은 어떤 면에서 유익할까? 이 작업은 유전자형과 표현형 간의 관계를 알게 해주기 때문에 질병을 진단하고 나아가 유전자 치료, 즉 질병을 일으키는 유전자를 건강한 유전자로 대체하는 걸 가능하게 해줄 수 있다.

윌리엄스는 데이터베이스를 만들어 염기 서열 분석의 추이를 시간상으로 추적해보았다. 이 염기 서열 분석은 어떻게 이루어졌을까? 그 진행 사항을 짚어주는 도표 10.7이 보여주듯 염기 서열 분석을 실행한 주인공은 둘이다. 미국 국립보건원 지휘하에 착수한 인간 게놈 프로젝트(PGH), 그리고 염기 서열 분석을 전문으로 하는 민간 기업 셀레라(Celera). 1998년 설립된 셀레라는 일부 유전자에 대한 지식 재산권을 보유하고 있었다. 이 기업은 1999년부터 염기 서열 분석을 시작했으나 2001년에 그만두면서 몇몇 유전자에 대해서만 서열 분석 결과를 제공했다. 공공 연구 프로젝트인 PGH는 1990년에 시작되었는데, 서열 분석이 끝나면 일정 기간 후 퍼블릭 도메인(public domain)에 그 정보를 등재하는 걸 목표로 삼았다. PGH의 작업은 2003년까지 이어졌다. 셀레라가 지식 재산권을 보유하고 있는 유전자를 포함해 모든 유전자의 염기 서열 분석이 완

---

* 실제로는 한 개의 유전자가 여러 유전자형-표현형 관계에 얽혀 있을 수 있다. 또 한 가지의 유전자형-표현형 관계도 한 개 이상의 유전자를 통해 발생할 수 있다.

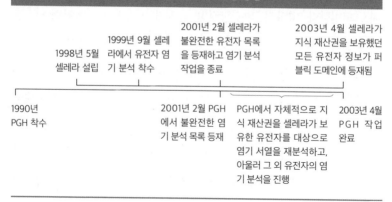

도표 10.7 사건의 진행 상황

1998년 5월 셀레라 설립

1999년 9월 셀레라에서 유전자 염기 분석 착수

2001년 2월 셀레라가 불완전한 유전자 목록을 등재하고 염기 분석 작업을 종료

2003년 4월 셀레라가 지식 재산권을 보유했던 모든 유전자 정보가 퍼블릭 도메인에 등재됨

1990년 PGH 착수

2001년 2월 PGH에서 불완전한 염기 분석 목록 등재

PGH에서 자체적으로 지식 재산권을 셀레라가 보유한 유전자를 대상으로 염기 서열을 재분석하고, 아울러 그 외 유전자의 염기 분석을 진행

2003년 4월 PGH 작업 완료

출처: Williams (2013).

료된 시점이었다. 2003년 4월 모든 유전자의 염기 서열 정보, 그러니까 셀레라가 보유한 유전자를 포함한 전체 정보에 대한 공공 접근이 가능해졌다. PGH가 진행한 유전자 '서열 재분석'을 통해 셀레라가 애초부터 주장해온 지식 재산권이 완전히 무효화되어버린 셈이다.

이렇듯 2001~2003년 셀레라는 자사에서 만들어냈지만 아직 PGH에서는 분석을 마치지 못한 유전자 염기 서열 분석을 보호하기 위해 지식 재산권을 활용했다. 이제 어떤 다른 기업, 예를 들어 화이자(Pfizer)가 셀레라의 지식 재산권 보호를 받는 유전자 정보를 바탕으로 특정 질병의 진단을 가능케 하는 시약을 발견했다고 치자. 거래 비용이 없는 계약 환경에서는 화이자와 셀레라가 상호 이득이 발생할 수 있는 협약을 맺는 방식으로 합의할 거라고 예상할 수 있다. 그 시약을 가능케 한 연구 과정의 축적에 방해가 되지 않도록 말이다. 하지만 거래 비용이 존재하는 환경이라면, 예를 들어 연구 개발 비용에 대한 정보가 비대칭적인 상황이라면, 화이자와 셀레라 사이의 협상은 합의에 이르지 못할 가능성이 있고, 그렇게 되면 유전자 시약의 발견은 아예 생겨나지 않을 수도 있다.

셀레라가 보유한 지식 재산권은 해당 유전자 정보와 관련한 학술 논문 출간에는 어떤 영향을 끼쳤을까? 한쪽에는 관련 정보가 항상 공개 상태였던 유전자가 있고, 또 한쪽에는 2003년에 이르러서야 정보를 공개한 '셀레라' 유전자가 있다. 윌리엄스의 분석에 따르면, 셀레라가 보유한 유전자 정보 관련 지식 재산권은 추후의 연구 개발을 20~30퍼센트 축소시켰다고 한다. 게다가 '셀레라' 유전자 정보는 2001~2009년 동안 다른 유전자 정보보다 관련 학술 연구 발표가 40퍼센트나 적었다. 마지막으로 '셀레라' 유전자 정보는 진단 시약에 활용될 가능성이 38퍼센트나 적었다. 이 이야기를 모두 종합해보면 기초 연구에 있어 셀레라라는 업체가 지식 재산권을 강제한 경우, 기초 연구뿐 아니라 응용 연구에도 부정적 영향을 끼친다는 결론이 나온다.

기업 내 기초 연구와 응용 연구

연구를 몇 단계에 걸친 과정으로 정형화해본 이번 장의 목적은 왜 기초 연구는 주로 대학에서 이루어지는 반면, 응용 연구는 주로 기업체에서 이루어지는가를 설명하기 위함이었다. 현실 세계에서는 기초 및 응용 연구 사이의 구분이 이러한 정형화가 보여주는 정도로 명확하지는 않다. 우선 양쪽에는 다소간 응용에 가깝거나 다소간 기초 연구에 가까운 연구가 존재한다. 연구자에게 온전히 학문의 자유를 부여하는 대학과 소속 연구자의 활동을 완전히 좌지우지하는 기업체 사이에는 연구자에게 일정 부분 자유를 허락하는 구글 같은 기업체도 존재한다. 마지막으로 기업체 내부에서조차 연구 활동은 보통 좀더 기초적인 연구와 좀더 응용적인 연구로 나뉘어 이루어진다.

2020년에 발표된 한 논문이 바로 이런 기업 내에서의 기초 연구와 응용 연구를 구분해 분석한 바 있다(Akcigit, Hanley et Serrano-Velarde, 2020).[14] 기업은 여러 기관으로 이루어져 있는데, 각 기관은 다른 상품 라인에 해당한다. 이러한 여러 상품은 동일한 분야의 것일 수도 있고, 여러 다른 산업 분야에 해당할 수도 있다. 한 기업에서 아우르는 활동 분야가 많을수록 그 기업의 기초 연구 투자는 높아지는 경향이 있다. 여기서 저변에 깔려 있는 생각은 이렇다. 즉, 기초 연구는 다양한 분야에서 응용 연구에 대해 0단계의 역할을 하는 데 반해, 응용 연구는 애초부터 특정 분야에 대해 전문적으로 이루어진다는 것이다. 바로 이 지점에서 기초 연구가 다양성을 장려한다는 논리를 다시금 상기해볼 수 있다. 하지만 기초 연구가 응용 연구보다 기술적인 외부성을 더 많이 발생시킬 수 있다는 점, 특히 경쟁을 장려할 수 있다는 점을 감안하면 기업은 여전히 기초 연구에 대해 투자를 덜 하려는 경향을 유지하게 된다.* 바로 이런 요인 때문에 국가와 대학이 핵심적인 역할을 해야만 한다.

---

* 하지만 0단계의 혁신에 대한 보상을 개선하는 방향의 정책을 고안해보는 것도 가능하다. 제리 그린과 수잰 스코치머(Jerry Green et Suzanne Scotchmer, 1995)의 논문은 이러한 논의를 제시하기 위한 연구였다. 저자들은 연속적인 혁신의 경우, 즉 혁신의 각 단계가 다른 기업에 의해 발생하는 경우, 혁신으로 인해 발생하는 이득이 전체 혁신 과정의 각 단계에 좀더 공평하게 분배되어야 한다고 주장했다. 이들은 0단계의 특허권 유효 기간을 늘리면 기초 연구를 책임지는 기업이 특허를 통해 발생하는 이득에서 좀더 높은 비중을 가져갈 수 있게 해줄 거라는 주장을 펼쳤다. 그렇게 되면 종국에는 기초 연구에 대한 투자 수준이 좀더 바람직하게 환원된다는 논리였다. 이 주제와 관련한 연구에 관심 있는 독자는 스코치머의 1991년 및 1996년 논문을 추가로 참고하길 권한다.

5장에서 혁신은 사회 이동성을 발생시킨다는 생각에 대해 논했었다. 하지만 지금 10장에서 살펴본 바에 따르면, 혁신에 대한 접근 자체가 개인들 사이에 매우 불평등한 걸로 나타난다. 아이가 혁신가가 될 가능성은 특히 부모의 사회적 위치, 교육 수준 및 직업 등에 크게 영향을 받는다. 기회의 균등화를 추구하는 요소로서 학교가 매우 중요한 역할을 해야 하는 이유는 바로 여기에 있다. 학교는 미래의 혁신가로 자라날 수 있도록 아이들한테 지식을 전달하고 꿈을 키우게 도와주는 역할을 충실히 수행해야 한다. 아직 싹을 틔우지 못한 '아인슈타인'을 최대한 육성하기 위한 교육 제도를 수립하는 방법론에 대해서는 앞으로도 여전히 논의할 내용이 많이 남아 있다.

이번 장에서 두 번째로 논의한 내용은 혁신이 여러 단계를 통해 이루어지는 과정이라는 점이다. 즉, 혁신이란 기초 연구에서부터 시작해 점점 더 응용 연구의 단계를 거쳐 새로운 상품이라는 상업화의 단계에 이르는 과정이다. 또한 기초 연구에 필요한 아이디어의 자유로운 교류 및 학문의 자유를 보장하는 대학의 역할에 대해 강조한 반면, 최상의 응용 단계에 있는 연구는 자연스럽게 기업체를 중심으로 이루어진다는 점을 논했다. 대학을 혁신 가능성을 최대화하는 방식으로 운영하고 사회 내의 다른 구성 요소와 연관을 맺는 방도 등은 해결해야 할 과제로 여전히 남아 있다.[15]

창조적 파괴, 건강 그리고 행복

"혁신이 가져오는 문제는 〔……〕 슘페터식 창조적 파괴는 창조적일 뿐 아니라 파괴적이라는 점이다. 창조적 파괴는 기존의 일자리를 없애버리므로 건강 보험 비용에 부담을 주는 결과를 가져온다. 또한 노동자들이 점점 더 적대적으로 변하는 노동 시장을 대면하게 만들지만, 그 과정에서 사회 보호망은 적절히 갖춰져 있지 않다. 그러한 일자리에 기대어 살아가던 개인과 그 가족의 삶은 훨씬 불안정해지는데, 그로 인해 좌절은 심화하고 사망률이 증가한다."

 — 앤 케이스와 앵거스 디턴, 《절망으로 인한 죽음과 자본주의의 미래》[1] 중에서

2016년 11월 도널드 트럼프가 미국 대통령으로 당선된 후, 여러 선진국에서 포퓰리즘의 득세를 다루는 논문이나 책이 나오지 않은 달이 없다. 우리의 분석은 이런 현상 자체의 본질을 파고들어 매우 설득력 있는 설명을 제시하는 다수의 연구와 경쟁하려는 게 아니다. 우리는 이번 장에서

그러한 방정식의 부차적인 변수로서 창조적 파괴라는 요소, 그리고 이를 개인이 어떻게 느끼는가에 대해 논하고자 한다. 실제로, 혁신에 기반한 근대의 경제 성장은 새로운 종류의 위험 요소가 개인에게 부과된다는 점으로 인해 자주 비판을 받아왔다. 이는 다시 말해, 기업과 경제 활동의 창출 및 파괴와 관련해 개인이 겪을 수 있는 위험을 말한다.

일자리 안정성이 지배하던 시대, 그리고 사람들이 단 한 기업에서 한 가지 직종만을 수행하는 것이 평생의 경력과 동의어이던 시대는 이미 지나갔다. 창조적 파괴는 원래 있던 일자리를 없애는 동시에 새로운 일자리를 만들어낸다. 이로써 개인은 계속해서 스스로를 점검하고, 영원히 확실한 건 없다는 생각을 안고 살며, 끊임없이 자기 직업 경력의 궤도를 재검토하게 된다.

바로 이런 점 때문에 사회 계급 격하의 위험성을 혁신이 얼마나 증대시키는지 파악하는 작업이 필요하다고 본다. 여기서 사회 계급 격하란 실직, 임금 정체 혹은 직능의 가치 절하 현상을 아우른다. 또 이러한 사회 계급 격하라는 위험으로 인해 개인의 건강과 행복에 어떠한 영향이 나타나는지에 대해서도 질문을 던져보아야 한다. 게다가 혁신 때문에 강제된 요소, 말하자면 경제 활동과 노동자의 이동성 심화 현상이 대다수 시민의 삶을 불안정하게 만들거나 실직을 동반하지 않으려면 어떻게 해야 하는가? 노동 시장에 어떤 정책을 도입해야 혁신을 통한 성장과 개인의 행복을 양립시킬 수 있을까? 이번 장에서는 바로 이런 질문들에 대해 답하고자 한다.

창조적 파괴, 실직 그리고 사회 계급 격하

창조적 파괴가 얼마나 개인의 실직 가능성을 높이는지, 그리고 기존의 지식이나 학위를 쓸모없게 만드는지 분석하는 작업을 제일 먼저 해보도록 하자.

창조적 파괴와 실직[2]

창조적 파괴 과정을 통한 혁신, 다시 말해 새로운 활동이 기존 활동을 대체하는 현상은 개인의 실직 가능성을 높이는가, 아니면 낮추는가? 이론적 관점에서 보았을 때, 이 질문에 대한 대답은 선험적으로 모호하다(Aghion et Howitt, 1994[3]; Mortensen et Pissarides, 1994[4]; Hornstein, Krusell et Violante, 2005[5]). 첫 번째 효과는 물론 일자리가 없어지는 것이다. 혁신은 기존의 특정 활동을 구식으로 만들기 때문에 일자리를 없애고 그 일을 하던 사람들을 구직 시장으로 떠민다. 노동 시장이 마찰적 실업(유동적 혹은 일시적 실업이라고도 한다. 노동 인구가 불완전하게 이동하면서 발생하는 일시적 실업을 의미 — 옮긴이)을 겪는 순간부터, 그러니까 구직자들이 즉각 새 일을 찾지 못하는 상황일 때 실업률은 올라간다. 하지만 그 반대인 두 번째 효과도 있다. 바로 일자리 창출 효과다. 혁신은 새로운 일자리를 만들어내며, 이는 실업률을 줄이는 경향이 있다. 그리고 마지막으로 세 번째 효과는 '자본화 효과'라고 부르는 현상이다. 이는 한마디로 이렇게 설명할 수 있다. 즉, 혁신율이 높아진다는 건 성장률 또한 더 높아짐을 전제로 한다는 뜻이다(Aghion et Howitt, 1994). 그런데 새로운 경제 활동을 창출하고자 하는 모든 새로운 투자는 추후 가능한 이익을 통해 보상받는다. 이러한 이득은 경제 전반이 빠르게 성장할수록 그만큼 빠르게 늘어난다. 다시 말하면, 성장률이 높을수록 새로운 일자리를 창출함으로써 실업률을 줄일 수 있는 새로운 경제 활동 창출에서 기인한 수익성이 증가한다는 뜻이다. 위에서 언급한 세 가지 효과는 모두 같은 차원에 있지 않다는 점을 기억하자. 일자리 파괴의 효과는 단기적으로 나타나며, 일자리 창출이나 자본화 효과는 조금 더 장기적으로 드러난다. 앞으로 여러 가지 여론 조사 결과를 통해 개인이 창조적 파괴를 몸소 체험하는 방식은 바로 단기적인 효과라는 점을 확인할 수 있다.

먼저 실업에 창조적 파괴가 어떤 영향을 주는지 경험적으로 따져보자. 스티븐 데이비스와 존 홀티웨인저(Steven Davis et John Haltiwanger)[6]는 미국의 일자리 및 기업의 창출과 소멸이라는 주제를 다룬 적이 있는데, 그들의 작업에서 직접 영감을 받아 진행한 최근의 한 연구에서는 미국 내 고용 지역에 따라 창조적 파괴와 일자리 사이의 상호 관계를 분석했다(Aghion, Akcigit, Deaton et Roulet, 2016).[7] 그들은 실업에 대한 지역별 정보는 노동통계청의 자료를 이용했다. 창조적 파괴의 정도에 대한 자료로는 기업 역동성 통계(Business Dynamics Statistics)를 활용했는데, 이 통계는 지역 차원에서 일자리의 창출 및 소멸 비율에 대한 정보뿐 아니라 기업의 시장 진출 및 퇴장에 대한 정보를 제공한다. 창조적 파괴의 정도는 해당 고용 지역에서 일자리 창출도와 일자리 상실도를 더하는 방식으로 측정했다.* 그리고 일자리 창출도와 상실도 비율은 통계청에서 조사하는

---

* 특정 시점 t-1부터 시점 t 사이의 기간 동안 일자리 창출도를 계산하는 방법은 기존 기업의 확장으로 인해 창출된 새로운 일자리와 신생 기업의 등장으로 창출된 일자리를 모두 합한 후, 이 총합을 t-1과 t 시점 사이 기간 동안 해당 지역의 평균 고용에 대비하는 방식을 이용한다. 이와 마찬가지로 t-1과 t 시점 사이의 기간 동안 일자리 상실도는 기존 기업의 규모 축소나 폐업 등으로 인해 없어진 일자리 수를 같은 기간 동안 해당 지역에

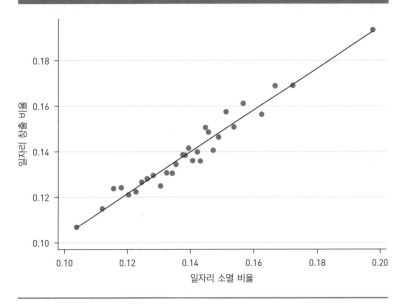

도표 11.1 미국에서 일자리 창출과 소멸 사이의 관계

출처: Aghion, Akcigit, Deaton et Roulet (2016)에서 가져온 자료.

미국 기업 전반에 대한 자료인 장기 비즈니스 데이터베이스(Longitudinal Business Database)를 기반으로 계산한 수치다. 도표 11.1은 2005~2010년 미국에서 일자리 창출과 상실 사이에 분명한 정비례 관계가 있었음을 보여준다. 일자리 상실률이 높았던 지역은 또한 새로운 일자리 창출도 가 매우 높은 지역이기도 했다. 이는 분명 창조적 파괴 현상을 반영하는 결과로서 일자리의 소멸과 창출 사이에 강한 연관 관계가 있음을 시사 한다.

창조적 파괴의 정도와 실업률 사이의 상호 관계에 대해서는 도표 11.2가

서의 평균 고용에 대비하는 방식으로 계산한다.

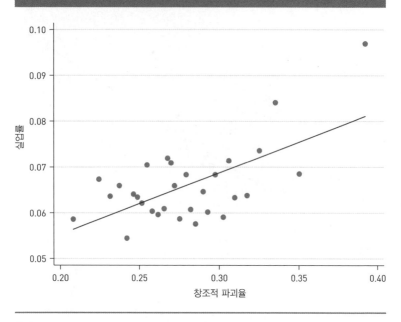

출처: Aghion, Akcigit, Deaton et Roulet (2016)에서 가져온 자료.

이들의 분석 결과를 보여준다. 평균적으로 보면, 2005~2010년 창조적 파괴의 수준이 높았던 지역은 실업률 또한 높은 곳이었다. 다시 말해, 창조적 파괴의 정도가 높은 지역에 살고 있는 사람은 언젠가 실직을 경험할 가능성이 높다는 의미다. 하지만 이러한 실직에 따른 과도기는 원천적으로 지속되는 성격의 일이 아니다. 왜냐하면 도표 11.1에서 볼 수 있는 바와 같이 그러한 지역에서는 새로운 일자리의 창출도 또한 높게 나타나기 때문이다. 이야기를 종합해보면, 창조적 파괴는 실직 가능성이 높아지는 것과 관계가 있다고 볼 수 있다. 좀더 뒤쪽에서 이러한 실직으로 인한 과도기 동안 건강과 복지에 어떤 영향이 나타나는지 논할 것이다.

혁신 그리고 학위의 가치 상실 현상

직장 경험으로 인해 얻은 능력이나 학위가 지닌 가치에 혁신은 어떠한 영향을 줄까? 이 질문에 답하기 위해 아기옹, 아크지기트, 휘티넨 그리고 토이바넨(Aghion, Akcigit, Hyytinen et Toivanen, 2018)[8]은 1988~2012년을 대상으로 개인의 소득, 기업 그리고 특허와 관련한 핀란드의 다양한 자료를 교차 분석했다. 저자들은 혁신가가 몸담고 있는 기업 내부에서 혁신으로 인해 얻는 소득이 어떻게 분배되는지를 다룬 자신들의 선행 연구(10장에서 언급)를 출발점으로 삼았다. 10장의 논의에서 혁신과 관련한 이득은 기업 내에서 균등하게 분배되지 않는다는 점을 확인할 수 있었다. 블루칼라 노동자가 혁신이 도래하기 전 5년 동안 평균 1퍼센트 정도의 임금 손실을 입다가 혁신이 도래한 이후 약 2.3퍼센트의 금전적 이득을 얻는 반면, 중간 관리자(화이트칼라 노동자)는 혁신이 도래하기 전에 잃는 게 전혀 없다가 혁신이 도래한 이후 약 2퍼센트의 이득을 보는 것으로 나타났다. 이렇듯 혁신은 근로자의 소득에 불확실성을 가져온다. 특히 혁신이 도래하기도 전부터 소득 감소 현상을 관찰할 수 있는 집단인 최저 직능군에서는 더욱 그러하다.

저자들은 또 다른 불균일성의 원천을 탐색하는 시도도 했다. 이는 개인의 나이와 마지막 학위 취득 후 시간이 얼마나 경과했는지를 말한다. 언뜻 보면, 나이가 결정적 요소인 것처럼 보이기도 한다. 가장 젊은 직원들만이 혁신의 혜택을 입는 걸로 드러나기 때문이다. 게다가 모든 연령대의 직원에게 실직 가능성과 혁신 사이에는 정비례 관계가 성립한다. 이는 미국의 자료를 비교했을 때 창조적 파괴와 실직 사이에 정비례 관계가 있다는 결론이 나온 이번 장에서 인용한 분석과도 일치하는 내용이다. 나이 많은 직원일수록 그러한 정비례 관계는 더욱 분명하게 드러난다. 하지만 추가 변수를 활용해서 분석해보면 최종 결론은 완전히 달라진다. 여기서 추가 변수는 최종 학위를 취득한 시점 이후 얼마만큼의 시간이 흘렀는지를 뜻한다. 이는 '지식의 경계와의 거리'를 반영하는 변수라고 할 수 있다. 그 기간이 길수록 당사자가 혁신을 통해 얻는 소득은 빈약해진다. 학위 취득 이후 1년이 지날 때마다 혁신에서 비롯된 소득이 5퍼센트 낮아지며, 실직할 확률은 0.4~0.6퍼센트 정도 높아진다. 다시 말해, 혁신은 마지막 학위를 취득한 지 오래된 이들의 사회 계층을 떨어뜨리는 문제를 가져올 수 있다는 뜻이다.

이야기를 종합해보면, 혁신은 실직과 사회 계급 격하를 조장할 수 있다는 결론이 나온다. 이제는 건강과 관련해 혁신의 영향을 살펴본 후, 이어 좀더 전반적으로 창조적 파괴와 행복 사이의 관계를 논하도록 하겠다.

창조적 파괴와 건강

건강과 혁신: 빛나는 부분

2장에서 전 세계 차원의 1인당 총생산의 성장이 이륙 단계에 진입할 수 있었던 이유를 설명하며 혁신이 핵심 역할을 했다는 사실을 분석하면서, 혁신의 이륙 단계와 기대 수명의 도약이 비슷한 시기에 발생했다는 점을 언급한 바 있다. 이 두 가지 현상이 동시대에 나타났다는 관찰 결과는 거기에 공통적인 이유가 작용했을 거라는 점을 시사한다. 실제로, 혁신은 1인당 총생산의 증가보다는 기대 수명의 증가에 더 크게 기여했다 (Aghion, Howitt et Murtin, 2010).[9] 이를 이해하기 위해서는 다음의 표 11.1만 보아도 충분하다. 이 자료는 선진국과 후발 국가에서 1인당 총생산의 변

표 11.1 선진국과 개발도상국의 1인당 총생산과 기대 수명

	1960년	2000년	1960~2000년의 변이	1960~2000년의 성장률
선진국				
1인당 국내 총생산	7,820	22,802	+14,982	192%
출생 시점의 기대 수명	68.3	77.5	+9.2	13%
해당 국가의 수	25	25		
개발도상국				
1인당 국내 총생산	2,033	4,315	+2,282	112%
출생 시점의 기대 수명	47.6	59.9	+12.3	26%
해당 국가의 수	71	71		

출처: Aghion, Howitt et Murtin (2010).

화와 기대 수명의 변화를 보여준다. 1960~2000년 동안 평균적으로 볼 때, 개발도상국이 선진국 수준으로 수렴하는 현상이 드러나는데, 이는 생활 수준뿐 아니라 기대 수명에서도 마찬가지다. 하지만 기대 수명의 수렴 정도가 훨씬 더 명백하게 보인다. 개발도상국은 선진국보다 기대 수명 증가율이 2배로 높은 반면, 1960~2000년 동안 선진국보다 개발도상국에서 1인당 총생산의 향상이 훨씬 미진한 것으로 나타났다(112퍼센트 대비 192퍼센트).

부유한 나라와 가난한 나라 사이에 1960~2000년 1인당 소득보다 기대 수명의 수렴 현상이 더욱 분명했다는 사실은 혁신과 직접적인 연관이 있다. 특히 1920년대 페니실린과 항생제의 발견, 그리고 그에 힘입은 의약품과 치료 방식이 후발 국가들로 전파되었다는 사실에서 기인하는 현

상이다. 앵거스 디턴(Angus Deaton, 2013)[10]은 선진국의 역사를 집중적으로 살펴본 결과, 1900년 이전에는 15세 시점에서 기대 수명이 출생 당시의 기대 수명보다 높았다고 지적했다. 그때만 해도 영아 사망률이 매우 높았기 때문이다. 하지만 새로운 백신 개발 등의 요인으로 인해 20세기 초가 되자 이 두 시점에서의 기대 수명은 완전히 바뀌었다. 이와 유사한 현상으로, 1950년 전에는 기대 수명의 개선이 주로 아이들과 관련해 발생했지만 1950년 이후로는 반대로 50세 이후의 기대 수명 증가가 상당 수준으로 관찰된다는 점을 들 수 있다. 만약 이러한 기대 수명 개선 현상이 부분적으로 생활 방식의 변화와 관계가 있다고 해도—특히 흡연율 감소—혁신 또한 이 영역에서 주요한 역할을 했다. 예를 들어, 이뇨제가 등장하면서 고혈압과 관련한 문제에 대응할 수 있게 되었고, 그 덕분에 미국에서는 1970년대부터, 그 밖의 선진국에서도 그 이후로 심혈관 계통 문제로 인한 사망이 눈에 띄게 줄어들었다.

이야기를 종합해보면, 혁신은 지난 1세기 동안 기대 수명이 전 세계에서 비약적으로 늘어나는 데 기여했을 뿐 아니라, 부유한 나라와 빈곤국 사이에 기대 수명이 수렴하고 선진국 사이에도 기대 수명 수준이 비슷해지는 데 기여했다. 하지만 혁신이 가져다준 이러한 눈부신 성과는 지금부터 논하고자 하는 좀더 암울한 결과로 인해 빛이 바랬다.

혁신과 건강: 암울한 부분

21세기 미국의 사망률 및 발병률을 다룬 논문에서 앵거스 디턴과 앤 케이스(Angus Deaton et Anne Case, 2017)[11]는 최근 매우 우려되는 한 가지 현상이 드러난다고 지적했다. 오랜 기간 동안 감소 추세에 있던 미국의 비(非)히스패닉계 백인 중년층, 즉 50~54세 성인의 사망률이 2000년대 초

도표 11.3 인종에 따른 미국의 사망률

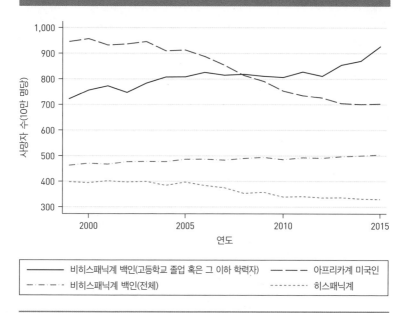

세로축 레이블: 사망자 수(10만 명당)

가로축 레이블: 연도

범례:
── 비히스패닉계 백인(고등학교 졸업 혹은 그 이하 학력자)
─ ─ ─ 아프리카계 미국인
─·─· 비히스패닉계 백인(전체)
········· 히스패닉계

출처: Case et Deaton (2017).

반 이후 다시 증가하기 시작했다는 것이다. 이러한 추세는 2011~2012년 이후 눈에 띄게 가속화하기까지 하는데, 그 양상이 도표 11.3에 분명히 드러나 있다.

앤 케이스와 앵거스 디턴이 강조하는 또 한 가지 두드러진 사실은 이른바 '절망'에 기인한 사망률의 변화 양상이다. 이 표현은 자살이나 마약 및 알코올 남용으로 인한 사망을 의미한다. 도표 11.4는 미국의 50~54세 비히스패닉계 백인 중년층의 '절망' 사망률 변화를 타 선진국 동일 연령층 시민의 평균 사망률과 비교해서 보여주는 자료다. 미국의 특정 인구 집단에서 '절망' 사망률이 이처럼 급속히 증가하는 현상은 그 어떤 다른

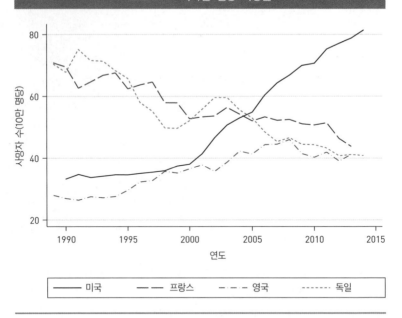

도표 11.4 국가별 '절망' 사망률

세로축: 사망자 수(10만 명당)

가로축: 연도

범례: —— 미국　— — 프랑스　– – – 영국　······ 독일

출처: Case et Deaton (2017)에서 재구성.

선진국에서도 비슷한 사례를 찾을 수 없다. 앤 케이스와 앵거스 디턴은 이와 같은 '절망으로 인한 사망률'의 증가가 무엇보다 저(低)직능군 인구에 집중되어 있다고 지적했다. 그런데 우리는 위에서 그 특정 집단이야말로 혁신이 발생할 경우 일자리 및 소득 분야에서 가장 큰 타격을 받는 집단임을 확인한 바 있다.

디턴과 케이스는 이렇게 미국의 비히스패닉계 백인 인구의 사망률이 감소 추세에서 증가 추세로 바뀐 이유를 일자리가 점점 불안정해지는 현실에서 찾고 있다. 이는 불안정한 가정 환경의 비율이 증가하는 중대한 결과를 가져온다. 이렇듯 우리는 이제 한 직업을 갖고 한 직장 내에서 평생 일하며 당연히 그 회사에서 승진을 거듭할 거라고 기대하던 세상과 작별을 고했다. 창조적 파괴만이 규범으로 작용하는 세상이 도래했다. 창조적 파괴는 특히 1970년대의 '귀족 노동자' 계급을 실업의 위험 그리고 소득 감소로 인한 사회 계급 격하의 위험으로 내몰고 있다. 이러한 위험을 인식하는 데서 오는 불안감을 해소하기 위해 약물, 오피오이드(opioid: 마약성 진통제—옮긴이), 알코올 과다 섭취가 발생하는 게 작금의 현실이다. 이러한 남용은 혼수상태에 빠질 가능성, 간 계통 질환 및 간경변 발병 위험뿐 아니라 자살의 위험까지도 증가시키고 있다. 그러다 보니 사망률 또한 높아지고 있는 상황이다.

미국의 사망률에 실직이 상당한 영향을 주고 있다는 연구 결과도 있다(Sullivan et Von Wachter, 2009).[12] 이 연구는 1970~1980년대 미국 펜실베이니아주 주민의 소득과 일자리에 대한 행정 자료를 바탕으로 이를 1980~2006년의 사망 신고 통계와 짝지어 분석했다. 저자들은 안정적인 일자리를 가졌던 노동자의 사례에 특별한 관심을 기울였다. 이를테면 해고당하기 전 적어도 3년 이상 근속한 사람, 즉 주요 근무처가 한 군데였던 노동자를 말한다. 실직 직후 1년 동안 사망률은 실업을 겪지 않은 경우와 대비해 75퍼센트 이상 급증하다가 이후로는 장기적으로 10~15퍼센트 정도 더 높은 수준에서 안정되었다. 저자들은 이어 그러한 사망률 증가 현상의 원인을 파고들었다. 단기적으로 보면, 사망률 증가는 무엇보다 해고로 인해 발생하는 평균 소득의 추락(대상자의 50~75퍼센트) 또는 소득 불안정성의 증가(대상자의 20퍼센트 정도)에 기인한다. 장기적으로 이러한 사망률 증가 이유는 자산의 감소에서 찾을 수 있다. 이럴 경우 당사자가 자신의 건강에 투자하는 금액이 줄어들고 만성 스트레스는 가중되는 일이 필연적으로 발생한다.

덴마크의 기적

실직과 건강상의 위협 사이에 존재하는 악순환을 깰 수 있을까? 그리고 이러한 실직 기간을 '평안하게' 지나갈 수 있게 해주는 방법이 과연 존재하는가? 덴마크에서 실직이 건강에 미치는 영향을 살펴본 알렉상드라 룰레(Alexandra Roulet, 2017)[13]의 흥미로운 연구가 있다. 그 내용을 보면 다시금 희망이 생긴다. 룰레가 주장하는 바는 이렇다. 즉, 실직과 관련한 위험 요소에 대해 개인을 보호할 수 있는 사회 안전망이 잘 갖추어져 있는 국가의 경우, 실직이 개인의 건강에 부정적 영향을 주지 않는다는 것이다.

덴마크와 미국 사이에 현저한 차이가 있다면, 덴마크는 1993년부터 이른바 플렉시큐리티라고 부르는 제도를 도입해 그 원칙하에 노동 시장을 규제하고 있다는 점이다. 이 제도에는 2개의 주축이 있다. 하나는 노동 시장의 유연성이다. 덴마크 노동법은 매우 명료해서 기업의 해고 절차 또한 상당히 간소화되어 있다. 예를 들면 퇴직금을 제한하고* 이에 따른 분쟁 발생 또한 드물다. 다른 하나는 안정성이다. 노동 시장의 유연성에 대한 반대급부로 두 가지 측면에서 안정성을 보장해준다. 요컨대 실업 수당이 일정 수준까지는 실직 후 최대 3년간 임금의 90퍼센트에 달하고, 직업 교육을 위한 정부 투자가 대규모로 이루어진다. 이는 노동자가 새로운 자격을 취득해 노동 시장에 재빨리 재진입할 수 있게 하기 위한 조치다.

이 연구를 진행하기 위해 알렉상드라 룰레는 1996~2013년의 다양한 덴마크 행정 자료를 활용했다. 여기에는 개인의 납세 자료, 기업의 자료

---

* 관리자급에서는 연차가 12년 이하인 경우 퇴직금을 지급하지 않는다. 그리고 퇴직금 규모는 연차 12~17년 근로자의 경우 1개월 치 월급 액수이며, 연차 17년 이상인 경우 최대 3개월 치 월급으로 제한되어 있다.

와 임금 노동자 정보의 교차 분석 자료, 고용 보험 기금에서 발행하는 자료, 사망 신고 서류를 통해 도출할 수 있는 정보 등이 포함되었다. 개인의 건강 상태 악화나 해고 이후 중독 문제 발생을 가늠하기 위해 저자는 우울증 치료제, 진통제, 심지어 주류 구매에 대한 지표 또한 감안했다. 병원 입원이나 의사의 질병 진단서 등은 건강 상태 악화를 증명하는 추가 지표가 된다. 룰레는 이를 바탕으로, 다니던 직장이 2001~2006년 사이에 폐쇄되어 일자리를 잃은 노동자의 건강 상태와 그 밖의 모든 조건(나이, 경력, 자격 등)은 동일하지만 직장 폐쇄를 겪지 않은 다른 노동자들의 상태를 비교했다. 직장을 잃은 사건은 노동자의 건강 상태를 보여주는 여러 지표에 별다른 영향을 미치지 않는 걸로 나타났다. 특히 우울증 치료제나 진통제, 혹은 내과 의사 진료 등의 측면에서 그러했다. 심지어 노동자의 사망률에도 직장 폐쇄는 의미 있는 영향을 주었다고 보기 어렵다는 결론이 나왔다.

덴마크와 미국이 보여주는 이러한 대조적인 결과는 창조적 파괴가 건강이나 기대 수명에 미치는 영향을 분석할 때 그 사회의 제도, 특히 노동 시장과 관련한 안전망의 존재 여부가 결정적 역할을 한다는 사실을 시사한다. 이제 창조적 파괴와 행복 사이에도 이와 비슷한 결과가 나오는지 살펴보도록 하자.

창조적 파괴와 행복

1인당 총생산은 유용한 지표다. 한 나라의 생활 수준이나 발전 정도를 객관적이고 종합적으로 가늠할 수 있게끔 해주기 때문이다. 그렇기는 해도 어째서 가장 일순위의 목표로 1인당 총생산과 성장에 집착해야 하는 걸까? 이 질문에 분명하게 대답하기란 상당히 어렵다. 한편으로 국제적인 비교를 해보면 한 나라의 평균적인 행복 수준은 1인당 소득의 증가와 짝을 이룬다는 점을 확인할 수 있다(Clark et Senik, 2014).[14] 다른 한편으로 리처드 이스털린(Richard Easterlin, 1974)[15]의 연구는 1942년과 비교할 때 1970년에 '매우 행복한' 미국인의 비중이 늘어나지 않았다고 분석한 바 있다(전체 인구 대비).* 스펙트럼의 한쪽 끝에는 1인당 총생산의 증가야말로 번영과 모두의 일자리를 보장하는 원천이므로 그게 당연히 일순위 목표여야 한다고 주장하는 이들이 있다. 스펙트럼의 반대편 끝에는 탈성장을 옹호하는 이들이 자리한다. 이들은 1인당 총생산의 성장 그리고 이를 장려하는 정책이야말로 불행의 원천이라고 주장한다. 그런 방향이 환경을 파괴하고 대다수 시민의 일상에서 불평등을 확대하며 스트레스와 불안정성을 유발한다는 게 이들의 견해다.

이러한 양극단의 중간 지점에 자리하는 학자로는 우리의 동료 장폴 피투시, 아마르티아 센 그리고 조지프 스티글리츠(Jean-Paul Fitoussi, Amartya Sen et Joseph Stiglitz, 2009)[16]가 있다. 이들은 1인당 총생산 외에도 다른 개발 지표를 분석에 포함해야 한다고 지적하면서, 그중에서도 자연 환경의 상태, 교육이나 보건 수준, 실업이나 불평등 문제를 얼마나 잘 관리하고 있는지 등을 반영해야 한다고 주장한다. 실제로 이 책에서도 앞 장들뿐

---

* 프랑스 경제학자 클로디아 세닉(Claudia Senik)은 이러한 모순을 다음과 같이 설명한다. 즉, 번영은 국가 내에서 행복의 '균질화'와 동반한다는 것이다. 요컨대 물질적 공공재(교육, 의료 등) 및 비물질적 공공재(시민의 자유권, 정치적 다원주의 등)에 대한 접근이 보편화한 사회 보장 국가를 의미한다.

아니라 이번 11장의 논의를 통해 혁신과 창조적 파괴가 1인당 총생산 증가라는 지표와 위에서 언급한 다른 목표들을 얼마나 양립시키는지 여부를 살펴보았다.

하지만 여기서 한 걸음 더 나아갈 수 있다. 여론 조사 결과를 통해 재구성한 새로운 데이터베이스를 활용함으로써 창조적 파괴에 의한 성장과 행복 지수 및 만족도 사이의 관계를 직접적인 방식으로 분석할 수 있게 된 것이다. 하지만 언제나 그렇듯 자료를 탐색하기 전에 우선은 이론의 틀에서 해당 문제를 살피는 사전 작업을 하는 게 바람직하다.

이론을 통해서는 어떤 예측이 가능한가

창조적 파괴의 첫 번째 효과라고 하면 일자리를 없애는 결과, 즉 개인의 실직 가능성을 높인다는 것이다. 여기서 도출할 수 있는 것은 적어도 단기적으로는 만족도가 낮아진다는 점이다. 특히 실직으로 인해 단기적이나마 임금이 즉각적으로 또는 크게 추락하는 경우, 또는 좀더 장기적으로 소득에 대한 불확실성이 급증할 때 만족도 저하 현상이 현저히 나타난다. 여론 조사 내용 중 단기적으로 만족도에 끼치는 영향을 가장 잘 반영하는 질문은 개인별로 느끼는 스트레스 수준과 관련한 질문들이다. 창조적 파괴의 두 번째 효과는 일자리 창출이다. 즉, 미래에 새로운 일을 찾을 가능성이 높아진다는 뜻이다. 일자리 창출뿐 아니라 새로운 경제 활동의 창출, 그리고 새로운 상품이나 새로운 생산 공정의 창출(이는 소비자에게 가격 대비 더 나은 품질을 제공하게 해준다)을 가능하게 해준다. 이 같은 '창출'의 효과는 무엇보다 장기적인 차원에서 이루어지는데, 이러한 요인이 만족도를 높이는 경향이 있다. 마지막으로, 세 번째 효과는—역시 장기적인 측면인데—창조적 파괴가 경제 성장을 불러일으키기 때문에 미래의 소득은 결과적으로 개선될 가능성이 크다는 점이다.

이러한 이론상의 추론을 통해 적어도 네 가지 예측 또는 가설을 도출하고, 이를 경험적으로 점검해볼 수 있다. 첫째, 한편으로 창조적 파괴는 스트레스와 불안감을 강화하는데, 그렇게 되는 큰 이유는 개인의 실직 가능성을 높이기 때문이다. 둘째, 다른 한편으로 창조적 파괴는 기존 일자리가 늘어나거나, 새로운 일자리의 창출 가능성을 시사하기도 한다. 이는 개인의 만족도에 긍정적 영향을 준다. 셋째, 만족도에 대한 창조적 파괴의 부정적 영향은 단기적 관점에서 더욱 명백히 드러나는 반면, 긍정적 영향은 좀더 장기적인 반응을 반영한다. 마지막으로, 창조적 파괴는 그 나라 고용 보험 제도의 혜택이 높을수록 전반적으로 만족도에 긍정적 영향을 끼친다.

실제 자료로 따져보는 이론

창조적 파괴를 가늠하기 위해서는 직접적 혹은 객관적 방식으로 접근해야 한다. 기존 일자리가 새로운 일자리로 대체되는 비중 또는 기존 기업이 새로운 기업으로 대체되는 비율 등을 계산하는 방식을 활용할 수 있다. 반면, 만족도를 따지는 데는 2008~2011년 기간을 포괄하는 갤럽-헬스웨이즈(Gallup-Healthways)의 조사 중에서도 여론 조사 자료를 바탕으로 했다. 무작위로 선택한 1000명의 미국인을 대상으로 매일 전화 인터뷰를 진행한 갤럽은 매년 조사서에 35만 건 넘는 답변을 수집했는데, 이를 기초로 만족도라는 항목을 측정했다.

첫 번째 척도는 만족도와 정반대 개념으로, 개인이 느끼는 '걱정'의 정도에 해당한다. 이 지표는 "당신은 어제 하루 동안 대부분 시간에 걱정스러운 감정을 느꼈습니까?" 하는 질문에 대해 "그렇다"와 "아니다"의 두 가지 대답을 놓고 측정한다. 두 번째 척도는 대중의 여론에 대한 연구로, 특히 프린스턴 대학교의 유명한 심리학자 앨버트 해들리 캔트릴(Albert Hadley Cantril, 1966)[17]의 이름에서 따온 '캔트릴 지수'로 파악한다. 이는 다음의 두 질문에 대한 답변을 통해 재구성했다. 첫 번째 질문은 "0부터 10의 숫자가 쓰여 있는 사다리를 상상하세요. 사다리 아래쪽은 당신에게 최악의 상황을 의미하고, 위쪽은 반대로 최상의 상황을 의미합니다. 오늘은 사다리 중 어느 위치에 계신가요?" 그리고 두 번째 질문은 이렇다. "같은 사다리에서 5년 후에는 어떤 지점에 있을 거라고 생각하세요?" 첫 번째 질문에 대한 답변을 통해서는 현재의 캔트릴 지수를 측정할 수 있고, 두 번째 질문에 대한 답변을 통해서는 답변자 자신이 예상하는 미래의 캔트릴 지수 측정이 가능하다.

만족도를 측정하는 이러한 지표는 창조적 파괴에 어떻게 반응하는가(Aghion, Akicigit, Deaton et Roulet, 2016)?[18] 도표 11.5를 보면 창조적 파괴가 불안감을 가중시키기는 해도 창조적 파괴가 실직에 미치는 영향을 배제하고 보면(점선) 그 영향이 제한적이라는 걸 알 수 있다. 다시 말하면, 실직은 창조적 파괴가 불안감의 정도를 강화시키는 하나의 방식이기는 해도 유일한 요소는 아니라는 뜻이다. 앞에서 언급한 내용에 비추어볼 때, 개인이 보유한 학위의 가치 하락이나 더 포괄적으로는 기업 내에서 지위격하 또한 불안감을 가중시키는 역할을 한다고 여겨진다.

도표 11.6a를 보면, 실직에 대한 영향을 포함할 경우(실선) 창조적 파괴가 현재의 캔트릴 지수에 미치는 전반적 영향이 전무한 걸로 드러난다. 다시 말하면, 일자리 상실과 관련한 부정적 영향이 일자리 창출 및 경제성장과 관련해 창조적 파괴가 가져오는 긍정적 영향에 의해 상쇄된다는 뜻이다. 반면 만약 실직에 대한 부정적 영향을 배제하고 보면, 그때는 창

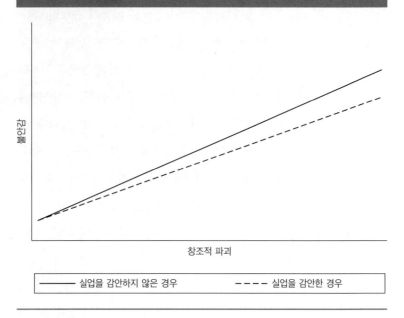

도표 11.5 창조적 파괴와 불안감

실선: 실업을 감안하지 않은 경우 점선: 실업을 감안한 경우

출처: Aghion, Akcigit, Deaton et Roulet (2016)에서 재구성.

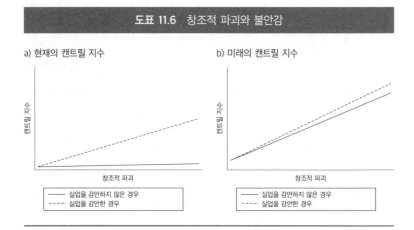

도표 11.6 창조적 파괴와 불안감

a) 현재의 캔트릴 지수

b) 미래의 캔트릴 지수

실선: 실업을 감안하지 않은 경우 점선: 실업을 감안한 경우

출처: Aghion, Akcigit, Deaton et Roulet (2016)에서 재구성.

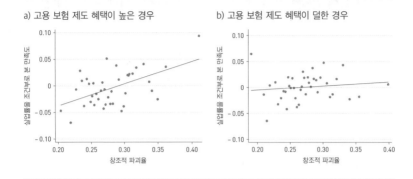

출처: Aghion, Akcigit, Deaton et Roulet (2016)에서 재구성.

조적 파괴가 현재의 캔트릴 지수에 미치는 영향이 분명하게 나타난다(점선). 이는 앞에서 언급한 첫 번째 예측 내용이 유효하다는 걸 보여준다고 할 수 있다.

도표 11.6b는 같은 작업을 반복하되 미래의 캔트릴 지수를 만족도 지표로 해서 계산한 결과다. 창조적 파괴의 정도가 높아지면 미래의 캔트릴 지수는 현재의 캔트릴 지수보다 더 크게 증가한다는 사실을 볼 수 있다. 점선과 실선은 도표 11.6a의 동일 항목보다 더 각도가 가파르게 나타난다. 특히 미래의 캔트릴 지수에 창조적 파괴가 미치는 영향은 이제 창조적 파괴가 실직에 미치는 영향을 감안하더라도 여전히 명백하게 드러난다는 계산이 나온다(실선). 다시 말하면, 5년 이후의 미래를 생각할 때 사람들은 창조적 파괴의 부정적 영향, 즉 실직 가능성을 최소화해 상상하는 경향이 있다는 뜻이다. 요컨대 미래를 생각할 때, 일자리 창출이라든지 경제 성장 같은 긍정적 영향에 좀더 무게를 두는 경향이 있다.

마지막으로, 도표 11.7은 고용 보험 제도를 통해 실업 수당을 상당히 후하게 지급하는 미국의 주에 위치한 고용 지역(도표 11.7a)을 실업 수당이 덜 후한 주에 위치한 고용 지역(도표 11.7b)과 비교한 자료다. 이 도표를 분석해보면 사회 보장 혜택이 큰 지역일수록 창조적 파괴가 현재의 캔트릴 지수로 측정한 만족도 지표에 더 긍정적 영향을 주는 걸로 이해할 수 있다. 이는 실업 수당이나 노동 시장의 플렉시큐리티 측면에서 '덴마크식' 모델 도입을 주장하는 목소리에 힘을 실어준다.

성공적으로 플렉시큐리티 도입하기

덴마크식 플렉시큐리티에는 이중의 장점이 있다. 첫째, 창조적 파괴의 과정에 방해가 될 수 있는 노동 시장의 경직성을 제거하는 데 도움을 준다.[19] 둘째, 이와 동시에 개인에게는 노동 시장에서의 여정을 좀더 안정적으로 이어갈 수 있게 하고, 또한 소득 감소를 최소화할 뿐 아니라 재빠른 재취업을 가능케 하는 환경 속에 있기 때문에 실직을 겪더라도 그 기간을 좀더 평안한 마음으로 지낼 수 있게 해준다. 노동자는 '일자리의 안정성'이라는 틀에서 옮겨가 '노동의 안정성' 혹은 '고용 가능성'의 틀에서 생각하게 되고, 이는 혁신에 의해 점점 빈도가 높아지는 노동 시장에서의 과도기를 어렵지 않게 극복할 수 있게끔 해준다. 유럽위원회는 플렉시큐리티를 "계약직 관련 조항의 유연성 및 안정화, 평생 직무 교육에 대한 포괄 전략, 노동 시장과 관련한 효과적이고 적극적인 정책, 그리고 근대적 사회 보장 제도라는 요소를 의도적인 방식으로 모두 통합하고자" 하는 모델이라고 설명한 바 있다.[20]

유럽위원회가 강조한 대로 노동 시장에서 성공적인 전환기를 보내기 위한 한 가지 핵심 사항이 있다면, 평생 교육 및 적절한 직능 취득의 중요성이다. 덴마크 연구자 오베 카이 페데르센(Ove Kaj Pedersen)과 쇠렌 카이 안데르센(Søren Kaj Andersen)은 바로 이 점을 강조하기 위해 이동성(mobility)과 교육(education)의 합성어인 '모비케이션(mobication)'이라는 개념을 고안했다.[21] 이렇듯 능력 개발은 노동 시장 내에서 이동성을 강화하고, 과도기에 겪는 시련을 극복할 수 있도록 해준다. 특히 3장에서 언급한 인공 지능 혁명 같은 난제에 대해 더욱 필요하다고 하겠다.

─

개인들은 창조적 파괴를 어떻게 경험하고 어떻게 느낄까? 이번 장에서 창조적 파괴는 실직자가 될 가능성을 높이며, 좀더 전반적으로 보면 사회 계층 격하의 개연성 또한 높인다는 점을 논했다. 게다가 창조적 파괴는 미국에서는 건강에 부정적 영향을 주었지만, 덴마크에서는 그렇지 않다는 연구 결과를 살펴보았다. 마지막으로, 창조적 파괴가 개인의 만족도에 미치는 영향이 모순된 모습을 보인다는 점을 확인할 수 있었다. 창조적 파괴가 한편으로는 불안감을 높이지만 다른 한편으로는 미래의 취직이나 성장 가능성에 대한 전망을 개선시킨다는 점에서 그러하다. 종합해보면, 창조적 파괴가 반드시 건강을 악화시키거나 행복을 줄인다고 말하기는 어렵다. 실제로 모든 것은 제도적 환경에 달려 있다. 시민의 결집을 도모하고 포퓰리즘이 득세하는 사태를 막기 위해서는 창조적 파괴에 사회 안전망이 동반되어야 한다. 첫 번째 안전망은 최근 코로나19 팬데믹을 통해 보았듯 모두가 접근할 수 있는 질 높은 의료 체계라고 할 수 있다. 두 번째로 필요한 안전망은 빈곤의 덫에서 벗어나게 해주는 최소 소득제의 도입이다. 세 번째가 플렉시큐리티인데, 이는 한편으로는 혁신 기업이 고용과 해고를 유연하게 할 수 있도록 하면서, 다른 한편으로는 개

개인의 커리어가 안정적으로 이어질 수 있게끔 해준다. 이러한 안정화를 이루기 위해 필요한 요소가 있다면, 좀더 수월하게 새 일자리로 이동하는 데 충분한 실업 수당 지급과 효과적인 직업 교육 제도라는 두 정책을 잘 맞물려서 실행해야 한다. 바로 그렇기에 여기서 국가의 역할이 중요하다. 국가는 창조적 파괴와 연관된 위험 요소로부터 개인을 보호하는 보험자의 역할, 그리고 교육과 혁신에서는 투자자의 역할을 수행해야 한다. 이러한 국가의 역할에 대해서는 14장에서, 그리고 자본주의의 미래를 논하는 결론 부분에서 더욱 상세히 논의하도록 하겠다.

창조적 파괴에 필요한 자금 조달하기

2장에서 발자크 소설 《잃어버린 환상》의 주인공인 인쇄업자 다비드 세샤르가 겪는 불행에 대해 이야기했었다. 세샤르는 식물 섬유를 이용해 기존 제품보다 훨씬 저렴하게 종이를 생산하는 방법을 고안했지만, 채무 변제를 위해 자신의 발명을 쿠앙테 형제에게 양도해야 하는 상황에 처한다. 우리 시대에 다비드 세샤르가 부활한다면 은행이나 벤처 캐피털리스트로부터 발명 자금을 지원받을 수 있을 것이다. 그리고 혁신의 내용이 충분히 수익성 있어 보이면 바로 그 은행이나 자본가가 나서서 쿠앙테 형제에게 채무 변제를 해주었을 거라 추측할 수 있다.*

산업화 초기 시대보다 오늘날 발명가의 자금 조달이 쉬워졌다고는 해

---

* 오늘날의 다비드 세샤르라면 또한 쿠앙테 형제와의 거래 조건보다 훨씬 유리한 가격에 자신의 혁신을 특허 시장에 팔 수도 있다(Akcigit, Celik et Greenwood, 2016).

도 진정한 의미에서 '파열을 일으키는' 근본적인 성격의 혁신을 가져오는 나라는 별로 없다. 기초 단계의 발견이라든지 혁명적일 정도로 새로운 아이디어에는 어떻게 자금을 조달해야 할까? 그러한 발견과 혁신에 이르기까지 보통 연구에 상당한 시간이 걸린다. 게다가 그 여정에는 복병이 잔뜩 도사리고 있다. 발명이란 이때까지 미지의 영역이었던 데까지 개척하는 일이기 때문이다. 또 흔히 새롭게 시장에 진입하는 이들이 가장 많이 '파열적인' 혁신 프로젝트를 감행하곤 하는데, 거기에는 여러 가지 이유가 있다.

첫 번째 이유는, 이미 시장에 자리 잡은 기업은 과거의 혁신을 바탕으로 한 제품을 상품화하고 있으며, 따라서 자사 제품이 새로운 혁신으로 인해 시장에서 퇴출되길 원치 않기 때문이다. 다시 말하면, 기업은 '자가 대체'되는 걸 꺼린다는 뜻이다.* 두 번째 이유는, 이미 입지를 갖춘 혁신가와 기업은 자신들의 과거 성과에 의해 영향을 받기 때문이다. 9장에서 이미 언급한 바 있는 '경로 의존성' 신드롬이다. 이 신드롬은 대기업일수록 더 강하게 나타난다(Henderson et Clark, 1990).[1]

이번 장에서는 혁신의 각 단계, 즉 기초 연구에서부터 상품화에 이르기까지 전면적 혁신이 이뤄지는 과정을 살펴보면서 각 단계의 출자 수단으로는 무엇이 있는지 알아보고자 한다.[2] 연구소나 대학에서 지급하는 자금은 혁명적인 발견을 촉진할 비옥한 토양을 만들어내는 데 충분한가? '파열적인' 혁신을 수행할 신생 기업에 어째서 벤처 캐피털이 자금 조달

---

* 케네스 애로(Kenneth Arrow)가 '대체 효과'라고 불렀던 현상이다. 왜 대단한 혁신을 이루는 주체 중에는 기존 기업보다 새로운 기업이 많은지를 설명하기 위해 사용한 표현이다.

에 필수불가결한 도구가 되어주는가? 어떻게 하면 대기업 내에서 더 위험을 무릅쓰고 더 근본적인 혁신에 힘쓰는 환경을 만들 수 있을까? 국가는 어떤 방식으로 혁신을 장려해야 할까? 이런 여러 문제에 대해 더 명확히 논의해보도록 하자.

새로운 획기적인 아이디어에 자금 조달하기

대학과 연구소가 획기적인 새 아이디어를 생산해내는 데 필수조건이지만 충분조건은 아닌 이유는 무엇인가?

대학 및 연구소 연구의 원동력

우리는 10장에서 대학교가 연구자의 학문적 자유와 동료 연구자들과의 자유로운 교류를 보장해줌으로써 어떻게 기초 연구를 촉진할 수 있는지 살펴봤다. 하지만 그 바탕에는 기초 연구에 자금을 조달하는 문제가 남아 있다. 도표 12.1은 OECD 회원국에서 학생 1명당 대학의 평균 지출과 그 나라의 상하이 랭킹 순위(이 지표는 대학교와 그랑제콜 등과 같은 고등 교육 기관의 연구 경쟁력을 반영한다) 사이의 관계를 조망한 자료다. 이 두 지표는 매우 확실히 정비례 관계에 있음을 알 수 있다(Aghion, Dewatripont, Hoxby, Mas-Colell et Sapir, 2007).[3] 기초 연구를 위한 자금으로는 그 밖에 연구소 등에서 지급하는 장학금이 있다. 1960년대 초반 냉전이 한창이던 시절 미국은 연구소 세 곳을 설립했는데, 바로 국립과학재단(NSF), 국립보건원(NIH), 그리고 항공우주국(NASA)이다.

어떤 이들은 연구소로부터 연구 자금을 조달하면 대학이 제공하는 재

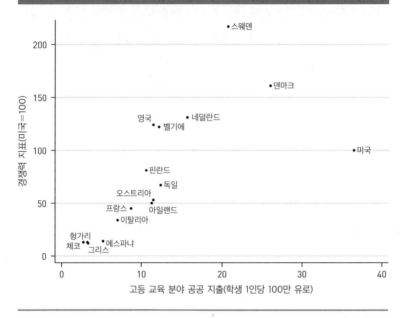

출처: Aghion, Dewatripont, Hoxby, Mas-Colell et Sapir (2007).

정 지원을 대신할 수 있을 거라고 생각한다. 하지만 오히려 그 반대다. 미국의 사례를 보면, 소속 연구자가 대학에서 받는 지원과 연구소 등을 통한 추가 지원 가능성 사이에는 매우 명백하게도 긍정적인 상호 관계가 있다는 점이 드러난다(Aghion, Dewatripont, Hoxby, Mas-Collel et Sapir, 2010).[4] 이 두 재정 지원 사이에 보완 관계가 있는 것으로 나타나는 이유를 설명해보면, 외부 연구소의 장학금을 확보하려는 경쟁이 대학 간에 생기고, 그로 인해 혁신이 촉진되는 또 하나의 동력 역할을 하기 때문이라고 할 수 있다. 하지만 대학 간의 경쟁이라는 이유 외에 분명 다른 요소도 존재하리라 생각한다. 예를 들어, '파열적'일 만큼 획기적인 연구에는 흔히 상당 수준의 고정 비용이 동반되는데, 그러한 이유도 고려 대상이 될 만하다. 이러한 고정 비용은 특히나 물리학, 화학, 생물학을 포함한 특정 분야에서 더 커지게 마련이다. 여기서 애로 사항이 있다면 꽤나 가망 있는 기초 연구에 종사하는 연구자의 수는 많지만 모든 연구자에게 필요한, 혹은 원하는 수준으로 연구 고정 비용을 댈 수 있을 정도의 재정이 대학이나 연구소에 갖춰져 있지 않다는 점이다.

재단의 역할

대학이나 연구소 등으로부터 충분한 연구 자금을 조달받지 못할 경우 '혁신적인' 연구자는 언제든 기업체에 도움을 요청할 수 있다. 하지만 10장에서 살펴본 것처럼 기업과 계약을 체결하면 '영혼을 팔게 될' 위험을 감수해야 한다. 기업에서는 자사가 추구하는 영리 목표에 연구자들이 좀더 집중하도록 만들기 위해 그의 학문적 자유를 제한하려 할 가능성이 있다. 게다가 기업은 지식 재산권을 잃을까 두려워 소속 연구자가 외부 연구자들과 자유롭게 교류하는 일도 제한하려 할 것이다.

이 두 가지 이유 외에도 혁신적인 연구의 실마리를 찾고자 하는 소속 연구자의 연구 방향을 기업이 바꿔놓을 수도 있다는 점 또한 문제다. 구스타보 만소(Gustavo Manso, 2011)[5]는 벵트 홀름스트룀과 폴 밀그럼(Bengt Holmström et Paul Milgrom, 1991)[6]의 선행 연구를 바탕으로 기업 내에서 '멀티태스킹을 하는 대리인'에 대한 분석을 내놓았다. 그의 논지를 간단히 설명하면 이렇다. 즉, '본인(principal)'─여기서는 기업 혹은 자본가─이 거느린 '대리인(agent)'─여기서는 고용인 혹은 차용인─이 동시에 여러 가지 업무를 실행할 수 있는 멀티태스커인 경우, '본인'은 '대리인'이 가장 관례적이고 가장 임의성 적은 업무에 집중하게끔 하는 경향이 있다는 것이다.* 가장 관례적인 일이야말로 그로 인한 이득에 대한 예측이 가장 용이하고, 이득의 측정 또한 가장 쉽다. 그렇기 때문에 '본인'에게도 위험이 가장 적다. 여기서 연구자는 항상 '활용' 연구냐 아니면 '탐색' 연구냐 하는 선택의 기로에 있는 멀티태스킹 담당 특정 행위자로 정의할 수 있다. 탐색이라고 하면 완전히 새로운 연구 노선에 착수하는 일을 의미하고, 반대로 활용은 이미 잘 정의되어 있는 연구 노선을 계속해서 따라가는 일이다. 멀티태스킹을 하는 대리인 이론은 그 연구자를 상대하는 기업이나 출자자가 탐색 연구보다는 활용 연구 쪽으로 연구자를 종용하는 경향이 있다고 여긴다. 그래야만 자신의 이득이 좀더 예측 가능하고 또한 위험도 적기 때문이다.

구스타보 만소는 또한 위의 논리에 시간의 차원을 통합했다. 예를 들어, 연구가 두 차례에 걸쳐 이루어진다고 해보자. 각 기간 동안 탐색 연구를 선택하든 활용 연구를 선택하든 연구자의 성공 가능성은 그의 노력에 달려 있다고 가정한다. 또 한 가지 추가로 탐색 연구는 1단계 시작 전에는 활용 연구보다 성공 가능성이 낮지만, 1단계가 끝나갈 즈음 탐색 연

---

* 여기서 '본인-대리인'이라는 표현은 '본인'이라고 명명한 경제 주체(그의 행동은 다른 관계자의 행동이나 성격에 달려 있다)와 '대리인'이라고 명명한 또 다른 경제 주체(이 행위자에 대해 '본인'은 불완전한 정보만을 갖고 있다) 사이의 관계를 의미한다. 예를 들어, 이 관계에서 '본인'은 직원이 얼마나 노력을 기울이는지에 대한 정보를 완전히 갖추지 못한 기업일 수도 있고, 고객의 프로필을 완전하게 파악하지 못하는 은행일 수도 있다. 벵트 홀름스트룀과 폴 밀그럼은 1991년 연구에서, 본인과 대리인 관계에서 또 다른 이익 충돌이 발생할 수 있는 원천적인 요소를 추가적으로 논했다. 홀름스트룀과 밀그럼은 대리인이 여러 가지 업무를 병행해서 완료해야만 할 때 이들 사이의 충돌이 드러날 가능성이 높다고 보았다.

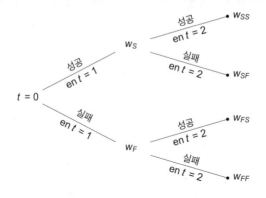

출처: 저자들의 도식.

구가 일단 성공할 경우 2단계에서도 탐색 연구가 성공할 가능성이 높아

진다고 가정하자. 각 단계에서 성공 혹은 실패 가능성을 종합한 내용이

도표 12.2에 나타나 있다. 여기서 W는 각 단계에 연계된 보너스를 의미

한다. W_S와 W_F는 1단계가 끝났을 때 '본인'이 '대리인'에게 성공 혹은

실패했을 경우 지급하는 보너스를 각각 의미한다. 1단계에서 성공한다면,

W_{SS}와 W_{SF}는 각각 2단계에서 성공하거나 실패한 경우 지급하는 보너스

를 의미한다. 1단계에서 실패한다면, W_{FS}와 W_{FF}는 각각 2단계에서 성공

혹은 실패한 경우 지급하는 보너스를 의미한다.

　단기적으로 생각하는 '본인'(기업 혹은 출자자)이라면 1단계에 발생한 연

구자의 실패에 대해 '벌'을 주길 원한다. 연구자가 노력을 더 기울이게끔

하기 위해서이기도 하지만 또한 단기적으로 위험이 더 적은 활용 연구로

연구자의 관심을 돌리게끔 하기 위함이기도 하다(도표 12.3a). 실제로, 이

러한 경우 1단계가 끝난 후든 2단계가 끝난 후든 보너스는 0이다($W_F = 0$,

$W_{FF} = 0$, $W_{SF} = 0$). 반면, 2단계에 도움을 줄 만한 실험이나 정보를 높이 사는 '본인'이라면 철저하게 다른 전략을 택한다(도표 12.3b). 즉, 이때 '본인'은 대리인인 연구자가 탐색 연구에 몰두하도록 1단계에서 실패하더라도 벌하지 않는다는 얘기다. 오히려 그와 반대로 1단계에 실패하더라도 연구자에게 보너스를 보장한다($W_F > 0$). 만약 탐색 연구가 1단계 종료 후 실패인 걸로 판명나더라도 '본인'은 2단계에 연구자가 활용 연구로 방향을 틀게끔 만들 수 있으니 말이다. 그래서 '본인'은 2단계에 보너스를 제시한다. 즉, 1단계 실패에 이어 2단계에 성공하는 경우를 말한다($W_{FS} > 0$). 반면, 탐색으로 인해 1단계의 연구가 성공적으로 끝나면, '본인'은 연구자에게 탐색 연구를 이어가라고 독려한다. 왜냐하면 1단계 탐색 연구가 성공한다는 조건하에 2단계에서도 탐색 연구가 여전히 수익성이 있을 거라고 생각하기 때문이다. '본인'은 그렇기 때문에 만약 1단계 성공 이후 2단계에서도 성공하면 2단계에 대해 아주 높은 보너스를 제시한다($W_{SS} \gg 0$).

탐색 연구를 장려하려면 실제로는 어떻게 해야 할까? 기업 내에서 할 수 있는 일 중 하나는 단기적으로 기업의 성과에 좌지우지되지 않고 대리인의 보수와 일자리를 보호하는 방법이 있다. 뒤에서 언급하겠지만, 이런 것이 바로 기관 투자자가 하는 일이다. 그 책임을 맡는 주체로는 파산에 관한 법률이 있다.* 미국 파산법 중에서도 잘 알려진 11조가 명시한 바와 같이 이러한 파산 관련 법률은 채권자의 압력 때문에 기업의 청산이 시기상조로 발생할 위험으로부터 채무자를 보호하는 역할을 한다.

---

* 미국 파산법 11조는 채무를 상환받으려는 채권자들의 적극적 행동을 제한하고, 기업의 소추를 일단 유예해준다. 해당 절차 진행 중에 회사는 영업을 이어갈 수 있으며, 그로 인해 자체 재정비를 할 기회를 얻는다.

a) 활용 연구에 대한 인센티브

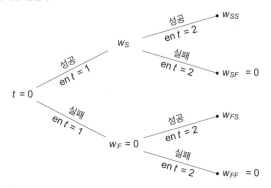

b) 탐색 연구에 대한 인센티브

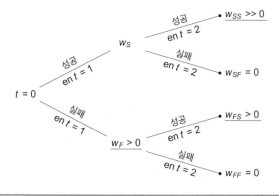

출처: 저자들의 도식.

지금까지는 기업 내부의 상황을 가지고 논의했다. 그런데 탐색 연구에는 높은 고정 비용이 들 수밖에 없다. 이러한 연구가 기업 외에서 이루어지는 경우에는 어떠한 부양책이 있을까? 하워드 휴즈 의학연구소(HHMI) 재단의 예를 들어보자. 이 재단은 미국에서 생의학 분야의 학술 연구에 최대 규모의 재정 지원을 하는 사립 기관이다. HHMI 재단은 '학문의 한계를 시험하는' 성격의 기초 연구를 이뤄낼 잠재성이 높다고 판단되는 젊은 과학자들을 선발한다. 1993년부터 1995년까지 3년간 HHMI 재단의 지원 프로그램에 선발된 청년 과학자는 73명이다. 미국 국립과학재단이나 국립보건원과 달리 HHMI 재단은 연구 계획서보다 인물에게 희망을 둔다. 게다가 국립과학재단과 국립보건원의 재정 지원 기간이 3년 기준에 연장 여부가 매우 불투명한 반면, HHMI 재단은 선발된 청년 연구자 대부분에게 적어도 5년간의 재정 지원을 보장한다(Azoulay, Graff Zivin et Manso, 2011).[7]

이러한 재정 지원 전략의 결과는 어떠한가? 우선 HHMI의 장학금을 받은 연구자 중 20명 이상이 추후 노벨상을 수상하는 성과를 이뤘다. 하지만 무엇보다 도표 12.4가 보여주듯 이 재단의 지원이 연구 출판물의 수에 미친 영향에 놀라지 않을 수 없다. 실선은 '실험군', 즉 HHMI 재단의 지원 수혜자가 작성한 논문 수의 변화를 보여준다. '0' 지점은 해당 연구자가 재단의 지원 프로그램에 선발된 연도에 해당한다. 점선은 '대조군', 즉 여기서는 HHMI 재단 지원 선발자와 매우 유사한 프로필(나이, 소속 연구소, 연구 분야, 연구 성과 등)을 지녔으나 HHMI 재단의 지원을 받지 않고 경력 초기 단계에 그 밖에 연구 지원 프로그램(특히 퓨(Pew) 재단, 설(Searle) 재단, 베크먼(Beckman) 재단, 패커드(Packard) 재단 그리고 리타 앨런(Rita Allen) 재단 등)의 혜택을 입은 연구자들이다.

HHMI 재단의 재정 지원 프로그램이 시행되기 전에는 점선과 실선이 매우 가까이 위치한다. 실제로 HHMI 재단의 지원을 받기 전 선발된 연구자와 HHMI 재단 외의 다른 지원을 받은 연구자들이 상당히 유사하다는 뜻이다. 하지만 이 두 선은 선발 연도를 기준으로 격차를 보여준다.

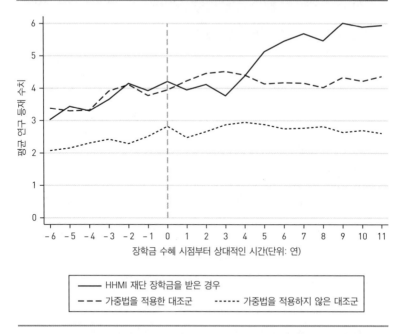

주: 짧은 점선은 가중법을 적용하지 않은 대조군을 의미한다(모든 개인을 1로 계산). 긴 점선은 가중법을 적용한 대조군으로, t=0 날짜 이전 실험군을 보여주는 실선에 좀더 접근할 수 있게 해준다.
출처: Azoulay, Graff Zivin et Manso (2011).

측정치를 보면 선험적으로 유사한 프로필을 지닌 비선발자보다 HHMI 재단의 지원을 받은 연구자들이 평균 39퍼센트 많은 연구 성과를 등재했다.

혁신적인 기업에 출자하기: 벤처 캐피털의 역할

벤처 캐피털의 출자를 받는 기업: 이론적으로는 어떠한가

우선 벤처 캐피털이 무엇인지 다시 한번 상기해보자. 벤처 캐피털이란 투자자 입장에서 추후 양도를 통해 부가가치를 얻을 생각으로 '스타트업'의 자본에 참여하는 일을 말한다. 하지만 벤처 캐피털을 통해 출자를 받는 대상이 주로 스타트업 기업이라는 점은 어떻게 설명할 수 있을까?

우선 재무 구조와 경영권에 대해 생각해보도록 하자. 최근까지만 해도 기업 재무를 전문적으로 다루는 경제학자는 기업의 '소득'이 소유주와 출자자에게 분배되는 방식에 주로 관심을 기울여왔다. 이 경우, 부채는 채권자에게 정해진 액수를 변제하는 계약으로 정의할 수 있고, 나머지 소득이 기업의 몫이다.* 주식으로 인한 출자의 경우에는 주주, 즉 기업의 소유주들에게 소득의 일부를 가져가게 해주는 계약이라고 정의할 수 있다.

기업 출자에 대한 대안 이론 중에는 **경영권**에 방점을 두는 접근이 있다(Aghion et Bolton, 1992).[8] 단순하게 얘기해보면 이렇다. 예컨대 새로운 혁신 프로젝트를 위해 자기 자본 외에 외부의 자본 출자가 필요해진 가족 기업의 경우를 상상해보자. 이 기업은 어떤 투자자에게 투자 요청을 하고, 이럴 경우 기업과 투자자는 목적이 같지는 않아도 프로젝트의 성공이 중요한 당사자가 된다. 투자자는 무엇보다 돈을 벌고자 하는 목표가 있으므로 이 기업의 금전적 이윤이 극대화하길 원한다. 반면, 사업가는 마치 선구자가 되어 자기 분야에서 '제국'을 건설하고 혁신가로서 명성

---

* 만약 기업의 이윤이 채권자에게 지불해야 할 액수보다 적을 경우, 채권자는 기업의 전체 소득을 가져간다.

을 얻길 기대한다. 이러한 점 때문에 사업가는 단기적으로 금전상의 이윤이 극대화되지 않더라도 시장에서 현역 상태를 유지하기 위해 물불을 가리지 않는다. 이른바 '불완전 계약'이라는 맥락(모든 경우의 수에서 어떤 일이 발생할지 미리 예상할 수 없는 상황을 말한다)에서, 사업가와 투자자에게 경영권 할당 문제는 이 두 당사자 간 계약에 있어 결정적 요소다. 출자는 기업의 소득을 분배하는 방식보다는 무엇보다 쌍방 간에 경영권을 나눠 갖는 방식으로 구별해볼 수 있다. 필리프 아기옹과 패트릭 볼턴은 경영권 배분을 기준으로 출자 방식을 크게 세 종류로 분류한다.

첫째, 투표권이 동반된 주식을 통한 출자는 사업가가 투자자와 경영권을 공유하는 계약 관계를 형성한다. 투자자는 이 경우 사업가로서는 취하지 않을 법한 결정, 예를 들어 회사가 재정적 어려움에 처했을 때 폐쇄를 요구하는 등의 사항을 강요할 수 있는 권한을 갖는다. 둘째, 투표권이 동반되지 않은 주주 출자 방식은 사업가가 프로젝트를 위해 재정 지원을 받을 수 있지만 투자자와 경영권을 나눠 가질 필요는 없는 계약 관계다. 하지만 이런 종류의 계약은 보통 투자자가 거부하는 일이 흔하다. 특히 기업이 재정상 난관에 처했을 때 투자자가 대신 회수할 수 있는 자기 자본이나 기계 설비, 건물, 대지 등을 포함한 유형 자산이 없을 경우에는 더욱 그러하다. 마지막으로, 채무를 통한 출자는 두 당사자 간에 경영권을 할당하는 방식으로 형성되는 계약 관계다. 사업이 잘되는 동안에는 사업가가 모든 결정권을 유지한다. 하지만 잘되지 않을 경우 경영권이 투자자에게 양도된다. 이 경우 기업의 재정 상황이 지나치게 악화하면 파산 절차가 결정권 이전(移轉)의 장치로 활용된다.

이제 다시 혁신적인 프로젝트 출자를 원하는 '스타트업' 회사의 예로 돌아가보자. 경영 결정권을 유지하기 위해 회사는 투표권을 부여하지 않는 주주 출자를 통해 최대한 자체적으로 자금 조달 노력을 기울인다. 하지만 만약 투자자가 이를 거부할 경우, 즉 예를 들어 자본금이 충분하지 않다든지 담보 역할을 할 수 있는 유형 자산도 없는 경우, 회사는 투자자에게 경영권 배분을 하기로 결정할 수밖에 없다. 이때가 바로 벤처 캐피털이 개입하는 순간이다.

벤처 캐피털이란 여러 단계에 걸쳐 출자를 하는 계약이다. 시작 단계에서 이 계약은 소득의 상당 부분 및 기업의 결정에 대한 거부권을 투자자에게 보장해준다. 하지만 단계가 진행되면서, 즉 기업이 성장해나가면서 투자자는 사업가에게 경영권을 점진적으로 양도한다.

앞에서 언급한 아기옹과 볼턴의 접근 방식에 기대어 스티븐 캐플런과 페르 스트룀베리(Steven Kaplan et Per Strömberg, 2003)[9]는 벤처 캐피털 출자 계약 방식이 왜 유난히 신흥 혁신 기업에 적합한지를 설명했다. 신생 혁신 기업은 보통 창업 당시에는 자체 자본금이나 유형 자본을 별로 갖추고 있지 않다. 그러다 보니 부침에 따른 최소한의 대비를 위해 투자자는 자기 몫을 주장할 수밖에 없다. 기업의 실적이 좋을 때도 포함해서 말이다. 그래서 투자자는 투자금에 지나친 손실을 겪는 일을 방지하기 위해 기업의 결정에 대한 거부권을 요구한다. 이렇기 때문에 투자자는 투표권 없는 주주 출자 방식뿐 아니라 채무 계약 방식 또한 배제하고, 투표권이 동반되는 주주 출자 방식을 선호한다. 이 계약 방식은 투자자가 기업의 결정 과정에 참여할 수 있게끔 해준다. 이는 투자자가 너무 위험하거나 무모하다고 판단하는 결정에 반대하기 위해서이기도 하지만 무엇보다 시장의 흐름을 잘 모르는 미숙한 신생 기업의 사업가에게 투자자 자신의 경험과 지식, 노하우 그리고 인맥 등을 공유하기 위한 선택이기도 하다. 하지만 기업이 점점 성장하고 자기 자본의 몫을 축적해감에 따라 투자자는 경영권을 사업가에게 양도하고 자신이 받아가는 배당금의 몫을 축소하는 일이 가능하다. 그 시점에는 자본금이 충분히 보증 역할을 할 수 있기 때문이다. 그리고 자기 자본, 혹은 다른 외부 자금 확보가 늘어날수록 투자자가 사업가한테 경영권을 양도하기로 동의하는 속도 또한 빨라질 수 있다.

캐플런과 스트룀베리는 14곳의 벤처 캐피털 운용사가 미국 기업 11곳에 출자한 213건의 투자 정보를 바탕으로 그들의 이론을 실증했다. 우선 저자들은 벤처 캐피털리스트는 기업이 재무적으로 건실한 경우 이익 배당과 경영권을 축소하지만, 재무 성과가 좋지 않을 경우 사내 투표권을 더욱 요구한다는 점을 보여주었다. 이들의 분석은 이어서 벤처 캐피털리스트는 기업이 건실함을 보여주는 지표를 확인하고 나면 투표권을 양도한다는 점 또한 보여주었다. 특히 투자 대상 기업이 그 기업의 서비스에 만족을 표하는 고객을 충분히 확보했을 때를 예로 들 수 있다. 제약업계의 경우, 미국의 담당 규제 기관이 신약의 시판을 허가한 후 혹은 기업이 출원한 특허를 승인받은 후의 상황을 생각해볼 수 있다. 마지막으로, 저자들은 벤처 캐피털리스트는 기업이 성장하면 점차적으로 경영권을 양도한다는 것 또한 증명해 보였다. 이 모든 경험적 증거를 통해서 보면 벤처 캐피털리스트는 기업의 재정 상황이 긍정적으로 변한다면 사업가한테 경영권을 더 넘기고자 하는 의지를 충분히 가지고 있다는 해석이 가능하다.

벤처 캐피털의 출자를 받은 기업: 자료를 통해 확인할 수 있는 사항[10]

최근의 한 연구는 혁신적인 신생 기업에 벤처 캐피털의 출자가 얼마나 중요한 역할을 하는지 강조했다(Akcigit, Dinlersoz, Greenwood et Penciakova, 2019).[11] 이 연구는 미국의 다양한 기업 및 기관의 데이터베이스를 복합적으로 활용했다. 활용한 데이터베이스로는 우선 일자리, 임금, 기업과 단체의 연차 등에 대한 정보를 담은 미국 통계청의 장기 비즈니스 데이터베이스가 있고, 두 번째로 벤처 캐피털의 출자를 받은 미국 기업의 명단과 그 출자 일시 및 액수에 대한 정보를 제공하는 톰슨 로이터스(Thomson Reuters)의 벤처엑스퍼트 데이터베이스(VentureXpert Database)가 있으며, 마지막으로 미국특허청에서 발행하는 것으로 미국 기업들이 출원한 특허 및 그 특허의 인용과 관련한 자료가 있다.

저자들은 우선 벤처 캐피털을 통한 출자가 실제로 신생 기업에 집중되어 있다는 사실을 확인했다. 벤처 캐피털 출자를 받은 미국 기업 중 42퍼센트는 고용을 시작한 바로 그해에 출자를 받았으며, 15퍼센트는 심지어 직원을 고용하기도 전에 출자를 받은 것으로 나타났다. 게다가 벤처 캐피털 출자는 성장 잠재성이 매우 높은 기업에 집중되어 있기도 하다. 말하자면, 창업 3년 동안 고용이 크게 증가한 기업을 말한다. 마찬가지로 벤처 캐피털 출자는 창업 초기 수년 동안 가장 혁신성*을 보이는 기업을 대상으로 한다(도표 12.5). 창업 초창기 몇 해에 걸쳐 혁신성 측면에서 하위 20퍼센트에 속하는 기업이 언젠가 벤처 캐피털의 출자를 받을 가능성은 1퍼센트 정도로, 가장 혁신성 높은 기업이 출자받을 가능성과 비교하면 6배 정도 낮다.

위의 관찰 내용을 종합해보면, 벤처 캐피털 출자자는 성장 가능성이 매우 높고 혁신성을 띤 신생 기업에 대한 투자에 집중하고 있다는 점이 드러난다. 그렇다면 벤처 캐피털리스트의 출자가 혁신에 끼치는 영향은 어떨까? 도표 12.6은 벤처 캐피털의 출자를 받은 기업(실선) 및 이들과 유

---

* 혁신성은 기업의 최초 특허가 등재된 연도 이후 3년 동안 해당 기업이 추가로 출원한 특허의 인용 횟수 총합으로 가늠한다.

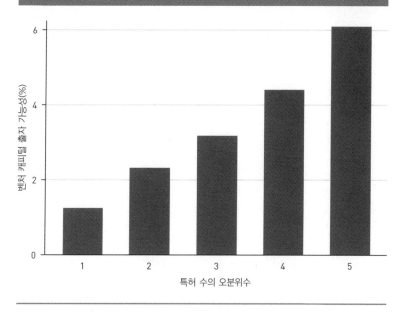

도표 12.5 벤처 캐피털 출자 가능성과 기업 내 혁신성

출처: Akcigit, Dinlersoz, Greenwood et Penciakova (2019).

사하지만 벤처 캐피털 출자를 받지 않은 기업(점선)에 대해 각각 총고용의 변화(12.6a)와 혁신 활동의 변화*(12.6b)를 비교한 자료다. 여기서 분명히 드러나는 점은 벤처 캐피털의 출자를 받는 시점을 기준으로, 벤처 캐피털의 투자를 받은 기업이 그렇지 않은 기업보다 훨씬 빠르게 성장한다는 사실이다. 다시 말하면, 벤처 캐피털의 혜택을 받은 기업은 규모를 키우고 혁신 활동을 확대할 가능성이 분명히 더 높다는 의미다. 이는 벤처

---

* 혁신 활동은 출원된 특허의 수로 가늠하는데, 그 과정에서 특허의 질을 감안해 계산한다. 출원된 특허의 질은 여기서 해당 특허가 얼마나 많이 인용되었는가를 통해 환산한다.

a) 고용

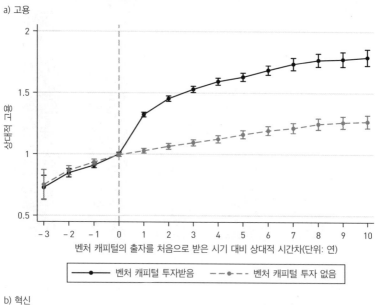

b) 혁신

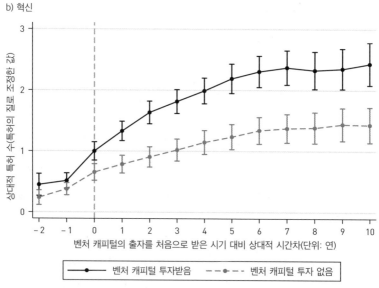

출처: Akcigit, Dinlersoz, Greenwood et Penciakova (2019).

캐피털리스트가 혁신과 성장 가능성 높은 신생 기업을 선별해내고 또 그 기업을 이끌어주는 데 뛰어난 능력을 지니고 있음을 반영한다.

미국과 프랑스 비교

기즐란 케타니(Ghizlane Kettani, 2011)[12]는 프랑스와 미국 벤처 캐피털리스트의 프로필 분석을 바탕으로 양국 벤처 캐피털 활동의 주요 차이점을 지적한 바 있다. 미국에서 전형적인 벤처 캐피털리스트라고 하면 보통 자신이 혁신 사업가로 시작한 경우가 많다. 즉, 본인이 벤처 캐피털 출자를 받아본 경험이 있다는 뜻이다. 이 경로에 왕도가 있다고 하면 주식 시장 상장을 통해 창업자가 기업을 매각하도록 해주는 길이다. 주식 상장을 한 사업가는 기업 매각 수익을 이용해 이제는 자신이 벤처 캐피털리스트로 변신한다. 그는 사업가로서 전문성과 노하우를 지니고 있으므로 가장 가망성 있어 보이는 사업 계획을 선정하는 눈이 있으며, 그 사업 계획을 이끌어갈 신생 기업 창업자에게 길을 안내하는 역할을 해낼 수 있다. 이런 특정한 프로필을 지닌 투자자, 즉 사업가 출신으로서 창업에 열정 있는 벤처 캐피털리스트가 바로 개인 자산을 투자해 스타트업의 발전에 기여하는 사람들이다. 이런 사람들을 '엔젤 투자자'라고 부른다. 반면, 프랑스에서 벤처 캐피털리스트라고 하면 보통 은행이나 보험업계에서 경력을 쌓은 금융 전문가인 경우가 많다. 그렇기에 프랑스의 전형적 벤처 캐피털리스트는 스타트업을 이끌어주기 위해 필요한 사업가적 실질 경험이나 전문 지식을 보유한 이가 아니다. 이 점이 왜 2009년을 기준으로 프랑스의 벤처 캐피털리스트가 혁신 신생 기업에 3억 5300만 유로만을 투자한 반면, 미국의 벤처 캐피털 총액이 45억 유로에 달하는지를 부분적으로나마 설명해주는 듯하다. 물론, 미국과 프랑스의 벤처 캐피털을 이렇게 묘사한 것은 의도적으로 단순화했다고 보아야 하고, 또 현실보다 조금 과장된 설명이기는 하다. 일부 프랑스 벤처 캐피털리스트는 과거 창업했던 사업가이기도 하고, 미국 역시 벤처 캐피털 출자자 중에 금융 전문가들이 존재한다.

두 번째 차이점이 있다면 주식 시장이 미국에서 훨씬 발달해 있다는 사실이다. 그렇기 때문에 혁신적인 기업이 주식 시장에 상장되는 순간, 미국 벤처 캐피털리스트가 얻어낼 수 있는 수익이 훨씬 높다. 마지막으로, 기관 투자자*가 프랑스보다 미국에서 훨씬 더 중요한 역할을 한다는 점을 들 수 있다. 이는 무엇보다 미국 연기금의 규모 때문이다. 기관 투자자 또한 벤처 캐피털 출자에 참여한다. 기관 투자의 또 다른 장점은 앞으로 논의할 내용이 보여주겠지만, 대기업 내부에서의 혁신을 장려한다는 점이다.

대기업 내 파열적인 혁신에서 기관 투자자의 역할

만약 벤처 캐피털이 신생 기업의 혁신에 재정 지원을 하는 데 결정적인 역할을 한다면, 주식 시장에 상장할 정도로 충분히 기업이 성장한 후에는 누가 그 역할을 이어받는가? 미국에서는 주주 구성에서 기관 투자자가 크게 확대되는 현상이 나타나고 있다. 상장 기업의 자본에서 기관 투자자의 비중이 1970년 9.4퍼센트에서 2005년에는 61.2퍼센트로 늘어났

---

* 기관 투자자는 어떤 적립금을 징수하는 기관으로서, 시장에 자금을 투자해 자체 계정이나 고객 계정의 이윤을 추구하는 투자자를 의미한다. 기관 투자자에는 세 종류가 있다. 첫 번째는 연기금이다. 이는 연금을 위한 재정 출자가 자본화 체계에 의존하는 국가에서 연금을 관리하는 기관을 말한다. 미국과 영국의 경우가 그러하다. 두 번째로는 투자 기금, 마지막으로 보험 회사가 기관 투자자에 속한다.

다(Aghion, Van Reenen et Zingales, 2013).[13]

　기관 투자자의 역할이 이렇게 현저히 강화된 상황이 관련 기업의 혁신에는 어떤 영향을 주었을까? 우리의 최초 예상은 부정적으로 작용했을 거라는 쪽이었다. 사실 기관 투자자는 단기 이윤을 추구하며 변심하기 쉬워서 일반적인 혁신은 물론이거니와 완전히 파열적인 혁신을 장려할 리 없다고 보았다. 그런데 경험적인 자료를 보면 그러한 고정관념이 완전히 뒤흔들린다. 사실상 기관 투자자가 보유한 주식의 비중과 기업이 보여주는 혁신의 강도 사이에는 정비례의 상관관계가 나타나기 때문이다.* 이러한 긍정적인 영향을 어떻게 설명할 수 있을까?

'경력 관리' 이론[14]

'경력 관리(career concerns)' 이론의 기본 바탕에 깔린 생각은 이러하다. 즉, 경영자는 기업 내에서 자신의 위치를 안정적으로 만들고 경영자 시장에서 자신의 평판, 즉 '몸값'을 높이기 위해 능력을 과시하고자 한다는 논리다. 자신의 능력을 보여주는 첫 번째 신호는 바로 그가 이끄는 회사의 성과다. 하지만 회사의 성과는 경영인의 능력 수준을 불완전하게 반영할 수밖에 없다. 기업의 성과란 경영인의 능력에 달려 있기도 하지만 운이라는 요소에 의해서도 영향을 받기 때문이다. 사실, 경영인의 자질 수준이 어떻든 기업의 프로젝트는 실패할 가능성을 항상 갖고 있다. 이런 맥락에서 경영인은 '파열적인 성격의' 기획에 착수하길 망설이게 되는데, 그러한 성격의 기획은 더 위험한 경향이 있고 실패 가능성도 더 높은 까

---

*　혁신의 강도는 특허의 수로 측정하되 특허의 내용이 지닌 혁신의 가치에 가중치를 두어 계산했다.

닭이다. 경영인 당사자의 개인 성향이 '위험을 거부'하는 쪽이라면 망설임은 더 커진다. 그리고 그는 경영자 시장에서 자신의 평판을 망치고 직장을 잃을까 두려워하게 된다. 그렇다면 기관 투자자가 기업의 주주 구조에 크게 관여할 경우, 혁신에 대한 위와 같은 경영인의 소심한 접근을 상쇄하는 데 어떤 역할을 할까?

이 질문에 대한 대답으로, 기관 투자자는 원칙상 경영인의 능력 수준에 관해 직접적으로 정보를 얻어낼 수 있다는 점을 이야기할 수 있다. 하지만 그러한 정보 습득 과정에는 상당한 비용이 들어간다. 그렇기 때문에 오직 기업의 주식을 충분히 많이 보유한 기관 투자자만이 해당 정보를 직접 획득하는 데 들어가는 고정 비용을 투자해도 결국 이득이라는 판단을 내릴 수 있다. 만약 이렇게 얻어낸 정보가 긍정적인 경우, 다시 말해 대상 경영인에게 능력이 있다는 걸 기관 투자자가 알게 될 경우 그 경영인은 혁신과 관련한 위험 요소에 대해 보호를 받을 수 있다. 그러므로 경영자는 혁신적인 프로젝트에 착수하는 걸 망설이지 않아도 된다. 실제로 프로젝트가 실패로 돌아가더라도 기관 투자자는 경영인의 일자리를 보장할 테고, 반대로 프로젝트가 성공하면 그때는 경영인의 평판이 상당히 향상되는 결과가 나온다.*

기관 투자자의 기업 출자가 클수록 해당 기관 투자자는 혁신과 관련해 발생하는 실패에 대해 경영자를 보호해주게 되고, 이는 경영자가 '파열적인' 기획을 더욱 시도하도록 장려하는 역할을 한다. 이런 흐름으로 인

---

* 여기서는 경영자가 선택한 프로젝트의 혁신 정도를 시장이 관찰하고 있다는 점, 그리고 경영자의 평판은 관례적인 프로젝트가 성공했을 때보다 혁신적인 프로젝트가 성공했을 때 훨씬 더 높아진다는 점을 암묵적으로 가정한다.

해 기업의 재정에서 기관 투자자의 규모와 해당 기업의 혁신 강도 사이
엔 정비례의 상관관계가 성립한다.

경험적으로 이론 검증하기

이 이론을 경험적인 자료로 검증해보기 위한 연구가 이루어졌다. 1991~
1999년 동안 미국의 기업 재무 자료 데이터베이스인 컴퓨스태트(Compustat)
가 집계한 미국 상장 기업 803개사에 대한 표본을 바탕으로 한 연구다
(Aghion, Van Reenen et Zingales, 2013).[15] 대상 기업들이 보유한 특허의 수와
질에 대해서는 미국특허청에서 발행한 자료를 활용했고, 콤팩트 디스클
로저(Compact Disclosure)라는 데이터베이스를 통해 해당 상장 기업들의 주
주 구조에서 기관 투자자의 비중이 어떠한지를 파악했다.

　연구를 통해 드러난 몇 가지 사실이 있다. 우선 기관 투자자가 기업의
주주 구성에서 차지하는 비중은 기업이 출원하는 특허의 수와 질에 긍정
적 영향을 주었다는 점을 들 수 있다. 게다가 기업이 시장에서 처한 경쟁
의 정도는 이러한 긍정적 영향을 강화시키는 걸로 나타났다. 이렇듯 도표
12.7을 보면 경쟁 정도가 높은 시장에서 활동하는 기업의 혁신 요소가 기
관 투자에 훨씬 강한 반응을 보인다는 점을 확인할 수 있다.* 이 현상에
대해 설명하자면 이렇다. 경쟁 상태는 기업이 프로젝트에 실패할 경우 기
업의 손실을 증가시키는 요소다. 혁신으로 인해 유발되는 위험 요소를 악
화시키는 모방의 위험이나 창조적 파괴의 위험 같은 것을 말한다. 그런데
기획이 실패하더라도 실직하거나 평판이 떨어질 위험으로부터 경영인을
보호해주는 요소가 바로 기관 투자자다. 이렇게 평판의 '보장'은 기업이

---

* 　경쟁의 정도는 독점으로 인한 수익의 수치에서 역으로 계산한다.

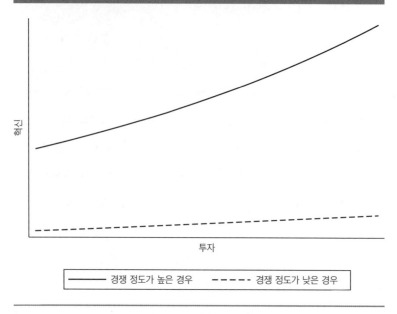

혁신

투자

― 경쟁 정도가 높은 경우   ----- 경쟁 정도가 낮은 경우

출처: Aghion, Van Reenen et Zingales (2013)에서 도출.

처한 경쟁의 정도가 높을수록 경영인으로서는 중요하게 여기는 요소다.

　'경력 관리' 이론과 맞아떨어지는 관찰 결과가 한 가지 더 있다. 경영자가 다른 방식으로 자신의 위치를 보호받을 경우, 예를 들어 적대적 인수합병에 대한 규정이 더 엄격한 미국의 주에서는 기관 투자자가 혁신에 미치는 영향이 다른 곳보다 훨씬 미약하게 나타난다는 점이다. 즉, 관련 규정이 기관 투자자가 할 법한 보증인의 역할을 대신한다는 뜻이다. 마지막으로, 경력 관리 이론은 기업의 성과가 좋지 않을 때 기관 투자자는 경영인의 실직 위험을 감소시켜줄 거라고 예측했는데, 실제 사례를 관찰한 자료가 그 가설을 증명해주었다. 위의 내용을 종합해보면, 우리의 초기 예상과 반대로 기관 투자는 상장 기업의 혁신을 촉진한다고 볼 수 있는데, 혁신과 관련해 경력에 위험이 될 만한 요소로부터 기업 경영자를 보호하는 역할을 하기 때문이다.

이제 프랑스를 미국과 기관 투자자의 규모 면에서 비교해보면, 여전히 연기금으로 인해 미국의 기관 투자 규모가 훨씬 크다. 2017년 기관 투자자의 자산은 미국의 경우 국내 총생산의 145퍼센트에 달한 반면, 프랑스에서는 국내 총생산의 10퍼센트에 불과했다.* 게다가 미국의 기관 투자자는 2018년 기준으로 신생 혁신 기업에 560억 유로 규모의 출자를 한 반면, 프랑스의 기관 투자자는 같은 해에 6억 6500만 유로를 투자했다. 즉, 84배나 낮은 수치다.**

기업 내 혁신과 연구 개발에 대한 세제상 우대 조치

국가는 어떤 방식으로 기업의 혁신 활동을 위한 재정적 차원의 지원을 해줄 수 있을까? 국가 차원의 도구로서 당연하게 활용할 수 있는 것으로는 세제상의 우대 조치가 있다. 연구 개발에 대한 세제 우대는 과세 대상 소득의 액수를 줄여주는 세금 공제 형식을 취할 수 있는데, 이는 영국에서 주로 활용하는 조치다. 프랑스에서처럼 세액 공제의 형태로 이루어질

---

* 세계은행의 자료.

** 프랑스 자료는 프랑스의 사모 펀드 및 벤처 캐피털 기업 프랑스 인베스트(France Invest)가 발표한 수치, 그리고 미국의 경우에는 비상장 투자 데이터 회사 프레킨(Preqin)의 자료를 활용했다.

수도 있다.*

영국에서는 연구 개발에 대한 세제상 우대 조치를 2000년에 도입했는데, 일단은 중소기업만을 대상으로 시작했다가 2002년에 대기업으로 확대했다. 하지만 여전히 우대 조치의 주요 대상은 중소기업이다. 2007년까지만 해도 직원 250명 이하 또는 자산 4300파운드 이하, 그리고 연매출 5000만 파운드 이하의 기업에 대해서는 그 이상 규모의 기업보다 연구 개발 비용에 대한 세금 공제가 훨씬 후하게 이루어졌다. 그러다 2008년에 들어서면서 중소기업의 범주를 정하는 제한선을 상향 조정했다. 이때부터 직원 500명 이하, 자산 8600만 파운드 이하, 그리고 연매출 1억 파운드 이하의 영국 기업이라면 중소기업 대상의 세금 공제 혜택을 받을 수 있게 되었다. 이러한 개혁 조치가 혁신에 미친 영향은 어떠했을까?

도표 12.8은 자산 가치로 계산한 기업 규모에 따라 2009~2011년 연구 개발에 쓰인 연간 지출의 평균값을 보여준다. 전반적으로 보면, 연간 연구 개발 비용과 기업의 자산 수준 사이에 정비례의 상호 관계가 존재함을 알 수 있다. 이는 자산이 많은 대기업일수록 연구 개발에 비용을 더 많이 들인다는 사실을 엿보게 해준다. 하지만 8600만 파운드라는 새로운 세제 혜택 적용선 지점에서 분명한 불연속성이 눈에 들어온다. 연간 연구 개발 비용은 중소기업을 규정하는 제한선 바로 아래에 위치한 기업에서 더 높은데, 이런 경우 그 제한선 바로 위에 자리한 기업보다 더 유리한

---

* 세금 공제와 반대로 세액 공제는 과세 대상 소득과 관련한 사항이 아니고 세금의 액수 자체와 관계가 있다. 이 제도는 직접적으로 부과하는 세금의 액수를 줄여주며, 심지어 특정한 경우, 즉 세금 공제액이 과세액을 넘어설 때에는 세무서로부터 환급까지도 받는다.

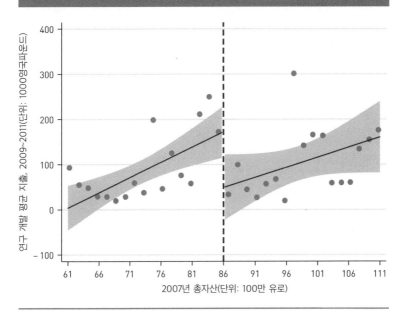

도표 12.8 총자산 수준에 따른 평균 연구 개발 지출(2009~2011)

출처: Dechezleprêtre, Einiö, Martin, Nguyen et Van Reenen (2016).

세금 공제를 적용받을 수 있기 때문이다. 2009~2013년 특허 출원의 연간 횟수 변화 추이를 살펴봐도 연구 개발 비용과 유사한 관계가 드러난다. 여기서도 다시금 불연속성이 나타난다. 즉, 출원한 특허의 수와 기업자산 사이의 관계는 제한선 직전과 직후 상한선을 그리지만, 바로 그 제한선 수준에서는 분명하게 내리막 경향을 보인다는 뜻이다(Dechezleprêtre, Einiö, Martin, Nguyen et Van Reenen, 2016).[16]

이미 언급했듯 연구 개발과 관련한 영국의 우대 조치가 지닌 특징은 중소기업에 초점을 맞추고 있다는 점이다. 영국에서는 프랑스(도표 12.9a)나 미국(도표 12.9b)의 경우보다 중소기업이 좀더 혁신 강도가 높은 경향을

a) 프랑스

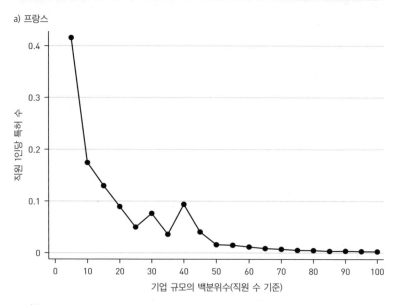

b) 미국

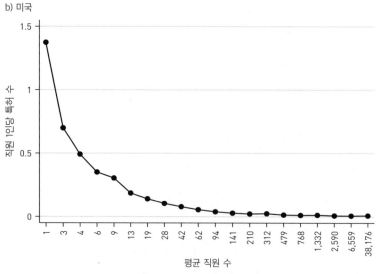

주: 여기서 고려한 프랑스 기업은 적어도 기업 활동 기간 중 단 한 건이라도 특허를 출원한 곳이다.
출처: 도표 a는 Patstat, 도표 b는 Akcigit et Kerr (2018)에서 가져온 자료.

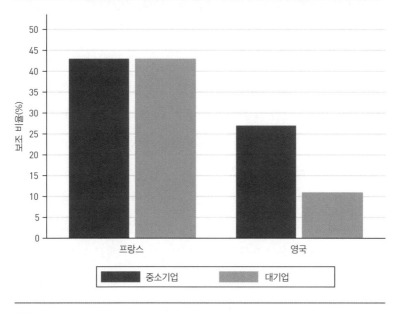

출처: OECD.

보인다는 점에서 영국이 도입한 제도의 방향은 옳다고 하겠다(Akcigit et Kerr, 2018).[17] 여기서 혁신의 강도는 혁신 기업에서 직원 1인당 생산한 특허의 수로 계산했다. 중소기업이 생산해내는 혁신은 훨씬 철저히 획기적이며 또한 훨씬 중대한 변화를 가져온다는 특성을 보인다. 그렇지만 영국식 제도의 이러한 장점은 프랑스 등 다른 선진국에서는 찾아볼 수 없다(도표 12.10). 2018년 자료를 보면 프랑스에서 연구 개발 비용에 대한 국고 보조율이 매우 높았고,* 이 비율은 중소기업이건 대기업이건 동일하

---

*   OECD의 계산에 따른 연구 개발 비용에 대한 암묵적인 국고 지원 비율 참조.

게 43퍼센트다. 영국에서는 전반적인 비율이 더 낮은 반면, 중소기업에는 더 높은 혜택(27퍼센트)이 주어지고 대기업에는 상대적으로 낮은 비율을 적용한다(11퍼센트).

프랑스의 경우를 보면, 세액 공제를 받을 수 있는 제한선은 기업의 규모에 따라 정해져 있지 않고, 오히려 연구 개발 비용에 따라 결정된다. 연구 개발 비용이 1억 유로 미만인 경우, 이에 대해서는 30퍼센트까지 지원하고 1억 유로를 넘길 경우 5퍼센트를 적용한다. 하지만 연구 개발 비용으로 1억 유로라는 제한선을 넘기는 기업은 드물다. 절대 다수의 프랑스 기업은 30퍼센트 공제를 적용받는다는 뜻이다. 그런데 상식적으로 생각해보면, 세액 공제 제도가 없더라도 가장 규모가 큰 대기업, 즉 프랑스의 세액 공제 계산상 연구 개발 비용이 연간 1억 유로 이상의 기준을 적용받는 기업은 그런 제도와 상관없이 어쨌거나 수천만 유로 정도는 연구 개발 비용으로 지출할 거라고 예측할 수 있다. 다시 말하면, 처음 몇백만 유로의 연구 개발 비용에 대한 세액 공제는 그 정도 규모 대기업의 경우 연구 개발 투자에 아무런 실효가 없고, 그저 순전히 횡재했다 싶은 효과가 있을 뿐이라는 뜻이다. 그럼에도 불구하고 2014년 프랑스 100대 기업은 연구 관련 세액 공제 전체 액수 중 34퍼센트에 달하는 혜택을 누렸다.

이 제도가 대기업에 훨씬 유리하게 작용하는 불공평한 요소를 수정하기 위해서는 기업 규모에 따라 공제 제한선을 적용하는 영국식 제도를 모방하는 극적인 해결책이 프랑스에 필요하다고 본다. 중간 해결책으로는 기업의 연구 개발 정도(이는 연구 개발 비용과 기업 규모 간 비율로 정한다)에 비례해 보조금의 적용 한계율 체계를 구축하는 방법이 있다.*

혁신, 특하나 '파열적인' 혁신에 대해 각 단계별로 어떻게 자금 출자를 할 수 있을까? 기초 연구 단계에서 연구소나 대학으로부터 지급받는 자금만으로 획기적인 수준의 발견을 불러오기란 역부족이라고 판단된다. 또한 가망성 높은 연구자에게 투자하는 민간 재단의 개입이 중요한 역할을 한다는 점도 파악했다. 개발 단계에서는 순전히 재정적 측면을 넘어 출자자가 기업의 프로젝트에 개입하는 정도가 큰 차이를 불러온다. 처음에는 벤처 캐피털이 기업의 결정 사항을 제어하는 권한을 조정할 수 있는데, 이렇기 때문에 벤처 캐피털은 기업의 파열적인 혁신과 성장을 촉진하는 데 핵심 도구가 될 수 있다. 기업이 일단 성장을 하고 나면 이제는 기관 투자자가 핵심 역할을 이어받는다. 기업의 경영인이 혁신적 프로젝트를 진행하는 데 안정성을 보장해주는 역할을 함으로써 기관 투자자는 경영인이 더 적극적으로 위험을 무릅쓰게끔 해줄 수 있다. 마지막으로, 국가 또한 혁신을 위한 재정 지원 측면에서 해야 할 몫이 있다. 특히 연구 개발 관련 세제 혜택을 통해, 그리고 공공 발주나 좀더 넓게는 산업 정책 전반을 통해 국가는 자신만의 역할을 해야 할 것이다(4장과 14장 참조).

이야기를 종합해보면, 기업 출자의 생태계는 혁신에 주요한 영향력을 행사한다는 사실이 드러난다. 실제로 미국의 경우 연구 재단, 기관 투자자 그리고 신생 기업을 성장시키는 데 꼭 필요한 경험을 갖춘 벤처 캐피털리스트가 강력한 네트워크를 이루고 있는데, 이는 혁신의 영역에서 미

---

*   기업 규모는 예를 들어, 고용 규모 측면에서 자산 혹은 매출 등의 요소를 고려해 측정할 수 있다.

국이 왜 세계를 주도하는지를 설명해주는 요소다. 하지만 금융 분야는 성장에 걸림돌이 되지 않도록 적절히 규제할 필요가 있다. 이 문제에 대해서는 아래의 상자 및 14장에서 더 자세히 논하도록 하겠다.

금융 분야의 위험 요소

이번 장에서는 혁신 활동에 자금을 대주는 여러 원천을 소개했다. 하지만 이러한 재정 방식에는 나름의 위험이 도사리고 있다.

출자자(공공 기관, 벤처 캐피털, 기관 투자자 등)는 혁신적인 프로젝트에 자금을 댈지 말지 결정하는 순간에 잠재적으로 두 가지 종류의 실수를 저지를 수 있다. 첫 번째 종류의 실수는 출자 대상이 좋은 기획을 갖고 있음에도 자금을 대지 않기로 결정하는 것이고, 두 번째 종류의 실수는 좋지 않은 프로젝트에 자금을 대기로 결정하는 것이다. 슘페터식 이론에 따르면, 혁신가는 프로젝트에 완전히 실패할 가능성이 매우 높다. 성공할 경우 그 잠재적 이득은 상당하지만 그럴 가능성 자체는 낮다. 이를 혁신에 대한 출자 문제에 대입해보면, 그렇기 때문에 위에서 말한 두 번째 종류의 실수를 범하는 경우가 드물지 않다. 하지만 출자자에게 진짜로 문제가 되는 경우는 첫 번째 종류의 실수를 범하는 경우다. 이는 투자자가 결코 놓쳐서는 안 되는 기회를 놓친 사례이기 때문이다. 전형적인 사례로 창업 단계에 있던 페이스북이나 구글에 투자하길 거부한 출자자들의 경우를 상상해볼 수 있다.

그러나 총체적인 대규모 신기술이 도래한 직후 여러 가지 2차 혁신이 이루어질 때, 이러한 2차 혁신의 성공 가능성은 상당히 높다는 사실을 3장에서 논한 바 있다. 첫 번째 종류의 실수를 범하지 않겠다는 우려로 인해 도표 12.11이 보여주듯 금융계는 폭주 현상을 보이게 된다(Thomas Philippon, 2015).[18] 이 도표는 국내 총생산에서 최초로 상장된 제품의 비

도표 12.11 국내 총생산에서 주식 시장 상장 상품의 비중

출처: Philippon (2015).

중이 장기간에 걸쳐 어떻게 변화해왔는지를 보여주는 자료다. 여기서 전기 기술의 도래 후 1920년대에 정점을 찍고, 정보 통신 기술이 도래한 후인 1990년대 말에도 정점에 이르는 모습을 볼 수 있다.

유리한 프로젝트를 놓치지 않으려는 투자자 간의 경쟁이 극심해지면서 이들은 프로젝트의 질에 그다지 신경을 쓰지 않게 되는데, 그러다 보면 투자 가치가 없는 프로젝트에 투자하는 일이 발생한다. 즉, 첫 번째 종류의 실수를 하지 않으려다가 두 번째 종류의 실수를 거듭하게 된다는 뜻이다. 그 결과, 총체적 차원의 혁신과 연계된 금융 시장의 거품이 나타나는데, 바로 2000년대 초반의 인터넷 버블이 그 사례라고 할 수 있다.

혁신과 관련한 출자의 비효율성을 부추기는 또 하나의 이유는 기업이 자신만의 목표는 뒷전으로 하고 금융 시장이 기대하는 바에 몰두해버린다는 사실이다(Aghion et Stein, 2008).[19] 새롭게 진출할 시장을 늘릴지, 아니면 비용을 줄이고 생산을 합리화함으로써 기존 시장에서의 입지를 더 탄탄히 다질지 선택의 기로에 선 기업이 있다고 해보자. 해당 회사의 경영자는 자신의 평판에 관심을 기울이는 처지다(이번 장에서 논한 내용). 그는 금융 시장에 자신의 능력을 보여줄 신호를 보내고 싶기 때문에 금융 시장이 기대하는 행동을 취하게 된다. 보통 기업의 건강 상태를 말해주는 지표로서 매출 증가에 관심을 기울인다고 하면, 경영자는 합리화라는 측면을 무시한 채 시장 확장에만 방점을 두는 경향을 띤다. 하지만 해당 기업이 바로 이러한 매출 증대 전략만을 좇고 있다는 사실을 금융 시장이 깨닫게 되면, 시장은 이제 확장 전략을 더 중요시하게 된다. 그러다 보면 기업은 악순환의 고리에 들어선다. 시장 확장 단계에서 합리화 전략으로 이행하지 못하다가 결국에는 전체 조직이 위기에 빠지고 마는 것이다.

세계화에 어떻게 대응할 것인가

《국부론》을 통해 애덤 스미스가 설명한 바와 같이 노동을 더 잘 분담함으로써―분담 자체가 기술 발전을 발생시킨다―국제 무역은 전 세계 모든 나라에 번영을 가져다주는 엄청난 원천이 될 수 있다. 그렇다면 교역의 세계화는 선진국 내에서 왜 점점 더 거센 반대에 직면하고 있는가? 여기에 대한 일차적인 답변을 찾으려면 이러한 세계화가 촉발한 대대적인 산업 시설 (국외) 이전과 탈산업화 현상을 돌아보아야 한다. 특히 지난 50년은 러스트 벨트[Rust Belt: 금속의 부식, 즉 '녹'을 의미하는 rust를 이용한 이 표현은 미국 제조업의 중심지였으나 제조업의 사양화로 1980년대 이후 쇠락해버린 지역을 통칭하는 말이다. 철강 산업의 중심지 피츠버그(펜실베이니아주), 자동차 산업의 중심지 디트로이트(미시간주) 등 미국의 동북부 및 미드웨스트라 불리는 지역을 아우른다―옮긴이]를 구성하는 미국 동북부 제조업 중심 지역이나 잉글랜드 북부, 웨일스, 프랑스 북부 및 벨기에 왈롱(Wallon)의 광업 지대, 또 심지어 프랑스 동부와 독일의 철강 산업 지역 등에서 공장 폐쇄와 대규모 실업 사태로 점철된 시대였다.

최근에는 미국에서 도널드 트럼프가 대통령에 당선되고 또 중국발 코로나19로 인한 팬데믹이 발생하면서 세계화의 영향에 대해 다시금 논의가 활발해졌다. 2016년 11월 대통령에 당선된 도널드 트럼프는 국내 산업을 보호하고 일자리를 보전하기 위해 관세 장벽을 세우겠다는 내용의 공약을 내세웠다. 그리고 2018년 이후 수많은 제품에 관세 장벽과 수출 쿼터를 적용하기 시작했다. 각 제품별로 각기 다른 국가를 관세 대상으로 지정했다. 2018년 1월 트럼프 정부는 태양광 모듈과 패널부터 세탁기에 이르는 제품의 관세를 인상했다. 그해 3월에는 알루미늄, 철강, 자동차 완제품 및 부품에 국가 안보라는 명분으로 추가 관세를 부과했다. 이어 중국에서 수입하는 모든 제품에 대해 관세를 크게 인상하는 조치를 취했다. 또한 유럽연합에서 미국으로 수출하는 75억 달러 상당의 상품에도 10~25퍼센트의 관세를 매겼다. 여기에는 프랑스의 포도주, 이탈리아의 치즈, 스코틀랜드의 위스키 등이 포함되었다. 이 모든 조치는 결과적으로 세계 경제의 성장에 제동을 걸었다.[1]

좀더 최근에는 새로운 현상이 또 하나 나타나 세계 경제 성장에 방해 요소로 작용했다. 바로 코로나19로 인한 팬데믹이다. 경제 관측 전문가와 시장은 처음엔 낙관적 시나리오를 기대했다. 2020년 1사분기에 중국에서 유행병으로 절정에 달하고, 세계 다른 나라들에는 영향이 크지 않을 거라는 게 대체적인 관측이었다. 하지만 그 이후 코로나19 바이러스는 특히 유럽과 북미를 중심으로 크게 퍼져나갔다. 2020년 6월 IMF는 그해의 세계 경기 후퇴가 4.9퍼센트 수준일 거라고 예측했다. 이는 선진국에 큰 타격을 줄 걸로 예상되는데, 프랑스는 12.5퍼센트의 경기 후퇴를

겪고 미국도 이 수치가 8퍼센트에 이를 것으로 보인다.[2]

무엇보다 코로나19 전염병이 모두에게 각인시킨 점이 있다면 '가치 사슬' 혹은 공급 라인의 중요성이라고 할 수 있다. 가치 사슬이란 생산 공정이 여러 주체 혹은 국가로 분산되어 있는 상황을 말하는데, 이들은 각각 최종 상품을 완성하는 과정에서 원료를 생산하거나 서비스를 제공하거나 혹은 부품을 생산하는 역할을 한다. OECD의 자료에 따르면, 현재 세계 무역의 약 70퍼센트가량이 국제적인 가치 사슬에 기반을 두고 있다고 한다. 특히 중국이 전 세계 가치 사슬에서 점점 더 큰 위치를 차지하고 있다. 예를 들어, IT 산업 중간 단계 제품이라든지 전자 제품 생산 그리고 제약 및 수송 설비 관련 분야에서 유난히 중국의 비중이 높다. 바로 그런 이유로 인해 중국 경제가 둔화하면 전 세계 경제 활동 전반에 상당한 영향을 주게 되는데, 선진국에는 유난히 그 피해가 더 크게 나타난다. 기업은 보통 재고를 극소화하는 생산 방식을 쓰므로 보유 상품이 거의 없기 때문이다. 이는 세계화가 진행되고 가치 사슬이 발달하면서 일반화한 현상이다.

이번 장에서는 국제 무역과 이민이라는 문제를 통해 세계화와 혁신의 관계를 살피고자 한다. 무엇보다도 중국으로부터의 수입 증가, 그중에서도 특히 중국의 WTO 가입 이후 중국 제품의 수입이 미국과 유럽의 일자리 환경과 혁신에 미친 영향은 어떠했는지를 짚어보고자 한다. 도널드 트럼프 정부의 대대적인 관세 장벽 강화 조치가 정당했는지, 아니면 다른 대응 방법이 있었는지 또한 논의하도록 하겠다. 아울러 다음과 같은 여러 가지 의문에 대해서도 답을 찾아보도록 하자. 혁신은 왜 수출 시장이 넓어지면 더욱 촉진되는가? 이민은 혁신에 어떻게 기여하는가?

중국발 수입으로 인한 충격

전 세계 수입품 중에서 중국산이 차지하는 비중은 2000년대 초반부터 눈부시게 증가해 1999년 3퍼센트에서 2012년에는 10퍼센트에 달했다. 특히 도표 13.1을 보면 1980~2007년 노동 비용이 낮은 다른 국가들로부터 미국과 유럽으로 들어온 수입 규모는 일정 수준으로 유지된 반면, 중국으로부터의 수입 비중이 놀랄 정도로 늘어난 사실을 알 수 있다(Bloom, Draca et Van Reenen, 2016).[3] 중국이 2001년 WTO에 가입하면서 이러한 움

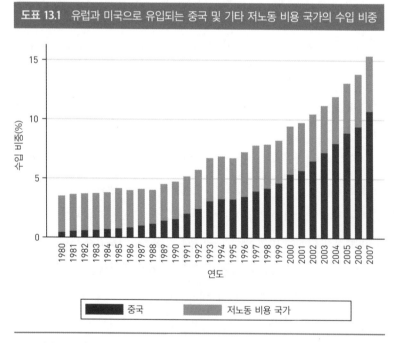

도표 13.1   유럽과 미국으로 유입되는 중국 및 기타 저노동 비용 국가의 수입 비중

주: 유럽의 수입 규모 계산은 12개국을 대상으로 했다. 여기에는 오스트리아, 덴마크, 핀란드, 프랑스, 독일, 아일랜드, 이탈리아, 노르웨이, 에스파냐, 스웨덴, 스위스 그리고 영국이 포함되었다.
출처: Bloom, Draca et Van Reenen (2016).

직임에 분명 가속도가 붙었다고 볼 수 있다. 이런 경쟁 심화 추세를 걱정해야 할까? 그리고 이 변화에 어떻게 대응해야 할까?

중국발 충격의 부정적 영향

일자리와 임금에 대한 영향. 중국의 WTO 가입이 미국 노동 시장에 미치는 영향은 이론상으로 보면 명확하지가 않다. 미국의 불특정 지역을 'Z'라 가정하고, 이 지역의 노동 시장에 중국의 WTO 가입이 주는 영향은 어떠한지를 살펴보면 두 가지 상반된 일이 발생할 수 있음을 감안해야 한다. 어떻게 보면 중국의 WTO 가입은 Z 지역이 생산한 상품을 판매하는 시장에서 경쟁을 심화시켜 Z 지역의 일자리와 임금에 부정적 영향을 끼친다. 구체적으로 이야기해보면 이렇다. 즉, 만약 중국이 자동차를 엄청나게 생산하고 있는데 Z 지역 또한 자동차 생산 중심지라면, 중국 제품의 수입 증가는 Z 지역에서 생산된 자동차의 수요를 줄이고 그로 인해 지역 노동 시장에 부정적 영향을 끼칠 수 있다. 하지만 중국의 WTO 가입은 다른 한편으론 중국 시장 내에서 수요 증가 결과를 가져올 수 있다. 그렇게 되면 Z 지역의 생산 또한 증가하고 이어서 그 지역의 일자리와 임금에 긍정적 영향을 준다. 자동차 생산의 예를 다시 들어보면, 만약 중국에서 자동차 수요가 늘어나면 Z 지역에서 생산하는 자동차에 대한 수요 또한 늘어나 해당 지역 노동 시장에 긍정적 결과가 나타난다는 뜻이다.

  미국이 수입하는 중국 상품은 중국으로 향하는 미국의 수출품 규모를 훨씬 상회한다고 알려져 있다.* 이는 중국발 충격의 부정적 영향이 긍

---

* 2018년 중국으로부터 미국이 수입한 양은 미국이 중국으로 수출한 양의 3배를 훨씬 넘었다.

정적 영향을 넘어설 거라는 예측을 가능하게 한다. 실제로, 이어지는 논의에서 살펴보겠지만 미국 제조업계는 중국발 수입의 충격에 유난히 취약한 모습을 보였다. 그러한 취약성은 이로 인한 산업 설비 해외 이전을 통해(Bernard, Jensen et Schott, 2006),[4] 미국에 자리한 기업들의 인원 감축을 통해(Pierce et Schott, 2016[5]; Acemoglu, Autor, Dorn, Hanson et Price, 2016[6]), 또한 노동 인구의 소득 감소 등의 영역에서(Autor, Dorn, Hanson et Song, 2014)[7] 유난히 두드러지게 나타났다.

이 분야의 선구적 연구라고 할 수 있는 데이비드 오터, 데이비드 돈 그리고 고든 핸슨(David Autor, David Dorn, Gordon Hanson, 2013)[8]의 논문에서 인용한 도표 13.2를 보면, 미국에서 중국 수입 제품의 시장 침투 정도의 변화*(실선)와 인구 내 백분율로 본 미국 제조업의 고용 현황 변화(점선)를 관찰할 수 있다. 이 자료를 통해 전체 기간 동안 중국 수입품의 시장침투율이 높아지고 있음을 매우 분명하게 확인할 수 있다. 1991년 0.6퍼센트에서 2007년 4.6퍼센트에 이르기까지, 2001년 중국의 WTO 가입을 기점으로 가속이 붙었다. 이와 병행해 미국 내 제조업의 고용 비중은 1991년 12.6퍼센트에서 2007년 8.4퍼센트로 줄어들었고, 이 또한 2000년대 초반부터 유난히 가속화하는 모습을 보여준다.

하지만 이렇게 전국 차원에서 집성한 두 지표 사이의 관계가 일정 지역을 놓고 보아도 유사하게 나타날까? 다시 말해, 과연 중국 제품의 수입으로 인해 가장 큰 타격을 받는 고용 지역에서 제조업 분야의 일자리가 가장 많이 소멸되는가? 이 질문에 답하기 위해 위 논문의 저자들은

---

* 미국에서 중국 수입품의 침투 정도는 중국에서 들어온 제품이 미국 국내 시장 전체의 상품 판매에서 차지하는 비중으로 판단한다.

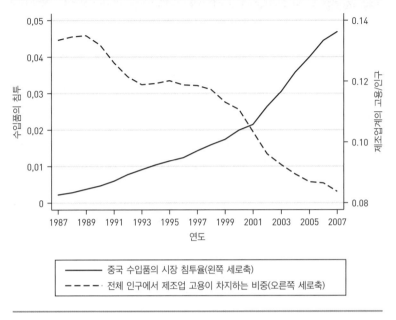

도표 13.2 중국 수입품의 시장 침투율과 미국의 제조업계 고용 인구 비중 추이

수입품의 침투

제조업계의 고용/인구

연도

———— 중국 수입품의 시장 침투율(왼쪽 세로축)
- - - - 전체 인구에서 제조업 고용이 차지하는 비중(오른쪽 세로축)

출처: Autor, Dorn et Hanson (2013).

'변이-할당 분석'이라고 알려진 계량경제학의 방법론을 차용했다. 이 접근법은 중국발 수입품에 의한 타격에 노출된 정도를 지역별로 재구성하는데, 지역별 업종의 구성이나 전국 차원에서 여러 다른 산업 분야의 충격 노출도가 어떠한지 등에 대한 정보를 활용한다. 더 구체적으로 말하면 이렇다. 즉, 만약 미국의 자동차 산업이 중국 자동차 수입 증가에 매우 민감하다면, 자동차 산업이 주 업종인 미국 지역은 그 타격에 매우 크게 노출된다는 뜻이다. 반대로, 자동차업계에서 일하는 사람이 별로 없는 지역에서는 충격에 대한 노출이 거의 없다고 말할 수 있다. 결국 이 연구는 일정한 고용 지역*에 중국 제품의 시장 침투 정도가 높아지면 해당 산업 분야의 고용이 크게 감소한다고 결론 내렸다. 이러한 고용 감소의 25퍼센트 정도는 실업 증가에서 기인하며, 노동 시장 참여도의 감소가 나머지 75퍼센트의 비율로 작용한다.

제조업 분야의 고용 감소는 또한 고등 교육을 받지 않은 성인층에서 더욱 두드러지게 나타난다. 그런 데다 이러한 고용 감소는 비제조업 분야의 고용 증가로 상쇄되지도 않았다. 산업 분야에서 일자리가 없어지면 서비스업계의 일자리가 새롭게 창출될 거라고 기대했을 수 있지만 말이다. 중국 제품의 수입으로 인해 심화한 경쟁으로 인해 미국에서는 1990~2007년 제조업계의 일자리가 평균 21퍼센트 감소했다. 요컨대 미국 노동자 150만 명가량의 일자리가 없어진 셈이다. 도널드 트럼프가 지난 미국 대선에서 경제 활동을 미국 국내로 재이전해야 한다고 주장하며 주요 유세 대상으로 삼았던 사람들 중에는 바로 이러한 노동자 계층이 자리한다.

마지막으로, 중국 제품의 수입으로 인한 타격은 산업 분야에서 고용만을 감소시킨 게 아니라 임금 또한 낮추는 결과를 가져왔다. 지역 내 서비스에 대한 수요를 감소시킴과 동시에 유동 노동 인력의 공급은 높여놓았기 때문이다.

혁신에 대한 영향. 중국으로부터의 수입 증가로 인한 충격이 혁신에는 어떠한 영향을 주었을까? 첫 번째 대답은 중국 제품의 수입 증가와 특허 출원 수로 측정한 혁신의 관계를 추적한 최근의 한 연구에서 찾아볼 수 있다**(Autor, Dorn, Hanson, Pisano et Shu, 근간).[9] 도표 13.3을 보면 1975~

---

* 이 연구에서 다룬 고용 지역은 722곳이다. 다시 말해, 미국의 지역 노동 시장을 722곳으로 나누어 살펴보았다는 뜻이다.

** 여기서 활용한 방식은 중국으로부터의 수입이 지역 차원에서 일자리와 임금에 미

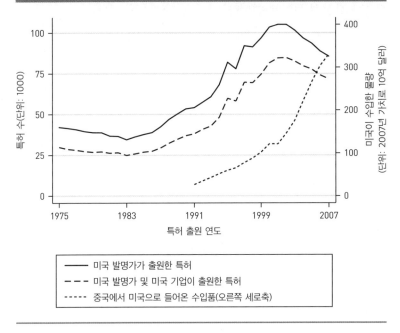

특허 수(단위: 1000)

미국의 수입한 물량
(단위: 2007년 가치로 10억 달러)

특허 출원 연도

━━━ 미국 발명가가 출원한 특허
- - - 미국 발명가 및 미국 기업이 출원한 특허
······ 중국에서 미국으로 들어온 수입품(오른쪽 세로축)

출처: Autor, Dorn, Hanson, Pisano et Shu (근간).

2007년 출원된 특허의 수와 1991~2007년 미국이 중국에서 들여온 총 수입량의 변화를 가늠할 수 있다. 1991~2001년 중국 제품의 수입과 특허 출원의 수는 평행을 그리며 증가했다. 도표의 이런 모양을 보고 순진하게 해석하면, 중국으로부터의 수입이 혁신에 긍정적 영향을 주었다고 평가할지 모른다. 하지만 좀더 자세히 들여다보면 이야기는 달라진다. 2001년 이후, 즉 중국이 WTO에 가입한 이후 수입에 가속이 붙었으며,

치는 영향을 분석한 것과 매우 유사하다. 유일한 차이점이 있다면, 이 연구의 저자들은 기업체 차원에서 특허 출원의 수를 분석했다는 것뿐이다.

그 시점이 미국 내에서 특허 출원의 추이가 하락세로 돌아선 때와 일치한다는 것 또한 확인할 수 있다.

하지만 여기서는 미국 경제 전반을 두고 논의한다는 점을 분명히 해야겠다. 과연 기업 차원에서 바라보면 어떻게 될까? 이 경우, 저자들은 특정 기업의 활동 분야에서 중국 제품 수입의 시장 침투가 증가하면 해당 기업의 혁신에는 부정적 영향이 나타난다고 지적한다.*

미국 제조업 분야 기업의 혁신에 중국제 수입으로 인한 충격이 부정적 영향을 준다는 사실을 어떻게 설명해야 할까? 자연스럽게 머리에 떠오르는 해석 방식이 있다면, 이런 논리일 것이다. 즉, 노동 비용이 미국보다 저렴한 중국으로부터 경쟁이 심화하면 미국 기업의 이윤 폭이 줄어들고, 그 결과 투자에 대한 의욕, 특히 혁신에 대한 투자 의욕이나 투자 능력 또한 감소할 거라는 논리 말이다. 실제로 위 논문의 저자들은 특정 분야에 중국의 시장 침투가 증가하면 같은 분야의 미국 기업 매출이 줄어들 뿐 아니라 연구 개발에 대한 투자 또한 줄어든다는 점을 증명해 보였다. 요약하면 위의 연구는 중국으로부터의 수입 증가가 미국 기업의 혁신성에 전반적으로 부정적 영향을 준다고 결론 내린 셈이다. 하지만 이러한 부정적 영향은 모든 기업에 대해 균일하게 나타나는 현상일까? 아니면 정반대로 긍정적 영향을 주기도 할까?

중국발 충격이 주는 대조적 영향

생산성을 다소 갖춘 기업의 경우. 4장에서 우리는 경쟁이 강화되면 혁신의

---

* 오터와 공저자들은 여기서 컴퓨스테트 데이터베이스의 집계 대상인 대기업으로 분석을 제한했다.

첨단에 있는 기업은 그 경쟁에서 벗어나기 위해 더욱 투자에 힘을 쏟는 경향이 있다고 논한 바 있다. 반면, 애초 기술의 경계에서 멀리 있던 기업은 경쟁이 심화하면 혁신에 대한 의욕이 아예 꺾이고 만다. 그러므로 중국발 충격이 기술의 경계에서 멀리 떨어진 미국 기업한테는 특히 부정적인 영향을 주겠지만, 반면 경계에 가까이 자리한 기업한테는 긍정적인 영향을 줄 거라는 예측이 가능하다. 앞에서 이러한 상황에 대한 비유로 한 학급에 뛰어난 학생이 전학 오는 시나리오를 이야기했었다. 그러면 기존의 뛰어난 학생들은 새로 온 전학생에 의해 자극을 받고, 결과적으로 좋은 성적을 유지하기 위해 좀더 공부를 열심히 하게 된다. 반면 워낙 공부에 어려움을 겪던 학생들은 의욕 상실로 인해 오히려 이전보다 더 뒤처질 위험이 있다.

바로 1995~2007년의 프랑스 상황이 실제로 그러했다(Aghion, Bergeaud, Lequien, Melitz et Zuber, 2020).[10] 중국발 충격이 프랑스 기업의 매출, 고용 그리고 시장에서 생존 가능성에 미치는 영향은 평균적으로 보았을 때 부정적이었고, 이는 위에서 언급한 미국 시장에 대한 연구 결과를 상기시킨다. 하지만 혁신의 첨단에 가까운 기업과 멀리 있는 기업을 구별해서 보면 위의 예상이 맞아떨어진다는 게 드러난다. 중국발 충격은 기술의 경계 영역에서 먼 기업, 즉 생산성에서 '하위 10퍼센트'를 차지하는 기업으로 정의한 회사한테는 혁신에 부정적 영향을 주지만 경계와 가까운 기업, 즉 생산성 수준에서 '상위 10퍼센트'에 드는 기업한테는 혁신을 촉진시키는 결과를 가져왔다. 이러한 결과는 중국발 수입으로 인한 충격에 대한 적절한 대응은 중국 기업이 불러오는 경쟁을 줄이기 위해 인위적으로 관세를 높이는 방향이 아니라, 오히려 혁신에 대한 투자를 장려함과 동시에 생산성이 가장 떨어지는 기업으로부터 생산성이 가장 높은 기업으로 각종 자원과 일자리를 재할당하는 과정을 동반하게끔 해주는 공공 정책이라고 판단할 수 있다.

수평적 충격, 아니면 수직적 충격? 두 번째 가능성은 중국 제품 수입으로 인한 충격에는 사실 두 종류가 뒤섞여 있을 수 있다는 점이다. 한편으론 한 기업의 생산 체인 내에서 후속 단계의 충격, 다시 말해 최종 상품 시장에 대한 충격이 시장에서의 경쟁을 직접 강화하는 종류다. 다른 한편으론 제품을 제조하는 데 있어 기업한테 필요한 구성 요소가 시장에 영향을 주는 생산 전(前) 단계에서의 충격이 존재한다. 프랑스에서 자동차를 제조하는 기업의 예를 들어보자. 만약 수입품으로 인해 자동차 시장에 충격이 왔다면 이 특정 프랑스 기업은 혁신을 하고자 하는 의욕이 줄어들게 된다. 왜냐하면 이 기업한테는 혁신으로 인해 가능한 이득이 감소했기 때문이다. 이러한 충격이 후속 단계에서의 충격이다. 반대로 중국발 충격이 부품 분야에서 발생하는 경우, 해당 시장의 경쟁이 강화되어 생산 비용이 줄어든다. 따라서 바로 위에서 예로 든 프랑스 기업이 혁신을 통해 가져갈 수 있는 이득이 증가하므로 이 기업은 더욱 혁신에 힘을 쏟는다. 이런 상황이 생산 전 단계에서의 충격이다. 그러니까 이 경우 후속 단계에서의 충격과는 정반대 결과를 예상해야 한다. 경험적으로 보면 중국산 제품의 수입으로 인한 충격은 프랑스 기업한테 (미국 기업과 비교할 때) 생산 체인 중에서 생산 전 단계에 나타나는 경우가 많았다.*

프랑스의 한 연구는 수입으로 인한 충격을 생산 전과 후속 단계로 나누어 분석했는데, 이는 위에서 설명한 두 종류의 충격이 혁신에 각각 어떤 영향을 주는지 구별해 분석하기 위한 작업이었다(Aghion, Bergeaud, Lequien, Melitz et Zuber, 2020). 이 논문은 생산 전 단계에서의 충격은 혁신에 약간

---

* 더 전반적으로 말하자면, 중국제 수입으로 인한 충격은 미국보다 유럽에서 더 생산 전 단계에서의 충격 위주로 나타났다.

a) 하위에서 발생하는 수입 충격

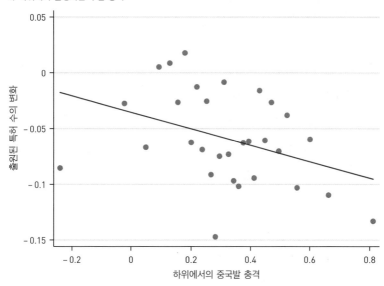

b) 상위에서 발생하는 수입 충격

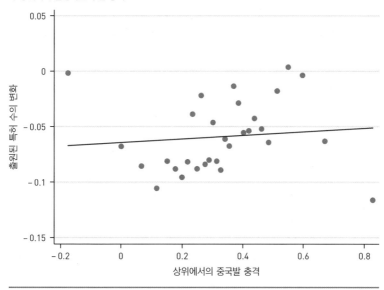

주: 세로축의 변수는 1993~2000년, 그리고 2000~2007년의 각 기간 동안 출원된 특허의 평균 수치 변화에 해당한다. 가로축의 변수는 같은 기간, 해당 기업의 하위/상위 시장에서 중국 제품 수입의 변화를 의미한다.

출처: Aghion, Bergeaud, Lequien, Melitz et Zuber (2020).

긍정적 영향을 주지만 (도표 13.4b), 후속 단계에서의 충격은 매우 부정적 영향을 준다는 것(도표 13.4a)을 증명했다.[*]

이러한 사실은 다시금 보호주의 성향의 정책이 해외 제품의 수입으로 인한 충격에 대처하기 위한 무조건적인 최상의 대책은 아님을 시사한다. 특히 수출 대상국의 보복 조치를 유발할 수 있다는 점에서 더욱 그러하다. 2018년 중국과 미국 사이에 벌어진 무역 전쟁이 바로 그런 사례다. 미국은 2018년 3월 8일 중국으로부터의 철강 수입에 25퍼센트, 알루미늄 수입에 10퍼센트의 관세를 도입하겠다고 발표했다. 미국은 이어 3월 22일 추후 관세 인상 목록에 오를 중국산 제품을 발표했는데, 여기에는 평면 모니터, 위성, 의료 설비, 자동차 부품과 배터리 등이 포함되었다. 그러자 며칠 후 중국은 보복 조치로 대두, 자동차, 포도주 등 미국 제품에 대한 관세 인상을 선언했다. 이제부터는 수출이 혁신에 끼치는 명백하게 긍정적인 영향을 규명해보도록 하겠다.

---

[*] 생산 전 단계에서의 충격이 주는 영향이 긍정적으로 나타났다는 점, 게다가 중국제 수입의 충격이 미국보다 유럽에서 생산 전 단계에 충격을 주는 경향을 보였다는 점은 니컬러스 블룸, 미르코 드라카(Mirko Draca)와 존 밴 리넨이 유럽의 사례를 다룬 자신들의 연구에서 왜 중국발 충격이 혁신에 종합적으로 긍정적 영향을 주었다고 결론 내렸는지를 설명해주는 요소라고 하겠다.

혁신하기 위해 수출하기

우리의 성장 이론은 새로운 수출 시장으로 경제 활동을 확장하면 본질적으로 혁신이 촉진된다고 본다. 그 이유는 '시장 규모' 효과 때문이다. 한 기업의 관점에서 보면, 자사의 생산 제품을 새로운 나라로 수출할 때 시장 규모가 확대되며, 그로 인해 혁신의 잠재 이득이 늘어난다. 혁신의 결과를 좀더 방대한 영역을 대상으로 상업화할 수 있는 환경이 마련되었기 때문이다. 바로 이 점이 혁신 의욕이 강화되는 이유다. 여기에 두 번째 요소가 더해진다. 좀더 넓고 다양한 해외 시장에서 활동한다는 건 해당 기업이 앞으로 동일 시장에서 활동하는 다른 기업과의 경쟁에 더욱 적극 대처해야 할 거라는 뜻이다. 그런데 위에서 언급한 바와 같이 경쟁은 혁신의 경계에 가까이 있는 기업한테는 혁신을 촉진하는 역할을 한다. 이런 이야기를 종합해보면 다음과 같다. 즉, 새로운 수출 시장을 확보하면 혁신을 촉진할 수 있는데, 그러한 경향은 좀더 생산적인 기업, 그러니까 기술의 경계에 더 가까이 있는 기업한테 더욱 두드러지게 나타난다.

실제 경험적인 자료가 말해주는 바는 과연 어떠한가? 1988년 캐나다와 미국이 체결한 자유 무역 협정은 새로운 수출 시장 확보가 국내 기업의 생산성에 미치는 영향을 분석하는 데 아주 훌륭한 사례(Lileeva et Trefler, 2010).[11] 이 조약은 양국 간 관세를 상당 수준 감축하는 조치를 포함했다. 이론을 시험하고자 하는 계량경제학자의 시각으로 보면, 이 협정의 실행은 '자연 실험'이라는 점에서 아주 좋은 일이다. 연구자들이 실제 상황을 통해 관세 인하에 대한 기업의 반응을 관찰할 수 있으니 말이다. 도표 13.5를 보면, 위의 자유 무역 협정으로 인해 캐나다 제조업계의 미국 시장 수출 규모가 증가하는 효과가 발생했다는 사실이 분명하게 드

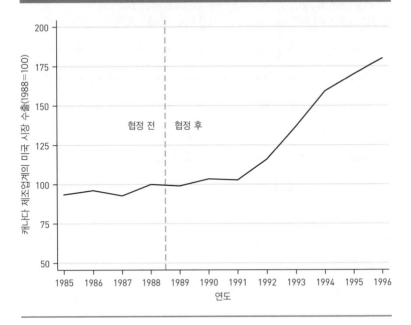

도표 13.5 캐나다와 미국 간 자유 무역 협정이 캐나다 제조업계의 미국 시장 수출 물량에 미친 영향

협정 전 | 협정 후

세로축: 캐나다 제조업계의 미국 시장 수출(1988=100)
가로축: 연도

출처: Lileeva et Trefler (2010).

러난다. 또한 캐나다 기업의 생산성에 무역 자유화로 인한 수출량 증가가 긍정적이고 또 의미 있는 수준의 영향을 주었다는 점이 나타난다. 이런 사실은 미국-캐나다 자유 무역 협정으로 인한 수출 물량 증가가 혁신성에 긍정적 영향을 미쳤다는 점을 시사한다.

수출 시장과 혁신 사이의 관계는 어떻게 볼 수 있을까? 1994~2012년 프랑스의 미시경제 자료를 바탕으로 볼 때, 수출이 프랑스 국내 기업의 출원 특허 규모와 품질에 영향을 주었다는 점을 파악할 수 있다(Aghion, Bergeaud, Lequien et Melitz, 2018).[12] 도표 13.6을 보면 수출량이 가장 많은

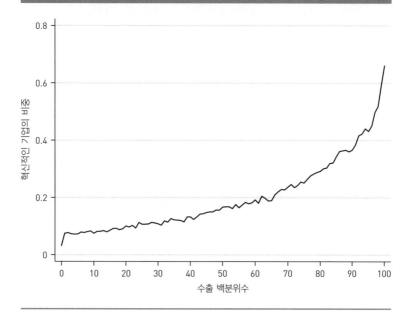

출처: Aghion, Bergeaud, Melitz et Lequien (2018).

기업 중에는 혁신적인 기업의 비중이 지배적이라는 사실이 드러난다.

하지만 상호 관계는 인과 관계와 다르다. 수출과 혁신이 함께 발생한다고 해서 그중 하나가 다른 하나의 원인은 아니라는 뜻이다. 이들의 상호 관계는 오히려 그 두 현상의 개연성에 영향을 주는 제3의 요소로 설명이 가능하다. 바로 그 이유로 인해 위 저자들은 한 기업에 수출 시장의 확장이 가져오는 효과, 즉 수출 '충격'을 매출, 고용, 혁신 등 해당 기업의 다양한 영역을 통해 분석했다. 첫 번째 분석 결과는 수출 충격이 매출과 고용에 즉각적으로 긍정적 영향을 준다는 사실이다. 그러니까 수출 충격에 의한 결과, 단기적으로 해당 기업의 '시장 규모' 확장이 발생한다는 뜻이다. 두 번째 분석 결과는 수출 충격이 혁신에 의미 있는 수준의 긍정적 효과를 보인다는 점이다. 여기서 혁신은 선구적인 특허의 수 혹은 해당 기업이 보유한 특허가 5년간 인용되는 횟수로 측정했다. 하지만 혁신에 대한 영향은 다소 지연된 후에 나타난다. 즉, 매출이나 고용에 나타나는 영향보다 혁신에 대한 영향은 약 3년 정도 시간차를 두고 드러난다는 점에 주목하자. 혁신은 경제 활동이나 고용에 대한 결정보다 시간이 더 길게 소요되는 과정이기 때문에 그 기업이 수요 충격을 경험한 시점에서 어느 정도의 '잠복 기간'이 지난 후에 나타나는 게 당연하다. 세 번째 분석 결과는, 13장 첫 부분에서 제시한 항목 및 우리의 추측에 걸맞게도 수출 충격이 특허의 수와 특허 인용 빈도에 미치는 긍정적 영향은 기술의 경계와 거리가 먼 기업보다 그 경계에 가까운 선두 기업한테 훨씬 현저히 나타난다는 점이다.

이야기를 종합해보면, 수출 시장 확대는 한 나라의 기업에 분명 혁신을 자극하는 요소다. 그렇기 때문에 지나치거나 무조건적인 보호주의 정책으로 이러한 충격을 배제하려는 시도는 자국을 위한 최선의 정책이라고 볼 수 없다.

무역 충격에 대응하기

국외로부터의 경쟁에 대응하는 데는 아주 다른 두 가지 방식이 있다. 첫 번째는 관세를 인상하는 방식이고, 두 번째는 간접적으로 국내 기업의 혁신을 지원하는 방식이다. 특히 연구 개발에 대한 기업 투자에 국고 보조를 하는 방법을 들 수 있다.

관세 인상 조치에 의존하는 방식은 위험할 수 있다. 그 이유는 세 가지다. 첫 번째 이유는 최종 상품에 이르기까지 중간 구성 요소가 존재한다는 사실에 기인한다(Flaaen, Hortaçsu et Tintelnot, 근간).[13] 관세를 일괄적으로 인상하면 중간 부품과 최종 제품에 일제히 타격을 주고 결국 부품 가격이 크게 올라 최종 제품을 생산하는 기업의 생산 비용이 매우 커질 가능성이 있다. 그래서 기업은 이윤 폭을 유지하기 위해 판매 가격을 올리고, 그로 인해 국내 소비자가 상대적 빈곤을 겪으며, 해당 기업이 활동하는 시장 규모가 축소되는 일이 발생한다. 그 사례로 미국의 자동차 제조업체 중 중국 소재 후방 미러 생산 업체의 납품을 받는 기업이 있다고 가정해보자. 만약 미국 정부가 모든 중국 제품에 대해 무조건적인 관세 인상을 실시하면, 중국산 자동차뿐 아니라 후방 미러 같은 부품에도 관세가 매겨진다. 중국산 자동차에 대한 관세가 미국 기업이 생산한 자동차의 판매에 긍정적 영향을 줄지라도, 후방 미러에 대한 관세는 생산 비용을 증가시켜 미국 기업에 오히려 피해를 입히는 결과를 가져올 수 있다.

두 번째 이유는 다국적 기업 특유의 성격에서 찾을 수 있다. 다국적 기업은 특정 국가를 대상으로 하는 표적 관세 조치에 손쉽게 대처할 수 있다. 그러한 관세 조치가 없는 국가로 생산 공정을 이전할 수 있기 때문이다. 생산 공정 대부분을 중국으로 이전시킨 미국의 신발 생산 업체를 한번 예로 들어보자. 산업 시설의 해외 이전을 막기 위해 미국 정부가 중국에 대해 관세 인상을 결정하면 이 미국 기업은 미국의 관세 표적을 피해 다시금 베트남 등지로 공장을 이전할 수 있다. 따라서 미국으로 경제 활동을 재이전하는 효과는 나오지 않는다는 뜻이다.

세 번째 이유는 관세가 혁신에 끼치는 해로운 영향을 들 수 있다. 이는 앞부분에서 중요하게 다룬 내용이다. 우선 '시장 규모' 효과를 얘기할 수 있다. 일부 국가를 대상으로 하는 징벌적 관세 조치는 그 표적이 된 국가들로부터 보복을 불러일으킬 수 있다. 이러한 보복 조치는 국내 기업이 수출할 수 있는 시장의 수와 규모를 축소시키는 결과를 가져오고, 그렇게 되면 해당 국내 기업의 혁신 의욕 또한 꺾인다. 아울러 '경쟁' 효과도 생각해볼 수 있다. 관세 장벽을 세우면 수입으로 인한 경쟁 그리고 수출로 인해 발생하는 경쟁 모두 약화한다. 그러면 국내 시장으로 이미 수출하고 있는 해외 기업 또는 해외 수출 시장에 있는 타 국내 기업과 어깨를 나란히 할 만큼 잠재력 있는 국내 기업의 혁신 노력이 후퇴하는 결과를 가져올 수 있다.

도표 13.7은 2018년 논문에서 우푸크 아크지기트, 시나 아테스, 지암마리오 임풀리티(Ufuk Akcigit, Sina Ates, Giammario Impullitti, 2018)[14]가 제시한 자료로 상당히 명확한 설명을 제시한다. 이 도표는 마크 멜리츠(Marc Melitz, 2013)[15]의 선구적인 논문에 기반하고 있다. 멜리츠는 논문에서 생산성이 일정 수준을 넘어서야만 국내 기업이 자사 상품을 해외로 수출할 수 있다고 주장했다. 여기서 내포된 생각은 수출을 할 수 있으려면 일정 수준의 고정 비용을 지불해야 하며, 충분히 생산성을 갖춘 기업―이들은 보통 가장 규모 큰 기업인 경우가 대부분이다―만이 그러한 고정 비용을 지불할 능력을 갖추고 있다는 점이다.

특정 중간 부품을 생산해 최종 상품을 만드는 업체에 판매하는 회사의 경우를 고려해보자. 최종 제품을 생산하는 기업은 부품 생산 업체와 같은 나라에 위치할 수도, 외국에 있을 수도 있다. 그런 데다 예로 든 이 중간 부품 생산 기업이 동종 외국 업체와 경쟁 상태에 있다고 가정해보자. 자동차 모터를 생산하는 회사로서 프랑스 국내와 해외 자동차 제조업체에 판매하길 원하는 프랑스 기업(M 기업)을 예로 들어보겠다. 마찬가지로

도표 13.7 한 기업의 생산성 수준에 근거한 수입 및 수출 능력

출처: 저자들의 도식.

모터를 생산하는 해외 기업과 M 기업이 경쟁 관계에 있다고 가정할 때, M 기업의 생산성이 지나치게 낮으면(도표 13.7에서 I 지점보다 왼쪽에 위치하면), 즉 가격 대비 품질이 너무 낮으면, 자동차 제조사는 심지어 프랑스 국내의 자동차 생산자라 해도 해외 경쟁 업체를 선호할 게 뻔하다. 이 I 지점을 '수입 한계점'이라고 한다. 바로 이 지점의 생산성 문턱을 넘어서야 프랑스의 자동차 제조업체가 해외 기업이 생산한 모터보다 프랑스 기업의 모터를 선택하게 된다.

이 축을 따라 움직임을 계속해서 M 기업의 생산성이 점점 높아져 E 지점보다도 우측에 자리하게 되었다고 해보자(도표 13.7). 이 말은 해당 기업의 가격 대비 품질이 충분히 향상해 이제는 수출을 할 수 있는 위치에 왔다는 뜻이다. 다시 말하면, 이 M 기업은 프랑스의 자동차 제조업체에 자사가 생산한 제품을 판매할 수 있을 뿐 아니라(I 지점을 넘어섰으므로), 해외의 자동차 제조업체에까지 모터를 판매함으로써 시장 규모를 확대할 수 있다. 이 E 지점을 '수출 한계점'이라고 하며, 이 수준의 생산성 문턱을 넘어서면 부품을 생산하는 해당 기업(여기서는 자동차 모터를 예로 들었다)은 해외 시장에 진입하게 된다.

이제 국내 기업에 의한 혁신을 논의해보자. 가격 대비 품질을 향상시키기 위해 M 기업은 품질 향상을 목표로 혁신을 추구하거나, 아니면 반

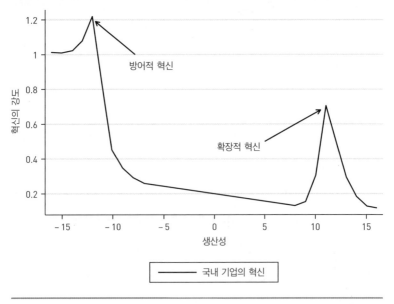

도표 13.8 생산성 수준에 따른 혁신 강도

방어적 혁신

확장적 혁신

혁신의 강도

생산성

국내 기업의 혁신

주: 가로축은 0을 기준으로 생산성 지수의 차잇값을 의미한다.
출처: Akcigit, Ates et Impullitti (2018)의 내용을 재구성.

대로 가격을 낮추기 위해 생산 비용을 줄이려는 노력을 해야만 한다. 중
간 부품을 생산하는 국내 기업이 보이는 혁신의 강도는 생산성 수준이
위 도표의 좌에서 우로 이동하면서 어떻게 달라지는가? 도표 13.8이 이
질문에 대한 답을 보여준다. 왼쪽 끝에서 출발해 중간 부품을 생산하는
기술 수준이 수입 한계점인 I 지점에 가까워질수록 혁신도는 높아진다.
실제로 혁신 강도가 이 한계점에 접근할수록 해당 기업은 국내 시장 장
악에서 해외 생산 업체와 대등한 위치에 서게 된다. 그 결과 국내 시장을
장악하기 위한 혁신 추구 경향이 더욱 강해지는데, 위 논문의 저자들은
여기서 '방어적 혁신'이라는 표현을 쓴다. 국내 시장 점유 상태를 보전하

려 한다는 뜻이다.

수입 한계점인 I 지점을 일단 넘어서면, 기업의 혁신 강도는 하락세를 보인다. 그 이유는 해당 기업이 국내 시장에 있어서는 더 이상 해외 기업과 경쟁 상태에 있지 않으므로, 경쟁에서 벗어나기 위한 목적으로 혁신을 할 필요가 줄어들었기 때문이다. 하지만 국내 기업이 수출 한계점인 E 지점에 상당 수준 다가가면서 해외 시장 확보에서 해외 업체와 대등한 자리에 서게 된다. 그렇기에 다시금 해당 기업의 혁신 강도가 새롭게 정점에 이르는 모습을 볼 수 있다. 저자들은 이런 현상을 '확장적 혁신'이라고 부른다. 새로운 해외 시장을 확보하게끔 해주는 혁신이라는 의미다.

혁신 강도는 기업이 수입 한계점 혹은 수출 한계점을 넘어서는 순간 즉각 추락하지는 않는다. 사실 각 한계점의 문턱을 넘어서는 순간 혁신의 노력을 포기한다면, 그 기업은 이제 막 장악한 시장을 상실할 위험이 크다. 경쟁 기업이 생산하는 제품의 가격 대비 품질이 아주 미세하게만 향상되어도 그럴 위험이 있는 상황이기 때문이다. 위의 논의 내용을 종합해 보면, 중간 부품을 생산하는 국내 기업의 혁신 강도를 생산성 변화에 따라 살필 경우 도표 13.8에서처럼 2개의 봉우리가 있는 산 모양이 된다는 걸 알 수 있다.

전반적인 개요를 머릿속에 그려보았으니 이제 국내 시장에 들어오는 수입품을 표적으로 삼는 관세 인상 조치가 위와 같은 도표에 어떤 영향을 주는지 생각해보도록 하자. 한마디로 그것은 도표 13.9의 모습을 유지하면서 수입 한계점 I의 좌측으로 이동한다. 실선에서 점선으로 표시한 모습으로 바뀐다는 뜻이다. 실제로 해외 업체가 생산한 중간 부품은 추가 관세의 대상이 되어 생산 비용이 높아지는 결과가 나타난다. 그러니 이 해외 경쟁 업체가 국내 시장에서 경쟁력을 갖추기 더 어려워진다

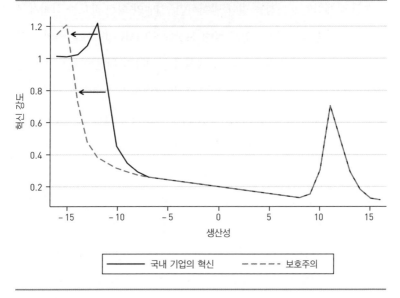

도표 13.9 보호주의 정책 실행 이후 곡선의 변화 양상

주: 가로축은 0을 기준으로 생산성 지수의 차잇값을 의미한다.
출처: Akcigit, Ates et Impullitti (2018)의 내용을 재구성.

는 뜻이고, 결과적으로 국내 업체는 국내 시장 점유를 지속하기 위해 예
전만큼 생산성을 유지하려고 노력할 필요가 없어진다. 결국 관세의 효과
는 경쟁을 축소하는 결과를 초래하고 이는 방어적 혁신, 즉 국내 시장에
서 지배적 위치를 유지하기 위해 필요한 혁신을 감소시킨다. 게다가 해
외 시장을 정복하기 위해 필요한 확장적 혁신에서는 변하는 게 없다. 종
합해볼 때, 관세에 의존하는 무역 정책은 장기적 관점에서 중간 부품을
생산하는 국내 기업의 생산성 향상을 둔화시키고 혁신을 감소시키는 결
과를 가져온다.

이와 반대로 중간 부품을 생산하는 국내 기업에 정부가 연구 개발 관

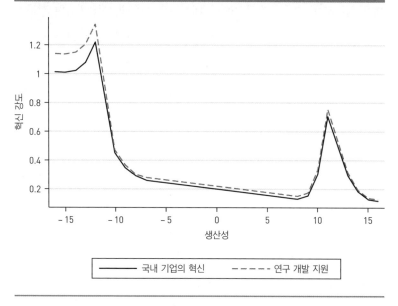

도표 13.10 연구 개발 지원 정책 실행 이후 곡선의 변화 양상

범례: —— 국내 기업의 혁신   - - - - - 연구 개발 지원

주: 가로축은 0을 기준으로 생산성 지수의 차잇값을 의미한다.
출처: Akcigit, Ates et Impullitti (2018)의 내용을 재구성.

런 지원 정책을 도입하면 아주 긍정적인 효과가 나타난다. 도표 13.10이
보여주듯 이러한 방향의 정부 지원은 전체를 상향 이동시킨다. 연구 개발
지원 정책은 모든 기업에 혁신 장려 효과를 미치기 때문에 도표 13.10에
서 실선이 점선의 모습으로 진행하는 결과가 나온다. 이렇듯 연구 개발에
대한 지원은 방어적 혁신뿐 아니라 확장적 혁신 또한 향상시키는 효과가
있다. 여기서 저자들은 이로 인해 생산성이나 가계 소비 향상 분야에서
나오는 이득은 연구 개발에 대한 정부 지원에 들어가는 비용을 상쇄하고
도 충분히 남는다고 주장한다.

이러한 논의를 제시한다고 해서 관세 조치를 반드시, 또 우선적으로

완전 배제해야 한다는 뜻은 아니다. 관세 조치는 사회 및 환경 관련 덤핑을 실행하는 국가나 해외 기업을 대상으로는 실제로 꼭 필요한 정책일 수 있다.* 우리의 분석에서 드러난 것은 불공정 경쟁이 아니라는 전제하에 단지 해외 기업과의 경쟁에 대응하는 방식을 논하는 경우라면, 지나친 관세 인상 조치보다는 지식 경제에 대한 공공 투자나 산업 인프라 및 산업 정책 등의 수단이 생산성이나 복지 향상에 장기적으로 훨씬 유리한 조치일 수 있다는 점이다.

그에 관한 사례로서 코로나19에 대응하는 데 필요한 설비 및 제품과 관련한 프랑스와 독일의 사례를 비교해보자. 이 비교를 통해 독일은 코로나 대응 제품, 즉 팬데믹에 맞서는 데 필요한 각종 제품의 생산에서 상당 수준의 가치 사슬 관리 능력을 유지했다는 사실이 드러난다.[16] 이러한 제품 중에는 제약 관련 요소(시약, 약품, 유효 성분 등)도 있고, 특히 호흡기를 비롯한 의료 도구와 보호 장비(장갑, 마스크) 등이 포함되었다. 이러한 가치 사슬에 대한 국가 차원의 관리가 가능했던 이유는 관세 조치가 아니라 투자와 혁신 덕분이었다. 도표 13.11은 이러한 코로나19 대응 제품의 수입 변화(동그라미)와 수출 변화(삼각형)를 2000년대 초반부터 시작해 각각 프랑스(회색)와 독일(검정색)의 경우로 나누어 보여준다. 2002년 프랑스와 비슷한 수준에서 시작한 독일의 도표를 보면, 이후로는 프랑스보다 훨씬 크게 수출을 늘렸다는 걸 알 수 있다. 코로나19 대응 제품과 관련 요소의 수입 또한 증가했다는 것을 볼 때, 이는 보호주의 정책의 결과가 아니라는 게 드러난다. 한편으로는 품질 향상을 위해 혁신에 대대적인 투자를 하고 사회적 대화를 중시하는 독일 특유의 문화가 있었기에 가격 대

---

* 우리는 9장에서 탄소 국경세의 역할에 대해 구체적으로 다룬 바 있다.

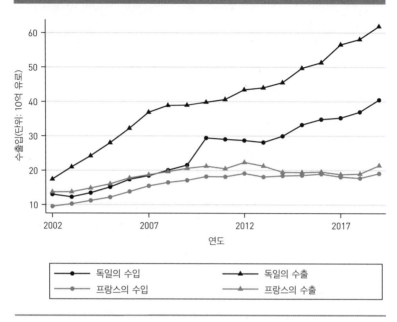

| 도표 13.11 | 코로나19와 투쟁하는 데 쓰인 제품의 수출입 추이 |

출처: Aghion, Bellora, Cohen, Gigout-Magiorani et Jean (2020)[17]의 자료.

비 품질 측면에서 독일 제품의 경쟁력이 높은 수준으로 유지될 수 있었다. 그로 인해 독일에서는 이러한 결과가 나타났으며, 그와 같은 정책이 가져다준 성과에는 논란의 여지가 없다. 독일은 오늘날 프랑스보다 전염병에 대항할 물리적 차원의 준비가 훨씬 잘 되어 있고, 특히 호흡기 보유나 검사 역량에서 그러하다.

이민과 혁신으로 인한 성장

세계화는 상품의 교류뿐 아니라 사람들의 움직임, 특히 기술적으로 가장 발전한 나라로 향하는 타국인들의 움직임 또한 용이하게 만들었다. 바로 그렇기 때문에 여기서 숙련된 인력의 이민 혹은 그러한 이민에 폐쇄적인 정책이 혁신과 성장에 어떠한 영향을 주는지 따져보고자 한다.[18]

유럽인의 미국 이민사를 보면 특히나 시사하는 바가 크다. 아주 최근에 이루어진 코스타스 아르콜라키스(Costas Arkolakis), 이선경(Lee Sun Kyoung), 마이클 피터스(Michael Peters)의 공동 연구에 의하면,[19] 1880~ 1920년 눈에 띄는 변화 두 가지가 동시에 발생했다고 한다. 첫 번째 변화는 미국이 영국과 프랑스를 따라잡아 기술 측면에서 가장 앞선 나라가 되었을 뿐 아니라, 1인당 국내 총생산으로 보아도 세계에서 가장 부유한 나라가 되었다는 점이다. 두 번째 변화는 해당 기간 동안 미국은 대대적인 이민, 특히 유럽에서 대규모 이민을 받아들였다는 사실이다. 이 연구는 바로 이 두 가지 현상 사이의 관계를 규명하기 위해 진행되었다.

미국으로 이민 온 날짜와 출신 국가 등의 정보가 담긴 개인별 인구 조사 자료와 1880~1920년의 특허 관련 자료를 짝지어 분석한 위 논문은 유럽으로부터의 이민이 미국의 혁신과 성장에 어떤 영향을 주었는지 평가할 수 있었다. 도표 13.12는 만약 미국이 유럽 여러 나라로부터 이민을 받아들이지 않았을 경우 1인당 국내 총생산에서 가상의 손실을 입었음을 보여준다. 그중에서도 만약 미국이 1880년 이민에 완전히 폐쇄적이었다면 1인당 국내 총생산이 1920년에 실제 달성한 액수(동그라미)보다 30퍼센트 이상 낮았을 거라는 계산이 나왔다. 이 도표는 또한 독일과 영국 출신 이민(세모) 혹은 이탈리아 출신 이민(네모)이 없었을 경우의 가상 손실 또

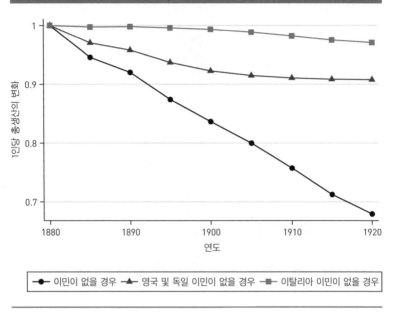

도표 13.12　유럽 출신 미국 이민이 없었을 경우 1인당 국내 총생산의 가상 손실

세로축: 1인당 총생산의 변화 (1, 0.9, 0.8, 0.7)
가로축: 연도 (1880, 1890, 1900, 1910, 1920)

범례: ─●─ 이민이 없을 경우　─▲─ 영국 및 독일 이민이 없을 경우　─■─ 이탈리아 이민이 없을 경우

출처: Arkolakis, Lee et Peters (2020).

한 보여준다.

　150년 전에 이민은 어떻게 혁신으로 인한 성장을 촉진할 수 있었던 걸까? 미국으로 향한 유럽 출신 이민자 중 여럿이 높은 성과를 낸 혁신가가 되었다. 하지만 그렇게 된 시기는 그들이 미국에 도착하고 수년이 흐른 뒤였다. 도표 13.13은 1880~1920년의 자료를 바탕으로 구성한 것인데, 미국에 자리 잡은 지 10년 이상 된 유럽 이민자가 미국에서 태어난 사람 혹은 미국에 도착한 지 얼마 되지 않은 최근 이민자보다 혁신가가 될 가능성이 훨씬 높다는 점을 실제로 보여준다.[20] 저자들은 이러한 관찰 결과에 대해 자연스레 다음과 같은 설명을 내놓는다. 즉, 미국에 온 지

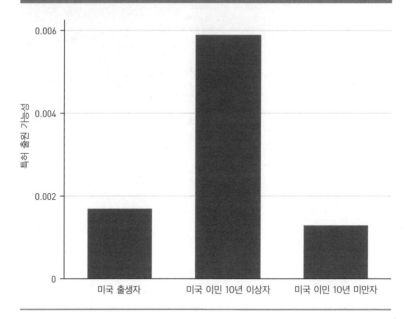

출처: Arkolakis, Lee et Peters (2020).

오래된 유럽 이민자들은 일단 미국에 제대로 또 안정적으로 자리를 잡고
난 후에야 비로소 모국에서 노출되었던 아이디어를 자본 삼아 혁신을 이
루었기 때문이라는 분석이다.

　오늘날 이민과 혁신 사이의 관계는 어떠한가? 1976~2012년을 대상
으로 진행한 연구에 따르면, 외국에서 태어나 20세 넘은 나이에 미국으
로 이민 온 사람들이 전체 생산의 23퍼센트 수준을 기여한다고 한다(도
표 13.14). 이 이야기는 해당 집단에 속하는 사람들이 미국 내 발명가 전체
인구 중 자신들이 차지하는 수치상의 절대 비중, 즉 16퍼센트보다 더 큰
기여를 하고 있다는 뜻이다. 게다가 미국 인구 전체에서 자신들이 차지

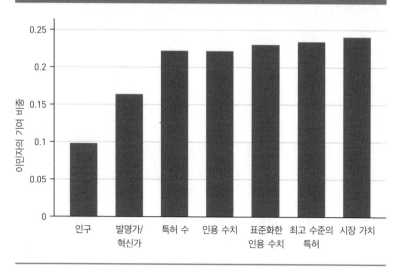

도표 13.14 여러 집단 중에서 이민자의 비중

출처: Bernstein, Diamond, McQuade et Pousada (2018).

하는 절대 비중, 즉 10퍼센트보다 훨씬 더 큰 비율로 기여한다는 말이다 (Bernstein, Diamond, McQuade, Pousada, 2018).[21]

그런 데다 위 2020년의 연구는 한 발명가가 예상치 못하게 젊은 나이에 사망하면 그 협력자 네트워크의 생산성(이는 해당 네트워크 구성원이 출원하는 특허의 수로 측정한다) 또한 영향을 받는다는 점을 보여주었다. 그러니까 그 발명가의 급작스러운 사망은 협력자에게도 난데없는 부정적인 충격으로 작용한다고 해석할 수 있다.[22] 그런데 이 중에서도 미국에서 태어난 발명가보다 외국에서 태어난 발명가가 급작스럽게 사망할 경우 그 충격의 규모가 훨씬 크다는 걸 확인할 수 있다.

실제로, 이민을 선택한 고급 인력은 본국에서 일했던 분야의 경험과 지식을 이민 온 나라에 가져다주는데, 그의 전문 분야가 도착 국가의 원래 강점이 아닐 가능성도 있다. 외국으로 이민 가는 이스라엘 발명가의 예를 들어보자. 이스라엘이 수자원 생산 기술에서 세계 최고 수준의 국가이기 때문에 그 나라 출신 발명가를 상당 규모로 받아들이는 국가라면 수자원 생산 기술에서 상당한 진전을 이룰 가능성이 높다(Bahar, Choudhury et Rapoport, 2020).[23] 좀더 포괄적으로 말하면, 특정 분야를 전문으로 하는 외국인 발명가의 이민과 해당 분야에서 이민 국가가 장래에 이룰 혁신 사이에 존재하는 인과 관계는 분명히 규명 가능하다는 뜻이다. 특정 기술 분야 전문가인 외국 이민자의 수가 2배로 늘어나면, 그 이민을 받아들인 국가가 이후 10년 동안 해당 기술 분야에서 돌파구를 찾아 상당 수준 발전할 가능성이 25~60퍼센트 늘어난다.*

위에서 논의한 내용의 연장선상에서 또 한 가지 중요한 생각이 있다면, 바로 다양성이다. 즉, 한 나라 혹은 한 지역이 아닌 다양한 출신의 고급 인력 이민자를 받아들이는 것이 국가의 혁신성을 자극하는 요소로 작용한다. 다양한 출신 배경을 지닌 발명가들은 서로를 보완해줄 수 있는 문화나 직능 및 지식을 가지고 그 나라에 들어온다. 그리고 지식은 이런 다양한 배경의 문화와 대면하면서 더 잘 성장한다. 비록 이민의 다양성이 해당 국가의 특허 수와 품질에 미치는 영향을 직접적으로 다룬 건 아니지만 한 연구는 고급 인력 이민의 다양성이 도착 국가의 생산성 향상에 긍정적 영향을 끼친다는 걸 입증했다(Alesina, Harnoss et Rapoport, 2016).[24]

숙련된 전문 인력의 이민이 어째서 도착 국가의 혁신을 촉진하는

---

* 같은 맥락에서 조지 보르하스와 커크 도런(George Borjas et Kirk Doran, 2012)은 소련 붕괴 이후 러시아 수학자들의 대규모 이민이 미국의 신지식 생산에 긍정적 영향을 주었음을 밝혀낸 바 있다.

가? 첫 번째 이유는 교육 측면에서 찾을 수 있다. 예를 들어, 윌리엄 커(William Kerr, 2018)[25]는 1995~2008년 전체 경제 활동 인구 중 석사 이상 학위 소지자 비중의 증가에 이민이 29퍼센트가량 기여했다고 지적했다. 이러한 이민은 특히 STEM이라 부르는 과학, 기술, 엔지니어링 및 수학 분야에서 유난히 두드러지게 나타났다. 실제로 STEM 분야를 보면, 외국 출신으로 미국에서 활동하는 사람들이 피인용 지수가 가장 높은 250명의 저자 목록이나 노벨상 수상자 명단에서 많은 비중을 차지하고 있다.[26]

두 번째 이유 또한 윌리엄 커가 언급한 것으로 '내재적 동기'라는 개념과 관련이 있다. 이 논지는 두 가지 통계적인 사실에 근거를 둔다. 첫째, 이민자가 미국에서 태어난 사람보다 STEM 분야에서 절대적으로 더 뛰어난 것은 아니지만, 이민자는 학창 시절부터 좀더 그 분야에 매진하는 경향이 있다. 그렇기 때문에 해당 분야에서 훨씬 경쟁력을 갖춘다는 관찰이다. 둘째, 동일한 수준의 교육을 받은 두 집단을 놓고 보면 이민자가 혁신을 더 많이 한다는 점이다. 이 두 가지 관찰 내용을 종합해봤을 때, 이민자가 미국에서 출생한 사람들보다 더 대담하고 결심이 굳으며 과감하게 도전하는 경향이 있다는 얘기다. 이러한 내재적 동기는 어디에서 비롯될까? 우선 선별 과정에서 기인한다고 볼 수 있다. 오직 가장 대담하고 동기 부여를 가장 많이 받는 사람만이 이민을 실행할 수 있다는 뜻으로, 여기에는 위험을 무릅쓰는 의지와 위험에 대한 내성도 포함된다. 또한 이민 과정 자체가 이민자로 하여금 미래에 꼭 성공하겠다는 결심을 더욱 강화시킬 잠재적 가능성도 있다.

혁신에 긍정적 영향을 끼침에도 불구하고 이민은 두뇌 유출이라는 문제를 가져온다. 특히 선진국으로 향하는 이민 때문에 빈곤 국가나 개발 도상국이 발전하는 데 정말로 필요한 숙련된 인력을 빼앗겨서는 안 될 일이다. 바로 그런 이유로 숙련된 외국인 이민자가 이민 온 나라와 인연을 끊지 않고 본국으로 돌아갈 수 있는 가능성을 열어주어야 한다. 반대로 본국으로 돌아갔다가 일이 잘 풀리지 않을 경우 이민 온 국가로 재복귀할 수 있는 선택권도 보장해야 한다. 이민의 관문을 완전히 닫아버리는 대신 이런 안전망을 만들어놓아야 고급 인력의 본국 복귀 또한 장려할 수 있다.[27]

●

중국의 WTO 가입과 그에 따른 중국발 수입의 충격은 미국 내 고용과 임금에 전반적으로 부정적 영향을 끼쳤다. 1990~2007년에 중국과의 교역이 그렇게 심화되지 않았다고 가정할 경우, 2007년에 미국 제조업계에는 추가 일자리가 150만 개 있었을 거라고 추정된다. 그렇다고 해서 세계화를 포기하고 중국과 무역 전쟁에 돌입해야 할까? 우리는 적어도 세 가지 이유에 기반해 '그렇지 않다'고 답할 수 있다. 첫 번째 이유는 11장에서 논의한 것처럼 필수적인 사회 보장 안전망을 도입해 실직의 위험에 직접적으로 대응할 수 있기 때문이다. 두 번째 이유는 무역이 강화되면 가격 인하로 인해 국내 가구의 구매력이 향상되기 때문이다. 예를 들어, 중국과의 교역이 증가하자 미국의 가구당 구매력이 연간 1171달러 높아졌다(Jaravel et Sager, 2019).[28] 세 번째 이유는 무역 전쟁이 일어나면 그 표적이 된 국가로부터 보복 조치를 당할 위험이 있기 때문이다. 이러한 무역 보복은 국내 기업의 수출 시장을 축소시키기 때문에 결국 관련 국내 기업의 혁신 의욕을 떨어뜨리는 결과를 야기할 수 있다.

반대로, 국내 기업의 연구 개발에 공공 지원을 해주는 방침에는 장점이 여럿 있다. 이러한 정책은 국내 혁신을 촉진하면서도 가치 사슬을 더 잘 제어할 수 있게 해주기 때문이다. 실제로 경쟁력 싸움은 무엇보다 투자를 통해, 그리고 제대로 된 공급 정책을 통해 이길 수 있다. 2000년대 초반 프랑스와 비슷한 수준의 수출입을 기록한 독일이 코로나19 대응 제품의 대규모 생산 및 수출국이 되는 데 성공한 이유, 또 더 크게 보았을 때 보건 분야 같은 국가 전략 산업에서 가치 사슬을 제어하는 데 성공한 이유는 보호주의 정책 덕분이 아니었다. 독일의 이러한 성공 사례는 오히려 혁신 정책, 산업 정책 그리고 독일 사회 내에서 대화와 소통이 함께 조화를 이뤄 생산 경쟁력이 높아지는 데 기여했기 때문이다.

보호주의 접근 방식과 무역 전쟁을 피해야 하지만, 그렇다고 해서 무슨 일이 있어도 관세 조치를 결코 사용해서는 안 된다는 얘기는 아니다. 관세 정책은 사회적 덤핑 혹은 환경 관련 덤핑 행위에 대응하는 조치로서 꼭 필요할 수 있다. 특히 9장에서 언급한 대로 우리는 '오염 천국'에 맞서 투쟁하기 위한 방법 중 하나로 탄소 국경세 도입을 언급한 바 있다. 하지만 이제는 이러한 관세 조치를 특정 국가가 일방적으로 실행하는 방식을 지양하고, WTO나 유럽연합 등과 함께 다자적인 틀 안에서 결정 및 실행에 옮겨야 한다.

마지막으로, 최근 연구는 도착 국가의 혁신성에 이민이 미치는 긍정적 영향을 입증한다. 특히 숙련된 인력의 이민, 그리고 도착 국가의 사회에 잘 통합된 이민자들로 인한 혁신을 살펴보면 그러한 경향이 더 분명하게 나타난다.

투자 국가에 이은 보장 국가의 등장

2008년 세계 금융 위기가 채 마무리되기도 전에 영국과 미국을 비롯한 여러 선진국 지도자들은 '최소한의 국가'로의 복귀를 주장하기 시작했다. 공공 지출을 최소화하면 균형 재정을 회복할 수 있을 뿐 아니라 세금 인하도 가능하다는 것이 그들의 논지였다. 그리고 세금을 인하하면 기업이 이윤 폭을 회복하는 데 도움을 주어 성장에 대해 투자가 더 이루어지게 될 거라고 주장했다.

하지만 이러한 주장은 경제 주체 각자한테 자유롭게 결정권을 부여하는 '자유방임' 경제 체제에선 지식과 혁신에 대한 투자를 소홀히 하는 경향이 있다는 점을 간과한 논리다. 그 이유는 개인이건 기업이건 경제 주체는 자신의 투자가 장래의 혁신에 가져다줄 긍정적 외부성을 감안하지 않기 때문이다. 현재 학업 중인 개인의 예를 들어보면, 이 학생은 자신의 교육 수준이 직업 환경이나 가정 환경에 미치게 될 긍정적 영향을 고려하지 않는다. 이와 마찬가지로 혁신에 투자하는 기업은 자사가 일으킬 기술 발전이 장래의 혁신이나 경제 성장에 가져다줄 긍정적 효과를 감안하지 않는다. 바로 이런 점 때문에 국가는 투자자가 되어 지식 경제와 혁신 경제를 부양할 필요가 있다.

이와 마찬가지로 '자유방임' 경제는 불평등을 악화하고 사회 이동을 감소시키는 경향이 있고, 또한 개인의 건강과 복지에 창조적 파괴(특히 실직)가 미치는 부정적일 수도 있는 영향에 관심을 기울이지 않는다. 바로 이런 점에서 '보장' 국가의 등장이 필요하다. 혁신과 창조적 파괴로 인해 발생할 수 있는, 그리고 개인이 대응해야 하는 위험 요소로부터 이들을 대비시켜주는 역할을 해주어야 한다. 이 '보장' 국가의 역할은 개인의 위험 요소에만 적용되는 게 아니다. 특히 전쟁이나 대규모 금융 위기, 심지어 전염병 사태 등으로 인해 발생할 수 있는 거시경제 차원의 불황에 대해서도 개인과 기업에 보장의 역할을 수행해야 한다.

이번 장에서는 역사적으로 이러한 '투자' 및 '보장'이라는 두 가지 역할(혁신에 의한 성장에서 국가의 이 두 가지 역할은 매우 핵심적이다)을 수행할 수 있는 국가의 등장이 어떠한 동력에 의해 가능했는지 살펴보고자 한다.

전쟁 위협과 투자 국가의 등장

막스 베버(Max Weber)는 저서 《직업으로서 정치》(1919)[1]에서 국가를 "제도적인 성격을 띤 정치적 사업체로서 그 행정적 지휘권을 통해 해당 영토 내에서 정당한 물리적 구속력을 성공적으로 독점하고 있는 주체"라고 정의했다. 이런 관점에서 보면, 국가는 직접적으로든 대리자를 통해서든 그 행정 구조를 통해 법과 규정의 집행 준수를 이끌어내고, 또한 세금 징수를 해낼 수 있는 정치적 운영 단위라고 볼 수 있다. 이 정치 사업체는 군대, 사법 체계 및 경찰 등이 공공질서를 유지하는 덕분에 이러한 일을 할 수 있다.

어째서 순전한 왕권 국가는 혁신을 통한 성장을 이루어낼 수 없을까

하지만 만약 국가의 역할이 그저 위에서 언급한 왕권 체계와 같은 일들로 제한되는 거라면 산업혁명이나 성장의 이륙 단계는 있을 수도 없었을 것이다. 실제로 혁신을 통한 성장에 대한 '슘페터식' 원동력 세 가지를 재차 상기해보면 좋겠다. 첫째, 각 발명가는 자신보다 먼저 업적을 이룬 '거인의 어깨를 딛고 선다'는 개념, 즉 아이디어는 축적의 과정을 통해 발전한다는 것이다. 둘째, 특히 특허 제도를 통해 혁신이 가져올 수 있는 소득을 보호해준다는 것이다. 마지막으로, 모든 새로운 혁신은 이전의 혁신이 누린 소득을 파괴한다는 개념, 즉 창조적 파괴가 존재하기 때문에 과거의 혁신가는 새로운 혁신을 방해할 위험이 있다는 것이다.

중국의 황제나 1789년 대혁명 이전 프랑스 국왕이 지녔던 절대 권력은 베버가 언급한 왕권의 임무는 충분히 수행할 수 있었지만 새로운 기술 혁신의 발전을 온전히 허용하지는 않았다. 당시는 국민 대다수의 교육 수준이 매우 낮았으며, 지식을 생산하고 교류하는 자유를 완전히 보장해줄 권력 분립의 원칙도 존재하지 않았다. 그런 데다 지식 재산권도 보호받지 못했는데, 특히 프랑스에서는 왕가나 귀족이 언제든지 부르주아 계급의 상인 혹은 수공업자의 소득을 빼앗아갈 수 있었다. 창조적 파괴도 찾아볼 수 없었다. 기존 권력에 도전할 수 있을 만큼 충분히 부와 권력을 쌓는 사람이 없도록 체제 자체에서 경계했기 때문이다.

처음으로 국가 체계에 변화가 생긴 사건, 즉 1688년의 영국 명예혁명, 이어서 1789년의 프랑스 대혁명을 통해 의회가 세력을 강화하면서 국왕의 권력은 제약을 받기 시작했다. 특히 상인 부르주아 계급 등 새로이 부상한 경제 주체가 의회를 통해 자신들의 이익을 보호하기에 이르렀다.[*] 이렇게 세상은 점진적인 방식으로 몽테스키외(Montesquieu, 1748)[2]가 주장한 삼권 분립을 향한 여정에 돌입했다. 권력이 분산되면서 권력의 남용을 방지할 수 있고, 그로써 경제 주체, 그중에서도 사업가들을 보호할 수 있었다. 소득 보호와 특허 제도의 도입은 이렇듯 역사 속에서 절대주의가 약화하고 삼권 분립의 길로 나아가는 제도적 발전 과정에서 나타났다.

두 번째 변화 역시 점차적으로 일어났는데, 이는 팀 베즐리와 토르스텐 페르손(Tim Besley et Torsten Persson, 2011)[3]이 국가의 과세 역량이라고 명명한 영역에서 발생한 변화를 말한다. 이를테면 한 국가가 세금을 징수하고 그 세수를 인프라, 교육, 보건 등 대규모 공공 서비스에 투자하는 능력을 의미한다. 세인트루시아(Saint Lucia) 출신 노벨 경제학상 수상자 아서 루이스(Arthur Lewis, 1915~1991) 경을 기념해 만든 특별 강연 시리즈에 초대받은 팀 베즐리는 강연 서두에서 두 가지를 인용하며 아서 루이스에게 공을 돌렸다.[4] 첫 번째는 아서 루이스의 문장으로 "한 국가가 지속 가능한 성장을 이루기 위해 필요한 조건이 둘 있는데, 첫째는 사업가와 행정가를 보유하는 일이고, 둘째는 필요한 수준의 과세 역량과 저축을 보유하는 일이다"[5]라는 것이었다. 두 번째로 베즐리가 인용한 말은 조지프 슘페터가 1918년에 남긴 글이었다. "한 국민의 세금의 역사는 그들의 역사에서 핵심적인 부분이다. 국가의 운명은 그 국가가 필요로 하는

도표 14.1 국가 과세 능력의 역사적 변화 추이

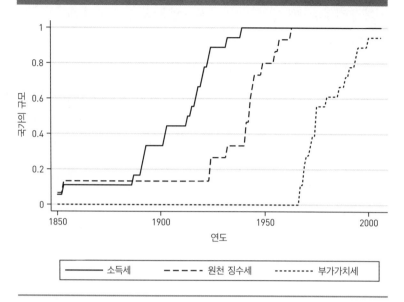

출처: Mitchell (2007)[8]을 바탕으로 Besley et Persson (2013)이 재구성한 내용.

경제적인 희생, 그리고 그러한 국민의 희생을 국가가 어떻게 활용했는가에 크게 의존한다."[6]

도표 14.1을 보면 18개국을 대상으로 장기간에 걸쳐 국가 과세 역량의 변화 양상을 조사한 내용을 확인할 수 있다(Besley et Persson, 2013).[7*] 도표는 시간이 흐르면서 소득세 과세, 소득세의 원천 징수 도입, 부가가치세 과세 등등의 특정한 과세 방식을 도입한 국가들의 비중을 보여준다. 예를

---

* 사례에 적용한 국가는 아르헨티나, 오스트레일리아, 브라질, 캐나다, 칠레, 콜롬비아, 덴마크, 핀란드, 아일랜드, 일본, 멕시코, 네덜란드, 뉴질랜드, 노르웨이, 스웨덴, 스위스, 영국 그리고 미국이다.

들어, 실선으로 표시한 부분을 한 번 살펴보자. 이 실선은 18개국에서 도입한 누진 소득세에 대한 자료로 S자 모양을 하고 있다. 즉, 3장에서 언급했던 총체적인 신기술 전파 같은 형태의 보급 양상을 띠고 있다는 뜻이다. 처음에는 이와 같은 소득세를 실시한 나라가 거의 없었다. 그러다가 19세기 말과 1930년대에 소득세 제도에 점점 열광하면서 분명한 '이륙' 현상이 나타난다. 그리고 대상 국가 전체에서 소득세를 도입하기에 이른다. 이러한 과정은 소득세 원천 징수를 도입한 1930년부터 1950년대까지(긴 점선) 시기, 그리고 1970년대부터 2000년대까지 부가가치세 도입(짧은 점선)과 관련해서도 유사한 모양을 그린다.

국가들이 조금씩 과세 역량을 갖추기로 결정해가는 과정을 어떻게 설명할 수 있을까? 이제부터 바로 이 부분을 살펴보고자 한다.

국가 간 경쟁과 공교육에 대한 투자

우리는 2장을 통해 유럽 국가 간의 경쟁이 산업 발전의 이륙 단계에서 중요한 원동력이었음을 논의한 바 있다. 이러한 국가 간 경쟁은 또한 국가의 역할과 구성의 변화에도 크게 기여했다. 오랫동안 국가로 하여금 과세 역량을 늘려 공공 서비스에 투자하게끔 자극한 주요 원인은 군사적 적대 관계였다(Tilly, 1975[10]; Besley et Persson, 2011). 특히 공교육 제도의 발전은 자연 발생으로 이루어진 과정이 아니었다. 여러 나라에서 공교육이 자리 잡게 된 이유는 전쟁 자체 혹은 전쟁 발발의 잠재적 위협 때문이었다.

프랑스의 사례: 스당(Sedan)에서 쥘 페리(Jules Ferry)까지. 첫 번째 예로, 스당 전투 이후 프랑스 교육 제도의 변화를 살펴보자. 1870년 9월 프랑스의 황제 나폴레옹 3세는 스당 전투에서 프로이센에 패배한 후 포로 신세가 되고, 1871년 2월 독일이 알자스로렌(Alsace-Lorraine) 지방을 차지한

다. 그리고 이 처절한 패배는 프랑스 교육 제도가 획기적으로 변화하는 기점이 되었다. 1870년까지만 해도 프랑스는 독일을 포함한 다른 유럽 국가에 비해 교육 수준이 많이 뒤떨어진 상태였다.* 프랑스 교육 기관은 대부분 사립으로 가톨릭교회가 운영하고 있었다. 국민 대다수가 여전히 농촌 인구인 프랑스에서, 교육은 사제가 담당하거나 누구라도 글을 읽을 줄 아는 마을 사람이 맡고 있는 상황이었다. 농장 마당을 교실로 임시변통해서 쓰는 일도 흔했다. 그러다 보니 프랑스 인구 대다수가 문맹 상태였다. 1863년 당시 프랑스 전체 인구의 약 5분의 1에 해당하는 750만 명이 프랑스어를 제대로 구사하지 못했다. 각자의 지방 방언을 주로 썼기 때문이다. 중앙 정부 엘리트들은 국가 교육이 부재한 이런 상황을 잘 알고 있었다. 특히 1863년 나폴레옹 3세가 교육부 장관으로 임명한 빅토르 뒤뤼(Victor Duruy)는 교육 제도를 근본적으로 개혁하고, 대대적인 투자를 해야 한다고 주장했다. 하지만 그의 주장은 받아들여지지 않았다. 스당 전투와 나폴레옹 3세의 몰락 이후에야 프랑스는 비로소 뒤뤼가 추구했던 교육 혁명을 실행하기 시작했다. 그 실행자가 바로 제3공화국의 공교육부 장관 쥘 페리다.

쥘 페리가 실시한 일련의 개혁은 급진적이었다. 1881년에 무상 교육을 실시하고, 1882년에는 6~13세까지의 어린이를 대상으로 의무 교육을 도입했다. 1883년에는 취학 연령 어린이가 20명 넘는 마을은 의무적으로 학교를 세워야 한다는 규정이 생겼고, 1885년에는 교사의 보수와 학

---

* 이에나(Iéna) 전투에서 나폴레옹 1세에게 패한 후 프로이센의 왕은 학교, 대학 및 인프라에 대대적인 투자를 시작했고, 이 과정에서 훔볼트(Humboldt) 형제가 크게 기여했다.

교 건축 및 유지에 대한 방대한 투자 계획을 수립했다. 이렇게 해서 학교 1만 7320개소를 신설하고, 5428개소를 증축했으며, 8381개소를 보수했다(Weber, 1976).[11] 게다가 모든 프랑스 어린이에게 무상 교육과 의무 교육을 실시하는 데서 그치지 않았다. 교육의 질에도 관심을 기울여 초등학교 교사를 위한 연수 프로그램이 생겼다. 교육 내용 또한 완전히 탈바꿈시켜 독해, 맞춤법, 역사, 지리 및 시민 교육에 초점을 맞추었고 다음 세대의 애국심 고양을 목표로 삼았다. 그 결과 문맹 인구 비중이 크게 줄어들었다. 그뿐 아니라 학생들은 이제 자신이 읽고 있는 내용을 제대로 이해할 수 있었고, 그러다 보니 논리력과 소통 능력 또한 개선되는 결과가 나타났다.

일본의 사례: 가나가와(神奈川)부터 메이지 개혁에 이르기까지. 일본의 역사에서 두 번째 예시를 찾아볼 수 있다. 1603년부터 1867년까지 일본은 도쿠가와 막부의 '쇼군'이라 불리는 무가(武家) 정권의 영주가 지배했다. 이 기간 전체를 통틀어 일본은 자발적인 고립 정책을 펼치고 폐쇄 경제를 유지했다. 교육은 사무라이 엘리트에게만 독점적으로 이루어졌고, 유교 철학에 집중되었다. 1853년 매슈 페리(Matthew Perry) 제독이 일본에 당시 미국 대통령 밀러드 필모어(Millard Fillmore)의 최후통첩―"국제 무역에 완전 개방하지 않으면 전쟁을 감수하시오"―을 전달하기 위해 도착했다. 자신들의 위협이 공수표가 아니라는 걸 보여주기 위해 미군 함정이 일본 해안가로 몰려들었다. 바로 이런 위협 아래 1854년 가나가와 조약이 체결되었다. 이 조약을 통해 서양인은 선박의 보급을 위해 시모다(下田)와 하코다테(函館)에 대한 입항 허가를 얻어냈다. 이 모욕적인 조약은 일본의 대규모 정치 및 교육 개혁을 촉발하는 계기로 작용했다. 일련의 변화는 1868년 도쿠가와 가문이 몰락하고 내란 세력에 힘입어 메이지 천황이 즉

위하면서 시작되었다. 새로운 정부는 국가 근대화에 대대적인 투자를 하기로 결정하고 교육 제도 개혁에 나섰다. 1872년 모든 어린이를 대상으로 4년 동안의 의무 교육을 공표하고 국가 차원의 교사 양성 체계를 갖추었다. 게다가 유교 중심의 교육이 뒷전으로 밀리면서 과학 교육에 초점을 맞추게 되었다. 이러한 개혁은 놀라운 성과를 가져왔다. 1865~1910년 문맹 퇴치율이 남성 인구 35퍼센트에서 75퍼센트로, 여성 인구 8퍼센트에서 68퍼센트로 놀랍게 상승했다.

일본과 프랑스의 사례를 보면, 군사적 적대 관계가 해당 국가 교육 제도의 개선 효과를 가져왔음을 알 수 있다. 그런데 이러한 가설을 좀더 일반적으로 적용할 수 있을까? 1830~2010년에 걸친 166개국의 연간 자료를 바탕으로 한 최근의 연구 결과에 따르면(Aghion, Jaravel, Persson et Rouzet, 2019)[12] 대답은 '그렇다'라고 할 수 있다. 이 연구는 초등학교 취학률이 전쟁의 발생이나 군사적 위험의 증가(이 지표는 이웃 국가 지도자 간에 얼마나 적대적인 담화가 오가는지를 바탕으로 측정했다)에 뚜렷하게 반응한다는 걸 보여주었다. 군사적 위협과 경쟁 구도는 관련 국가가 교육 제도에 투자를 하게끔 만드는 촉진제 역할을 한다는 가설이 이 연구 결과를 통해 확인된 셈이다.

그렇다고 해서 국가의 공공재 투자 확대를 위해 전쟁 위협이 꼭 필요 조건일까? 좋은 소식이 있다면, 무역 세계화로 자리 잡은 상품 및 서비스 시장의 국제 경쟁이 군사 경쟁 대신 제도 개혁과 경제 발전의 동력이 될 수 있다는 사실이다. 각 국가의 경쟁력에 대해 투명하고 접근 가능한 정보가 존재할 경우, 그리고 교육과 보건 등 다양한 지표를 통한 비교 분석이 가능할 경우, 이 또한 경쟁심에 자극을 주어 제도 변화의 동력 역할을 하기도 한다. 태국, 인도네시아, 말레이시아와 필리핀을 일컫는 동남아시아 '호랑이들'과의 경쟁이 1970년대 말 중국 덩샤오핑(鄧小平)의 개혁에 촉발제 역할을 한 사실 또한 같은 맥락에서 이해할 수 있다. 덩샤오핑은 오직 군비 강화만을 추구하기보다 경제 발전을 우선순위로 삼았다. 프랑스에서는 상하이 랭킹에서 자국 대학들이 미적지근한 성과를 보이자 대대적인 제도 개혁을 추진했다. 2010년에 착수한 '미래 투자' 프로그램의 틀 안에서 대규모 공공 투자와 더불어 대학 개혁을 실행한 것이다.

산업 정책: DARPA 모델의 등장

혁신에 의한 성장을 촉진하기 위한 또 다른 국가 개입 수단으로는 산업 정책 활용을 들 수 있다. 산업 정책 추구는 여러 가지 이유로 정당화할 수 있다. 특히 상당한 고정 비용을 필요로 하고 수요가 불확실한 분야, 예를 들면 항공 우주 같은 분야에서 재원과 산업 관계자의 공조를 이끌어내기 위해서는 정부 차원의 산업 정책이 반드시 필요하다(4장 참조).

이 점에 관해서는 군사 목적의 혁신을 책임지는 미국 국방부 산하 연구 기관 DARPA(Defense Advanced Research Projects Agency)의 사례가 많은 교훈을 준다. 이 연구소의 사례는 잘 실행된 산업 정책은 혁신에 방해 요소가 되기보다 첨단 수준의 혁신에 유리하게 작용한다는 것을 증명한다. DARPA는 소비에트연방과의 우주 경쟁에서 미국이 첫 패배를 맛본 후에 탄생했다. 1957년 10월 소비에트연방의 스푸트니크(Sputnik)호가 지구 궤도를 도는 첫 인공위성이 되었다. 이 사건은 전 세계에 엄청난 반향을 불러일으켰고, 우주 탐사에서 소비에트연방이 세계 선두라는 걸 확인시켜주었다. 스푸트니크호 발사가 성공하자 미국인은 크게 동요했다. 당시 상원의원이던 린든 존슨(Lyndon B. Johnson)은 시간이 지난 후 1971년에 "우리 말고 다른 나라가 기술적으로 위대한 미국을 추월할 수 있다는 걸 깨

도표 14.2 '파열적' 성격의 기술 발전 추이

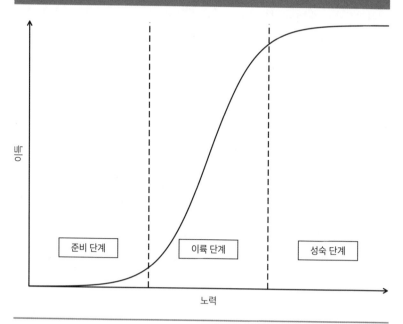

준비 단계

이륙 단계

성숙 단계

노력

출처: 저자들의 도식.

달은 순간 마음속 깊은 곳에서 충격을 느꼈다"[13]고 고백하기도 했다. 불과 5개월 후, 즉 1958년 2월 아이젠하워 대통령은 소비에트연방에 맞서 군사 및 우주 경쟁에서 앞서 나갈 핵심 대항마로 DARPA를 전격 설립했다. NASA 같은 기관이 생기기도 훨씬 전에 이미 DARPA를 세운 것이다.

지금도 여전히 활동 중인 DARPA의 초창기 모델을 2019년의 한 연구에서 구체적으로 다룬 바 있다(Azoulay, Fuchs, Goldstein et Kearney, 2019).[14] 이를 통해 국방 혹은 우주 정복 같은 영역에서는 기초 연구 단계에서 실용화 및 상업화 단계로 넘어가는 게 쉽지 않다는 점을 확인할 수 있었다. 도표 14.2의 내용을 보면 기술 발전은 S자 곡선 모양을 나타낸다. 곡선의 시작은 한 개념이 탄생해 아직 개발 노력을 기울이지 않은 단계를 의미한다. 이 단계에서 개발 노력 대비 이득은 아직 미약하다. 곡선의 중간 부분은 이륙 단계를 보여준다. 이 단계에서 개발 노력 대비 이득이 가장 높기 때문에 해당 기술은 가장 빠른 속도로 발전한다. 그리고 마지막으로 이른바 '성숙' 단계에 다다르면, 개발 노력 대비 이득이 감소하고 기술 개선 속도가 둔화한다. 초기 단계에서 쏟아야 할 개발 노력이 상당하기 때문에 해당 기술을 활용해 얻을 수 있는 사회적 이득이 높아야만 흥미를 일으킬 수 있고, DARPA의 대상이 될 자격을 갖춘다. 이렇게 살펴본 DARPA 프로젝트의 특징은 세 가지다. 첫째, 기초 연구와 적용의 중간 단계에 있어야 한다. 둘째, 구체적 목적을 중심으로 연구를 구성할 수 있어야 한다. 그리고 셋째, 공공 기관의 개입 없이는 해당 기술 개발의 출자와 실험이 어려울 정도로 협력과 공조가 힘든 분야여야 한다.

DARPA 모델은 하향 접근 방식과 상향 접근 방식을 통합한다는 점에서 특히 흥미롭다.* DARPA의 하향 방식 특성을 살펴보면, 국방부가 프로그램을 재정 지원하고 3~5년 동안 프로그램 책임자를 선발해 고용한다. 상향 방식의 특성은 그러한 책임자를 선발하고 나면 보통 학계나 민간 기업 혹은 투자자 출신인 책임자가 자신이 맡은 프로그램을 정의하고 운영하는 데 있어 완전한 자유를 누린다는 점이다. 이들은 자유롭게 스타트업, 대학 연구소 혹은 해당 분야 대기업 등과 협력해도 좋고 연구원을 고용하는 데서도 큰 자율을 누린다.

---

* 하향 방식이란 위계질서를 갖춘 과정을 의미한다. 국가가 의사 결정을 하고 그 결정 사항을 하위의 분화된 주체들한테 요구한다. 반대로 상향 방식의 경우, 국가는 특정 정책의 큰 방향을 구상하되 지역 주체가 실행 전략을 선택하도록 유연성을 허락한다.

이러한 과학 발전 모델을 통해 미국은 우주 경쟁에서 소비에트연방에 뒤처졌던 상황을 점차 극복해낼 수 있었다. DARPA 실행 초기 몇 년 동안에도 소비에트연방의 성공 사례가 이어졌다. 소비에트연방에서도 야심찬 우주 계획을 실행하고 있었기 때문이다. 소비에트연방은 1957년 우주 최초의 생물체 발사 성공, 1961년 최초의 남성 우주인 배출, 1963년 최초의 여성 우주인 배출, 그리고 1966년 최초로 달에 사물 착륙 성공 등의 성과를 연달아 이뤄냈다. 하지만 미국은 결국 1969년 최초로 인간을 달에 착륙시킴으로써 이 우주 경쟁의 승자가 될 수 있었다.

오늘날 미국의 DARPA는 연간 30억 달러의 예산을 가지고 100여 개의 프로그램을 운영한다. 이 조직은 위험도는 높지만 사회 유용성 또한 높은 프로젝트의 개발에 결정적 역할을 했다. 여기에는 인터넷(처음에는 초창기 DARPA의 명칭인 ARPA를 따서 Arpanet이라고 불렀다)이나 GPS 등의 기술이 포함되어 있다. 다른 나라들도, 특히 독일의 경우 이러한 산업 정책 운영 모델을 모방해 자국만의 'DARPA'를 설치하려는 생각을 해왔다. 우선은 독일-프랑스 양국의 협력부터 시작해 점차 다른 유럽 국가를 포함하는 방식으로 유럽 단위의 DARPA를 창설하자는 아이디어 또한 제기되었다. 이러한 프로젝트를 지지하는 일차적 동기가 있다면, 전 세계에 주둔 중인 미군이 철수하는 추세 속에서 이제 유럽이 좀더 적극적으로 자체 국방을 책임져야 하기 때문이다. 두 번째 동기가 있다면, 유럽이 주요 기술적인 도전에 대응해야 하는 상황이기 때문이다. 무엇보다 에너지나 환경, 디지털 기술 및 보건 관련 분야에서 그러하다. 유럽 차원의 DARPA 프로젝트는 직접적으로 해당 국가의 정부 예산으로 운영될 듯하다. 유럽 차원 예산의 틀을 벗어남으로써 '정당한 대가'라는 논리, 즉 각국이 적어도 자국이 기여한 만큼의 혜택을 가져가려는 태도를 방지하고 또 거부권 남용 사태를 미연에 방지할 수 있다.

보장 국가의 등장

개인의 위험 요소에 대한 보장: 사회 보장 국가의 탄생과 발전

프랑스에서 '영광의 30년' 시대는 완전 고용과 동의어나 다름없었고, 수많은 이에게 사회생활은 평생직장에서 이루어졌다. 이런 맥락에서 사회 정책의 핵심은 서민층의 소득을 사회 및 교육 보조금 혹은 가족 수당 등의 정부 지원을 통해 보충해주는 일이었다. 국가가 제공하는 사회 보장이라는 제도의 방식이 변화해온 오랜 역사를 통해 당시 프랑스가 이어받은 체계였다고 볼 수 있다.

흔히 비스마르크식 모델이 복지 국가의 최초 형태였다고 이야기한다. 19세기 말 독일 총리 오토 폰 비스마르크(Otto von Bismarck)가 실시한 사회 보장 제도는 보험 논리에 근거했다. 즉 질병, 직장 내 사고, 노년과 장애 등 다양한 위험 요소로부터 노동자를 보호하되 반드시 노동자가 분담금을 납부해야 하는 방식이었다. 이와 관련한 법률 공표는 독일에서 노동조합이 최초로 탄생하기 시작하고, 또 비스마르크 총리가 노동자 보호 체계를 자체적으로 마련해 급진 사회주의 노선의 대안*이 대두하는 일을 미연에 방지하려는 분위기 속에서 이루어졌다. 이미 여기서 권력 상실에 대한 위협이 정치 지도자들로 하여금 사회 보장 국가를 만들어가도록 부추겼다는 점을 알 수 있다.

---

* 독일에서는 일련의 반(反)사회주의 노선 법안을 1878~1890년에 도입했다.

두 번째로 복지 국가의 표준이 된 형태는 영국에서 나타났다. 1942년 영국 정부의 요청에 따라 경제학자 윌리엄 베버리지(William Beveridge)가 〈사회 보험과 관련 서비스〉[15]라는 보고서를 통해 또 다른 사회 보장 체계 모델의 기반을 제시했다. 이 모델의 목표는 직업이 있든 없든 시민 개개인을 보호하는 일이었다. 베버리지의 보고서는 영국이 제2차 세계대전 중에서도 가장 힘든 시기를 겪을 때 제출되었으므로 누구도 그 아래로 떨어져서는 안 될 최소한의 생활 수준을 보장하는 걸 목표로 삼았다. 베버리지 보고서를 통해 우리는 다시금 전쟁이라는 충격이 복지 국가의 등장을 재촉한 사례를 볼 수 있다.

베버리지 보고서가 사회 보장 제도를 국가 차원의 연대로 간주하는 모델의 이론적 기반을 제시했다고 할 수 있지만, 그러한 방향의 공공 정책은 이미 1930년대부터 미국에서 실행되고 있었다. 이는 대공황과 그로 인한 대규모 실업 사태에 대한 대응의 일환이었다. 루스벨트 대통령이 제시한 뉴딜 정책의 틀 안에서 미국 의회는 일찍이 1935년에 '사회보장법'을 승인했다. 미국의 이 법안은 보험 논리의 체계, 즉 분담금 납부를 통해 충당되는 연금 제도와 함께 지원 논리의 체계, 예를 들어 '부양 자녀가 있는 가족 지원' 조치처럼 생활비조차 감당하지 못하는 가정의 어린이들을 대상으로 재정 지원을 제공하는 방식의 제도를 통합한 내용을 담고 있었다.

제2차 세계대전의 충격은 프랑스가 국가 재건을 위한 국가주도주의 맥락에서 진정한 사회 보장 국가로 나아가는 또 하나의 계기가 되었다. 경제 계획 그리고 더 나은 프랑스 경제에 대한 비전 확립을 통해 국영화와 공공 개입이 가능했던 시대적 배경 속에서 프랑스는 1945년 10월 4일과 19일 행정 명령을 통해 사회 보장 제도를 마련할 수 있었다. 실제로는 이러한 개혁의 희망은 전쟁 중에 이미 싹트기 시작했다. 1944년 레지스탕스 국가위원회는 프랑스가 해방되는 즉시 실행할 수 있도록 개혁안을 준비한 바 있다. 이 중에는 "프랑스의 모든 시민에게 최소 생계 수단을 보장하는 온전한 사회 보장"[16]에 대한 계획이 포함되어 있었다. 전쟁이 끝난 후 노동조합의 협상력이 강화되었다.* 그리고 해방 직후 주요 정당으로 떠오른 프랑스공산당은 모리스 토레즈(Maurice Thorez)가 귀국한 뒤 전략을 바꾸었다. 야당이던 프랑스공산당이 이제 정부 여당이 된 것이다.

오늘날 프랑스의 체계가 베버리지와 비스마르크 모델의 혼합 형태라곤 해도 역사적으로 프랑스의 사회 보장 체계는 보험 논리에 바탕을 둔 게 사실이다. 실제로 프랑스 사회 보장 제도는 무엇보다 세계대전 이전의 사회 보험 체계를 개정해놓은 것이라고 볼 수 있다. 프랑스의 사회 보장은 직장인을 질병, 노년, 장애, 직장 내 사고 등으로부터 보호하고 가족 수당을 배분하는 역할을 한다. 프랑스 사회 보장의 일반 체계는 전체 생산 인구를 아우르는 임무를 띠면서도 특별 체계가 유지될 수 있는 가능성을 인정한다. 이렇기 때문에 새로운 보장 체계에서 국가가 동력의 역할을 한다고 해도 상호공제조합 및 노동조합의 전통이 여전히 깊게 뿌리내리고 있는 게 사실이다. 이러한 특별 체계를 일반 체계로 편입시키는 과정은 점진적으로 이루어져왔다. 1960년에는 농업 종사자들, 그리고 1962년에는 의료업계 종사자들이 일반 체계에 포함되었다. 프랑스식 사회 보장 국가는 조금씩 변화하면서 베버리지 모델의 요소를 점점 추가해왔다. 이는 1956년 최소 노령 연금 도입과 1986년 '최소 소득제(RMI)' 도입을 통해 볼 수 있듯 수당의 측면에서도 그러하고 소득 전체에서 공제

---

* 레지스탕스 국가위원회에는 노동조합 대표들이 포진해 있었고, 그중 노동총동맹(CGT)은 1945년 기준으로 400만 명의 조합원을 거느린 조직이었다.

하는 '일반 사회 보장 부담금(CSG)' 같은 사회 보장의 자금 조달 측면에서
도 마찬가지다.

1980년대 들어 정당성 위기에 직면한 후,[17] 또 경제자유주의가 강력하
게 반격해오면서 사회 보장 국가라는 제도는 새로운 거시경제 환경에 적
응할 수밖에 없었다. 새로운 모델들이 등장하는 가운데 그중 가장 눈에
띈 것은 분명 1997년 네덜란드가 최초로 실시했고, 이어 덴마크에서 도
입한 플렉시큐리티 모델이다(11장 참조). 네덜란드와 덴마크의 모델이 완
전히 동일한 것은 아니다. 네덜란드식 플렉시큐리티는 가장 불안정한 계
층의 노동자를 우선순위로 삼는 사회 보장 체계이지만, 덴마크의 경우는
좀더 보편적이고 고용을 중심에 두는 정책에 더 기대어 있다. 그러니까
플렉시큐리티 모델은 각 나라의 특정한 상황에 따라 등장했으며 모든 게
미리 정해진 전략은 아니라는 얘기다. 마치 복지 국가가 만들어지는 각
단계마다 사회 및 기관 협력자들이 타협 과정을 통해 새로운 패러다임이
등장했던 경우들과 마찬가지다. 네덜란드의 경우는 사회 전반의 소통이
얼마나 중요한 역할을 하는지 잘 보여주는 사례다. 왜냐하면 1997년 네
덜란드에서 유연성과 보장에 대한 법안 도입은 사회 내 여러 교섭 당사
자와 정부 간 수개월에 걸친 기나긴 협상이 가져온 열매였기 때문이다.
복지 국가를 건설하는 데 있어 사회 전반의 충분한 대화가 갖는 중요성
은 20세기 말에만, 그리고 플렉시큐리티의 등장하고만 관련된 속성이 아
니다. 1930년대 스웨덴에서 노동자의 시위를 폭력으로 진압하는 사태가
발생했었다.[18] 이때 바로 적녹동맹(Red-Green Alliance)이 등장했다. 얄궂게
도 처음에는 '가축 시장(Kohandel)'이라고 불리던 이 적녹동맹으로 대표되
는 사회-민주주의가 등장했기 때문에 스웨덴은 그토록 절정에 달한 사회
위기에서 무사히 벗어날 수 있었다. 적녹동맹은 처음에는 농부와 노동자

로 구성되어 있었고, 무엇보다 국가 권력의 강화뿐 아니라 시민 사회에 의한 권력의 견제 기능을 제안했다(15장 참조).

플렉시큐리티는 사회 보장 국가의 역사에서 가장 최근 단계라고 할 수 있는데, 개인이 적극적으로 경제 활동을 하도록 장려하면서도 오늘날 창조적 파괴의 영향을 인간다운 방식으로 감당해낼 수 있게끔 해주는 자연스러운 수단이 될 수 있다. 우리는 플렉시큐리티 제도의 성과를 개선할 수 있는 잠재적 수단에 대해서도 이미 논의한 바 있다. 하지만 아무리 개선한들 플렉시큐리티가 창조적 파괴와 연관된 모든 위험 요소로부터 개인들을 보호해주는 데 충분할까? 여러 가지를 고려해볼 때, 지금보다 한 발짝 더 나아가야만 한다고 볼 수 있다. 우선은 사회생활을 하는 동안 개인이 계속해서 직장을 옮기고 직종을 바꾸는 데에는 한계가 있다는 점을 생각해보자. 유발 노아 하라리(Yuval Noah Harari)는 《21세기를 위한 21가지 제언》(2018)[19]에서 인공 지능 혁명은 직업 변경의 빈도 및 자격증의 유물화(遺物化)에 박차를 가하게 될 거라고 주장했다. 이러한 이중의 가속화는 삶의 일정 시점 이후부터는 모든 이들이—그것도 자신이 일과를 어떻게 보내는지와 상관없이—적절한 최소 수입을 수령할 권리가 있다는 걸 정당화하는 요소라는 게 하라리의 주장이다. 게다가 모니크 캉토스페르베르(Monique Canto-Sperber) 또한 《자유의 종말》(2019)[20]에서 18~19세 청년 다수가 기본적인 교육 수준도 갖추지 못했으며, 자격을 얻기 위한 직장을 찾는 데 필요한, 또 나중에 다른 직장으로 옮기기 위해 필요한 기타 자원도 갖추고 있지 못하다는 사실을 지적했다.

이러한 점을 고려해 일부 동료 연구자들은 '무조건적인' 소득이라는 개념을 내세운다. 무조건적인 소득이 "자신의 필요를 충족시킬 수 있을 뿐 아니라 교육, 더 나은 일, 자신의 삶을 선택할 자유 등과 같은 자원에 접근할 수 있게 해줌으로써 개인 해방에 기여"(Canto-Sperber, 2019)할 거라는 논리다. 캉토스페르베르의 주장에 내포된 개인과 자유라는 견해는 '최소 국가'를 지지하는 이들이 주장하는 개인 및 자유의 개념과는 정반대라고 할 수 있다. '최소 국가' 지지자들은 모든 보조금 제도는 무조건적인 구호 활동이나 진배없고 수혜자를 게으르게 만들 뿐이라고 믿는다. 하지만 캉토스페르베르의 논리에 따르면, 정부 지원을 통해 사람들에게 행동할 수 있는 수단을 제공함으로써 이들이 주도적으로 움직이게끔 장려할 수 있다고 한다. 그렇다면 그러한 무조건 소득은 어떤 형태로 지급하는 게 옳을까? 여기에 대해서는 여러 가지 제안이 나왔다. 그중 한 가지는 부자든 가난하든 청년이든 노년이든 상관없이 모든 시민에게 '보편 소득'을 지급하자는 주장이다. 그 논리의 문제는 예산과 세금 차원의 비용이 너무나 크다는 점이다. 또 다른 제안은 밀턴 프리드먼(Milton Friedman, 1962)[21]이 처음 표명한 주장으로서 소득 및 자산이 일정 금액 이하인 사람에게 마이너스 세금 제도를 실시하자는 내용을 담고 있다. 또한 모든 청년에게 포인트식으로 자본을 지급해서 이를 이용해 학비 및 주거 비용을 충당하게 함으로써 사회에 첫발을 내딛는 과정을 도와주자는 제안도 있다. 이러한 논의가 앞으로 어떻게 진행될지에 대한 선입견을 배제하면, 여러 제안을 검토해보는 작업이 중요하다고 생각한다. 창조적 파괴와 신기술 혁명을 어떻게 인간적·사회적으로 더 받아들이기 쉽게 만들 수 있을지에 대해 우리는 여전히 최선의 방법을 더듬거리며 탐색하는 과정에 있지만, 이러한 화두를 둘러싸고 제기되는 의문들은 충분히 정당하기 때문이다.

거시경제 위험 요소에 대응해 보장하기: 역주기 정책

역주기(逆週期)적인 정책은 어떻게 탄생했을까? 오랫동안 경제사상은 고전주의적 '자유방임' 신조의 지배를 받아왔다. 이 이론은 시장의 세력이 항상 경제 균형을 가져온다는 데 기초하고 있다. 존 메이너드 케인스의 저작이 등장해서야 비로소 국가의 개입과 경제 정세 관련 정책에 대한 이론상의 토대를 마련하기 시작했다. 하지만 케인스의 정치사상은 당시의 정치경제적 상황을 되짚어보지 않고서는 제대로 이해할 수 없다. 1920년대부터 케인스의 모국 영국에서는 실업이 가파르게 늘어나고 있었다. 1922년 영국 경제 활동 인구의 15퍼센트에 달하는 250만 명이 실업 상태였다. 로이드 조지(Lloyd George)가 이끄는 자유당은 이때 공공 근로 프로그램 등 여러 조치를 동원해 그 같은 불완전 고용 상황에 대처하고자 했다. 케인스는 허버트 헨더슨(Hubert Henderson)과 함께 쓴 〈로이드 조지가 해낼 수 있을까?〉(1929)[22]라는 기고문을 통해 그러한 조치에 지지를 보냈다. 케인스와 헨더슨은 그 글을 통해 재취업에 성공하는 모든 실직자는 자동으로 다른 일자리를 만들어낸다고 주장했다. 하지만 1929년 미국에서 대공황이 발생하자 그야말로 판도가 바뀌었다. 엄청난 규모의 경제 위기와 디플레이션에 맞서야 하는 가운데, 더욱이 당시 위기에 대한 자유주의 정책의 대처가 명백히 실패로 돌아가는 가운데, 그저 가격이 작동하고 또 경제 주체의 행동이 현 상황에 적응해 자연스레 경제가 균형을 되찾으리라 믿고 기다리는 건 이제 어불성설이 되었다. 1933년 이후 미국은 뉴딜 정책을 실시하면서 개입주의 국가의 서막을 알렸고, 복지 국가의 지표가 되었다.

1936년이 되어서야 거시경제 정책을 통한 국가의 경제 개입에 이론적 기반을 다져줄 존 메이너드 케인스의 저서가 나왔다. 케인스의 《일반 이론》(1936)[23]은 실제로 이러한 국가의 개입에 대해 생각하는 방식 자체를 뒤바꿔놓았다. 특히 실업률 상승에 의해 경제가 수요 부족에 직면하면 거시경제 정책, 그중에서도 특히 예산 정책의 일차 목표는 총수요를 늘려 경제 활동을 활성화하는 데 있다는 주장이었다. 이는 국가가 공공 고용에 추가로 지출하는 1유로가 승수 효과에 힘입어 그 1유로라는 절대 가치보다 더 많은 경제 활동 증가를 가져오고, 이는 기업이 생산하는 상품과 서비스에 대한 수요를 증대시킨다는 논리다. 특히 1960년대 이후부터 이러한 정책이 일반화되었다. '스톱 앤드 고(stop and go)'라고도 부르는 이 정책은 경제 활동이 둔화하고 실업이 늘어나면 촉진책(go)을 도입하고, 인플레이션 위협이 나타나면서 경상수지가 악화하기 시작하면 제한책(stop)을 번갈아 적용하는 방식이다.

　1970년대와 1980년대의 수요 정책은 석유 파동과 함께 등장한 스태그플레이션(경기 침체와 인플레이션이 함께 나타나는 현상)으로 인해 여러 종류의 비난을 받았다. 특히 세계화로 개방된 혁신 경제 체제는 수요를 통해 거시경제의 주기를 조정하는 방식이 제대로 작용하지 않는 체제라는 점이 드러났다. 열린 경제에서는 공공 지출이 늘어나면 국내 활동이 활성화하기보다 수입이 늘어나고 무역수지 적자가 증가하는 결과가 나타난다. 2009년 아일랜드 국방장관 윌리 오디(Willie O'Dea)는 기고문을 통해 이런 상황을 훌륭하게 요약·설명한 바 있다. "1970년대 석유 파동에 이어 아일랜드 정부는 경기 활성화 정책을 시도했다. 아일랜드 소비자의 구매력이 높아지자 수입이 증가하는 결과가 나타났고, 결국 그로 인해 아일랜드의 상황은 오히려 악화했다. 똑같은 사태가 다시 발생하지 말라는 법은 절대 없다. 〔……〕 아일랜드의 입장에서 보면, 가장 훌륭한 경기 부양책은 우리의 무역 파트너 국가들이 자국에서 실행하는 경기 활성화 정책이라고 할 수 있다. 결국에는 그들의 경기 활성화 정책으로 인해 우리는 비용을 들일 필요도 없이 아일랜드 제품의 수출 수요를 늘리는 방법이니 말이다."24

1980년대 초부터 선진국들은 점진적으로 공급에 중점을 둔 경제 주기 관리 거시경제 정책을 도입하기 시작했다. 이는 우선적으로 기업의 경쟁력을 중시한다. 이러한 정책은 자국 기업이 거시경제 주기가 지속되는 기간 내내 혁신에 대한 투자를 유지하도록 하는 데 목표를 두고 있다. 연구 개발에 대한 투자가 경제 불황 때문에 멈추면 이는 돌이킬 수 없는 손실로 남고, 해당 기업이 혁신을 향해 가는 길에 장애물로 작용한다.

대출금 확보가 전혀 문제 되지 않는 가상의 세계를 기준으로 생각해보자. 장기적으로 어떤 사업이 채산성만 맞으면 기업은 해당 사업에 대해 언제든 대출을 받을 수 있고, 이들이 대출받는 금액은 단기적인 경기 파동에 영향을 받지 않는다. 결과적으로, 단기적 투자보다 혁신과 연구 개발에 힘을 쏟으면 기업은 자사의 투자가 경제 동향에 따른 부침 때문에 피해를 입지 않을 거라는 보장을 받을 수 있다는 뜻이다. 따라서 국가는 불황이 이어지는 동안 기업을 지원하기 위해 굳이 개입할 필요가 없다.

이와 반대로 기업이 대출에 제한을 받으면, 장래의 잠재 이득보다 경상 소득이 기업의 대출 금액을 결정짓는 요소가 된다. 이럴 경우, 만약 불황이 닥쳐서 기업의 경상 소득이 축소되면 자산의 유동성 측면에서 충격에 대응할 수 없기 때문에 연구 개발비를 줄이는 수밖에 없다. 하지만 이렇게 연구 개발 비용 축소라는 대응을 함으로써 해당 기업은 혁신 경쟁에서 불리한 처지에 놓이게 된다.

이제는 기업이 혁신적 프로젝트를 추진할지, 아니면 보다 관례적인 프로젝트를 추진할지를 결정하는 시점을 한 번 고려해보자. 도중에 혁신 추구의 길을 포기하도록 만들 게 뻔한 경기 침체가 미리부터 예상된다면,

기업은 당연히 혁신적인 프로젝트에 착수조차 하지 않고 보다 관례적인 기획에 투자할 것이다(Aghion, Angeletos, Banerjee et Manova, 2010).[25] 이렇게 혁신에 불리한 논리를 국가는 어떻게 극복해낼 수 있을까? 해답은 예산 편성과 통화 관련 역주기 정책에 있다. 역주기 예산 정책이란 국가가 경기 침체 기간에는 빚을 내서 환금성 위기에 대처해야 하는 혁신 기업에 자금을 지원하고, 경기가 확대되는 시기가 오면 그때 해당 채무를 갚아나가도록 하는 방식이다. 역주기 통화 정책이라고 하면 중앙은행이 경기 침체기에 이자율을 단기 인하하고 필요하다면 양적 완화* 조치까지도 동원하는 방침을 말한다. 이는 유동성 위기에 대응해야 하는 혁신 기업의 부담을 덜고, 이들이 연구 개발 비용을 희생시키는 일이 없게끔 하기 위해서다. 반대로 경기가 확대되기 시작하면 중앙은행은 이자율을 높이고 양적 완화 조치를 중단한다. 이를 정리해보면, 한 나라에서 기업이 대출을 확보하는 데 제한이 클수록 해당 국가의 혁신을 촉진하는 데 역주기적 거시경제 정책이 도움을 줄 수 있다는 뜻이다(Aghion, Hémous et Kharroubi, 2014[26]; Aghion, Farhi et Kharroubi, 2019[27]).

2008년 세계 금융 위기가 벌어지는 동안, 여러 나라의 정부는 수요와 공급 부문 모두에서 역주기 정책을 시도했다. 수요 측면에서는 2009년부터 이미 다수의 나라가 자동 안정화 장치에 의존했는데,** 이는 경기 침체

---

* 양적 완화 조치란 한 국가의 중앙은행이 금융 주체들로부터 채권을 대대적으로 사들이는 행위를 말하는데, 특히 공채나 회사채 등을 아우른다.

** 재정 정책에서 자동 안정화 장치라고 하면 의무 과세와 공공 지출을 경제 정세의 상황에 따라 조정한다는 뜻이다. 이런 경우 경기가 호황일 때는 소비와 고용의 역동성 덕에 세금이 점차 늘어나고 실업이 감소하기 때문에 사회적 지출이 줄어든다. 반대로 경기 침체 시기에는 세금 인하와 사회적 지출 증대를 통해 경기를 부양하게 된다.

의 영향을 다소나마 완화해주었다. 게다가 2008년부터 2010년에 걸쳐 대대적인 경제 활성화 계획을 승인했다.

공급 측면에서는 2008년 12월에 친기업 정책을 다수 도입했다. 예를 들면, 유럽연합이 승인한 '소기업법(Small Business Act)'이 있다. 유럽연합의 소기업법에는 특히 2008~2011년 유럽투자은행을 통해 중소기업을 대상으로 집행하기 위한 대출 예산을 300억 유로 편성했다. 2008년 이후로 다수의 국가 중앙은행이 실시한 양적 완화 통화 정책은 수요와 관련 재정 정책의 두 번째 축이었다.

최근에 가장 역주기적 경기 정책을 실시한 나라들은 어디일까? 도표 14.3은 OECD 15개국을 예산 정책의 주기적 혹은 역주기적 성격의 정도에 따라 비교해놓은 자료다. 예산 정책이 역주기적이라는 말은 예산 적자가 경기 침체기에 늘어나고 경기 활성기에는 오히려 줄어들게 운용한다는 뜻이다. 스칸디나비아 국가, 즉 덴마크·스웨덴·핀란드를 프랑스와 비교해보면 이들이 매우 역주기적 예산 정책을 운용한다는 걸 알 수 있다. 반대로 그리스나 이탈리아는 명백히 주기적 예산 정책을 실행하는 국가다. 즉, 이탈리아와 그리스의 예산 적자는 경기 활성기에 증가한다는 뜻이다.

예산 정책의 역주기적 성격에 영향을 주는 요소는 두 가지가 있다. 첫 번째는 경제 주기가 이어지는 동안 일정한 액수의 사회 보장 급여를 유지하겠노라는 국가의 약속이다. 즉, 위에서 언급한 자동 안정화 장치를 작동시키겠다는 정부의 의지라고 볼 수 있다. 이렇게 안정화 장치 정책이 중요한 역할을 하는 나라는 또한 국가의 규모(여기서는 국민 1인당 공공 지출의 규모로 가늠)가 상대적으로 크다. 그러니까 다른 말로 표현하면, 최소주의를 표방하는 국가는 거시경제 차원의 위험으로부터 국민을 보호하지 않

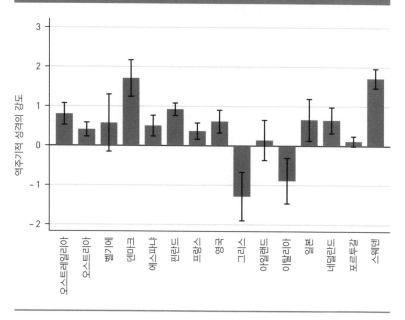

도표 14.3 예산 정책의 역주기적 성격의 강도

주: 점수가 양수인 경우는 역주기적 예산 정책을 의미하고, 반대로 음수인 경우는 그 국가의 예산 정책에 주기적 성격이 강하다는 뜻이다.
출처: Aghion, Hémous et Kharroubi (2014).

는다는 뜻이다.

두 번째 요소는 긴축 예산이다. 긴축 예산이야말로 모범 국가들이 경제 위기 동안 좀더 야심 찬 경기 활성화 정책을 도입할 수 있게끔 해줌으로써 역주기적 예산 정책이 가능하도록 해준다고 할 수 있다. 이 점은 설명하기가 아주 쉽다. 예산 영역에서 모범적인 국가는 경기 침체 기간에도 국제 시장에서 대출을 받기 수월한데, 채권자들이 이런 국가는 경제 주기가 바뀌기만 하면 문제없이 채무를 상환할 거라고 믿기 때문이다.

바로 이런 상황이 2008년 경제 위기 당시 나타났다. 예를 들어, 이탈리아 같은 경우 금융 위기가 닥치기 직전 공공 부채가 국내 총생산의 100퍼센트를 웃도는 나라였다. 위기가 오자 경기 부양책 추진이 미약할 수밖에 없었다. 그렇다 보니 단기적으로 예산 적자를 제한하기는 했지만 이것이 경기 침체 상황을 악화시켰다. 실제로, 최대한 빨리 적자를 줄이기 위해 2010년부터 긴축 정책 처방을 내린 국가는 그리스, 이탈리아, 에스파냐, 벨기에 그리고 프랑스같이 유로존 국가 중에서 2008년 위기 이전에 부채 규모가 가장 컸던 나라들이다. 반대로 독일이나 네덜란드처럼 가장 '모범생' 국가들은 경기 활성화 조치를 좀더 길게 유지할 수 있었다. 그리스와 스칸디나비아 국가들은 두 극단의 사례를 대표한다. 그리스의 특징은 2008년에 이르기까지 수년간 그다지 긴축 예산의 성격이 크지 않았다고 할 수 있다(Antonin, 2010).[28] 도표 14.3을 통해서도 그리스는 가장 정주기적인 예산 정책을 운영하는 나라임이 드러나는데, 그 결과 경제 주기의 저점에서 예산을 힘들게 쥐어짤 수밖에 없었다. 반면, 스칸디나비아 국가는 긴축 예산 운용이 엄격히 이루어지는 나라들로 이 도표에서 가장 역주기적인 성격을 보인다.

긴축 예산이 거시경제 차원의 충격에 대응하기 위해 얼마나 중요한지는 코로나19 팬데믹 사태를 통해서도 다시금 증명되었다. 재정 흑자를 축적한 덕분에 독일의 2019년 공공 부채는 국내 총생산의 60퍼센트도 채되지 않았다. 이는 팬데믹 위기로 발생한 경제적 타격에 대응하기 위한 전대미문의 대대적인 역주기 정책을 실행하기에 충분한 여지를 보장해주었다. 2020년 6월 초 독일의 예산 지원 및 대출 만기 연장 조치에 포함된 액수는 국내 총생산의 24.6퍼센트였던 반면, 같은 시기 프랑스에서 같은 항목의 비중은 국내 총생산 대비 12.3퍼센트였다.[29]

마지막으로, 역주기 정책에서 은행이 중요한 역할을 한다는 점을 강조하고자 한다. 일부 학자들은 2008년 위기를 겪은 후 은행들이 바젤 1(Basel 1: 1988년 G-10 국가의 중앙은행 총재들이 모여 합의한 내용을 바탕으로 체결한 협약. 시중 은행의 최저 자기 자본 비율을 정해놓았다—옮긴이) 혹은 바젤 2(바젤 1이 위험 가중치를 일괄 설정해놓았으나, 2004년 바젤 위원회에서 차주의 신용 등급에 따라 위험 가중치를 차별 적용하도록 했다—옮긴이)보다도 의무 자본 규모를 더욱 엄격하게 적용해 추후의 금융 위기를 방지해야 한다고 주장했다. 이런 학자들은 은행의 자기 자본 대(對) 자산 비율을 크게 상향 조정해야 한다고 제안했다. 특히 보유 자산이 고위험성일 경우 그러한 조치가 더욱 중요하다고 보았다. 문제는 경기 침체 시기에는 바로 그러한 위험이 증가한다는 점이다. 그렇기에 위에서 언급한 바와 같은 금융 기관의 자본 규정은 은행이 경기 침체기보다 경기 활성기에 대출을 더 늘리게 만든다. 즉, 은행이 규제에 맞추기 위해 정주기적인 대출 정책을 실행한다는 뜻이다. 바로 그런 이유 때문에 우리는 은행에 적용되는 규정이 역주기적인 자본화 기준을 따라야 한다고 생각한다. 그 말인즉슨 경기 침체기에는 자산 규모 대비 자기 자본 비율을 더 적게 요구해야 한다는 뜻이다. 이러한 기준을 적용하면 은행은 경기 침체기 동안 기업에 대출을 늘릴 수 있고, 그럼으로써 경제 주기를 안정시키는 데 더 제대로 기여할 수 있다. 이러한 역주기적인 자본화 기준이라는 생각의 바탕에는 다름 아닌 바젤 3 협약이 자리한다. 비록 바젤 3을 정당화하는 데 제시하는 논거가 경제 성장에 관한 고찰에 기반하지는 않고 있지만 말이다.[*]

---

[*] 2008년 경제 위기 이후 규제 체계는 거시 건전성의 차원을 감안해야 한다는 데 대한 합의가 이루어지고 있다. 바젤 3은 자기 자본의 비중을 강화했을 뿐 아니라 역주기적인 여유 자기 자본을 추가했다. 이 경우에는 자산 대비 0~2.5퍼센트 정도로 설정했다.

혁신은 무엇보다 시장과 기업에 달려 있다. 하지만 투자와 보장의 주체로서 국가가 할 역할 또한 분명 존재한다. 역사적으로든 군사적으로든 무역 분야든 산업 분야든 국가 간 경쟁이 과세 역량, 즉 세금을 거둬들일 수 있는 능력을 갖춘 '투자자'로서 국가의 등장을 촉진했다. 스당에서 프로이센군에 프랑스군이 참패를 당하지 않았더라면 쥘 페리의 작품, 즉 공화국 정신으로 세워진 프랑스 학교는 등장하지 않았을 터이다. 이와 마찬가지로 대규모 경제 위기, 예를 들어 1929년 대공황이라든지 최근의 코로나19 팬데믹, 혹은 세계대전 같은 사건이 보장의 주체로서 국가를 출범시키는 계기가 되었다. 미국은 1929년 대공황에 대한 대응책으로 수요를 활성화하고 미국 경제를 침체에서 끌어내기 위한 뉴딜 정책을 실시했다. 오늘날에는 정부들이 특히 예산 편성에 있어 매우 역주기적인 경제 정책을 실행함으로써 거시경제의 주기에 대응하고 있다. 그렇지만 이러한 정책이 온전히 실효를 거두기 위해서는 위기가 아닐 때에 엄격하게 긴축 예산을 운용하는 정책을 선행해야만 한다. 하지만 국가는 거시경제 차원의 충격에 대응해 보장해주는 데 그치지 않고 개인 차원의 위험에 대해서도 보장해주는 역할을 한다. 20세기 전반 여러 차례의 경제 위기와 전쟁은 사회 보장과 의료 보험 및 가족 수당 등의 체계를 등장시켰다. 이는 개인에게 최소한의 소득을 보장하고 질병으로 인한 삶의 위기 요소

이러한 여유 자기 자본 조항은 대출 가속화 기간에는 그 추세가 지나갈 때까지 의무 자기 자본의 규모를 확대했다가 대출이 둔화하는 단계에 들어서면 다시 느슨하게 축소하는 조치를 가능케 한다.

로부터 국민을 보호해주기 위한 조치였다. 하지만 1980년대부터 경제 자유화가 일어나고 무역이 세계화하면서 선진국에서는 새롭게 두드러진 위험 요소가 등장했다. 바로 실직 문제다. 실직으로 인해 발생하는 상황으로부터 국민을 보호하는 문제를 경제자유주의 및 혁신의 환경과 양립시켜야 하는 당면 과제에 대한 해답으로 1990년 덴마크에서 도입한 플렉시큐리티 모델이 제시된 바 있다. 하지만 평생 교육을 더욱 장려하려면, 그리고 빈곤 한계선의 문턱 아래로 추락할 가능성을 좀더 제대로 감안하려면 이 플렉시큐리티 모델도 개선의 여지가 남아 있다. 예를 들어, 마이너스 세금 등의 제안이 이러한 위험을 줄이는 방법 중 하나일 수 있다. 빈곤선 이하로 추락할 위험은 특히 계절노동자나 임시직 노동자가 처하기 쉽다.

다음 장에서는 지나치게 강력하거나 지나치게 도처에서 관여하는 국가라는 위험뿐 아니라 쇠약한 국가의 문제에 대해서도 논할 예정이다. 특히 행정 권력의 남용을 제한할 수 있는 견제 세력 및 방어막을 살펴보도록 한다. 그중에서도 언론이나 중재 기관 그리고 시민 단체 등 이른바 '시민 사회'를 이루는 모든 조직이 어떻게 권력 분립 및 행정 권력 감시 기능을 감당하는 궁극의 수호자 역할을 하는지에 특별한 관심을 기울일 것이다.

국가, 어디까지?

14장에서 우리는 국가를 하나의 통일된 개체로 간주했다. 하지만 현실 속 국가는 복잡한 집합체다. 국가란 공공 서비스 정신을 갖춘 개인들에 의해 체화되지만, 그들은 정도는 다르더라도 각자 사적 이해관계를 추구하며 다른 종류의 자극(금전이나 커리어 혹은 명예 등)에 반응한다. 하지만 1997년 국무총리 리오넬 조스팽(Lionel Jospin)이 신설한 경제분석위원회 앞에서 우리의 동료 경제학자 장자크 라퐁(Jean-Jacques Laffont, 1999)[1]이 위와 같은 상식선의 발언을 하자 큰 논란이 일어났다.

궁극에는 정부의 행동은 권력을 행사하는 개인들의 성격에 달려 있는 게 아니라, 그들의 권력을 에워싼 보호막에 달려 있다. 우리는 여기서 특히 권력을 견제할 수 있는 세력의 역할에 초점을 둔다. 이들은 행정 권력과 사적 이해 집단이 결탁할 가능성을 제한하는 역할을 한다. 이러한 결탁이 발생하면 그 즉각적인 결과는 사실 창조적 파괴 과정에, 그리고 새로운 혁신 기업의 시장 진출에 방해가 된다.*

　강력한 행정 권력의 장점과 단점은 무엇일까? 이론적으로 보았을 때 행정 권력을 제어할 수 있는 헌법적 장치는 어떤 것들이 있을까? 견제 세력으로서 사법권의 역할과 한계에 대해선 어떤 평가를 할 수 있을까? 언론과 시민 사회는 행정권에 대한 제재 장치의 실효성을 보장하는 데 왜 필수불가결한가? 창조적 파괴는 왜 '시장-정부-시민 사회'라는 삼각 구도를 필요로 하는가? 이번 장에서는 이러한 일련의 질문에 대해 답을 찾아보고자 한다.

국가가 창조적 파괴를 방해할 때: 베네치아공국의 사례

국가는 창조적 파괴의 과정에서 방해의 주체가 될 수 있다. 디에고 푸가와 대니얼 트레플러(Diego Puga et Daniel Trefler, 2014)[2]는 중세 베네치아공국의 번영과 쇠퇴라는 역사 속 사례를 분석함으로써 이를 증명했다. 베네치아공국은 12세기 말부터 13세기 말까지 무역 개방을 통해 엄청난 번영을 누리다가 이내 폐쇄적으로 변화하면서 14세기 초부터는 쇠락의 길을 걷기 시작했다.

---

* 　전 세계 경제사에는 새로운 기업이 시장에 진출하는 걸 막기 위한 기존 기업과 정부 결탁의 사례가 넘쳐난다. 이러한 결탁은 국가 차원에서뿐만 아니라 지역 차원에서도 발생한다. 지역 차원에서 벌어진 이런 결탁 사례 중 하나가 독일의 루르(Luhr)와 자르(Sarre) 지역의 경우다. 20세기 말, 이 두 지역에서는 이미 시장에 자리를 잡은 기업들이 지역 정부와 결탁해 새로운 기업의 시장 진입을 반대했다. 새로운 기업이 지역 노동 시장을 '썩어빠지게' 만든다면서 말이다.

초기 단계에서 무역 개방이 수월했던 이유는 세 가지 대대적인 제도 혁신을 통해 베네치아공국의 지도 계층인 총독(Doge)의 권력을 제한했기 때문이다. 첫 번째이자 핵심 사건으로서 나머지 두 가지 혁신의 원천이 된 요인을 꼽자면 1172년 선출 의회인 대의회의 탄생이었다. 이 의회는 귀족의 대표자뿐만 아니라 임명위원회를 통해 매년 갱신되는 총 100명의 의원으로 이뤄졌다. 베네치아공국의 대의회는 이후 수십 년 동안 두 가지 추가 혁신을 통해 점진적으로 총독의 권력을 제한하는 데 힘을 모았다. 한편으로는 선서 제도를 도입해 총독이 취임하기 전 공개적으로 대의회가 요구하는 규칙 모두를 존중하겠노라는 선언을 하도록 했다. 이렇게 해서 총독은 국가의 재산을 수용(收用)할 수 없고, 또한 자신을 다루는 사법 사건을 주재할 수도 없게 되었다. 여기에 세 번째 혁신, 즉 대의회가 선출하는 소의회를 설치했다. 총독은 어떤 결정을 내릴 때마다 소의회의 자문을 거쳐야만 했다. 이와 같은 제도 혁신은 그 자체로 독립적인 법관의 등장을 촉진했고, 계약과 파산에 대한 법률을 제정하는 데 기여했으며, 최초의 근대적인 금융 체계가 자리 잡게끔 해주었다.

하지만 무엇보다 이 시기에 나타난 새로운 종류의 계약 관계가 중요하다. 베네치아에서 콜레간자(colleganza)*라고 부르던 이 계약은 근대 주식회사 형태의 진정한 시초라고 할 수 있다. 이렇게 해서 장거리 무역이 주요 수입원으로 자리 잡자 코멘다 계약 방식이 바로 이 장거리 무역 분야에서 많이 체결되었다. 가장 간단하게 보면, 코멘다는 투자자와 항해 무역상 쌍방 간의 합의라고 정의할 수 있다. 코멘다는 물자를 대는 투자자와 그 물자를 항해 중 (특히 지중해 동쪽과 흑해 지역에서) 판매 혹은 교역하는

---

* 유럽 외 다른 지역에서는 코멘다(commenda)라는 이름으로 알려져 있다.

역할을 하는 항해 무역상이 무역을 통해 발생하는 이득과 위험 요소를 공유하도록 보장하는 역할을 한다. 이러한 종류의 계약은 베네치아공국의 대다수 국민이 국제 무역에 진입할 수 있게 해주었고, 베네치아가 최고의 전성기를 맞이하는 데 기여했다.

이러한 계약 관계는 12장에서 소개한 투자자와 혁신가 사이의 관계와 비슷한 양상을 띤다. 실제로, 코멘다는 상당한 고정 비용(물자 및 선박), 높은 실패 위험(난파 위험, 해적, 배달 지연 등) 그리고 물론 미약하지만 매우 높은 소득으로 이어질 가능성을 모두 지닌 무역 항해라는 활동에 출자를 가능케 했다. 이러한 제도는 보통 서민층 출신이던 베네치아의 항해 무역상이 경제적으로나 사회적으로 지위 상승을 할 수 있는 기회를 선사했다. 또 이 계급이 귀족 계층과 공동으로 통치할 수 있는 가능성도 열어주었다. 이러한 변화는 더욱더 큰 창조적 파괴를 동반했다. 코멘다 덕분에 부를 쌓은 항해 무역상 집단이 등장하자 그때까지 엘리트 계층이 독점하던 이득은 줄어들고, 이들의 정치권력 또한 도전을 받게 되었다.

이에 대한 반응은 이내 나타났다. 1286년 대의회에 지원하는 모든 새로운 후보 중 자기 아버지와 조부 두 세대에 걸쳐 이미 대의회 의원이었다면 자동 입회를 허가하는 규정이 생겼다. 1297년에는 직전 4년 동안 대의회 의원이었던 사람은 누구나 자동으로 자격이 갱신되는 규정을 법적으로 인정했다. 세라타(Serrata)—이탈리아어로 '폐쇄'라는 뜻—라고 부르는 이런 제도상의 폐쇄적 움직임은 경제 분야의 폐쇄성으로 이어졌다. 우선 코멘다 계약을 베네치아 귀족 중에서도 가장 권세 있는 가문들에게만 가능하도록 제한했다. 이어 1314년에는 무역을 부분적으로 국영화하고, 무역업에 뛰어들고자 하는 이들에게 부과하는 세금을 인상했다. 1297년, 즉 세라타 실시 이후 실제 평민을 포함하는 코멘다의 비중

표 15.1 서민의 코멘다 참가율

	서민을 포함한 코멘다 수	서민을 포함한 코멘다 비율(%)	각 회기별로 유력 무역업자 가문들이 차지한 베네치아공국 대의회 의석수 중앙값
1073~1200	27	42	1.5
1201~1220	24	38	1.0
1221~1240	42	53	0.9
1241~1261	30	51	0.8
1310~1323	22	27	3.0
1324	0	0	1.8
1325~1330	1	5	4.8
1331~1338	0	0	5.4
1339~1342	0	0	13.6

출처: Puga et Trefler (2014).

과 수가 매우 큰 폭으로 줄어들었음을 확인할 수 있다(표 15.1). 이와 병행해 과두정치를 이끌던 세력에 주어진 의석의 중앙값은 계속해서 늘어나 1339~1342년 최고치를 기록했다.

이런 일련의 변화는 무역이 귀족만의 잔치로 변질되는 결과를 가져왔다. 그러자 베네치아는 경제 쇠퇴기에 접어들었고, 1400~1800년 인구도 계속해서 줄어들기만 했다.

다른 아제모글루와 제임스 로빈슨은 《왜 국가는 실패하는가?》(2002)[3]에서 현 행정부의 권력이 성장을 방해하는 경우—그 이유는 자신들의 권력에 도전할 가능성이 있는 창조적 파괴를 두려워하기 때문이다—를 보여주는 다른 사례도 소개한다. 예를 들어, 오토만 제국에서 최초의 인쇄소를 허가한 해는 1727년이다. 구텐베르크의 인쇄술 발명 후 거의 300년이 지난 때였다. 이러한 조치는 백성의 문자 해독률을 낮게 유지해 새로운 생각의 전파를 제한하고자 하는 목적을 띤다. 실제로 오토만 제국에서는 문자 해독률이 1800년 당시 3퍼센트에도 채 미치지 않았다. 또 하나의 사례는 16세기 에스파냐다. 당시 에스파냐가 아메리카 대륙의 새로운 식민지와 벌인 무역은 길드 제도에 의해 엄격하게 통제되었다. 아제모글루와 로빈슨은 러시아의 사례도 언급한다. 과거 러시아에서는 창조적 파괴에 강박적 반응을 보여 방적 공장이나 제련소의 설립을 금지했다. 조직적인 노동자 계층의 출현을 미연에 방지하기 위해서였다. 러시아는 또한 철도 개발에도 반대했는데, 사람들의 이동성이 확대되면 러시아 사회에 위험 요소로 작용할 수 있다고 믿었기 때문이다.

혁신에는 민주주의가 필요하다

첨단 기술의 혁신은 왜 민주적인 제도 없이는 이루어질 수 없는가? 무엇보다 좀더 민주적인 정치 체계란 기득권 세력이 정치 지도자들에 대해 영향력을 덜 발휘하고 정치권력을 매수하기가 더 어려운 제도이기 때문이다. 부패 정도가 낮을수록 혁신은 촉진된다(Aghion et Roulet, 2011).[4] 한편으로는 새로운 기업과 새로운 기술의 시장 진입이 수월해진다. 도표 15.1a를 보면 부정부패에 대한 감독 수준*과 상품 시장의 규제 지수** 사

---

* 국제투명성기구(Transparency International)에서 펴내는 부패 인지도 지표는 국내외 사업가, 위험 분석가 그리고 대학 연구자의 연구를 바탕으로 조사 대상자들이 인지

a) 부패와 규제

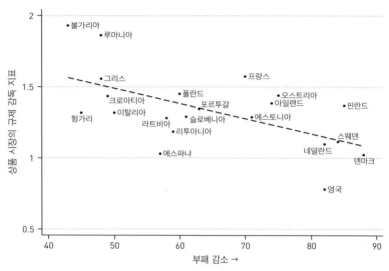

b) 부패와 혁신

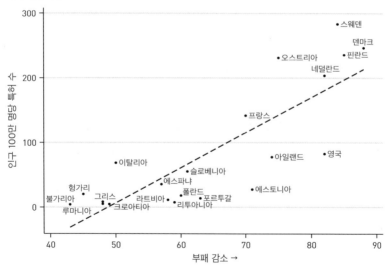

출처: Transparency International, OECD et Eurostat.

이에는 반비례의 상관관계가 있음을 알 수 있다. 다른 한편으로는 이미 자리를 잡은 기업 또한 새롭게 시장에 진입한 기업과의 경쟁에서 살아남 기 위해 더욱 혁신에 힘을 쏟게 된다. 도표 15.1b가 이러한 점을 잘 보여 준다. 즉, 부패 감독 수준과 혁신의 정도(국가의 1인당 특허 출원 수로 가늠) 사 이에 정비례의 상관관계가 있음을 볼 수 있다.

헝가리 경제학자 여노시 코르너이(János Kornai, 2010)[5]는 한 논문에서 20세기에 가장 혁명적이었던 혁신들을 나열했는데, 그 결과 모든 해당 제품이 민주주의 체제하에서 탄생했음을 알 수 있었다. 스탠퍼드 대학에 서 래리 페이지(Larry Page)와 세르게이 브린(Sergey Brin)이 박사 과정 중 훗날 구글이 될 프로젝트를 함께 개발하기 시작할 수 있었던 이유는 무 엇보다 자신들이 탐색하고자 하는 연구 방향을 아주 자유롭게 선택할 수 있었기 때문이며, 또한 박사 논문 주제를 선택하는 데 지도교수의 명령 을 따르지 않아도 되었기 때문이다.

그렇다면 혁신을 촉진하기 위해서는 행정 권력을 강력하게 제한해야 한다는 결론이 나오는 걸까? 우리는 14장에서 세금을 인상하고, 투자를 하고, 개인의 위험 요소에 대비해 보장 역할을 해줄 수 있고, 역주기적 정책을 실천할 능력을 갖춘 국가가 혁신에 필수적이라고 주장했다. 국가 의 이러한 특권을 행정 권력에 대응할 보호막이나 권력의 제어 필요성과 어떻게 양립시켜야 할까? 실제로는 거의 힘없는 정권과 권위주의 정권

하는 해당 국가의 부패 수준에 따라 서열을 매긴다. 0에 가까울수록 부패 정도가 높고, 100에 가까울수록 부패 정도가 낮다.
** 상품 시장의 규제 지표는 OECD가 발표하는 자료로, 공공 정책이 상품 시장에서 경쟁을 장려하는지 방해하는지 정도를 측정하는 지표를 종합해서 정한다.

사이, 그러니까 중용의 위치에 있는 행정 권력은 존재하는가?

헌법의 역할

'불완전 계약'으로서 헌법[6]

정치 지도자들이 권력을 대리한다는 개념과 독재를 방지하기 위해 그들을 제어해야 하는 필요성 사이에서 적절한 타협점을 찾으려는 시도는 그 역사가 매우 오래되었다. 여기에는 특히 몽테스키외(Montesquieu, 1748)[7]가 주장한 삼권 분립, 프리드리히 하이에크(Friedrich Hayek, 1960)[8]의 헌법 이론, 경제학적 토대를 제시한 제임스 뷰캐넌(James M. Buchanan, 1960)[9]의 논문 및 제임스 뷰캐넌과 고든 털럭(James M. Buchanan et Gordon Tullock, 1962)[10]의 공저 논문 등이 그 바탕에 자리한다. 이러한 시도들을 가장 잘 설명해주는 인용문을 두 가지 소개해자. 알렉시 드 토크빌(Alexis de Tocqueville)은 《미국의 민주주의》(1835)에서 "우리 동시대인들은 항시 두 적대적인 열정에 사로잡혀 있다. 즉, 끌려가고 싶은 소망과 자유롭고 싶은 욕심을 동시에 품고 있다"[11]고 적었다. 미국 헌법이 규정한 일원적 행정 권력을 옹호하는 내용을 담은 1787~1788년 평론의 공저자 알렉산더 해밀턴의 경우에는 "상식을 갖춘 인간이라면 에너지 넘치는 행정부의 필요성에 동의할 거라는 원칙에서 출발한다고 할 때, 〔……〕 공화주의적 의미에서 어느 정도까지 〔이러한 에너지를 구성하는 요소가〕 안정을 구성하는 다른 요소와 통합될 수 있는가?"[12]라고 적었다.

　행정부, 입법부 그리고 사법부 사이에 역할을 배분함으로써 한 국가의 헌법은 바로 행정 권력이 미치는 범위뿐 아니라 그 한계를 설정하는 법적인 틀 역할을 해준다.* 헌법은 어째서 권력의 분리를 명시해두어야만 할까? 우선 헌법이란 한 국가의 시민 사이에 존재하는 불완전 계약이라는 점을 이해하는 데서부터 시작해야 한다(Aghion et Bolton, 2003).[13] '불완전 계약'이란 어떤 의미인가? 잠시 가정을 하나 해보자. 미래에 발생 가능한 모든 사건, 즉 모든 '자연 상태'가 사전에 완벽하게 예측 가능하고 심지어 특정 사건의 실현 여부를 제삼자가 확인할 수 있다고 가정해보는 것이다. 이런 경우 그 사회는 행동 계획을 할당해 미리 결정하는 걸로 충분하다. "만약 이러이러한 사건이 발생할 경우 이러이러한 행동을 취한다"는 식으로 말이다. 이 경우 헌법이 권력을 나눠 맡는 원리에 대해 특정해놓아야 할 필요가 전혀 없다. 모든 걸 사전에 규정해놓았으니 어떤 사건이 발생하면 법관은 할당받은 특정 행동에 대해 이미 마련되어 있는 계획을 제대로 실천하고 있는지만 잘 감시하면 그만이다. 이런 조건이 충족될 때를 '완전 계약'의 상태에 있다고 한다.

하지만 현실은 이와 매우 다르다. 우리가 살아가는 세상에서는 미래에 발생할 사건을 사전에 파악하기 어려운 데다 미리 예상해둔 사건이 실제로 발생했는지 여부를 확인하기조차 어렵다. 이러한 조건하에 헌법이 할 수 있는 건 단지 결정권을 분배하고 권력의 남용을 제한하는 방책을 규정해놓는 일이다. 다시 말하면, 바로 그렇기 때문에 헌법은 '불완전 계약'이다.

---

* 비록 '헌법(constitution)'이라 불리지 않을지라도 모든 국가에는 헌법 체계가 있다. 예를 들어, 영국의 경우에는 정식으로 진정한 '헌법'은 없지만, 실제적으로 성문화되어 있든 아니든 정치 제도의 운영에 대한 규칙이 존재한다. 예를 들어, (아주 오래된) 1215년의 마그나카르타와 1688년의 권리장전 그리고 (근대에 성립된) 1911년 및 1949년의 의회법 같은, 영국의 정치 제도 운영에 근간을 이루는 문서가 몇 가지 존재한다.

왜 행정부의 권력을 제한해야 하며, 그러기 위해 필요한 헌법상의 장치로는 어떤 것이 있는지 살펴보자.

지나치게 강한 행정 권력과 지나치게 약한 행정 권력 사이 조정하기

강력한 행정 권력의 장점은 정치 지도자들이 구속 없이 자유롭게 대규모 변화나 투자를 신속히 실행할 수 있다는 점이다. 이러한 장점은 특히 위기 상황이나 전쟁 시에 유리하게 작용한다. 의사 결정을 재빨리 하고 군사 작전 운용에 관한 비밀 유지가 중요한 상황이기 때문이다.

행정 권력이 지나치게 강할 경우의 불이익이 있다면, 정치 지도자가 이를 남용할 수 있으며, 만약 자신의 권력이 도전받을 경우 혁신을 방해할 수 있고, 또한 국가를 효율적으로 개혁하기보다 자기 배를 불리려 할 수 있다는 것이다. 길게 보면 자신의 권력을 영속화하는 데 사용될 수도 있다. 다시 말하면, 지나치게 강력한 행정 권력의 위험은 전제주의적 일탈로 나아갈 수도 있다. 이는 부패의 온상이 되어 혁신을 희생시키고, 나아가 국가의 번영에 해를 끼친다.

혁신과 성장을 촉진하는 데 가장 적합한 최적의 경쟁 수준이 존재하는 것과 마찬가지로 행정 권력도 두 극단 사이에 최선의 수준이 있다. 여기서 두 극단이란 행정부가 지나치게 빈약해 개혁을 이끌 능력이 마비되는 경우, 반대로 행정부에 과도하게 권력이 집중되어 '반자유주의적 민주주의' 혹은 전제 정치로 기우는 경우를 말한다. 두 극단의 권력 사이에서 최적의 타협 수준은 한편으론 개혁이 얼마나 중요한지, 또 다른 한편으론 수용(收用)의 비용이 어느 정도인지 등을 고려해 결정된다. 전쟁이나 사회 위기 상황 혹은 개혁이 시급한 경우에는 행정부에 더 큰 권력을 부여하는 게 나을 수 있다. 반대로 평상시에는 행정부의 권력을 제한해야

한다.[14]

행정부의 권력에 제한이 없으면, 시장에 이미 자리 잡은 기업이 신진 혁신 기업의 진출을 막기 위한 목적으로 자신이 시장에서 얻은 경제적 이득을 활용해 정치 지도자들을 상대로 로비를 시도할 수 있다. 행정부를 구속하는 장치가 적을수록 기업이 행정 권력에 영향력을 행사하고자 하는, 나아가 매수하고자 하는 유혹이 커진다.

헌법은 어떻게 행정부의 권한을 제한할 수 있는가

국가 내에서 의사 결정 과정을 규제하는 장치인 헌법 규정을 통해 행정부의 권력을 어떻게 제어할 수 있는지 살펴보자.

첫 번째 행동 수단은 법안 통과를 위한 의회의 표결 규칙과 관련이 있다. 보통 법안 표결에는 참여 인원의 절반 이상 득표를 의미하는 단순다수제(單純多數制)의 규칙을 사용한다. 하지만 단순다수제 원칙보다 더 많은 혹은 더 적은 권력을 행정부에 부여하는 다른 종류의 다수결 방식 또한 고려해볼 수 있다. 예를 들어, 법안 통과를 위해 의석의 절반이 훨씬 넘는 다수의 동의가 필요하다면 그 어떤 새로운 개혁도 거의 불가능하다고 봐야 한다. 프랑스에서는 헌법 개정을 위해 '압도적 다수(supermajorité)'가 필요한데, 이는 상원과 하원을 합쳐 전체의 5분의 3 이상 득표를 의미한다. 실제로 보통은 법안을 새롭게 표결하는 과정보다 정부의 헌법 개정 과정을 더욱 어렵게 만들어두는 게 바람직하다. 정부가 개혁을 할 수 있도록 하는 게 옳지만, 자기 권력을 영속화할 목적으로 헌법을 개정해 의회에서 단순다수제를 이용하려는 태도, 즉 전제 정권으로 향한 일탈은 방지해야 하기 때문이다.

의회 표결에서 '현상(status quo, 現狀)' 규정 또한 행정부 권력의 강하고

약한 정도에 영향을 준다. 프랑스의 경우 제4공화국 당시에는 의회에서 예산 표결에 대한 합의가 불가능할 때 전년 예산을 그대로 유지하는 걸로 그쳐야 했다. 하지만 1958년 제5공화국이 들어서자, 의회에서 새해 예산 표결을 하지 못하면 행정부가 예산 결정권을 갖게끔 '현상' 규정이 완전히 바뀌었다. 이러한 헌법상의 변화로 행정부 권력이 명백하게 강화되었다. 이에 따른 긍정적인 결과가 있다면, 제4공화국 내내 체제 위기가 이어지는 바람에 시행하지 못했던 프랑스의 생산 체계 근대화가 가능해졌다는 점이다. 부정적인 결과로는 '가랑티 퐁시에르(Garantie foncière)' 사건이 보여주듯 정권의 부패 관행에 유리하게 작용할 수 있다는 점이다. 이는 1970년대 초반 파리 센(Seine) 강변과 13구 개발 사업을 두고 행정부 측근 인사들이 이득을 취한 사건이다. 〔국회의장 자크 샤방델마스(Jacques Chaban-Delmas)의 측근인 국회의원 앙드레 리브앙리스(André Rives-Henrÿs)를 둘러싼 프랑스의 정치 스캔들로, 부동산 개발 회사 가랑티 퐁시에르가 그 중심에 있다. 가랑티 퐁시에르라는 단어 자체가 '부동산 담보'라는 말이기도 하다—옮긴이.〕

마지막으로, 행정부 권력을 조절할 수 있는 세 가지 수단을 언급하도록 하겠다. 첫째, 의회가 정부 법률안을 수정할 권리를 갖는 것이다. 미국의 경우, 한 정당이 하원에서 입법 의제를 장악하고 있을 때 '특별 규칙(special rules)'이라는 절차를 강제할 수 있다. 이는 하원에서 토론 기간을 단축하고 수정 가능성을 제한할 수 있게끔 해준다. 만약 하원의 다수당이 (대통령이 소속된) 여당인데 특별 규칙 절차를 발동한다고 하면, 행정부의 견제 세력으로서 의회 기능이 실질적으로 제한되는 결과를 가져온다. 프랑스의 경우, 헌법 44조 1항에 명시된 법안 수정 권리는 의회의 모든 대표자가 지닌 특권으로서 무제한적이며 모든 법안에 적용할 수 있다. 하지만 프랑스 헌법 49조 3항에서는 또한 행정부가 그에 대한 책임을 지는 조건으로 의회에서의 토론을 비껴갈 수 있는 조항을 마련해놓기도 했다.

둘째, 행정 권력을 제어하는 수단은 선거 제도의 선택에 달려 있다. 다수결주의 체계는 의회 선거에서 승리한 정당이 아주 편안한 수준의 다수를 구성하게끔 해준다. 전국적으로 얻은 득표수에 비해 상대적으로 훨씬 높은 비중으로 의석을 얻는 체계이기 때문이다. 이와 반대로 비례선거제는 실제 득표수에 따라 의석을 배분하는 제도로, 소수 정당의 의회 진출 가능성을 높이는 기능을 한다. 비례선거제를 엄격히 도입할 경우, 행정부가 약화하고 연정을 꾸릴 수밖에 없다. 가끔 이스라엘이나 이탈리아에서처럼 놀랄 만한 정당 간의 연정이 성사되기도 한다.

셋째, 한 사람의 정치 지도자한테 허용되는 임기의 기한이나 횟수를 제한하는 방법이 행정부 권력을 제어 혹은 확대하는 데 사용할 수 있는 또 하나의 도구다. 정치인이 장기간의 임기를 누릴수록 국가 개혁이 제멋대로 되기 쉽다. 그런 정치인이 정권을 오랫동안 유지할수록 기업은 그의 주변에 로비를 해서 새로운 혁신 기업의 시장 진출을 막으려는 유혹을 더 크게 느낀다.

물론 실제 현실에서 헌법이 어떤 방향으로 변화하는 데 있어 행정 권력을 강화하든 약화시키든 그 동력은 무엇인지에 대한 의문이 남아 있다. 15장 말미에 국가 제도의 변화 과정에서 시민 사회의 역할을 논의할 때 그 의문에 대해 다시 살피고자 한다. 그러기 전에 우선은 행정부의 견제 세력으로서 사법부의 법관은 헌법상 어떤 역할을 하는지부터 짚어보자.

사법부 권력의 역할과 한계

견제 세력으로서 사법 권력

몽테스키외 이후로 자유주의 사상가들은 행정부의 권력을 감시하기 위해서는 행정부와 독립된 사법 권력이 갖춰져야 한다고 주장해왔다. 하이에크(Hayek, 1960)[15]는 견제 세력으로서 재판관의 역할은 무엇보다 사법부의 독립성에 달려 있다고 보았다. 재판관은 법을 해석해 현실에서 어떻게 적용할지 가르쳐주고, 행정부는 그 내용을 실행하는 일을 담당한다. 견제 세력으로서 두 번째 역할은 헌법상의 감시 기능을 실시하는 능력이다. 즉, 개별 법률이 헌법에 저촉되는지 확인하고 필요한 경우 위헌으로 판단되는 법을 무효화하는 일을 한다.

이 두 가지는 혁신 경제가 제대로 움직이는 데 필수불가결한 요소라고 판단된다. 사법부의 독립성은 사유 재산을 보장하기 위해 반드시 필요한 조건이다. 이는 행정 권력이 혁신으로 인한 이득을 수용하는 체계로 변화해 궁극적으로는 그 사회의 혁신 의욕을 꺾어버릴 가능성을 제한한다. 게다가 사법부가 독립성을 띠어야만 법적 분쟁에서 공정성을 보장할 수 있다. 분쟁 중인 한쪽이 정치권력의 지지를 등에 업고 있을 경우 특히 그러하다. 헌법상의 감시 기능에 대해 말하자면, 이는 행정 권력이 자체 이득을 추구하는 법안이나 조례를 만들어내는 걸 제한한다. 예를 들면, 혁신적인 신진 기업의 시장 진출에 반대하는 기존 기업을 보호하기 위한 목적으로 상정한 법안 같은 경우를 말한다.

사법 독립과 헌법상 감시 기능의 정도를 가늠해 국제적으로 비교·분석한 논문(La Porta, López-de-Silanes, Pop-Eleches et Shleifer, 2004)[16]은 그 수치를 세 가지 지표를 통해 산출했다. 우선 대법원이나 헌법재판소 등 한 나라의 최상급 법원 판사들의 임기와 행정법원의 임기라는 두 가지 지표가 있다. 이러한 지표를 감안하는 이유는 판사가 임기 없는 종신직에 있으면 당장의 정치·경제적 압박에 덜 민감하게 영향받을 거라고 보기 때문이다. 세 번째 지표는 사법 판단에서 판례를 감안하는가 하는 문제다. 판례가 재판에 영향을 준다는 건 법원이 단순히 법을 해석하기만 하는 게 아니라 법리의 원천으로 삼기도 한다는 의미이기 때문이다. 헌법상의 감시 기능 수준을 측정하기 위해 저자들은 또 두 가지 지표를 종합했다. 하나는 법 규범상 위계질서가 존재하는지 여부, 다른 하나는 법안의 합헌성에 대한 이의 제기 가능성 여부다.

프랑스의 경우, 1974년 10월 29일 헌법재판소 제소 방식에 대한 개혁에서 관련 사례를 찾아볼 수 있다. 이 개혁을 통해 프랑스에서는 개별 법안의 합헌성을 따져볼 수 있는 가능성이 열렸다. 1958년 헌법재판소 설립 당시만 해도 오직 대통령, 국무총리 그리고 하원의장 및 상원의장만이 헌법재판소에 제소할 권리를 갖고 있었다. 다시 말하면, 새롭게 표결된 법안의 합헌성에 대해 야당이 이의 제기를 할 가능성은 아예 없었다는 뜻이다. 그런데 1974년의 해당 조항 개혁은 하원의원 60명 혹은 상원의원 60명이 찬성할 경우 헌법재판소 제소를 할 수 있도록 규정했다. 실제로는 이를 통해 헌법재판소 제소 권리를 야당에서도 갖추게 된 셈이다. 프랑스 헌법재판소는 이 개혁으로 인해 진정한 의미에서 행정부의 견제 세력으로 자리매김하는 계기가 되었다.

71개국의 상황을 비교한 국제적 차원의 위 연구를 통해 라포르타와 공저자들(La Porta et al., 2004)은 사법 독립을 가장 잘 보장하는 국가는 사유재산 또한 가장 잘 보호하며, 창업을 위한 행정 절차의 복잡성이 가장 덜하다는 결과를 발표했다.

판사의 공정성이 지닌 한계

사법권이 견제 세력으로서 역할을 한다는 원칙적 생각은 사법 체계에 의한 결정에 있어 실제로는 다양한 '편향성'의 원천이 존재한다는 사실과 맞닥뜨리게 된다. 첫 번째로는 정치적 편향이 있다. 예를 들면, 미국의 민주당 성향 판사는 공화당 성향 판사보다 판결이 덜 엄격하다는 연구 결과가 있었다. 게다가 다른 조건이 동일하다고 할 때, 판사가 특정 정당에 소속되어 있는 경우 판결의 엄격성이 38퍼센트까지 차이가 난다는 연구 결과도 있다(Pinello, 1999).[17]

두 번째로는 언론과 관련한 편향성이다. 최근 프랑스 자료를 바탕으로 진행된 한 연구는 중죄법원*(cours d'assises: 중대하다고 여겨지는 형사 사건을 다루는 프랑스의 법원—옮긴이)의 형사 사건 판결에 당시 언론의 보도 내용이 얼마나 영향을 주는지 분석했다(Philippe et Ouss, 2018).[18] 중죄법원에서는 소수의 판사와 다수의 시민 배심원이 판결을 내린다. 위 연구는 중죄법원에서 다루는 범죄와 아무런 상관이 없는 특정 범죄 사건을 언론에서 대대적으로 보도한 직후 이 법정에서 내린 판결을 형사 사건 보도를 별로 하지 않는 시기에 내려진 판결과 비교·분석했다. 저자들은 판결 하루 전 언론에서 범죄 관련 보도를 대대적으로 했을 경우, 중죄법원의 배심원이 결정하는 형기가 많아지는 경향이 있다고 지적한다. 또 한 가지, 재판 바로 전날의 언론 보도만이 판결에 차이를 불러일으키는 걸로 나타났다. 반대로, 사법부의 오심과 관련한 언론 보도가 있은 후에는 형기 결정이 좀

---

* 중죄법원에서는 소수의 직업 판사가 재판을 주재한다. 1심에서는 3명의 판사에 시민 6명이 배심원으로 참여하고, 항소심에서는 판사는 그대로이고 배심원 수가 9명으로 늘어난다.

더 관대하게 이루어지는 걸로 드러났다. 이와 달리 경범죄재판소에서 판결을 맡는 직업 판사의 결정에는 언론 보도가 전혀 영향을 주지 않는다는 점이 흥미롭다.

사법부 권력이 결정을 내리는 데 있어 세 번째 종류의 편향성은 경제적인 성격을 띤다. 특히 부당 해고와 관련한 사건에 대해 경제 주기가 영향을 미치는 방식에 궁금증이 생긴다. 영국 자료를 바탕으로 진행된 한 연구에 따르면, 실업률 증가 그리고/혹은 파산의 증가는 '경제적 이유'로 해고를 한 기업보다 해고를 당한 직장인에게 호의적으로 판결할 가능성을 상당히 감소시킨다고 한다(Marinescu, 2011).[19]

그리고 마지막으로, 심리적 편향성 혹은 평판과 관련한 편향성을 생각해볼 수 있다. 심리적 편향성 중에서도 흔한 예로 '도박사의 실수'를 들 수 있다. 이는 논리의 오류로 인해 발생한다. '앞면이냐 뒷면이냐'를 놓고 도박을 하고 있는데 다섯 번이나 연달아 뒷면이 나왔다고 치자. 당신은 다음엔 분명히 앞면이 나올 확률이 훨씬 높다고 믿게 된다. 하지만 그건 잘못된 생각이다. 한 번 동전을 던질 때마다 이는 각각의 독립된 사건이기 때문에, 앞면이 나올 가능성은 언제나 여전히 50퍼센트에 불과하기 때문이다. 이러한 논리를 판사들에게 적용해보니, 이전에 망명 신청 사건에서 좀 관대한 판결을 내렸던 판사는 다음 사건에서는 망명 신청을 기각하는 경향이 있다는 연구 결과가 나왔다(Chen, Moskowitz et Shue, 2016).[20] 하지만 그들의 과거 판결 내용이 미래의 판결에 영향을 주어서는 안 된다. 판사 앞에 주어지는 각각의 사건을 연관시키는 객관적 요소는 그 어디에도 없기 때문이다. 이러한 심리적 편향성의 원천이 일차적으로 작용하는 데다 판사의 '평판'이라는 요인까지 더해진다. 만약 특정 판사가 이전 판결에서 망명을 자주 승인해주었는데, 이제는 엄격한 판사라는

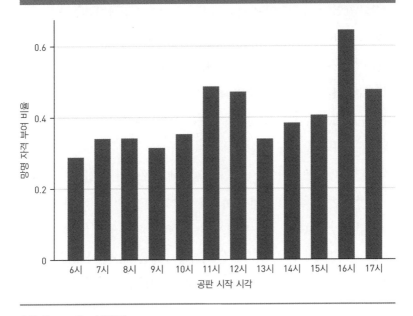

출처: Chen et Eagel (2017).

이미지를 갖고 싶은 경우도 있을 수 있다. 그러면 그는 자신이 원하는 평판을 위해 다음 사건에서 망명 승인을 내주지 않을 위험이 있다.

　이와 마찬가지로 '피로'라는 요인도 작용한다. 하루 일과 중의 피로일 수도 있고 평생 업무 중의 피로감일 수도 있다. 이 또한 사법 판결에서 관대함의 정도를 높이는 요인으로 작용한다. 도표 15.2에 따르면, 판사는 점심 식사 전, 혹은 하루 일과가 끝나갈 무렵 좀더 관대하다(Chen et Eagel, 2017).[21] 또한 나이가 들면서 더 너그러워진다(Chen, 2019).[22] 더욱더 놀라운 심리 편향성 관련 연구도 있다. 예를 들어, 루이지애나 주립대학 미식축구 팀이 경기에서 패배하면 직후 루이지애나주 법원에서 더욱 엄격한 판결이 나온다는 연구 결과가 있는가 하면(Eren et Mocan, 2018),[23] 피고인의 생일날 재판이 있는 경우 판결이 좀더 너그럽게 내려진다는 연구 결과도 있다(Chen et Philippe, 2017).[24]

판사의 공정성에 한계가 있다는 사실은 일부 연구자로 하여금 판사를 어느 수준까지 인공 지능 알고리즘, 즉 AI로 대체하는 게 맞는가에 대한 의문을 갖게 만들었다. 특히 기계 학습은 이제까지 언급한 인간의 편향성 요소를 얼마나 줄일 수 있을까?

미국에서는 매년 거의 10만 명이 경찰에 체포된다. 재판을 기다리는 동안, 이들을 감옥으로 보낼지 여부를 판사가 결정한다. 법에 따르면, 이러한 결정은 피고인이 재판 당일 나타나지 않을 위험을 최소화하는 목적에 따라 이뤄져야 한다. 재판 당일 나타나지 않을 가능성이 높다고 여겨지는 사람에게 판사는 구속 판결을 내리는데, 이 경우 그 사람이 다른 범죄를 저지를 가능성은 사라지지만 감옥의 수용 인구를 늘리는 결과가 나타난다. 만약 피고인이 재판에 나타나지 않을 가능성이 충분히 적다고 여겨지면, 판사는 위험을 무릅쓰고 피고인을 재판 당일까지 자유인 신분으로 지낼 수 있게끔 불구속 판결을 내린다. 연구자들은 2008~2013년 뉴욕시에서 체포된 75만 명에 대한 자료를 분석해 기계 학습 알고리즘을 만들어냈다. 불구속 상태인 사람들이 재판을 기다리는 동안 다른 범죄를 저지를 가능성을 예측하기 위한 목적으로 구성한 알고리즘이다(Kleinberg, Lakkaraju, Leskovec, Ludwig et Mullainathan, 2018).[25]

따라서 이제는 알고리즘의 예측에 따라 가장 위험성 높은 사람들을 구속 재판에 처하도록 결정하는 일이 가능해졌다. 판사의 결정과 비교할 때, 기계 학습 알고리즘을 통한 판단은 어떻게 달랐을까? 이 질문에 대한 답은 그다지 명쾌하지 않다. 판사는 어느 정도 편향성을 지니고 있지만 기계는 그렇지 않다. 반면, 판사는 재판정에서 피고인이 취하는 태도 등 서류에 적혀 있지 않은 다른 정보나 신호를 알아차릴 수 있다. 위의 연구 결과를 보면, 알고리즘이 예측한 불출석 비율과 불구속 재판 판결을 받은 사람들의 실제 불출석률이 거의 완벽하게 상관관계를 보인다는 걸 확인할 수 있다. 알고리즘은 피고인의 서류에 포함된 정보를 이용해 위험 요소를 예측해낼 수 있다는 뜻이다. 뉴욕시 판사들의 판결은 어땠을까? 판사들은 알고리즘이 범죄 가능성을 60퍼센트 이상이라고 예측한 이들 중 50퍼센트가량에게 불구속 판결을 내렸다. 반면, 범죄를 저지를 가능성이 겨우 20퍼센트 정도라고 알고리즘이 예측한 이들 가운데 30퍼센트에 대해 구속 판결을 내렸다.

이 연구는 알고리즘이 예측한 불출석률을 바탕으로 수감하게 되면, 수감자를 지나치게 늘리지 않으면서도 불출석률을 25퍼센트가량 줄이거나 범죄율을 높이지 않으면서도 수감자를 42퍼센트가량 줄일 수 있다고 말한다. 이런 접근법에는 윤리 영역의 질문이 동반되는 게 당연하다. 또 알고리즘 기반 방식을 택하는 데 대해 우리 인간이 느끼는 자연스러운 거부감은 각 사건을 유일하고 독립된 것으로 바라보고자 하는 우리의 의지와 어느 정도 관련이 있다. '냉정하게' 알고리즘을 통해 다른 사건과 비교된다는 사실은 어떻게 보면 각 개인의 정체성과 존엄성을 무시하는 결과를 가져올 수 있다.

요약을 해보면 이렇다. 즉, 독립적인 사법부는 실제로 사유 재산권과 사업의 자유를 더 잘 보호해줄 수 있는 게 사실이다. 하지만 현실에서는 판사가 여러 종류, 즉 정치 및 언론 관련, 경제적 혹은 심리적 편향성을 갖고 있어 그것이 판결에 영향을 주기도 한다. 그렇지만 재판관의 전문성과 직업 정신을 통해 그러한 편향 요소를 제한할 수는 있다. 사법 체계를 넘어서 무엇보다 사법 제도를 포함한 국가의 제도를 변화시키는 동력은 시민 사회라는 점을 인정하지 않을 수 없다. 그러니 이제 시민 사회에 대한 논의를 이어가도록 하자.

시민 사회의 역할

앞에서 강력한 행정부 권력의 장단점을 살펴보고, 이를 제한하거나 조율할 수 있는 여러 가지 제도적 장치에 대해 알아보았다. 하지만 헌법이란 불완전 계약이라는 점을 기억해야 하며, 현실에서는 그러한 제도적 장치의 효율적 도입이나 실행이 보장되어 있지 않다는 점 또한 상기해야 한다. 그렇기 때문에 시민 사회의 개입이 필요하다. 불완전한 계약의 실행을 보장할 수 있는 도구 역할을 하기 때문이다.

불완전 계약과 시민 사회

새뮤얼 볼스와 웬디 칼린(Samuel Bowles et Wendy Carlin, 2020a)[26]이 설명한 것처럼 계약이 불완전한 경우, 그리고 그 계약이 고용주와 고용인의 관계든 채무자와 채권자의 관계든, 아니면 구매자와 판매자의 관계든 구체적인 계약 실천은 계약에 명시된 권력의 할당 양상 및 현재 사회에 적용되는 사회 규범에 사실상 달려 있는 문제다. 그러니까 불완전 계약이라는 주고받음의 관계는 순전히 경제적이지만은 않으며 정치·사회적인 면모가 더해진다. 그중에서도 사회 규범, 그리고 이러한 규범을 장려하는 시민 사회야말로 고용주나 채권자의 권력 남용을 부분적으로나마 제한하는 역할을 한다. 도표 15.3은 이러한 논리를 명쾌하게 설명해준다. 이 도표

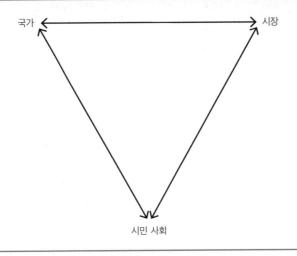

국가

시장

시민 사회

출처: Bowles et Carlin (2020a)에서 재구성.

는 3개의 꼭짓점에 국가, 시장 그리고 시민 사회가 자리한 삼각형 모양이
다. '시장'이라는 꼭짓점은 사업가, 소비자, 고용인 같은 민간 주체와 이
러한 주체들이 상호 작용하는 조직, 즉 기업 등을 의미한다. '시장' 꼭짓
점에 가까워질수록 경제는 시장 원칙과 자유방임에 의해 움직인다. '국
가'라는 꼭짓점은 행정 권력을 의미한다. '국가' 꼭짓점에 가까울수록 행
정 권력은 시장과 시민 사회를 무시하는 성향이 커진다. 이러한 극단의
경우로는 중앙 집권화한 권위주의적 계획 경제를 상상해볼 수 있다.* 마

---

* 　국가와 시민 사회 사이의 공간을 의미하는 《좁은 복도》(2019)라는 제목의 최근 공
저에서 아제모글루와 로빈슨은 '전제주의적 리바이어던'을 언급한다. 이는 '전제 정권'을
의미한다. 이런 시점은 토머스 홉스의 저서 《리바이어던》에서 가져온 표현이다. 홉스의

지막으로 '시민 사회'라는 꼭짓점을 향해 다가갈수록 그 사회는 자치 공동체적 성격이 강해진다.[27] 이 경우의 극단적 예는 완전한 무정부주의 사회일 것이다.* 혁신과 창조적 파괴를 촉진하는 데 있어 이상적인 조합은 이 삼각형의 가운데 공간에 위치한다. 다시 말해, 이상적인 조합은 시장·국가 그리고 시민 사회를 균형 있는 방식으로 결합시켜야 가능하다.

고용주와 고용인 간의 불완전 계약이나 채무자와 채권자 간의 불완전 계약에 해당하는 이야기[28]는 한 국가의 헌법이라는 불완전 계약에서도 마찬가지라고 볼 수 있다. 시민 사회의 역할은 우리가 앞에서 언급한 바와 같이 헌법상의 견제 권력을 구현하는 일이다. 시민 사회는 무엇보다 행정부의 권력을 감시하기 위한 헌법상의 조치가 실효성을 가질 수 있게끔 하는 역할을 한다. 다른 말로 설명하면, 시민 사회는 행정부에 대한 감시를 개념 차원에서 실질 차원으로 만들어준다는 뜻이다.

두 가지 사례: 코로나19와 기후 문제

코로나19 사례. 볼스와 칼린(Bowles et Carlin, 2020b)[29]은 코로나19 팬데믹 사태 악화를 막기 위한 '국가–시장'의 조합에는 보완자로서 시민 사회가 꼭 필요하며 그 역할이 중요하다고 강조한다. 이들은 새로운 치료법이나

원작에서 리바이어던은 "모두의 모두를 향한 전쟁"을 방지하고 억압적인 권력을 통해 공공의 평화를 보장할 수 있는 정치 주체를 의미한다.

* 아제모글루와 로빈슨은 또한 위의 저서에서 '부재하는 리바이어던'을 논하는데, 이는 "시민 사회가 절대 권력을 쥔" 상황을 의미한다. 이들은 나이지리아의 티브족(Tiv) 사회를 예로 들며, 시민 사회 앞에서 국가의 존재가 소멸해버리는 상황을 설명한다. 티브족은 실제로 사회 규범과 징벌 체계를 도입해 그 어떤 개인도 타인에게 자신의 의지를 강요할 수 없는 사회를 만들었다.

백신 개발 등의 동기를 부여하는 데 있어 시장과 경쟁 체제가 결정적 역할을 할 수 있다는 점을 인정한다. 아울러 단기적으로는 보건 위기 상황을 관리하고 중기적으로는 경제를 재활성화하기 위해 국가의 역할 또한 대체 불가하다는 점을 인정한다. 하지만 볼스와 칼린은 전염병 시국 탈출 전략의 일환으로서 시민 사회가 제삼의 주축으로 필수불가결하다는 점을 분명히 강조하고 있다. 이들은 특히 대한민국의 사례를 중심으로 분석하며, 한국이 팬데믹 초기에 상당히 훌륭하게 대처할 수 있었던 건 한국 사회 기저에 자리한 자율 규제와 시민 정신이라는 강점 덕분이었다고 주장한다. 이러한 한국 사회의 강점이 사회적 거리 두기에 필요한 조치를 일찌감치 실행하도록 했기에 바이러스의 전파를 신속하게 제한할 수 있었으며 확진자들을 즉각 책임질 수 있었다는 얘기다. 만약 정부 권력과 강제성에만 의지했다면 코로나19 바이러스를 제압하기 위한 전반적인 공중 보건 전략이 제대로 작동할 수 없었을 거라는 뜻이다.

이러한 시민 정신은 불행히도 다른 나라에서는 찾아보기 어렵다. 프랑스의 경우 2020년 4월 부활절 휴가 당시 수많은 파리 시민이 격리 지침을 어겼고, 미국에서는 도널드 트럼프 대통령 본인이 트위터를 이용해 격리 조치를 반대하는 지방의 시위에 지지 의사를 표했다. 자신이 이끄는 연방 정부의 지침에도 반하는 행태였다.

기후 관련. 9장에서 친환경 혁신을 장려하는 몇 가지 수단에 대해 논의한 바 있다. 탄소세나 친환경 혁신을 우대하는 정부 지원 등은 '국가-시장'이라는 쌍이 실제로 움직이게끔 하는 장치다. 이러한 조치의 부양 효과에 힘입어 국가는 기업이 친환경 기술 방향으로 옮겨가도록 할 수 있다. 우선 탄소세는 오염원이 되는 기술을 생산 및 혁신할 때 기대할 수 있었던 인센티브를 줄이는 역할을 한다. 그리고 친환경 기술 우대 정부 지원은 친환경 기술 개발에 들어가는 비용을 절감해준다. 하지만 앞에서 친환경적 사회 가치의 역할에 대해 논하면서 그러한 가치와 경쟁의 상호 작용 또한 언급한 바 있다. 사회적 가치와 경쟁 사이의 상호 작용은 '시 장-시민 사회'라는 쌍이 개입하도록 만든다. 즉, 시민 사회는 친환경적 사회 가치의 기수 역할을 하고, 시장은 경쟁과 혁신이 작용하는 장(場)이 라는 말이다.* 우리는 첫째, 시민이 환경 보호에 긍정적일수록, 또 좀더 환경친화적인 경제로 향하기 위해 기꺼이 비용을 지불할 의지가 있을수 록 기업은 소비자의 취향에 맞추기 위해 친환경 기술 분야의 혁신에 더 노력을 기울인다는 점을 확인했다. 그리고 둘째, 상품과 서비스 시장에서 경쟁의 정도는 친환경 혁신에 대한 사회적 선호도의 영향을 드러낸다는 점 또한 지적한 바 있다. 실제로, 소비자가 환경을 중시하는 나라에서는 기업이 타사들과의 경쟁 구도에서 벗어나기 위해 친환경적 혁신을 더욱 강하게 추구한다. 마지막으로, '국가-시민 사회'라는 쌍의 관계는 시민의 행동과 정부의 결정 사이에 벌어지는 상호 작용을 의미한다고 언급했다. 환경주의자들의 요구가 압박으로 작용해 국가는 기후 문제 대응을 위한 법적 장치를 만들게 된다는 뜻이다. 이야기를 종합해보면, 기후 온난화 대응 정책이 성공하기 위해서는 3개의 축, 즉 시장·국가 및 시민 사회가 모두 제대로 작동해야 한다는 뜻이다.

시민 사회는 어떻게 민주주의를 내실 있게 하는가

미국의 민권 투쟁. 독립전쟁이 끝난 직후, 미국 헌법은 흑인 시민에게 모

---

* 국가는 경쟁 정책을 통해 국내 시장의 경쟁 정도에 개입하며, 정보와 교육 정책을 통해 사회적 가치 수립에도 개입하는 식으로 이러한 구조를 북돋을 수 있다.

두와 동등한 헌법상의 권리를 보장하도록 수정되었다. 하지만 일부 주 정부는 이를 유명무실하게 만들었다. 특히 흑인 시민이 투표권을 행사하기 위해 투표인 명부에 등록하는 것 자체를 막기도 했다. 이렇게 흑인에 대한 차별 조치와 불공정 행위가 끈질기게 이어지자 이에 대한 대응으로 남부 여러 주에서 시민권 운동이 일어났다. 이 운동은 조직적이고 연대적인 움직임으로서 1955~1968년까지 광범위한 영향을 미쳤다. 미국 흑인 시민권 운동의 핵심은 비폭력적인 성격으로 행진, 연좌시위, 보이콧을 비롯한 시민 불복종 및 연방 법원 항소 등의 방법을 동원했다. 점진적으로 연방 정부의 상위 법원은 남부 주에서 흑인의 선거권을 제한하는 행위는 위헌이라고 판결하기 시작했다. 이렇게 해서 1964년 민권법(Civil Rights Act)이 제정되었고, 미국 연방 대법원은 투표인 명부 등록 절차상의 그 어떤 차별적 조치도 위헌이라고 판결했다. 무엇보다 1965년 연방 대법원의 투표권법(Voting Rights Act)은 주 혹은 카운티 단위로 인구 대비 투표권 보유 흑인의 수가 상대적으로 낮은 지역에서는 투표인 명부 등록이나 선거 절차를 연방 정부가 관리하도록 하는 내용을 담고 있다. 이야기를 종합해보면, 미국 독립전쟁 이후 연방 헌법에 정식으로 명기되어 있는 근본적 권리를 진정으로 행사할 수 있게끔 만든 주체는 시민권 운동을 주도한 시민 사회였다.

프랑스 헌법재판소 제소 문제와 '68 운동' 효과. 1974년 10월 29일 헌법 개정을 통해 프랑스 헌법재판소에 제소할 수 있는 권리를 확대 적용하게 되었다는 사실은 앞에서 언급한 바 있다. 이는 새롭게 선출된 당시 대통령 발레리 지스카르 데스탱(Valéry Giscard d'Estaing)이 주도한 조치로, 의회 소수파의 특권을 넓히는 내용이라고 할 수 있다. 적어도 60명의 하원의원이나 60명의 상원의원을 보유한 집단이라면 헌법재판소 제소가 가능해졌기 때문이다. 이 헌법 개정의 효과는 즉각 나타났다. 헌법재판소 제소 건수가 1974년 이후 크게 증가한 것이다. 개혁 이전 10년간 5건에 불과했던 제소 건수가 1974년 이후 10년간 94건에 달했다. 즉, 19배로 늘어났다는 뜻이다. 이러한 권리의 확대에 관해 질문을 받은 발레리 지스카르 데스탱 대통령은 해당 조치가 1968년 5월의 학생 저항 운동과 직접적인 관련이 있다고 답변했다. 요컨대 그 정도 규모의 소요 사태가 재발할 가능성을 미연에 방지하기 위해서는 야당의 권리를 확대하고, 의회의 다수당과 야권 사이에 대화를 장려해야 한다고 생각했다는 것이다. 이처럼 1968년 학생 운동을 통해 프랑스 시민 사회는 정치권력이 제대로 된 행정부 감시자 역할을 할 수 있는 헌법 개정안을 도입하도록 했다. 시민 사회가 행동에 나섬으로써 행정부로 하여금 시민 사회에 더 큰 힘을 허락하게 만들고, 그렇게 함으로써 헌법이라는 사회 계약에 진정한 내실을 다질 수 있었다.

담보의 방식으로서 견제 세력 확장

소요 사태나 혁명을 방지하기 위한 견제 세력의 범주 확장이라는 개념은 공저를 통해 아제모글루와 로빈슨(Acemoglu et Robinson, 2000)[30]이 이론화한 내용이다. 이들이 활용한 이론상의 본보기를 통해, 예를 들어 영국에서는 시민 사회의 압력하에 1820~1920년 투표권이 어떻게 점차 확대되었는지를 설명할 수 있다(도표 15.4). 1832년까지만 해도 영국에서 투표권은 소수의 지배층에게만 한정된 권리였다. 1832년 투표권을 받을 수 있는 자산 규모의 상한선을 하향 조정하면서 영국 남성 7명 중 1명꼴로 투표권을 보유하게 되었다. 1867년에는 도시에 거주하며 부동산 자산을 소유한 모든 남성에게 투표권이 확대되었다. 1884년이 되자 농지를 보유한

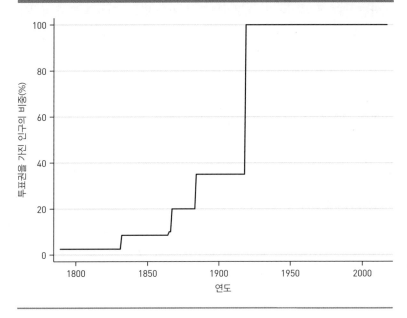

출처: Our World in Data.

남자도 투표권을 행사할 수 있었다. 1919년에는 21세 이상의 모든 남성과 30세 이상의 여성까지 투표권을 얻었다.

　어째서 영국의 엘리트 계층은 이렇게 투표권을 점차 확대하는 데 동의했을까? 그로 인해 공공 투자와 재분배가 발생해 결과적으로는 자신들만이 쥐고 있던 정치권력과 경제 자산이 줄어들었는데도 말이다. 이에 대한 대답은 다음과 같다. 투표권 확장이라는 믿을 만한 방식을 통해 이들은 공공 서비스와 재분배 체계를 확립할 의무를 수행하게 되었고, 이렇게 해서 중대한 사회 불안이나 심지어 혁명 같은 정치 위기를 피해갈 수 있었다는 얘기다. 엘리트 계층이 단순히 부를 재분배하겠다는 약속을 하는 것만으로는 충분치 않았을 것이다. 시민 사회에 어느 정도 통제권을 내주어야만 했던 게 사실이다. 그렇기에 투표권 확대라는 담보를 통해 자신들의 약속에 신빙성을 부여했다고 볼 수 있다.[31] 시민 사회가 행정 권력에 혁명이 우려된다는 압박을 줄 수 있었기에 권력 계층은 투표권 확대 방법을 통해 사회 계약을 완성하고자 했고, 이로써 그 사회 계약이 실천될 거라는 신뢰를 심어줄 수 있었다고 하겠다.

최근의 한 연구는 유럽 12개국의 1820~1938년 자료를 바탕으로 위의 가설을 시험해보았다(Aidt et Jensen, 2014).[32] 혁명 발생 위협이 각 나라의 투표권 확대에 끼친 영향을 분석한 이 논문은 투표권 확대 지표를 의회 선거에서 투표를 행사할 수 있는 인구의 비율로 측정했다. 또 각국의 혁명 발생 위험 정도를 이웃 나라에서 발생한 정치 혁명에 견주어 측정했는데,* 이는 혁명이 국가 간에 전파되는 성격이 있기 때문이다. 평균적으로 볼 때, 혁명 위협이 느껴지면 해당 국가의 투표권 확대에 의미 있는 수준으로 긍정적인 영향이 나타났다. 특히 유럽 어딘가에서 혁명이 발생했을 때 단기적으로 나타나는 영향으로는 투표권 보유 인구 비중이 약 2퍼센트 정도 증가했다는 점을 지적해볼 수 있다.

그렇지만 현 정치권력이 민주주의의 장을 넓히기로 결정하는 경우에, 시민 사회의 저항에 대한 우려가 그 유일한 동기라고 할 수는 없다. 예를 들어, 니콜라 사르코지(Nicolas Sarkozy) 대통령이 2008년 제안한 개헌은 그러한 우려 때문에 이뤄진 게 아니었다. 그가 제시한 개혁은 의회 야

---

* 위 연구에서는 1830년의 프랑스 7월 혁명, '민중의 봄(프랑스, 오스트리아, 독일, 헝가리, 이탈리아를 비롯한 유럽 각지에서 벌어진 1848년의 혁명을 말한다)', 1870~1871년의 파리 코뮌, 그리고 1917년의 10월 혁명 등이 주요 사례라고 할 수 있다.

당 의원에게 좀더 많은 특권을 허용하는 내용을 담고 있었다. 특히 '사후' 제소, 즉 법안 발효 이후에도* 헌법재판소에 제소할 수 있도록 하는 내용과 국무원 혹은 최고 법원인 파기원(Cour de cassation, 破棄院)을 통해 프랑스 시민이라면 누구나 헌법재판소에 제소할 수 있도록 하는 안이 포함되었다. 좀더 포괄적으로 말하자면, 사르코지 대통령이 시도한 이 조치는 야심 찬 개혁안으로 야당을 포섭하고자 하는 의도에서 비롯되었다고 볼 수 있다.

그렇다고 해서 과연 오늘날 새로운 대규모 시민 저항 운동의 위협을 무시해도 좋을까? 현 사회에서도 위에서 언급한 것과 같은 절차가 여전히 유효할까? 2018년 11월부터 2019년 3월까지 지속된 프랑스의 '노란 조끼' 운동은 그러한 위협을 여전히 심각하게 받아들여야 하며, 행정부가 지나친 자신감을 가지고 행동에 임할 경우 상당한 암초에 부딪힐 수 있다는 교훈을 주었다.

시민 사회를 무시할 경우 치러야 하는 대가: '노란 조끼' 운동의 사례

프랑수아 올랑드(François Hollande) 대통령 정권에서 재정경제부 장관을 지낸 에마뉘엘 마크롱(Emmanuel Macron)이 2017년 5월 대통령에 선출되었다.** 마크롱의 대선 승리는 2017년 총선에서의 압승과 함께 더욱 큰 파

---

* 당시에는 헌법에서 규정하는 대로 오직 사전에, 즉 법안 공표가 이루어지기 전에만 헌법재판소에 제소할 수 있었다.

** 기존 정당 구조를 극복하겠다는 논리를 내세우며 새로운 정치 운동 앙 마르슈 창설로 구체화된 마크롱의 유세 당시 담론은 그가 대선에서 승리하는 데 분명 결정적 역할을 했다. 또한 당시 대선은 마크롱한테 유리하게 진행되었다. 좌파 및 우파 정당에서 각각 경선을 통해 중도와는 거리가 먼 인물을 대선 후보로 뽑은 데다 우파 정당 후보 프랑수

장을 일으켰다. 그가 이끈 정치 운동 앙 마르슈(En Marche)가 '전진하는공화국(LRM)'이라는 이름의 정당으로 변모해 의회에서 다수 의석을 확보했기 때문이다. 반면, 기존 좌파와 우파 정당은 2017년 선거에서 세력이 크게 약화했다. 그 결과 에마뉘엘 마크롱은 개혁을 추구하기에 충분한 의석을 확보할 수 있었고, 2017년 여름부터 곧바로 장기적인 성장을 도모하고 실업을 축소하기 위해 본격적인 개혁 돌격 태세를 갖추기 시작했다. 여기엔 자본 소득에 대한 일괄 원천 징수제 전환〔고정 과세(flat tax)〕, 노동 시장 및 직업 교육 체계 개혁, 교육 제도 개혁 등이 전격 포함되었다.* 이모든 개혁은 마크롱이 대선 후보였을 때 공약으로 내세웠다는 면에서 경제적 차원에서뿐만 아니라 정치적 차원에서도 정당성을 부여해주었다.

무엇보다 자주 행정 명령에 의존하는 방법을 이용해 마크롱 정부는 의회에서의 토론을 제약함으로써 개혁 과정에 속도를 낼 수 있었다. 실제로 이러한 행정 명령 위주의 조치 때문에 의회는 정부의 개혁에 전혀 개입을 못 했고, 특정 분야에 대해 그리고 사전에 정해진 기간 동안 정부가 자의적으로 법적 조치를 취할 수 있도록 허락하는 셈이었다.** 이렇게 해

아 피용(François Fillon)이 여러 가지 법적인 문제에 휘말렸기 때문이다.

* 2017년 9월 22일 서명된 마크롱의 행정 명령은 부당 해고의 경우 프랑스 노동법원이 판결할 수 있는 보상액에 상한선을 명시하고, 무엇보다 각 기업에서 교섭 상대 간 협상이 가장 우선순위를 갖도록 했다.

** 물론 의회가 이러한 개혁 과정에서 완전히 뒷전이었던 것은 아니다. 두 차례의 표결이 있었는데, 첫 번째는 정부가 특정 분야에 대해 행정 명령 조치를 취할 수 있도록 허용하는 '권한 부여' 법안을 통과시킨 표결이었다. 두 번째 표결은 그렇게 해서 발표된 행정 명령의 내용을 비준하는 안을 다루었다. 어찌 되었든 의회의 역할이 크게 제한된 셈이다. 한편으론 행정 명령에 대한 승인을 지나치게 빨리 검토해야 했고, 다른 한편으론 행정 명령을 통해 이미 효력이 발휘되고 있는 법안을 비준 단계에서 국회의원들이 수정하

서 SNCF(프랑스의 국유 철도 회사—옮긴이) 개혁이나 노동법 개혁이 행정 명령을 통해 이루어졌다.

의회에서 야당의 반대를 걱정할 필요가 없고 중개 단체들(corps inter-médiaires: 프랑스에서 시민 개인과 국가 사이에서 어떤 공동의 이익을 위해 행동하는 모든 사회적·정치적 조직을 의미한다. 정당, 노동조합, 경영인 연합, 시민 단체, 상공회의소 나아가 언론까지 여기에 포함된다—옮긴이) 또한 제쳐놓는 데 성공했다고 믿은 당시 프랑스 정부는 이내 다음 단계로 돌입했다. 국민들로부터 별로 지지를 받는 영역이 아닌 데다 대선 후보로서 공약에 들어 있지도 않던 다음과 같은 조치를 들고 나선 것이다. 우선 연금을 더 이상 물가 상승률에 연동시키지 않겠다고 발표했다. 이는 서민층 은퇴자와 그 가족한테 엄청난 타격을 안길 수 있는 조치였다. 또한 학생들을 대상으로 한 주택 보조금(APL)을 인하하고, 자동차 운행 속도 제한을 90킬로미터에서 80킬로미터로 하향 조정했다. 그리고 결정적으로 불에 기름을 끼얹는 조치, 즉 탄소세의 급격한 인상을 발표했다.

시민들의 저항 기미는 이미 2018년 초부터 감지되었다. 하지만 시민사회에서 시작된 저항 운동, 곧 노란 조끼 운동을 촉발한 것은 바로 이 탄소세 인상이었다. 탄소세 인상을 시행하기로 한 정부 인사들은 그 조치가 일석이조의 효과를 가져올 거라고 믿었다. 우선 세수를 늘려 국고를 채울 수 있고, 마크롱 정부의 '친환경'적 면모를 부각시킬 수 있을 거라고 생각했다. 하지만 탄소세 인상을 고안한 관료들이 간과한 게 있었다. 이러한 조치가 가져올 재분배의 문제, 특히 자동차가 아니고서는 출근도 아이들 등교도 해주기 어려운 도시 근교 외곽 주민들한테 미치는 엄청난

는 건 상당히 민감한 사안이었기 때문이다.

타격을 생각지 못한 것이다. 2018년 11월 초 시작된 시위는 그해 12월 1일을 기점으로 도시 게릴라전같이 변모했다. 이날 아르헨티나에서 열린 G20 정상 회담에 참석 중이던 마크롱은 파리의 개선문이 파괴되고, 샹젤리제 거리가 시위대와 경찰이 격렬하게 충돌하는 무대로 돌변한 상황을 텔레비전을 통해 목도했다. 이러한 도심 소요 사태가 있고 나서야 마크롱 대통령은 그해 12월 5일 연료세 인상을 취소하겠노라 발표했다. 시민 사회의 반응을 무시한 대가는 엄청났다. 시위를 저지하는 데에만 180억 유로가 들었을 뿐 아니라, 이후로도 거의 1년간 개혁 조치 시행을 전면 중단해야 했다.

그렇기는 해도 노란 조끼 운동은 긍정적인 결과도 가져왔다. 요컨대 프랑스 정치 제도가 좀더 지방 분권화하고, 행정 권력 역시 지방 분산화하는 데 기여했다. 노란 조끼 운동은 특히 2019년 10월 '기후를 위한 시민 협약'의 도입을 이끌었다. 이 협약은 무작위로 뽑은 시민 150명이 온난화에 대응할 제안을 문서화하는 데 참여하도록 했다. 마크롱 대통령은 이러한 모든 법안과 규제 관련 제안을 자의적으로 '걸러내지 않고' 국민투표나 국회의 표결에 부치겠다고 약속했다. 이는 시민 저항 운동이 재등장할지도 모른다는 두려움이 정치권력에 절박한 압박감으로 작용한 사례라고 볼 수 있다. 이렇게 해서 제도상의 변화를 도출했을 뿐만 아니라, 그러한 변화가 단순히 절차에만 그치지 않고 실제 적용되도록 보장해주는 장치를 마련할 수 있었다.

노란 조끼 운동의 또 다른 영향은 SNS가 진정한 견제 세력으로 부상하는 계기가 되었다는 점이다. 특히 사전에 준비된 공식적 단체 없이도 무에서 유를 창출하듯 시민들이 저항 운동을 조직할 수 있게끔 해준 페이스북의 역할이 컸다. 그런데 이렇게 돌연 SNS가 부상하자 이때까지 전통적으로 시민 사회의 대변인 역할을 해온 언론의 지위에 의문이 생겼다. 지금부터는 그 부분에 대해 논의를 이어가고자 한다.

언론의 역할[33]

시민 사회의 역할에 대해 이야기할 때 언론을 빼놓기란 어렵다. 언론은 증폭기 역할을 하기 때문이다.

언론의 긍정적 역할을 보여주는 교과서적 사례. 언론이 가진 미덕 중 하나는 행정부의 권력 남용에 대해 여론을 환기시키는 역할을 할 수 있다는 점이다. 그 대표적 사례가 조지 W. 부시 행정부 당시 아부그라이브(Abu Ghraib) 교도소 수감자들에 대한 미군의 고문을 폭로한 영상 및 사진 보도다.

2004년 4월 미국 TV 채널 CBS 뉴스에 이라크 아부그라이브 교도소의 수용자들에 대한 학대 및 고문 행위를 상세히 보여주는 사진과 영상이 도착했다. 미군 참모총장은 CBS 담당자에게 연락을 취해 이라크 주둔 미군을 보호해야 하니 적어도 얼마간은 문제의 사진과 영상에 대해 함구해 달라고 부탁했다. 그러나 3주 후 CBS 뉴스는 경쟁사인 〈뉴요커〉가 아부그라이브 교도소의 사진을 확보했고, 이를 게재할지도 모른다는 정보를 입수했다. 이렇게 경쟁 구도가 되자 CBS 뉴스는 자사가 확보하고 있던 사진을 보도하기로 결정했다. 엄청난 추문이 터졌고, 2006년 결국 아부그라이브 교도소에 대한 관리권은 이라크의 해당 관청으로 이전되었다. 이 사건, 특히 물고문을 포함한 고문 행위를 자행했다는 사실이 세상에 알려지자 미국 정부는 2009년 1월 정부 기관에서 심문을 진행할 때 그러한 관행을 전면 금지시키기로 했다.

이렇듯 자유 언론의 존재는 시민 사회가 국가에 영향을 끼칠 수 있게끔 하는 역할을 한다. 더욱이 자유로운 언론 기관 사이의 경쟁은 견제 세력으로서 이들의 역할에 중요한 요소라고 할 수 있다. 이러한 이중의 자유, 즉 언론의 자유와 언론 간 자유 경쟁이야말로 사회 계약이 진정 실효를 거두도록 해준다.

언론과 코로나19. 2019년 12월 30일 중국 우한(武漢)의 중앙병원 응급실장 아이펜(艾芬)은 코로나19 바이러스의 최초 샘플을 분석한 실험실 보고서를 접했다. 그러고는 이 바이러스의 전염성 수준에 대한 우려가 담긴 정보를 주위에 알리기 시작했다. 하지만 이내 그녀는 상사들로부터 주의를 받았다. 2020년 3월 10일 〈인민일보〉 그룹 계열 잡지 〈런위(人物)〉는 아이펜과의 인터뷰를 게재했으나 해당 호의 종이판은 즉각 압류당했다. (〈인민일보〉는 중국공산당 중앙위원회의 공식 언론 기관이다.) 2019년 12월 30일에는 코로나19 바이러스의 분석 보고서를 접한 또 다른 의사 리원량(李文亮)이 위챗(WeChat) 앱을 통해 동료 의사들에게 그 내용을 알렸다. 2020년 1월 3일 그는 "온라인에서 루머를 퍼뜨리고" "사회 질서를 심각하게 위배"한 혐의로 경찰에 불려갔다. 그리고 더 이상 "법에 저촉되는 행위"를 하지 않기로 맹세하고서야 풀려날 수 있었다.[34] (이 청년 의사 리원량은 2020년 2월 7일 코로나19에 감염되어 결국 사망했다.) 코로나19에 관한 정보를 공개하지 않고 의사와 지역 관청이 반사적으로 자체 검열을 하는 관행이 결합해 중국은 이 바이러스가 처음 나타났을 때 제대로 대응하지 못했다. 그 결과는 우리가 이미 아는 대로 전 세계 차원에서 경제적으로나 공중 보건 측면에서 엄청난 피해로 이어졌다.

다른 나라들에서도 코로나19 팬데믹은 정도는 다를지라도 언론에 대한 정권의 검열 혹은 위협 작전을 정당화하는 핑계가 되었다. 언론의 자유를 위반하는 행태를 정당화하기 위해 일부 정권은 '가짜 뉴스'와의 전쟁이라는 구실을 달기도 했다. 그런 말은 시민의 걱정을 덜고 사회 질서를 유지하기 위해서라며 독립 언론의 입을 막으려 얼마 전부터 전제주의 정권들이 애용하던 방법이다. 다시 말하면, 전염병 사태를 빌미로 일부 정권이 시민 사회를 희생시켜 자체 권력을 강화하고 있다는 뜻이다.

터키의 예를 들어보자. 2020년 4월 22일 레제프 타이이프 에르도간(Recep Tayyip Erdogan) 대통령은 언론이 팬데믹과 맞서 싸우는 데 기여하기보다는 잘못된 정보와 가짜 뉴스를 퍼뜨린다고 비난했다. 그런 이유로 언론인은 코로나19 바이러스 자체보다 더 위험한 존재라고 선언하며, 반대를 일삼는 언론이 "자신의 모국에 대항하는 전쟁을 벌이고 있다"고까지 비난 수위를 높였다. 또 2020년 3월 31일 인도 대법원은 기자들의 '책임 의식'을 거론하며 '대대적인 공포심' 유발을 방지하기 위해 코로나19 바이러스 상황에 대해서는 오직 정부의 공식 정보만을 인용해 보도하라고 언론 매체에 지시했다. 헝가리 의회는 2020년 3월 30일 빅토르 오르반(Viktor Orban) 국무총리에게 기간 한정 없이 행정 명령을 통해 법률 제정을 할 수 있는 권리를 부여하는 법안을 통과시켰다. 해당 법안은 또한 코로나19 및 정부 조치와 관련해 '가짜 뉴스'를 전파하는 사람에게는 최고 5년형을 선고할 수 있다는 조항을 포함했다. 이렇게 공중 보건의 위기는 여러 권위주의 정권이 자신들의 정치권력을 군건하게 다지는 기회가 되었다.

정보의 통제가 본질적으로 정치적이라면, 전염병 시대에는 그 말이 더 절실히 들어맞는다. 정보의 통제는 검열 수준에서 위압 또는 개인에게 가하는 직접적 피해(부당한 투옥, 육체적 폭력 행위) 등 여러 차원에서 이루어진다. 그렇게 모로코, 요르단 그리고 시리아 등의 나라는 바이러스 전파의 매개라는 핑계로 종이 신문의 판매를 금지했다. 터키, 요르단, 짐바브웨,

우크라이나 등에서는 폭행당하거나 협박을 받거나 투옥되는 언론인이 점점 늘어나고 있는데, 이는 검열 확대와 동반해서 나타난 현상이다. 일부 언론인은 디지털 동선 추적이라는 새로운 앱에 대해서도 우려를 표명한다. 처음에는 코로나19 바이러스 확산을 저지하기 위해 마련한 동선 추적 앱이 일부 국가에서는 언론을 감시할 목적으로 오용되고 있기 때문이다. 그런 나라들에서는 이미 통례나 다름없는 자체 검열은 물론 협박과 감시를 더욱 강화하고 있다.

●

행정부의 권력에 한계를 분명히 해두는 것은 혁신 경제가 제대로 돌아가기 위해 꼭 필요한 일이다. 행정 권력의 범주를 확실히 해두면 자사의 이득을 보전하고픈 기존 기업과 정치권력 사이의 결탁 가능성을 제한할 수 있다. 다시 말하면, 행정부의 영역을 한정 지음으로써 신진 혁신 기업의 시장 진출을 장려하고, 그 결과 창조적 파괴 과정이 용이해진다는 뜻이다.

　행정 권력을 제어하는 첫 번째 수단은 헌법이다. '불완전 계약'이라는 환경에서 헌법은 규범 사이에 위계질서를 정립하고 권력 기관의 관계를 명시한다. 헌법은 또한 행정부와 입법부 사이의 권력 분립을 정의하며 사법부의 독립성을 확보해준다. 국회의원 선출을 위한 선거 제도를 명시하며 의회의 표결 방식, 수정 권한, 헌법재판소 제소 권한 그리고 임기의 기한 등을 규정하기도 한다. 이 모든 사항은 행정 권력의 범위와 한계를 설정해주는 도구 역할을 한다. 하지만 헌법 차원에서 보장된 이런 내용은 경계 태세를 늦추지 않고 활발히 움직이는 시민 사회 없이는 아무런 의

미도 없는 말에 불과하다.

바로 그렇기 때문에 창조적 파괴와 혁신을 기반으로 하는 경제 체제가 잘 작동하기 위해서는 시장, 국가 그리고 시민 사회라는 삼각 구도가 꼭 필요하다. 시장은 혁신에 필요한 동기를 부여하며 혁신성 높은 기업들 사이에 경쟁이 이루어질 수 있는 장을 제공한다. 국가는 혁신에 대해 재산권을 보장하며 계약이 존중될 수 있도록 감시하고, 투자자로서 그리고 보장의 주체로서 개입한다. 마지막으로 언론, 중개 단체와 민간단체를 아우르는 시민 사회는 행정 권력을 제대로 통제할 수 있는 헌법 차원의 도구를 생산해내고 또 활성화하는 역할을 한다. 아울러 시민 사회는 시장의 운영이 더욱 효율적이고 윤리적이며 공정하게 이루어지도록 보증하는 역할도 맡는다.

실제로, 시민 사회 덕분에 자본주의는 역사 속에서 좀더 제대로 규제받는 체제로 발전해올 수 있었다. 더욱 포괄적이고, 좀더 사회 보장을 제공하고, 좀더 환경에 대해 고민하는 형태의 자본주의 말이다. 하지만 이러한 변화는 선형적으로 이루어지지 않는다. 또 무엇보다 각 나라마다 다른 속도로 변화한다. 오늘날 자본주의 형태에는 어떤 종류가 있으며, 이상적으로는 그중 어느 방향으로 가는 게 옳은가? 이제 바로 그 질문을 던지면서 창조적 파괴의 원동력에 대한 탐색을 마무리하고자 한다.

결론: 자본주의의 미래는 어떠한가

폭발적인 불평등 증가, 15년 전부터 답보하고 있는 경제 성장, 약화할 기미를 보이지 않고 계속되는 기후 변화, 그리고 이제는 팬데믹에 이르기까지 다양한 요소가 우리 사회·경제 체제의 약점을 적나라하게 드러낸다. 이런 구체적인 현실 속에서 나타나는 현상은 국가 단위의 폐쇄성 혹은 세계화의 종말을 부르짖는 이들, 탈성장론자, 그리고 심지어 철저하게 체제를 변모시켜 자본주의를 벗어나야만 한다는 해결책을 제시하는 이들에게까지 밑천 역할을 톡톡히 하고 있다.

이렇게 자본주의는 유례없는 정체성 위기를 맞고 있는 중이다. 자본주의, 특히 아무런 규제도 받지 않는 자본주의가 해로운 결과를 가져올 수 있다는 사실을 부인하는 이는 아무도 없다. 자본주의는 불평등을 악화하고 강자가 약자를 제멋대로 쥐고 흔들 수 있게 만든다. 자본주의는 사회 분열을 가져올 수 있으며 공동체 정신을 무너뜨릴 수 있다. 자본주의는 스트레스를 가중시키고 개인의 건강을 위협해 노동을 불안정하게 한다. 자본주의는 이미 자리 잡은 기업이 로비를 이용해 신진 혁신 기업의 시장 진입을 방해하게 만든다. 또한 기후 온난화 현상을 악화시키고 환경 파괴를 가져온다. 자본주의는 마치 1929년이나 2008년 같은 금융 위기를 촉발해 엄청난 경기 침체를 불러일으킬 수 있다.

그렇다고 해서 자본주의의 폐지가 해결책이라는 말은 아니다. 지난 20세기에 우리는 소비에트연방과 동유럽 그리고 중유럽 공산주의 국가에서 실시했던 중앙 집권화한 계획 경제라는 대안 체제를 이미 경험했다. 해당 국가들은 그 체제로 인해 경제 발전 도상에서 중간 단계를 벗어나지 못했다. 개인의 자유를 거부하고 첨단의 혁신을 이루기 위해 필요한 경제 부양책이 부족했기 때문이다.[1] 1968년 5월 저항 운동을 이끈 저명인사이자 1960~1970년대 프랑스 트로츠키주의 지도자였으나 훗날 프랑스사회당 지도부에 합류했고 유럽의회 사회당 소속 의원을 지낸 앙리 베베르(Henri Weber)는 스칸디나비아 국가의 사례를 바탕으로 자신이 왜 시장 경제 및 사회민주주의 지지자로 돌아섰는지 다음과 같이 설명한 바 있다.[2] "소비에트연방의 농촌과 기업을 대상으로 벌어진 집산화라는 이름의 대재난을 가장 근거리에서 목격한 이후, 스칸디나비아 사회주의자들은 소비에트 국가계획위원회(Gosplan)가 주도하는 경제 지휘 및 생산 도구의 사회화라는 교조에 가장 먼저 반기를 들기 시작했다. 경제를 제어하기 위해, 또 인간적인 경제 체제를 만들기 위해 사유 재산을 압류할 필요는 전혀 없다. 기업을 국영화하고 시장을 철저히 배격할 필요도 없다. 〔……〕 사회에서 기업가다운 창의성이나 노하우, 그리고 역동성을 배제할 필요 또한 전혀 없다. 일정한 조건 아래서는 사업가의 탁월한 강점을 공공 복지를 위해 동원할 수도 있다고 본다." 창조적 파괴를 일으킨다는 점에서 시장 경제는 그 원리 자체가 파열의 성격을 지닌다. 그럼에도 불구하고 역사상 시장 경제는 엄청난 번영의 동력이었다. 200년 전에는 상상도 못 했을 만큼 우리 사회의 경제 발전을 이끌었다. 그러면 번영을 창출하고 빈곤에서 벗어나기 위해서는 자본주의가 지닌 심각한 위험 요소와 약점을 피치 못할 대가라 여기고 받아들일 수밖에 없다는 뜻일까?

이 책에서 우리는 창조적 파괴를 통한 성장이 어떻게 경쟁, 불평등, 환경, 금융, 실업, 건강, 행복, 산업화, 빈곤국의 따라잡기 정책 등과 상호작용하는지 깊이 있게 이해해보고자 했다. 또한 국가의 개입, 즉 행정부의 적절한 제어와 관리가 위에서 언급한 문제들을 공략하면서도 어느 정도 부의 창출을 촉진할 수 있는지 또한 논의했다.

특히 우리는 자유방임 혹은 '시장지상주의'에 경도된 자본주의에서 시민 사회가 고유의 역할을 충분히 해내는 자본주의 단계로 옮겨가면 다음과 같은 것들이 가능해진다는 점을 확인했다. 우선 사회 이동을 활성화하고 혁신 의지를 꺾지 않으면서도 불평등을 축소할 수 있다. 그리고 성장 쇠퇴 추세를 막기 위해 경쟁 정책을 개선할 수 있으며, 기후 온난화에 맞서기 위해 친환경 기술 쪽으로 혁신의 방향을 다시 잡을 수 있다. 또한 보호주의 무역의 경보음을 울리지 않고도 투자와 혁신을 통해 경쟁력을 강화할 수 있고, 실직을 겪는 시민을 보호하기 위해 진정한 사회 보호망을 정립할 수 있다.

아울러 세계화를 포기하지 않고서도 어떻게 투자와 혁신을 통해 국가 경쟁력을 강화할 수 있는지 살펴보았다. 그리고 마지막으로, 과거의 혁신 가들이 자신의 지위를 위협하는 미래의 혁신가들을 막기 위해 행정 권력과 결탁해 '사다리를 걷어차는' 일이 없도록, 시민 사회의 필수불가결한 지지를 바탕으로 우리가 할 수 있는 일에 대해 논의했다.

어떤 이들은 우리가 자본주의 체제의 개혁 가능성에 대해 지나치게 순진하고 낙관적이라고 비판할지도 모른다. 그 비판의 근거로는 여러 나라의 경직된 자본주의 현실을 내세울 테고, 또 온갖 극적인 사건과 불공정 그리고 지난 20세기에 수많은 희생자를 낸 세계대전과 식민주의 갈등으로 점철된 자본주의의 역사를 거론할 수도 있다.

오늘날 우리 앞에 놓인 자본주의의 여러 모델을 비교하면 어떠한 교훈을 얻을 수 있을까? 혁신성이 좀더 강한 미국의 예를 따라야 할까? 아니면 좀더 보호주의 색채가 강한 독일이나 스칸디나비아 국가의 모델을 따라야 할까? 우리는 '또는'이라는 덫에 걸릴 수밖에 없는가? 다시 말하면, 미국 또는 독일 또는 스칸디나비아식 모델 사이에서 반드시 선택을 해야 하는가? 아니면 '또한'이라는 선택, 즉 양쪽의 장점을 가져와 결합시킨 자본주의를 상상하는 것이 가능한가?

'또는'이라는 접근 방식, 즉 뭔가 택일해야만 한다고 믿는 이들은 세상이 '가혹한(영어로는 cutthroat)' 자본주의 사회와 '푸근한(영어로는 cuddly)' 자본주의 체제로 나뉘어 있다고 보는 사람들이다(Acemoglu, Robinson, Verdier, 2017).[3] 미국의 체계는 주로 가혹한 편이고, 스칸디나비아 국가라든지 약간 정도가 덜하긴 해도 독일의 경우는 푸근한 자본주의라고 생각한다.

첨단 기술로의 혁신이 강력한 금전적 동기에 의지하는 한 첨단 수준의 혁신을 추구하는 나라는 사회 보장과 평등이라는 목표를 포기해야만 한다고들 한다. 다시 말하면, 그런 나라는 푸근한 자본주의를 포기하고 가혹한 자본주의 모델을 도입해야 할 거라는 얘기다. 푸근한 자본주의를 선택한 나라는 첨단을 걷는 국가에서 발명한 기술을 모방하는 방식으로밖에 경제 성장을 이룰 수 없다고도 한다. 자국민에게 평등과 사회 보장을 좀더 제공할 수 있을지는 몰라도 결국은 경제 성장을 '가혹한' 나라에 의지할 수밖에 없다는 말이다. 어떻게 보면 가혹한 자본주의 국가들이 나서서 전 세계를 위해 첨단을 추구하고 있다고 주장하는 것이나 다름없다.

미국을 독일 및 스칸디나비아 국가와 비교해보면 과연 그러한 가설을 검증할 수 있을까? 우선 이들 나라 사이의 실제 혁신 경쟁력을 비교해보

표 16.1 국가별 특허 수(2010~2017년 평균)

	인구 100만 명당 출원된 특허의 수	인용 횟수가 가장 많은 '최상위 5퍼센트'에 드는 특허의 수	인용 횟수가 가장 많은 '최상위 5퍼센트' 특허에서 해당 국가의 특허가 차지하는 비중(%)
독일	617.1	170.5	0.4
덴마크	87.4	0.0	0.0
미국	1,186.4	32,678.0	71.7
프랑스	231.1	5.9	0.0
노르웨이	316.4	0.3	0.0
스웨덴	129.8	0.3	0.0

출처: Patstat, 저자들의 계산.

표 16.2 2017년 지니계수와 빈곤율

	지니계수	빈곤율
미국	0.390	0.178
독일	0.289	0.104
스웨덴	0.282	0.093
노르웨이	0.262	0.084
프랑스	0.292	0.081
덴마크	0.261	0.058

주: 덴마크의 경우는 2016년의 수치를 사용했다.
출처: OECD.

자. 표 16.1은 미국이 독일, 프랑스, 스칸디나비아 국가보다 인구 100만 명당 특허의 수가 훨씬 앞선다는 사실을 보여준다(2010~2017년 평균). 게다

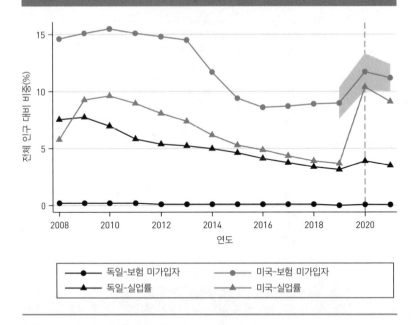

도표 16.1 독일과 미국의 건강 보험 미가입자 비중(2008~2020)

전체 인구 대비 비중(%)

연도

— ● — 독일-보험 미가입자   — ● — 미국-보험 미가입자

— ▲ — 독일-실업률   — ▲ — 미국-실업률

출처: Aghion, Maghin et Sapir (2020).

가 가장 많이 인용된 상위 5퍼센트의 특허만을 따로 계산하면 미국이 압
도적 수준으로 혁신을 주도하고 있다는 사실이 드러난다.

이제는 위 나라들을 불평등과 빈곤율을 통해 비교해보자. 표 16.2를 보
면 지니계수*로 가늠한 소득 불평등 수준과 국민의 빈곤율 지표가 독일
이나 스칸디나비아 국가, 프랑스보다 미국에서 훨씬 높은 수치를 기록한
다는 사실을 알 수 있다.

거시경제 차원의 충격에 대해 국민을 보호하는 문제는 어떠한가? 도

---

* 5장의 내용 참고.

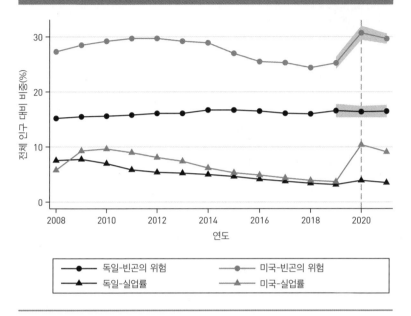

도표 16.2 독일과 미국에서 빈곤선 이하로 추락할 위험에 처한 인구 비중 (2008~2020)

출처: Aghion, Maghin et Sapir (2020).

표 16.1은 독일(검정색 동그라미)과 미국(회색 동그라미)에서 2008년 이후 건강 보험이 없는 개인의 비중 변화 추이를 보여준다. 독일의 경우는 이 지표가 0이다. 독일 국민이라면 누구나 건강 보험의 혜택을 입기 때문이다. 하지만 미국에서는 해당 비중이 높은 수치를 기록한다. 2014년 오바마 케어(아래 내용 참조) 도입 덕분에 이 비중이 줄어든 적은 있지만 코로나 사태 이후로 다시금 현저하게 증가하는 추세에 있다. 이는 코로나19 팬데믹 탓에 실직을 겪은 사람이 증가했기 때문이다. 실제로 미국에서 건강 보험은 개인을 고용하는 기업의 선택에 달려 있다. 이와 유사하게 도표 16.2를 통해 독일(검정색 동그라미)과 미국(회색 동그라미)에서 2008년 이후 빈

곤선 이하로 추락할 위험이 있는 인구 비중의 변화 추이를 살펴보면, 팬데믹 이후 독일보다 미국에서 훨씬 극적인 양상으로 빈곤 증가의 위험이 있다는 게 재차 분명히 드러난다.

한편으론 혁신 경쟁력을 놓고, 다른 한편으론 불평등 및 빈곤 혹은 거시경제 차원의 충격에 대한 국가의 보장 조치를 놓고 이중으로 비교해보면 언뜻 위에서 언급한 '또는' 모델, 즉 양자택일을 하는 게 옳다고 생각할 수 있다. 즉, 미국식 자본주의와 독일 혹은 스칸디나비아식 자본주의 중 선택을 해야 한다는 논리 말이다. 하지만 이런 비교는 특정 시점의 국가 간 비교일 뿐이라는 점을 강조하고 싶다. 한 국가 내에서 장기간 동안의 변화 양상을 보여주는 자료가 아니라는 얘기다. 스칸디나비아 국가와 미국에서 특정한 분야의 변화 양상을 살펴보면, 이 두 가지 형태의 자본주의를 통합하는 게 가능할 거라는 희망이 싹튼다.

스칸디나비아 국가와 관련해서는 11장과 14장에서 덴마크의 플렉시큐리티 체계 도입에 대해 이야기한 바 있다. 이 아이디어야말로 혁신과 창조적 파괴를 장려하면서도 실직 노동자의 소득을 보호하고, 이들이 새로운 직장으로 좀더 쉽게 옮겨가도록 노동 시장의 유연성을 강화하는 걸 중심으로 한다. 이러한 제도 개혁은 덴마크의 혁신성을 강화시켰다. 그렇다고 해서 덴마크의 사회 모델에 누가 되지도 않았다. 덴마크는 현재까지도 전 세계에서 불평등 수준이나 국민의 빈곤율이 가장 낮은 나라에 속한다.

스웨덴의 사례 또한 흥미롭다. 1991년 스웨덴은 혁신을 도모하기 위해 대대적인 세제 개혁을 감행했다. 소득세 상위 구간의 한계 세율을 88퍼센트에서 55퍼센트로 낮추고, 자본 소득은 30퍼센트로 일괄 과세하기로 결정했다.* 스웨덴 화폐 크로나(krona)의 평가 절하와 겹쳐 이 세제 개혁은 스웨덴의 혁신을 촉진하고 생산성 향상을 가져왔다. 연간 생산성 증가율은 개혁 조치 이후 4배 높아졌고, 1990년 이후로 혁신성 또한 크게 강화되었다. 이런 결과는 과연 재분배에 피해를 입히면서 발생했을까? 1990년 이후 스웨덴에서 총소득 '상위 1퍼센트'로 본 불평등이 눈에 띄게 늘어난 것은 사실이다. 하지만 지니계수 또는 빈곤율로 살펴본 전반적인 국내 불평등 증가는 거의 발생하지 않았다. 스웨덴은 여전히 세계적으로 사회 보장 국가의 성격이 가장 강하고 불평등 또한 적은 나라에 속한다.

이를 종합해보면 덴마크와 스웨덴은 지금까지 구축해온 사회 보장 국가로서 핵심을 보전하면서도 혁신을 촉진할 수 있는 개혁을 실천한 셈이다. 이러한 성공 사례는 위에서 말한 두 종류의 자본주의에서 장점만을 추려낸 통합의 '또한' 모델이 가능하다는 희망을 심어준다.** 미국도 미국식 자본주의에 사회 보장의 성격을 더하기 위한 개혁 조치를 실시한 바 있다. 무엇보다 흔히 '오바마 케어'라 불리는 '환자보호 및 부담적정보호법'이 그 대표 사례라 하겠다. 이 법안은 더 많은 미국 시민에게 건강 보험을 제공하는 걸 목표로 한다. 주요 조치 중 하나는 보험 회사가 고객의

---

* 세제 개혁 이전 스웨덴의 과세율을 보면, 자본 소득세에는 누진 원칙을 적용해 최대 한계 세율이 72퍼센트에 달했고 평균으로 잡아도 54퍼센트였다.

** 경제학자 페르 몰란데르(Per Molander, 2017)를 포함한 일부 학자는 스웨덴이 '친시장' 개혁으로 방향을 지나치게 틀었다고 주장한다. 여러 단계를 거쳐 진행된 학교 개혁 중에는 예를 들어, 학교 간 경쟁 체제 도입이 있었다. 여기엔 등록 학생 수가 늘어난 학교에 정부 지원을 더 넉넉히 하는 등의 조치가 포함되었다. 그런데 이러한 개혁은 부작용을 일으켰고, 교육 수준을 향상시키기보다 점수의 인플레이션을 가져왔다. 조세 분야에서는 투자자한테 더욱 강력하게 손짓을 보내기 위해 당시 국무총리 예란 페르손(Göran Fersson)이 2002년 상속세 전면 폐지를 결정했고, 이어 2006년에는 보수 정당 출신 재무장관 페르 누데르(Pär Nuder)가 재산세 폐지를 선언했다.

과거 병력에 따라 보험료를 할증('사전 조건'이라 부르는 악명 높은 조항이다)하지 않고 가입자를 받아야 한다는 조항이었다. 강력한 반대에도 불구하고 이 법안은 2013년 말에 공표되었고, 2016년부터 건강 보험 없는 미국 시민의 비중이 기존의 절반으로 줄어드는 효과를 가져왔다. 보수파와 공화당 측에서 이 법안을 폐지하려고 수차례 시도했지만 지금까지는 모두 수포로 돌아갔다. 그럼에도 불구하고 오바마 케어는 미국에서 좀더 인간적인 자본주의를 구현하는 여정의 작은 한 발자국에 불과하며, 아직 갈 길이 아주 멀다.

좀더 넓게 바라보면, 200년 전 등장한 이후 자본주의의 초기 역사는 대략 '가혹한' 체제였다고 볼 수 있다. 이는 1930년까지만 해도 스웨덴 역시 마찬가지였다. 오늘날의 스웨덴은 영화 〈오달렌(Ådalen) 31〉*에서 잘 묘사한 격렬한 억압 상황과는 너무나 다르고, 오늘날의 프랑스 또한 《제르미날》에서 에밀 졸라가 묘사한 사회상과 전혀 다른 모습을 하고 있다.

하지만 우리가 사는 선진국 사회에서 자본주의는 시간이 지나면서 좀더 보호자답고 좀더 포괄적인 성격이 짙은 모습으로 변해왔다. 이는 무엇보다 노동조합, 진보 정당, 언론 등 시민 사회가 주도한 투쟁 덕택이다. 선구자적인 지성인들이 사회 문제에 개입해 시민 사회에 대한 정부 기관의 억압적인 태도를 변화시킨 것 또한 결정적이었다. 그중에서도 레옹 블룸(Léon Blum, 1936년의 유급 휴가), 프랭클린 루스벨트(1930년의 뉴딜 정책), 윌리엄 베버리지(1942년의 영국 사회 보장 체제), 샤를 드골(Charles de Gaulle,

---

* 1931년 제재소 특화 지구인 스웨덴의 오달렌에서 발생한 극적인 사건을 영화화한 작품이다. 병력을 동원해 노동자 시위를 진압하는 과정에서 벌어진 유혈 사태로 여자아이 한 명을 비롯해 여럿의 사망자가 발생했다.

1945년의 레지스탕스 국가위원회 프로그램), 올로프 팔메(Olof Palme, 1970년대의 스웨덴 사회민주주의 계열 국무총리), 그리고 가장 최근인 버락 오바마(2010년의 오바마 케어)의 예를 드는 걸로 갈무리하겠다. 이와 반대로 보장 성격을 띤 자본주의에서 출발했으나 자국 경제를 좀더 혁신적으로 만드는 데 기여한 개혁자로는 포울 뉘루프 라스무센(Poul Nyrup Rasmussen, 1990년대 덴마크 플렉시큐리티의 아버지), 그리고 아사르 린드베크(Assar Lindbeck, 1991년의 스웨덴 개혁 설계자) 등이 있다.

이런 모든 변화에도 불구하고 미국은 여전히 2008년 금융 위기라든지 코로나19 팬데믹 같은 거시경제 차원의 충격이나 기후 변화에서 기인한 위험 요소 때문에 발생하는 실직 혹은 질병의 위협으로부터 시민 개개인을 보호하는 체계와는 거리가 멀다. 유럽 국가들의 경우는 다른 종류의 문제로 고심 중이다. 바로 대학, 기관 투자자, 벤처 캐피털리스트, 메세나, DARPA 등의 경제 생태계를 만들어내지 못했다는 점이다. 앞으로의 기술 혁명에서 뒤처진 채 뒤에서 쫓아가는 게 아니라 선도 국가가 되기 위해 필요한 생태계 말이다. 이런 체계를 이루지 못하면 유럽은 곧 중국에 따라잡힐지도 모른다.

그렇다고는 해도 우리는 여전히 적어도 두 가지 이유로 인해 '또한'이라는 자본주의 모델에 굳은 신뢰를 갖고 있다. 그 믿음의 첫 번째 이유는 미국에서 사회 보장과 포괄적인 개혁 조치를 혁신에 피해를 주지 않고도 실행한 바 있고, 또한 독일과 스칸디나비아 국가들에서 혁신과 창조적 파괴를 용이하게 만드는 개혁이 실행된 후에도 이 국가들의 사회 체제나 공공 서비스의 근간이 뒤흔들리지 않았다는 관찰 결과 때문이다. 두 번째 이유는 이 책에서 다룬 분석을 바탕으로 하는데, 바로 혁신과 포괄성 혹은 혁신과 보호의 관계는 제로섬 게임이 절대 아니라는 사실 때문이다.

오히려 정반대다. 혁신적인 신진 기업의 시장 진입을 용이하게 하고 연구자의 사명을 일깨우며 혁신과 성장을 촉진하는 동시에 바로 그 혁신과 성장이 더욱 포괄성을 띠도록 만들 수 있다. 잘 고안된 플렉시큐리티 원칙을 노동 시장에 도입하면 실직으로 인한 부정적 영향(특히 건강 관련)으로부터 개인을 보호할 수 있을 뿐 아니라, 실직한 당사자가 적절한 교육을 통해 새로운 직장에 더 잘 준비하도록 독려할 수 있다. 이러한 조치는 창조적 파괴 과정에 피해를 주지 않으면서도 개인에 대한 보호 장치를 강화하는 결과를 가져다준다.

자본주의는 혈기왕성한 말과 같아서 제어 불가능할 정도로 날뛸 수도 있다. 하지만 고삐를 단단히 조이면 우리가 원하는 방향으로 달려갈 수 있다. 이 책에서 우리는 자본주의가 가야 할 길을 안내하기 위해 몇 가지 방향을 제시했고, 그러한 방향으로 움직이기 위해 필요한 몇 가지 원동력을 파악하는 데 주력했다.

코로나19 팬데믹이 가져온 긍정적 영향이 있다면 세계 여러 나라의 자본주의 체제가 가지고 있던 약점과 미진한 부분을 정말 강렬히도 드러냈다는 점이다. 중국의 경우 팬데믹은 표현의 자유가 부재한 경우 나타나는 자본주의의 한계를 드러냈다. 정보를 끌어안은 채 자체 검열까지 더해 새로운 바이러스가 얼마나 위험한지에 대한 전 세계의 각성이 지연되었고, 이는 바이러스 확산에 큰 영향을 미쳤다. 미국의 경우 팬데믹은 실직이나 질병에 대한 국가의 보장 혜택을 받지 못하는, 혹은 제대로 받지 못하는 시민 개개인의 극적인 상황을 적나라하게 노출시켰다. 프랑스에서는 전략적인 분야인 보건 산업을 포함해 자국의 가치 사슬을 지나치게 해외로 이전시킨 나머지 국내 경제가 얼마나 취약해졌는지 드러난 계기였다. 팬데믹은 또한 지나치게 중앙 집권적이거나 지나치게 관료적인 정부, 또

자국의 시민 사회나 관할 영토를 충분히 신뢰하지 못하는 국가의 한계 역시 드러내주었다.

분명 현재의 위기는 '코로나19 이후' 시대를 어떻게 고민해야 할지를 놓고 존재론적 토론을 불러올 게 분명하다. 사전에 이러한 토론이 어떤 방향으로 갈지 예측할 수 없다 하더라도 이 책에서 논한 여러 가지 주제와 분석을 동원할 가능성이 높다고 본다. "자본주의의 미래는 어떠한가"라는 질문에 대해 우리는 앙리 베르그송(Henri Bergson)을 인용해 답하고자 한다. "미래는 우리에게 일어날 무언가가 아니라, 우리가 행동으로 옮길 무언가이다."

감사의 말

오딜 자콥은 수년 전부터 이 책을 집필하라고 독려해왔다. 우리는 그녀의 재능, 창의성, 끈기와 이 책의 여정 내내 흔들림 없던 지지에 경의를 표한다. 이 책이 세상에 나올 수 있었던 건 또한 가엘 쥘리앙이 보여준 훌륭한 편집자로서의 역량 덕분이기도 하다.

이 책에 대해 구체적인 지적을 하고 내용에 기여해준 동료들에게도 열렬한 감사를 표하는 바다. 나디아 앙토냉, 앙토냉 베르조, 베네딕트 베르네르, 마틸드 봉바르디니, 조디 코엔타누지, 에마뉘엘 콩브, 베아트리스 쿠애롱, 막심 그라부에이유, 마르탱 엘위그, 이언 맬컴, 피에르미셸 멩제, 아나수야 라지, 알렉상드라 룰레, 미카엘 솔만, 프란체스코 트레비, 시릴 베를뤼즈 그리고 토마 쥐베르에게 감사한다.

쥘리엣 사고트는 연구 보조 역할을 훌륭하게 수행하고 더욱이 참고 문헌 정리와 작성 작업에 큰 도움을 주었다.

에마 뷔르슈테인과 콜레주 드 프랑스(Collège de France) 산하 이노베이션 랩(Innovation Lab)에 소속된 우리 동료들은 화기애애하면서도 지적 자극이 넘치는 환경을 제공해 이 책을 집필하는 동안 크나큰 도움을 주었다.

전 세계가 코로나19 팬데믹을 겪는 가운데, 그중에서도 2020년 봄 봉쇄 기간 동안 진행된 이 책의 집필에 큰 힘을 실어주고, 또 이토록 유난스러운 시국에 격려를 아끼지 않은 우리의 가족과 친구들에게 무엇보다 큰 감사를 표하고 싶다.

마지막으로 이 책의 원고를 마무리하는 시점에 세상을 떠난 우리의 친구이자 동료 에마뉘엘 파리(Emmanuel Farhi)를 기리고자 한다. 동시대 최고의 천재적 거시경제학자로 국제적 명성을 누린 에마뉘엘은 주변 이야기에 귀 기울이는 걸 결코 소홀히 한 적 없고 언제나 한결같은 지지를 보내준 굉장한 친구이기도 했다. 그의 위대한 지성, 호기심, 대범함 그리고 누구와도 견줄 수 없는 너그러운 성품을 우리는 언제까지고 그리워할 것이다. 이 책을 에마뉘엘에게 바친다.

주

01 새로운 패러다임

1. Schumpeter J. A., *Capitalism, Socialism and Democracy*, Harper and Brothers, 1942. 최근판은 Schumpeter J. A., *Capitalisme, socialisme et démocratie*, trad. française de G. Fain, Payot, coll. "Bibliothéque historique", 1990.

2. 이 인용은 카를 마르크스가 1845년에 쓴 《포이어바흐에 대한 테제》에서 발췌했다. 이 글은 집필한 지 14년이 지나서야 엥겔스에 의해 출판되었다. 번역 해제판으로는 다음의 역서를 참고하기 바란다. Macherey P., *Marx 1845. Les "thèses" sur Feuerbach*, Éditions Amsterdam, 2008.

3. Kahneman D., Deaton A., "High income improves evaluation of life but not emotional well-being", *Proceedings of the National Academy of Sciences*, 2010, 107 (38), pp. 16489-16493.

4. 개발 지표에 대한 논의 중에서도 반드시 참고할 준거가 되는 글은 스티글리츠, 센 그리고 피투시의 공저다. '경쟁력과 사회 발전 측정 위원회'의 보고서는 2권으로 출간되었다. Stiglitz J., Sen A., Fitoussi J.-P., *Richesse des nations et bien-être des individus*, Odile Jacob, 2009; Stiglitz J., Sen A., Fitoussi J.-P., *Vers de nouveaux systèmes de mesure*, Odile Jacob, 2009.

5. Solow R. M., "A contribution to the theory of economic growth", *Quarterly Journal of Economics*, 1956, 70 (1), pp. 65-94.

6. 로머는 혁신 요소는 포함하지만 창조적 파괴는 포함되지 않은 성장 모델을 개발

했다. Romer P. M., "Endogenous technological change", *Journal of political Economy*, 1990, 98 (5, partie 2), pp. 71-102). 로버트 솔로 이후 슘페터식 모델에 이르기까지 다양한 성장 모델에 대한 이론적 논의를 검토하고 싶으면 다음의 저작들을 추천한다. Grossman G. M., Helpman E., *Innovation and Growth in The Global Economy*, MIT Press, 1991; Helpman E. (dir.), *General Purpose Technologies and Economic Growth*, MIT Press, 1998; Jones C. I., *Introduction to Economic Growth*, W.W. Norton & Co, 1998; Barro R. J., Sala-i-Martin X., *Economic Growth*, McGraw Hill, 1995; Aghion P., Howitt P., *Endogenous Growth Theory*, MIT Press, 1998; Acemoglu D., *Introduction to Modern Economic Growth*, Princeton University Press, 2009; Aghion P., Howitt P., *The Economics of Growth*, MIT Press, 2009; Aghion P., Akcigit U., Howitt P., "What do we learn from Schumpeterian growth theory?" in P. Aghion, S. Durlauf (dir.), *Handbook of Economic Growth*, Elsevier, 2014, vol. 2, pp. 515-563. 슘페터식 모델의 가장 최근 버전은 기업의 역동성을 포함하기도 한다. 클레테와 코르툼이 최초로 고안했다. Klette T. J., Kortum S., "Innovating firms and aggregate innovation", *Journal of Political Economy*, 2004, 112 (5), pp. 986-1018. 이들의 선행 연구에 힘입어 추후 연구가 이어졌는데, 특히 우푸크 아크지기트와 공저자들의 연구에 주목할 만하다.

7. Aghion P., Howitt P., "A model of growth through creative destruction", *Econometrica*, 1992, 60 (2), pp. 323-351.

8. Aghion P., Akcigit U., Howitt P., op. cit.

9. Rajan R. G., Zingales L., *Saving Capitalism from the Capitalists: Unleashing the Power of Financial Markets to Create Wealth and Spread Opportunity*, Princeton University Press, 2004.

10. 여기서 혁신에 대한 측정 기준으로 특허를 다룬 수많은 선행 연구를 다 언급하기란 불가능하다. 독자들에게는 다음과 같은 이 분야 선구자들이 남긴 저작을 참고하길 권한다. Pierre Azoulay, Ian Cockburn, Zvi Griliches, Bronwyn Hall, Dietmar Harhoff, Adam Jaffe, Jacques Mairesse, Ariel Pakes, Mark Schankerman, Otto Toivanen, Manuel Trajtenberg, Reinhilde Veugelers 등이 그들이다. 아울러 이들의 인터넷 사이트도 방문하길 권한다.

11. Akcigit U., Grigsby J., Nicholas T., "The rise of American ingenuity: Innovation and inventors of the golden age", *NBER Working Papers*, janvier 2017, n° 23047.

12. Haltiwanger J., Jarmin R. S., Miranda J., "Who creates jobs? Small versus large versus young", *Review of Economics and Statistics*, 2013, 95 (2), pp. 347-361.

13. 기업과 일자리의 창출 및 소멸에 대한 선구적 연구 저서인 다음의 논문들을 참고하기 바란다. Davis S. J., Haltiwanger J., "Measuring gross worker and job flows", in J. Haltiwanger, M. E. Manser et R. Topel (dir.), *Labor Statistics Measurement Issues*, University of Chicago Press, 1998, pp. 77-122; Davis S. J., Haltiwanger J., "Gross job flows", in O. Ashenfelter, D. Card (dir.), *Handbook of Labor Economics*, Elsevier/North-Holland, 1999, vol. 3B, pp. 2711-2805; Haltiwanger J., Jarmin R. S., Miranda J., "Who creates jobs? Small versus large versus young", *Review of Economics and Statistics*, 2013, 95 (2), pp. 347-361; Decker R., Haltiwanger J., Jarmin R., Miranda J., "The role of entrepreneurship in US job creation and economic dynamism", *Journal of Economic Perspectives*, 2014, 28 (3), pp. 3-24; Davis S. J., Haltiwanger J., "Labor market fluidity and economic performance", *NBER Working Papers*, septembre 2014, n° 20479.

14. Akcigit U., Kerr W. R., "Growth through heterogeneous innovations", *Journal of Political Economy*, 2018, 126 (4), pp. 1374-1443.

15. Hsieh C. T., Klenow P. J., "The life cycle of plants in India and Mexico", *Quarterly Journal of Economics*, 2014, 129 (3), pp. 1035-1084.

16. Aghion P., Bergeaud A., Boppart T., Bunel S., "Firm dynamics and growth measurement in France", *Journal of the European Economic Association*, 2018, 16 (4), pp. 933-956.

17. Maddison A., *The World Economy: A Millennial Perspective*, Development Centre Studies, Editions OECD, 2001.

18. 특히 다음의 논문들을 참고하기 바란다. Blundell R., Griffith R., Van Reenen J., "Dynamic count data models of technological innovation", *Economic Journal*,

1995, 105 (429), pp. 333-344; Blundell R., Griffith R., Van Reenen J., "Market share, market value and innovation in a panel of British manufacturing firms", *Review of Economic Studies*, 1999, 66 (3), pp. 529-554; Nickell S. J., "Competition and corporate performance", *Journal of Political Economy*, 1996, 104 (4), pp. 724-746.

19. 1938년 12월 28일, 미국경제학회에서의 연설. Hansen A., "Economic progress and declining population growth", *American Economic Review*, 29 (1), pp. 1-15.

20. 2013년 11월 9일, IMF의 제14차 자크 폴락(Jacques Polak) 연례 회의 강연. Summers L., "IMF economic forum: policy responses to crise".

21. Gordon R., *The Rise and Fall of American Growth*, Princeton University Press, 2016.

22. Baslandze S., "The role of the IT revolution in knowledge diffusion, innovation and reallocation", *2016 Meeting Papers*, Society for Economic Dynamics, 2016, n° 1509.

23. Atkinson A. B., Piketty T., Saez E., "Top incomes in the long run of history", *Journal of Economic Literature*, 2011, 49 (1), pp. 3-71.

24. Piketty T., *Le Capital au xxie siécle*, Seuil, coll. "Les Livres du Nouveau Monde", 2013.

25. 다음의 논문을 참고하기 바란다. Piketty T., "Income inequality in France, 1901-1998", *Journal of Political Economy*, 2003, 111 (5), pp. 1004-1042.

26. Aghion P., Akcigit U., Bergeaud A., Blundell R., Hemous D., "Innovation and top income inequality", *Review of Economic Studies*, 2019, 86 (1), pp. 1-45.

27. Williamson J., "What Washington means by policy reform", in *Latin American adjustment: how much has happened?*, 1990, vol. 1, pp. 90-120.

28. Hausmann R., Rodrik D., Velasco A., "Growth diagnostics", in N. Serra, E. Stiglitz (dir.), *The Washington Consensus Reconsidered: Towards a New Global Governance*, Oxford University Press, 2008, pp. 324-355.

29. Rajan R. G., Zingales L., op., cit.

30. Acemoglu D., Aghion P., Zilibotti F., "Distance to frontier, selection, and

economic growth", *Journal of the European Economic Association*, 2006, 4 (1), pp. 37-74.

02 '이륙'이라는 수수께끼

1. 이어지는 논의는 매디슨이 내놓은 두 권의 주요 저작에 기반한 내용이다. Maddison A., *The World Economy: A Millennial Perspective*, Development Centre Studies, Editions OECD, 2001. Maddison A., *The World Economy: Historical Statistics*, Development Centre Studies, Editions OECD, 2003.

2. 매디슨 역사 통계 프로젝트는 네덜란드의 흐로닝언 대학 내 흐로닝언 성장개발센터(Groningen Growth and Development Centre)에서 2010년에 발족했다. 이 프로젝트의 목표는 매디슨의 연구를 이어가는 것이다. 즉, 다른 지역과 기간에 대해 경제 분야의 성과를 가늠하는 다양한 지표를 파악하는 작업이라고 할 수 있다.

3. Bairoch P., Goertz G., "Factors of urbanisation in the nineteenth century developed countries: A descriptive and econometric analysis", *Urban Studies*, 1986, 23 (4), pp. 285-305.

4. Grauman J. V., "Orders of magnitude of the world's urban population in history", *Population Bulletin of the United Nations*, 1976, (8), pp. 16-33.

5. Maddison A., op. cit.

6. Petty W., "Political Arithmetic" (1690), in C. H. Hull (dir.), *The Economic Writings of Sir William Petty*, Cambridge University Press, 1899, vol. 1, pp. 233-313; King G., "Natural and political observations and conclusions upon the state and condition of England, 1696", *in Two Tracts by Gregory King*, Johns Hopkins Press, 1936.

7. 독자들은 다음의 책에서 케네의 경제표를 찾아볼 수 있다. Quesnay F., *Œuvres économiques complètes et autres textes*, édité par C. Théré, L. Charles et J.-C. Perrot, Institut national d'etudes demographiques, 2005, 2 vol.

8. 국가 계정의 내력을 더욱 충실하게 망라한 설명은 다음의 논문에서 확인할 수 있다. Sauvy A., "Histoire de la comptabilite nationale", *Economie et statistique*, 1970, 14, pp. 19-32.

9. Kuznets S., *National Income, 1929-1932*, National Bureau of Economic Research, 1934.

10. Leontief W., *The Structure of the American Economy, 1919-1939: An Empirical Application of Equilibrium Analysis*, Oxford University Press, 2ᵉ ed, 1951.

11. Meade J., Stone R., *National Income and Expenditure*, Bowes & Bowes, 1957.

12. Perroux F., "Prise de vues sur la croissance de l'économie française, 1780-1950", *Review of Income and Wealth*, 1955, 5 (1), pp. 41-78.

13. Carre J. J., Dubois P., Malinvaud E., *La Croissance française. Un essai d'analyse économique causale de l'après-guerre*, Seuil, 1972.

14. Toutain J. C., "Le produit interieur brut de la France, 1789-1982", *Cahiers de l'ISMEA, Histoire quantitative de l'économie française*, 1987, 15.

15. Levy-Leboyer M., Bourguignon F., *L'Économie française au xixe siècle. Analyse macroéconomique*, Economica, 1985.

16. Fouquet R., Broadberry S., "Seven centuries of European economic growth and decline", *Journal of Economic Perspectives*, 2015, 29 (4), pp. 227-244.

17. Keynes J. M., "Economic possibilities for our grandchildren", in *Essays in Persuasion*, Norton & Co, 1930. 이 책의 최근판은 Palgrave Macmillan에서 2010년에 발간했다. 프랑스에는 다음의 번역본이 소개되어 있다. Keynes J. M., *La Pauvreté dans l'abondance*, trad. française de L. Cordonnier, T. Demals, L. Duchêne, H. Philipson, N. Postel et F. Van de Velde, Gallimard, coll. "Tel", 2002.

18. Broadberry S., Campbell B., Klein A., Overton M., Van Leeuwen B., *British Economic Growth, 1270-1870*, Cambridge University Press, 2015.

19. Malanima P., "The long decline of a leading economy: GDP in central and northern Italy, 1300-1913", *European Review of Economic History*, 2011, 15, pp. 169-219.

20. Van Zanden J. L., Van Leeuwen B., "Persistent but not consistent: the growth of national income in Holland 1347-1807", *Explorations in Economic History*, 2012, 49, pp. 119-130.

21. Álvarez-Nogal C., Prados de la Escosura L., "The rise and fall of Spain (1270-1850)", *Economic History Review*, 2013, 66 (1), pp. 1-7.

22. 지식 재산권 문제에 관해서는 특히 다음의 논문을 참고하기 바란다. North D., Weingast B., "Constitutions and commitment: The evolution of institutions governing public choice in seventeenth-century England", *Journal of Economic History*, 1989, 49 (4), pp. 803-832.

23. Fouquet R., Broadberry S., "Seven centuries of European economic growth and decline", *Journal of Economic Perspectives*, 2015, 29 (4), pp. 227-244.

24. Malthus T. R., An Essay on the Principle of Population, J. Johnson, 1798. 최근판은 *Essai sur le principe de population*, trad. française de P. et G. Prevost, Flammarion, coll. "GF", 1992.

25. 예를 들자면 다음과 같은 연구 논문이 있다. Murphy K. M., Shleifer A., Vishny R. W., "Industrialization and the big push", *Journal of Political Economy*, 1989, 97 (5), pp. 1003-1026.

26. Kremer M., "Population growth and technological change: One million B.C. to 1990", *Quarterly Journal of Economics*, 1993, 108 (3), pp. 681-716.

27. Galor O., Weil D., "Population, technology, and growth: From Malthusian stagnation to the demographic transition and beyond", *American Economic Review*, 2000, 90 (4), pp. 806-828.

28. 이러한 시장 규모의 효과에 대해 경제 분야별 정보를 바탕으로, 또 기업 단위의 정보를 바탕으로 각각 논증한 다음의 두 논문을 독자에게 추천한다. Acemoglu D., Linn J., "Market size in innovation: Theory and evidence from the pharmaceutical industry", *Quarterly Journal of Economics*, 2004, 119 (3), pp. 1049-1090. Aghion P., Bergeaud A., Lequien M., Melitz M. J., "The heterogeneous impact of market size on innovation: Evidence from French firm-level exports", *NBER Working Papers*, mai 2018, n° 24600.

29. Nelson R. R., Phelps E. S., "Investment in humans, technological diffusion, and economic growth", *American Economic Review*, 1966, 56 (1-2), pp. 69-75.

30. Mokyr J., Voth H-J., "Understanding growth in Europe, 1700-870: Theory

and evidence", *Cambridge Economic History of Modern Europe*, 2010, 1, pp. 7-42.

31. 이 부분은 모키르의 다음 논문의 분석을 발전시킨 내용이다. Mokyr J., *The Gifts of Athena: Historical Origins of the Knowledge Economy*, Princeton University Press, 2002. 조엘 모키르의 저작에 대한 매우 전문적인 분석은 배리언이 다음의 논문을 통해 선보인 바 있다. Varian H. R., "R eview of Mokyr's 'Gifts of Athena'", *Journal of Economic Literature*, 2004, 42 (3), pp. 805-810.

32. Mokyr J., op. cit.

33. Encaoua D., "Interactions science-technologie: quelles politiques publiques", *Revue française d'économie*, 2011, 25 (4), pp. 75-119.

34. John R. R., *Spreading the News: The American Postal System from Franklin to Morse*, Harvard University Press, 1995.

35. Puga D., Trefler D., "International trade and institutional change: Medieval Venice's response to globalization", *Quarterly Journal of Economics*, 2014, 129 (2), pp. 753-821.

36. North D. C., Weingast B. R., "Constitutions and commitment: The evolution of institutions governing public choice in seventeenth-century England", *Journal of Economic History*, 1989, 49 (4), pp. 803-832.

37. Renard G., *Guilds in the Middle Ages*, G. Bell & Sons, 1918.

38. Varian H. R., op. cit.

39. Rajan R. G., Zingales L., *Saving Capitalism from the Capitalists: Unleashing the Power of Financial Markets to Create Wealth and Spread Opportunity*, Princeton University Press, 2004.

03 기술 발전의 물결을 두려워해야 하는가

1. Gordon R., "US economic growth since 1870: One big wave?", *American Economic Review*, 1999, 89 (2), pp. 123-128.

2. Bergeaud A., Cette G., Lecat R., "Productivity trends from 1890 to 2012 in advanced countries", *Review of Income and Wealth*, 2016, 62 (3), pp. 420-444.

3. Bergeaud A., Cette G., Lecat R., *Le Bel Avenir de la croissance. Leçons du xxe sièle pour le futur*, Odile Jacob, 2018.

4. 케인스는 이 문제를 다음의 책에서 논했다. Keynes J. M., "Economic possibilities for our grandchildren", in *Essays in Persuasion*, Norton & Co, 1930. 이 책은 2010년에 Palgrave Macmillan에서 재발간했고, 프랑스어판 번역 및 소개는 다음을 참조하기 바란다. Keynes J. M., *La Pauvreté dans l'abondance*, trad. française de L. Cordonnier, T. Demals, L. Duchêne, H. Philipson, N. Postel et F. Van de Velde, Gallimard, coll. "Tel", 2002.

5. Solow R. M., "We'd better watch out", *New York Times*, 12 juillet 1987.

6. Bresnahan T. F., Trajtenberg M., "General purpose technologies 'Engines of growth'?", *Journal of Econometrics*, 1995, 65 (1), pp. 83-108.

7. 이 부분에 관해서는 다음의 책에 참여한 모든 저자들의 글을 참고하기를 권한다. Helpman E. (dir.), *General Purpose Technologies and Economic Growth*, MIT Press, 1998.

8. Jovanovic B., Rousseau P. L., "General purpose technologies", in P. Aghion, S. Durlauf (dir.), *Handbook of Economic Growth*, Elsevier, 2005, vol. 1, pp. 1181-1224.

9. Helpman E., Trajtenberg M., "Diffusion of general purpose technologies", in E. Helpman (dir.), op. cit., pp. 85-119.

10. 이 부분의 논의는 데이비드가 다음의 논문에서 제시한 가이드라인을 따르고 있다. David P. A., "The dynamo and the computer: An historical perspective on the modern productivity paradox", *American Economic Review*, 1990, 80 (2), pp. 355-361.

11. Baslandze S., "The role of the IT revolution in knowledge diffusion, innovation and reallocation", *2016 Meeting Papers, Society for Economic Dynamics*, 2016, n° 1509.

12. Brynjolfsson E., Yang S., "Information technology and productivity: A review of the literature", in M. Zelkowitz (dir.), *Advances in Computers*, Academic Press, 1996, vol. 43, pp. 179-214.

13. 다음의 논문들 참조. Zeira J., "Workers, machines, and economic growth",

Quarterly Journal of Economics, 1998, 113 (4), pp. 1091-117; Acemoglu D., Restrepo P., "Robots and jobs: Evidence from US labor markets", *Journal of Political Economy,* 2020, 128 (6), à paraître; et Aghion P., Jones B., Jones C., "Artificial intelligence and economic growth", *NBER Working Papers,* octobre 2017, n° 23928.

14. Aghion P., Jones B., Jones C., op. cit.

15. Henson G., *The Civil, Political, and Mechanical History of the Framework-Knitters in Europe and America*, Richard Sutton, 1831, p. 45.

16. Schumpeter J. A., *Capitalism, Socialism and Democracy*, Harper and Brothers, 1942. 최근의 프랑스어 판본은 다음과 같다. Schumpeter J. A., *Capitalisme, socialisme et démocratie*, trad. française de G. Fain, Payot, coll. "Bibliothèque historique", 1990.

17. Keynes J. M., "Economic possibilities for our grandchildren", in *Essays in Persuasion*, Norton & Co, 1930. 최근의 판본: Palgrave Macmillan (2010).

18. Leontief W., "Machines and man", *Scientific American*, 1952, 187 (3), pp. 150-164.

19. 선행 연구들에 대한 좀더 철저한 검토는 다음의 논문에서 찾아볼 수 있다. Aghion P., Antonin C., Bunel S., "Artificial intelligence, growth and employment: the role of policy", *Économie et statistique*, 2019, 510 (1), pp. 149-164.

20. Acemoglu D., Restrepo P., "Robots and jobs: Evidence from US labor markets", *Journal of Political Economy*, 2020, 128 (6), à paraître.

21. Aghion P., Antonin C., Bunel S., Jaravel X., "What are the labor and product market effects of automation? New evidence from France", *Sciences Po OFCE Working Papers*, janvier 2020.

22. "Automation", in *Encyclopaedia Britannica*, 2015.

04 경쟁은 바람직한가

1. 예를 들면 다음의 논문들을 언급할 수 있다. Blundell R., Griffith R., Van Reenen J., "Dynamic count data models of technological innovation", *Economic*

Journal, 1995, 105 (429), pp. 333-344; Blundell R., Griffith R., Van Reenen J., "Market share, market value and innovation in a panel of British manufacturing firms", *Review of Economic Studies*, 1999, 66 (3), pp. 529-554; Nickell S. J., "Competition and corporate performance", *Journal of Political Economy*, 1996, 104 (4), pp. 724-746.

2. Autor D., Dorn D., Katz L. F., Patterson C., Van Reenen J., "The fall of the labor share and the rise of superstar firms", *Quarterly Journal of Economics*, 2020, 135 (2), pp. 645-09.

3. 이 개념의 설명에 대해서는 다음 논문을 독자에게 추천한다. Baumol W. J., "Contestable markets: An uprising in the theory of industry structure", in *Microtheory: Applications and Origins*, MIT Press, 1986, pp. 40-54.

4. Baumol W. J., Panzar J. C., Willig R. D., *Contestable Markets and the Theory of Industry Structure*, Harcourt Brace Jovanovich, 1982.

5. Aghion P., Howitt P., "A model of growth through creative destruction", *Econometrica*, 1992, 60 (2), pp. 323-351.

6. 다음 논문을 펴낸 학자들의 연구를 언급하는 것이다. Blundell R., Griffith R., Van Reenen J., op. cit. et Nickell S., "Competition and corporate performance", *Journal of Political Economy*, 1996, 104 (4), pp. 724-746.

7. 다음의 논문들을 참고하기 바란다. Aghion P., Bloom N., Blundell R., Griffith R., Howitt P., "Competition and innovation: An inverted-U relationship", *Quarterly Journal of Economics*, 2005, 120 (2), pp. 701-728; Aghion P., Griffith R., Howitt P., "Vertical integration and competition", *American Economic Review*, 2006, 96 (2), pp. 97-102; Aghion P., Blundell R., Griffith R., Howitt P., Prantl S., "The effects of entry on incumbent innovation and productivity", *Review of Economics and Statistics*, 2009, 91 (1), pp. 20-32. 또한 다음의 논문을 읽어보라고 권하고 싶다. Vives X., "Innovation and competitive pressure", *Journal of Industrial Economics*, 2008, 56 (3), pp. 419-469.

8. Nelson R. R., Phelps E. S., "Investment in humans, technological diffusion, and economic growth", *American Economic Review*, 1966, 56 (1/2), pp. 69-75.

9. Aghion P., Blundell R., Griffith R., Howitt P., Prantl S., op. cit.

10. Aghion P., *Repenser la croissance économique*, Fayard, 2016.

11. Aghion P., Bergeaud A., Gigout T., Lequien M., Melitz M., "Spreading knowledge across the world: Innovation spillover through trade expansion", mimeo, Université Harvard, mars 2019.

12. Aghion P., Bloom N., Blundell R., Griffith R., Howitt P., op. cit.

13. 이는 혁신이 상품의 다양성을 확대시킨다고 보는 성장 모델과 또한 관계가 있다. 예를 들어 다음의 논문을 참조하기 바란다. Romer P. M., "Endogenous technological change", *Journal of Political Economy*, 1990, 98 (5, 2e partie), pp. 71-102.

14. 독자들에게 이들이 펴낸 다음과 같은 저서를 살펴보길 권한다. Boldrin M., Levine D. K., *Against Intellectual Monopoly*, Cambridge University Press, 2008; 또는 이들이 공저한 다음의 두 논문을 참고하기 바란다. Boldrin M., Levine D. K., "Perfectly competitive innovation", *Journal of Monetary Economics*, 2008, 55 (3), pp. 435-453; Boldrin M., Levine D. K., "The case against patents", *Journal of Economic Perspectives*, 2013, 27 (1), pp. 3-22.

15. Aghion P., Howitt P., Prantl S., "Patent rights, product market reforms, and innovation", *Journal of Economic Growth*, 2015, 20 (3), pp. 223-262.

16. Philippon T., *The Great Reversal: How America Gave Up on Free Markets*, Harvard University Press, 2019.

17. Bombardini M., "Firm heterogeneity and lobby participation", *Journal of International Economics*, 2008, 75 (2), pp. 329-348; Bombardini M., Trebbi F., "Empirical models of lobbying", *Annual Review of Economics*, 2020, 12, à paraître; Bertrand M., Bombardini M., Trebbi F., "Is it whom you know or what you know? An empirical assessment of the lobbying process", *American Economic Review*, 2014, 104 (12), pp. 3885-3920.

18. Autor D., Dorn D., Katz L. F., Patterson C., Van Reenen J., "The fall of the labor share and the rise of superstar firms", *Quarterly Journal of Economics*, 2020, 135 (2), pp. 645-709.

19. Aghion P., Bergeaud A., Boppart T., Klenow P. J., Li H., "A theory of falling growth and rising rents", *NBER Working Papers*, novembre 2019, n° 26448.

20. 예를 들어 다음의 저서를 참고하기 바란다. List F., *Das national System der politischen Ökonomie*, trad. française de H. Richelot, Capelle, 1841. 최근판 은 trad. française de H. Richelot, Gallimard, coll. "Tel", 1998.

21. Krueger A. O., *Political Economy of Policy Reform in Developing Countries*, MIT Press, 1993; Krueger A. O., "Policy lessons from development experience since the Second World War", in J. Behrman, T. N. Srinivasan (dir.), *Handbook of Development Economics*, Elsevier, 1995, vol. 3B, pp. 2497-2550.

22. 이 부분에 대해서는 다음의 두 논문을 참고할 수 있겠다. Acemoglu D., Aghion P., Zilibotti F., "Distance to frontier, selection, and economic growth", *Journal of the European Economic Association*, 2006, 4 (1), pp. 37-34; Aghion P., Howitt P., "Appropriate growth policy: A unifying framework", *Journal of the European Economic Association*, 2006, 4 (2-3), pp. 269-314.

23. Laffont J.-J., Tirole J., *Théorie des incitations et réglementation, Economica*, coll. "Économie et statistiques avancées", 2012.

24. Aghion P., Dechezleprêtre A., Hémous D., Martin R., Van Reenen J., "Carbon taxes, path dependency, and directed technical change: Evidence from the auto industry", *Journal of Political Economy*, 2016, 124 (1), pp. 1-51.

25. Bolton P., Farrell J., "Decentralization, duplication, and delay", *Journal of Political Economy*, 1990, 98 (4), pp. 803-826.

26. Rob R., "Learning and capacity expansion under demand uncertainty", *Review of Economic Studies*, 1991, 58 (4), pp. 655-675.

27. Nunn N., Trefler D., "The structure of tariffs and long-term growth", *American Economic Journal: Macroeconomics*, 2010, 2 (4), pp. 158-194.

28. Aghion P., Cai J., Dewatripont M., Du L., Harrison A., Legros P., "Industrial policy and competition", *American Economic Journal: Macroeconomics*, 2015, 7 (4), pp. 1-32.

29. Aghion P., Bergeaud A., Boppart T., Bunel S., "Firm dynamics and growth measurement in France", *Journal of the European Economic Association*, 2018, 16 (4), pp. 933-956.

30. 다음의 논문을 살펴보기 바란다. Aghion P., Fally T., Scarpetta S., "Credit con-

straints as a barrier to the entry and post-entry growth of firms", *Economic Policy*, 2007, 22 (52), pp. 732-779; Aghion P., Van Reenen J., Zingales L., "Innovation and institutional ownership", *American Economic Review*, 2013, 103 (1), pp. 277-304.

31. Aghion P., Bergeaud A., Van Reenen J., "The impact of regulation on innovation", mimeo, Collège de France, juillet 2020.

32. Acemoglu D., Akcigit U., Alp H., Bloom N., Kerr W. R., "Innovation, reallocation and growth", *American Economic Review*, 2018, 198 (11), pp. 3450-3491.

33. Aghion P., Bergeaud A., Cette G., Lecat R., Maghin H., "Coase lecture: The inverted-U relationship between credit access and productivity growth", *Economica*, 2019, 86 (341), pp. 1-31.

34. 경쟁 정책과 산업 정책의 관계에 대해서, 그리고 좀더 포괄적으로 볼 때 경쟁 정책과 관련 있는 모든 논의에 대해서는 다음의 저서를 추천한다. Combe E., *Économie et politique de la concurrence*, Dalloz, 2020. 또 하나 더 최근에 나온 경쟁 정책 관련 저서로는 다음의 책을 추천하고자 한다. Gilbert R. J., *Innovation Matters. Competition Policy for the High-Technology Economy*, MIT Press, 2020.

05 혁신, 불평등 그리고 조세 제도

1. Atkinson A. B., *Inequality: What Can Be Done?*, Harvard University Press, 2015; Atkinson A. B., Piketty T., Saez E., "Top incomes in the long run of history", *Journal of Economic Literature*, 2011, 49 (1), pp. 3-71; Piketty T., "Income inequality in France, 1901-1998", *Journal of Political Economy*, 2003, 111 (5), pp. 1004-1042; Piketty T., *Le Capital au xxie siècle*, Seuil, coll. "Les Livres du Nouveau Monde", 2013; Piketty T., *Capital et idéologie*, Seuil, 2019; Piketty T., Saez E., "Income inequality in the United States, 1913-1998", *Quarterly Journal of Economics*, 2003, 118 (1), pp. 1-41; Saez E., Zucman G., "Wealth inequality in the United States since 1913: evidence from capitalized income tax data", *Quarterly Journal of Economics*, 2016, 131 (2), pp. 519-578. 규제 완

화가 금융업계의 보수 체계에 어떠한 영향을 주었는지를 논한 필리퐁의 2020년 저서 또한 참고하기 바란다.

2. Piketty T., op. cit.

3. DeNavas-Walt C., Proctor B. D., Smith J., "Income, Poverty, and Health Insurance Coverage in the United States: 2009", *Current Population Reports*, US Census Bureau, 2010, pp. 60-238.

4. Corak M., "Income inequality, equality of opportunity, and intergenerational mobility", *Journal of Economic Perspectives*, 2013, 27 (3), pp. 79-102.

5. Chetty R., Hendren N., Kline P., Saez E., "Where is the land of opportunity? The geography of intergenerational mobility in the United States", *Quarterly Journal of Economics*, 2014, 129 (4), pp. 1553-1623.

6. 모키르는 링컨의 연설('발명과 발명', 1859년 2월 11일 일리노이주 잭슨빌에서 한 연설)을 다음의 저작에서 인용했다. Mokyr J., "Long-term economic growth and the history of technology", in pp. Aghion, S. Durlauf (dir.), *Handbook of Economic Growth*, Elsevier, 2005, vol. 1, pp. 1113-1180 (다음 논문의 언급 내용을 거쳐 인용된 것이다. Khan B. Z., Sokoloff K. L., "The early development of intellectual property institutions in the United States", *Journal of Economic Perspectives*, 2001, 15 [3], pp. 233-246).

7. Aghion P., Akcigit U., Bergeaud A., Blundell R., Hémous D., "Innovation and top income inequality", *Review of Economic Studies*, 2019, 86 (1), pp. 1-45.

8. 찰스 존스와 김지희는 공저 논문에서 또한 소득 최상위권에 자리한 이들 사이의 소득 불평등 역학 관계를 설명하기 위해 창조적 파괴 패러다임을 활용했다. 이들의 논문은 성장이 이미 자리 잡은 기업이 축적한 경험을 통해서뿐 아니라 새롭게 진입하는 기업들이 일으키는 창조적 파괴를 통해서도 발생한다고 주장한다. 기존 기업의 경험은 불평등을 강화하는 반면, 창조적 파괴는 불평등을 감소시킨다는 것이다. 독자들은 이들의 논문을 직접 참고하기 바란다. Jones C. I., Kim J., "A Schumpeterian model of top income inequality", *Journal of Political Economy*, 2018, 126 (5), pp. 1785-1826.

9. Aghion P., Bergeaud A., Blundell R., Griffith R., "The innovation premium to soft skills in low-skilled occupations", mimeo, College de France, 2019.

10. Dellis K., Sondermann D., "Lobbying in Europe: new firm-level evidence", *European Central Bank Working Papers*, juin 2017, n° 2071.

11. Akcigit U., Baslandze S., Lotti F., "Connecting to power: Political connections, innovation, and firm dynamics", *NBER Working Papers*, octobre 2018, n° 25136.

12. Bertrand M., Bombardini M., Trebbi F., "Is it whom you know or what you know? An empirical assessment of the lobbying process", *American Economic Review*, 2014, 104 (12), pp. 3885-3920.

13. Richter B. K., Samphantharak K., Timmons J. F., "Lobbying and taxes", *American Journal of Political Science*, 2009, 53 (4), pp. 893-909.

14. 스웨덴뿐 아니라 노르웨이, 핀란드 및 덴마크 등 스칸디나비아의 다른 3개국에서 실행한 개혁의 이론적 바탕이 궁금하다면 다음의 논문을 참고하기 바란다. Antonin C., Touzé V., "Loi de finances 2018 et fiscalité du capital. Fondements et impact sur les taux marginaux supérieurs", *Revue de l'OFCE*, 2019, (1), pp. 77-112.

15. Aghion P., Roulet A., *Repenser l'État. Pour une social-démocratie de l'innovation*, Seuil, coll. "La République des idées", 2011.

16. Blanchet T., Chancel L., Gethin A., "Why is Europe less unequal than the United States?", *WID. World Working Paper*, 2020.

17. 다음의 조사 보고서를 참조하라. Aghion P., Ciornohuz V., Gravoueille M., Stantcheva S., "Reforms and dynamics of income: Evidence using new panel data", mimeo, Université Harvard et Collège de France, juillet 2020.

18. Akcigit U., Baslandze S., Stantcheva S., "Taxation and the international mobility of inventors", *American Economic Review,* 2016, 106 (10), pp. 2930-2981.

19. *Akcigit U., Grigsby J., Nicholas T., Stantcheva S., "Taxation and innovation in the 20th century", NBER Working Papers, septembre 2018, n° 24982.*

20. Aghion P., Akcigit U., Cagé J., Kerr W. R., "Taxation, corruption, and growth", *European Economic Review*, 2016, 86, pp. 24-51.

21. 위의 주 17에서 언급한 보고서 참조. Aghion P., Ciornohuz V., Gravoueille M.,

Stantcheva S., op. cit.

06 장기 침체에 대한 논의

1. Banerjee A., Duflo E., *Good Economics for Hard Times: Better Answers to Our Biggest Problems*, Public Affairs, 2019.

2. Gordon R., Mokyr J., "Boom vs. doom: Debating the future of the US economy debate", Chicago Council of Global Affairs, 31 octobre 2016. 이 각각의 가설에 대해 좀더 상세한 논의를 찾아보고 싶다면 다음의 저서 및 논문을 참고하기 바란다. Gordon R., *The Rise and Fall of American Growth*, Princeton University Press, 2016, et Mokyr J., "Secular stagnation? Not in your life", in C. Teulings, Baldwin R. (dir.), *Secular Stagnation. Facts, Causes and Cures*, CEPR Press, 2014, pp. 83-89.

3. 1938년 12월 28일, 미국경제학회에서의 연설. Hansen A., "Economic progress and declining population growth", *American Eco-nomic Review*, 29 (1), pp. 1-15.

4. Summers L., "Reflections on the new secular stagnation hypothesis", in Teulings C., Baldwin R. (dir.), *Secular Stagnation. Facts, Causes and Cures*, CEPR Press, 2014, pp. 27-38.

5. Baslandze S., "The role of the IT revolution in knowledge diffusion, innovation and reallocation", *Society for Economic Dynamics Meeting Papers*, 2016, n° 1509.

6. Banerjee R., Hofmann B., "The rise of zombie firms: causes and consequences", *BIS Quarterly Review*, septembre 2018, pp. 67-78.

7. Caballero R. J., Farhi E., Gourinchas P. O., "Rents, technical change, and risk premia accounting for secular trends in interest rates, return on capital, earning yields, and factor shares", *American Economic Review*, 2017, 107 (5), pp. 614-620.

8. Bloom N., Jones C. I., Van Reenen J., Webb M., "Are ideas getting harder to find?", *American Economic Review*, 2020, 110 (4), pp. 1104-1144.

9. Jones C. I., "R&D-based models of economic growth", *Journal of Political*

Economy, 1995, 103 (4), pp. 759-784.

10. Akcigit U., Kerr W. R., "Growth through heterogeneous innovations", *Journal of Political Economy*, 2018, 126 (4), pp. 1374-1443.

11. Byrne D. M., Oliner S. D., Sichel D. E., "How fast are semiconductor prices falling?", *Review of Income and Wealth*, 2018, 64 (3), pp. 679-702.

12. Sutton J., *Sunk Costs and Market Structure: Price Competition, Advertising, and the Evolution of Concentration*, MIT Press, 1991.

13. Varian H. R., "Des technologies intelligentes", in dossier "L'envol de la technologie intelligente", *Finances & développement*, 2016, 53 (3), pp. 6-9.

14. Byrne D. M., Fernald J. G., Reinsdorf M. B., "Does the United States have a productivity slowdown or a measurement problem?", *Brookings Papers on Economic Activity*, 2016, (1), pp. 109-182.

15. Syverson C., "Challenges to mismeasurement explanations for the US productivity slowdown", *Journal of Economic Perspectives*, 2017, 31 (2), pp. 165-186.

16. Aghion P., Bergeaud A., Boppart T., Klenow P. J., Li H., "Missing growth from creative destruction", *American Economic Review*, 2019, 109 (8), pp. 2795-2822.

17. Aghion P., Bergeaud A., Boppart T., Bunel S., "Firm dynamics and growth measurement in France", *Journal of the European Economic Association*, 2018, 16 (4), pp. 933-956.

18. 이 문제에 대한 또 다른 해석은 레딩의 논문들을 통해 확인할 수 있다. 특히 다음의 논문을 참고하기 바란다. Redding S. J., Weinstein D. E., "Measuring aggregate price indexes with demand shocks: Theory and evidence for CES preferences", *NBER Working Papers*, mai 2018, n° 22479.

19. Philippon T., *The Great Reversal: How America Gave Up on Free Markets*, Harvard University Press, 2019.

20. 창조적 파괴 패러다임을 활용한 또 다른 시도 두 가지를 여기서 언급할 필요가 있다. 그중 첫 번째는 어니스트 리우, 아티프 미안과 아미르 수피가 내놓은 분석으로서 지난 20여 년간 발생한 지속적인 이자율 하락이 리더 기업이 됨으로써 가질

수 있는 현실 가치를 더욱 강화시켰다는 논리를 내세운다. 다른 기업들에 비해 기술적 측면의 선두 지위를 확대함으로써 발생하는 실제 이득이 특히나 강화되었기 때문이라는 것이다. 이로 인해 이자율 하락은 다양한 분야의 선두 기업들이 더욱 혁신에 힘써서 그 지위를 강화하도록 만들었고, 이는 해당 분야 타 기업들의 혁신 의욕을 꺾는 결과를 가져왔다. 바로 여기서 집중도의 상승이 발생하며 통합 차원에서 혁신과 성장이 모두 하락할 가능성이 생긴다는 이야기다. 두 번째 시도라고 하면 로랑 카브넬, 무라트 알프 첼릭과 슈 티안이 내놓은 분석이다. 이들은 생산 활동 및 혁신 활동에서 집중도가 높아져 슈퍼스타 기업들한테 이득이 돌아가면, 전체 차원에서 연구 개발의 효율성은 하락하는 결과를 가져온다는 점을 지적했다. 이 두 연구 내용은 다음의 논문들에서 확인할 수 있다. Liu E., Mian A., Sufi A., "Low interest rates, market power, and productivity growth", *NBER Working Papers*, juin 2019, n° 25505; Cavenaile L., Celik M. A., Tian X., "Are markups too high? Competition, strategic innovation, and industry dynamics", mimeo, Université de Toronto, janvier 2020.

21. Akcigit U., Ates S. T., "Ten facts on declining business dynamism and lessons from endogenous growth theory", *NBER Working Papers*, avril 2019, n° 25755.

22. Aghion P., Bergeaud A., Boppart T., Klenow P. J., Li H., "A theory of falling growth and rising rents", *NBER Working Papers*, novembre 2019, n° 26448.

23. 이러한 사실은 다음의 두 연구 결과를 통해 증명되었다. Baqaee D. R., Farhi E., "Productivity and misallocation in general equilibrium", *Quarterly Journal of Economics*, 2020, 135 (1), pp. 105-163; De Loecker J., Eeckhout J., Unger G., "The rise of market power and the macroeconomic implications", *Quarterly Journal of Economics*, 2020, 135 (2), pp. 561-644.

24. 타니아 바비나, 아나스타시아 페딕, 알렉스 헤 그리고 제임스 호드슨은 최근 공저한 보고서를 통해 인공 지능이 산업의 집중도에 미치는 영향을 증명했다. 이는 여기서 우리가 설명한 정보 통신 기술 혁명의 영향과 분명 비슷한 양상을 보인다. 실제로, 위의 저자들은 다음의 세 가지를 논증한다. 첫째, 한 산업 분야에서 인공 지능에 대한 투자를 용이하게 만드는 요소는 그 분야에서 집중도를 강화하는 결과를 가져온다. 둘째, 이러한 집중도 강화 현상은 한 기업 내 혹은 상품 라인 내 마

진율이 증가한 데서 기인하지 않는다. 셋째, 인공 지능은 기업들로 하여금 해당 기업이 활동하는 시장이나 생산하는 상품의 수를 늘리게끔 하는 결과를 가져온다. 이야기를 종합해보면, 인공 지능이 산업 집중도에 미치는 긍정적 영향은 인공 지능에 가장 크게 투자하는 기업은 슈퍼스타 기업들이라는 사실, 그리고 이들은 그렇기에 자신의 활동 분야에 대한 진입 장벽을 높이고 있다는 사실에 주로 기인하고 있다는 점을 이들의 연구가 확인해준다. 다시 말하면, 인공 지능이 산업의 집중도와 평균 마진율에 미치는 긍정적 영향은 복합 효과에서 기인한다는 뜻이다.

Babina T., Fedyk A., He A., Hodson J., "Artificial intelligence, firm growth, and industry concentration", mimeo, juillet 2020.

25. Gilbert R. J., *Innovation Matters: Competition Policy for the Hightechnology Economy*, MIT Press, 2020.

07 아르헨티나 신드롬

1. Aghion P., *Repenser la croissance économique*, Fayard, 2016.

2. Bergeaud A., Cette G., Lecat R., *Le Bel Avenir de la croissance. Leçons du xxe siècle pour le futur*, Odile Jacob, 2018.

3. Pritchett L., "Divergence, big time", *Journal of Economic perspectives*, 1997, 11 (3), pp. 3-17.

4. Sala-i-Martin X., "The world distribution of income: Falling poverty and··· convergence, period", *Quarterly Journal of Economics*, 2006, 121 (2), pp. 351-397.

5. Solow R. M., "A contribution to the theory of economic growth", *Quarterly Journal of Economics*, 1956, 70 (1), pp. 65-94.

6. Barro R. J., Sala-i-Martin X., *Economic Growth*, Mac Graw Hill, 1995.

7. Lucas R. E., "Why doesn't capital flow from rich to poor countries?", *American Economic Review*, 1990, 80 (2), pp. 92-96.

8. Romer P. M., "Increasing returns and long-run growth", *Journal of Political Economy*, 1986, 94 (5), pp. 1002-1037.

9. Coe D. T., Helpman E., "International R&D spillovers", *European Economic*

Review, 1995, 39 (5), pp. 859-887.

10. Aghion P., Bergeaud A., Gigout T., Lequien M., Melitz M., "Spreading knowledge across the world: Innovation spillover through trade expansion", mimeo, Université Harvard, mars 2019.

11. Acemoglu D., Aghion P., Zilibotti F., "Distance to frontier, selection, and economic growth", *Journal of the European Economic Association*, 2006, 4 (1), pp. 37-74.

12. Vandenbussche J., Aghion P., Meghir C., "Growth, distance to frontier and composition of human capital", *Journal of Economic Growth*, 2006, 11 (2), pp. 97-127.

13. Aghion P., Howitt P., op. cit.

14. Aghion P., Dewatripont M., Hoxby C., MasColell A., Sapir A., "The governance and performance of universities: evidence from Europe and the US", *Economic Policy*, 2010, 25 (61), pp. 7-59.

15. 2016년 8월, 유럽경제협회 연례회의 학회장 연설. Zilibotti F., "Growing and slowing down like China", *Journal of the European Economic Association*, 2017, 15 (5), pp. 943-988.

16. Ibid.

17. Diallo B., Koch W., "Bank concentration and Schumpeterian growth: Theory and international evidence", *Review of Economics and Statistics*, 2018, 100 (3), pp. 489-501.

18. Verluise C., Bergeaud A., "The international diffusion of technology: A new approach and some facts", mimeo, Collège de France, 2019.

19. Voir Abood A., Feltenberger D., "Automated patent landscaping", *Artificial Intelligence and Law*, 2018, 26 (2), pp. 103-125.

20. Hsieh C. T., Klenow P. J., "Misallocation and manufacturing TFP in China and India", *Quarterly Journal of Economics*, 2009, 124 (4), pp. 1403-1448.

21. Hsieh C. T., Klenow P. J., "The life cycle of plants in India and Mexico", *Quarterly Journal of Economics*, 2014, 129 (3), pp. 1035-1084.

22. Akcigit U., Alp H., Peters M., "Lack of selection and limits to delegation: Firm

dynamics in developing countries", *NBER Working Papers*, janvier 2016, n° 21905.

23. 이 부분은 다음의 논문에 기반을 둔 논의다. Aghion P., Guriev S., Jo K., "Chaebols and firm dynamics in Korea", *CEPR Discussion Papers*, 2019, n° 13825.

08 무슨 수를 써서라도 산업화를 이루어야 하는가

1. Kuznets S., "Modern economic growth: Findings and reflections", conférence Nobel, 11 décembre 1971. Publié dans *American Economic Review*, 1973, 63 (3), pp. 247-258.

2. Alder S., Boppart T., Muller A., "A theory of structural change that can fit the data", *CEPR Discussion Papers*, 2019, n° 13469.

3. Herrendorf B., Rogerson R., Valentinyi A., "Growth and structural transform-ation", in P. Aghion, S. Durlauf (dir.), *Handbook of Economic Growth*, Elsevier, 2014, vol. 2, pp. 855-941.

4. Kaldor N., "Capital accumulation and economic growth", in F. A. Lutz, D. C. Hague (dir.), *The Theory of Capital*, St. Martins Press, 1961.

5. Kaldor N., "Alternative theories of distribution", *Review of Economic Studies*, 1955, 23 (2), pp. 83-100.

6. Piketty T., *Le Capital au xxie siècle*, Seuil, coll. "Les Livres du Nouveau Monde", 2013.

7. Boppart T., "Structural change and the Kaldor facts in a growth model with relative price effects and non-Gorman preferences", *Econometrica*, 2014, 82 (6), pp. 2167-2196.

8. 보멀 법칙을 최초로 언급한 글은 다음의 논문이다. Baumol W. J., Bowen W. G., "On the performing arts: the anatomy of their economic problems", *American Economic Review*, 1965, 55 (1-2), pp. 495-502. 독자들은 또한 보멀의 다음 논문을 참고해주기 바란다. Baumol W. J., "Macroeconomics of unbalanced growth: The anatomy of urban crisis", *American Economic Review*, 1967, 57 (3), pp. 419-420.

9. Baumol W. J., Bowen W. G., op. cit.

10. Engel E., "Die Productions und Consumtionsverhaltnisse des Konigreichs Sachsen", *Zeitschrift des Statistischen Bureaus des Königlich-Sächsischen Ministeriums des Innerns*, 1857, 8, pp. 1-54.

11. 구조적 변화에 대한 분석에 있어 '수요'의 중요성을 논한 연구들로는 다음의 논문을 독자에게 추천한다. Comin D. A., Lashkari D., Mestieri M., "Structural change with long-run income and price effects", *NBER Working Papers*, septembre 2015, n° 21595. 이 논문의 저자들은 미국과 인도의 자료를 활용해 수요의 효과를 대체 효과(가격의 상대적 변화 효과)와 소득 효과(상대적인 항시 가격 대비 소득의 증가 효과)로 분석하는 연구를 진행했다. 그 결과로 이들은 경제가 구조적 변화를 겪는 과정에서는 소득 효과가 대체 효과보다 중요하게 작용한다는 점을 밝혀냈다.

12. 시장 규모가 혁신에 미치는 영향은 특히 다음의 논문들이 증명한 바 있다. Acemoglu D., Linn J., "Market size in innovation: Theory and evidence from the pharmaceutical industry", *Quarterly Journal of Economics*, 2004, 119 (3), pp. 1049-1090. Aghion P., Bergeaud A., Lequien M., Melitz M. J., "The heterogeneous impact of market size on innovation: evidence from French firm-level exports", *NBER Working Papers*, mai 2018, n° 24600.

13. 방향성 있는 기술 변화라는 개념을 최초로 탐구한 것은 다음의 논문이다. Aghion P., Howitt P., "Research and development in the growth process", *Journal of Economic Growth,* 1996, 1 (1), pp. 49-93. 이후에 다음의 논문들을 통해 위 개념에 대한 논의가 발전했다. *Acemoglu D., "Why do new technologies complement skills? Directed technical change and wage inequality",* Quarterly Journal of Economics, 1998, 113 (4), pp. 1055-1089; Acemoglu D., "Directed technical change", *Review of Economic Studies*, 2002, 69 (4), pp. 781-809; Acemoglu D., "Equilibrium bias of technology", *Econometrica,* 2007, 75 (5), pp. 1371-1409. 다음의 논문 또한 참고하기 바란다. Acemoglu D., Restrepo P., "The race between man and machine: implications of technology for growth, factor shares, and employment", *American Economic Review*, 2018, 108 (6), pp. 1488-1542.

14. Aghion P., Howitt P., *L'Économie de la croissance*, Economica, 2010.

15. 예를 들어 다음의 두 논문을 참고하기 바란다. Popp D., "Induced innovation and energy prices", *American Economic Review*, 2002, 92 (1), pp. 160-180; Aghion P.,Dechezleprêtre A., Hémous D., Martin R., Van Reenen J., "Carbon taxes, path dependency, and directed technical change: evidence from the auto industry", *Journal of Political Economy*, 2016, 124 (1), pp. 1-51.

16. 이 부분의 논의는 다음의 두 논문에서 제시한 내용을 바탕으로 했다. Boppart T., Weiss F. J., "Nonhomothetic preferences and industry directed technical change", *University of Zurich Working Papers*, juin 2013, n° 123; Acemoglu D., Restrepo P., "The race between man and machine: Implications of technology for growth, factor shares, and employment", *American Economic Review*, 2018, 108 (6), pp. 1488-1542.

17. Aghion P., Jones B. F., Jones C. I., "Artificial intelligence and economic growth", *NBER Working Papers*, octobre 2017, n° 23928.

18. Stiglitz J. E., "De la malédiction à la bénédiction des ressources", *Project Syndicate*, 6 août 2012.

19. Acemoglu D., Robinson J. A., *Why Nations Fail: The Origins of Power, Prosperity, and Poverty*, Crown Publishers, 2012.

20. List F., *Das nationale System der politischen Ökonomie*, 1841. 최근의 프랑스어 판본은 H. Richelot, Gallimard, coll. "Tel", 1998.

21. Fan T., Peters M., Zilibotti F., "Service-led or service-biased growth? Equilibrium development accounting across Indian districts", mimeo, Université Yale, 2020.

22. Rodrik D., "Normalizing industrial policy", *Commission on Growth and Development Working Papers*, 2008, n° 3.

09 친환경 혁신과 지속 가능한 성장

1. Meadows D. H., Meadows D. L., Randers J., Behrens W., *The Limits to Growth*, Universe Books, 1972.

2. Gollier C., *Le Climat après la fin du mois*, Presses universitaires de France, 2019.

3. Aghion P., Dechezleprêtre A., Hémous D., Martin R., Van Reenen J., "Carbon taxes, path dependency, and directed technical change: Evidence from the auto industry", *Journal of Political Economy*, 2016, 124 (1), pp. 1-51.

4. 여기서 독자들에게 신고전주의 패러다임을 이용한 환경경제학 분야의 주요 논문 몇 편을 소개한다. Weitzman M. L., "On modeling and interpreting the economics of catastrophic climate change", *Review of Economics and Statistics*, 2009, 91 (1), pp. 1-19; Golosov M., Hassler J., Krusell P., Tsyvinski A., "Optimal taxes on fossil fuel in general equilibrium", *Econometrica*, 2014, 82 (1), pp. 41-88; Hassler J., Krusell P., Smith A. A., "Environmental macroeconomics", in J. B. Taylor, H. Uhlig (dir.), *Handbook of Macroeconomics*, 2016, vol. 2, pp. 1893-2008; Greenstone M., Jack B. K., "Envirodevonomics: A research agenda for an emerging field", *Journal of Economic Literature*, 2015, 53 (1), pp. 5-42.

5. Nordhaus W. D., "The 'DICE' model: Background and structure of a dynamic integrated climate-economy model of the economics of global warming", *Cowles Foundation Discussion Papers*, 1992, n° 1009.

6. 예를 들어 다음의 논문을 참고하기 바란다. Stern N., "The economics of climate change", *American Economic Review,* 2008, 98 (2), pp. 1-37.

7. Stern N., *The Economics of Climate Change: The Stern Review*, Cambridge University Press, 2006.

8. Nordhaus W. D., "A review of the Stern review on the economics of climate change", *Journal of Economic Literature*, 2007, 45 (3), pp. 686-702.

9. 다음의 논문 내용을 참조 바란다. Acemoglu D., Aghion P., Bursztyn L., Hémous D., "The environment and directed technical change", *American Economic Review*, 2012, 102 (1), pp. 131-166.

10. Friedman M., "The social responsibility of business is to increase its profits", *New York Times Magazine*, 13 septembre 1970.

11. Pigou A, *The Economics of Welfare*, Macmillan, 1920.

12. Bénabou R., Tirole J., "Individual and corporate social responsibility", *Eco-*

nomica, 2010, 77 (305), pp. 1-19.

13. Aghion P., Bénabou R., Martin R., Roulet A., "Environmental preferences and technological choices: Is market competition clean or dirty?", *NBER Working Papers,* avril 2020, n° 26921.

14. 다음의 갤럽 여론 조사 내용을 말한다. Gallup, *Annual Survey of Honesty and Ethics*, 2017, https://news.gallup.com/poll/1654/honesty-ethics-professions.aspx.

15. Acemoglu D., Aghion P., Barrage L., Hémous D., "Climate change, directed innovation, and energy transition: The long-run consequences of the shale gas revolution", *2019 Meeting Papers*, Society for Economic Dynamics, 2019, n° 1302.

10 혁신이라는 무대 뒤

1. Bell A., Chetty R., Jaravel X., Petkova N., Van Reenen J., "Who becomes an inventor in America? The importance of exposure to innovation", *Quarterly Journal of Economics*, 2019, 134 (2), pp. 647-713.

2. Akcigit U., Grigsby J., Nicholas T., "The rise of American ingenuity: Innovation and inventors of the golden age", *NBER Working Papers*, janvier 2017, n° 23047.

3. Aghion P., Akcigit U., Hyytinen A., Toivanen O., "The social origins of inventors", *NBER Working Papers*, decembre 2017, n° 24110.

4. 다음의 책은 이 주제에 대해 특히나 명쾌한 설명을 담고 있다. Pinker S., *The Blank Slate: The Modern Denial of Human Nature*, Penguin Books, 2002.

5. Akcigit U., Pearce J., Prato M., "Tapping into talent: Coupling education and innovation policies for economic growth", mimeo, Université de Chicago, 2020.

6. *Aghion P., Akcigit U., Hyytinen A., Toivanen O., "On the returns to invention within firms: Evidence from Finland", AEA Papers and Proceedings*, 2018, 108, pp. 208-212.

7. Kline P., Petkova N., Williams H., Zidar O., "Who profits from patents? Rent-sharing at innovative firms", *Quarterly Journal of Economics*, 2019, 134 (3),

pp. 1343-1404.

8. 스콧 스턴(Scott Stern)은 대학 및 기업체들로부터 경쟁적으로 구애를 받는 연구자들을 대상으로 분석해, 대학을 선택하는 경우 금전적 비용이 발생하는 상황을 증명했다. 이에 대해서는 스턴의 다음 논문을 참고. Stern S., "Do scientists pay to be scientists?", *Management Science*, 2004, 50 (6), pp. 835-853.

9. Aghion P., Dewatripont M., Stein J. C., "Academic freedom, private-sector focus, and the process of innovation", *RAND Journal of Economics*, 2008, 39 (3), pp. 617-635.

10. Menger P.-M., "Academic work: A tale of essential tension between research and teaching", *Sociologisk Forskning*, 2016, 53 (2), pp. 175-192.

11. Heller M. A., "The tragedy of the anticommons: Property in the transition from Marx to markets", *Harvard Law Review*, 1998, 111 (3), pp. 621-688.

12. Murray F., Aghion P., Dewatripont M., Kolev J., Stern S., "Of mice and academics: Examining the effect of openness on innovation", *American Economic Journal: Economic Policy*, 2016, 8 (1), pp. 212-252.

13. Williams H. L., "Intellectual property rights and innovation: Evidence from the human genome", *Journal of Political Economy*, 2013, 121 (1), pp. 1-27.

14. Akcigit U., Hanley D., Serrano-Velarde N., "Back to basics: Basic research spillovers, innovation policy and growth", *Review of Economic Studies*, 2020, à paraître.

15. 이 문제에 대한 일차적인 논의 내용은 다음의 보고서에서 찾아볼 수 있다. Aghion P., Dewatripont M., Hoxby C., Mas-Colell A., Sapir A., "Why reform Europe's universities?", *Bruegel Policy Brief*, septembre 2007.

11 창조적 파괴, 건강 그리고 행복

1. Case A., Deaton A., *Deaths of Despair and the Future of Capitalism*, Princeton University Press, 2020.

2. 이 부분 및 이후 '창조적 파괴와 행복' 부분에서 언급하는 경험적인 관찰 결과는 다음 논문에서 발췌한 내용이다. Aghion P., Akcigit U., Deaton A., Roulet A., "Cre-

ative destruction and subjective well-being", *American Economic Review*, 2016, 106 (12), pp. 3869-3897.

3. Aghion P., Howitt P., "Growth and unemployment", *Review of Economic Studies*, 1994, 61 (3), pp. 477-494.

4. Mortensen D. T., Pissarides C. A., "Job creation and job destruction in the theory of unemployment", *Review of Economic Studies*, 1994, 61 (3), pp. 397-415.

5. Hornstein A., Krusell P., Violante G. L., "The replacement problem in frictional economies: A near-equivalence result", *Journal of the European Economic Association*, 2005, 3 (5), pp. 1007-1057.

6. 4장에서 이와 관련한 여러 참고 문헌을 제시한 바 있다. 예를 들어 다음의 보고서를 참고하기 바란다. Davis S. J., Haltiwanger J., "Labor market fluidity and economic performance", *NBER Working Papers*, septembre 2014, n° 20479.

7. Aghion P., Akcigit U., Deaton A., Roulet A., op. cit.

8. Aghion P., Akcigit U., Hyytinen A., Toivanen O., "On the returns to invention within firms: Evidence from Finland", *AEA Papers and Proceedings*, 2018, 108, pp. 208-212.

9. Aghion P., Howitt P., Murtin F., "The relationship between health and growth: When Lucas meets Nelson-Phelps", *NBER Working Papers*, mars 2010, n° 15813.

10. Deaton A., *The Great Escape: Health, Wealth, and the Origins of Inequality*, Princeton University Press, 2013.

11. Case A., Deaton A., "Mortality and morbidity in the 21st century", *Brookings Papers on Economic Activity*, 2017, (1), pp. 397-476.

12. Sullivan D., Von Wachter T., "Job displacement and mortality: An analysis using administrative data", *Quarterly Journal of Economics*, 2009, 124 (3), pp. 1265-1306.

13. Roulet A., "The causal effect of job loss on health: The Danish miracle?", in *Essays in Labor Economics*, thèse de doctorat en économie, Université Harvard, 2017.

14. Clark A. E., Senik C. (dir.), *Happiness and Economic Growth: Lessons from*

Developing Countries, Oxford University Press, 2014. 또한 다음의 클로디아 세닉의 인터뷰를 참조하기 바란다. Daumas C., "La croissance harmonise le bonheur de tous", interview de Claudia Senik, *Libération*, 24 octobre 2014.

15. Easterlin R. A., "Does economic growth improve the human lot? Some empirical evidence", in P. A. David, M. W. Reder (dir.), *Nations and Households in Economic Growth*, Academic Press, 1974, pp. 89-125.

16. 두 권으로 발간된 '경쟁력과 사회 발전 측정 위원회'의 보고서를 참고하기 바란다. Stiglitz J., Sen A., Fitoussi J.-P., *Richesse des nations et bien-être des individus*, Odile Jacob, 2009, vol. 1; Stiglitz J., Sen A., Fitoussi J-P., *Vers de nouveaux systèmes de mesure*, Odile Jacob, 2009, vol. 2.

17. Cantril A. H., *Pattern of Human Concerns*, Rutgers University Press, 1966.

18. Aghion P., Akcigit U., Deaton A., Roulet A., op. cit.

19. 프랑스의 플렉시큐리티에 대해서는 다음의 저서를 참고하기 바란다. Blanchard O., Tirole J., *Protection de l'emploi et procédures de licenciement*, La Documentation française, 2003.

20. Commission européenne, "Vers des principes communs de flexicurité: des emplois plus nombreux et de meilleure qualité en combinant flexibilité et securité", communication au Parlement européen, au Conseil, au Comité économique et social européen et au Comité des régions, 27 juin 2007.

21. 예를 들어 다음의 글을 참고하기 바란다. Pedersen O. K., "Flexicurity, mobication og europæisk beskæftigelsespolitik", in T. Bredgaard, P. Kongshøj Madsen (dir.), *Dansk flexicurity: Fleksibilitet og sikkerhed på arbejdsmarkedet*, Hans Reitzels Forlag, 2015, pp. 265-287.

12 창조적 파괴에 필요한 자금 조달하기

1. '구성적인 혁신'에 대한 선구적 논문을 통해 헨더슨과 클라크는 제트기가 1950년대 당시 항공기 제조업계를 주도하던 맥도널 더글러스가 아니라 신진 제조사인 보잉에 의해 탄생했다는 점을 사례로 들었다. 이 내용은 다음의 논문에 담겨 있다. Henderson R. M., Clark K. B., "Architectural innovation: The reconfiguration

of existing product technologies and the failure of established firms", *Administrative Science Quarterly*, 1990, 35 (1), pp. 9-30.

2. 혁신에 의한 성장과 금융에 대한 통합적 분석으로는 다음 편저의 기고문을 참고하기 바란다. Aghion P., Howitt P., Levine R., "Financial development and innovation-led growth", in T. Beck, R. Levine (dir.), *Handbook of Finance and Development*, Edward Elgar Publishing, 2018.

3. Aghion P., Dewatripont M., Hoxby C., Mas-Colell A., Sapir A., "Why reform Europe's universities?", *Bruegel Policy Brief*, septembre 2007.

4. Aghion P., Dewatripont M., Hoxby C., Mas-Colell A., Sapir A., "The governance and performance of universities: Evidence from Europe and the US", *Economic Policy*, 2010, 25 (61), pp. 7-59.

5. Manso G., "Motivating innovation", *Journal of Finance*, 2011, 66 (5), pp. 1823-1860.

6. Holmström B., Milgrom P., "Multitask principal-agent analysis: Incentive contracts, asset ownership, and job design", *Journal of Law, Economics, and Organization*, 1991, 7 (1), pp. 24-52.

7. Azoulay P., Graff Zivin J. S., Manso G., "Incentives and creativity: Evidence from the academic life sciences", *The RAND Journal of Economics*, 2011, 42 (3), pp. 527-554.

8. Aghion P., Bolton P., "An incomplete contracts approach to financial contracting", *Review of Economic Studies*, 1992, 59 (3), pp. 473-494.

9. Kaplan S. N., Strömberg P., "Financial contracting theory meets the real world: An empirical analysis of venture capital contracts", *Review of Economic Studies*, 2003, 70 (2), pp. 281-315.

10. 혁신에 대한 자금 출자에 있어 벤처 캐피털의 역할은 이미 여러 연구가 강조한 바 있다. 특히 다음의 논문을 참고하기 바란다. Kortum S., Lerner J., "Assessing the contribution of venture capital to innovation", *The RAND Journal of Economics*, 2000, 31 (4), pp. 674-692. 또한 조시 러너와 폴 곰퍼스의 연구 결과를 참고할 수 있겠다. Gompers P., Lerner J., *The Venture Capital Cycle*, MIT Press, 2004; Gompers P., Lerner J., "The venture capital revolution", *Journal*

of Economic Perspectives, 2001, 15 (2), pp. 145-168.

11. Akcigit U., Dinlersoz E., Greenwood J., Penciakova V., "Synergizing ventures", *NBER Working Papers,* aout 2019, n° 26196.

12. Kettani G., *Capital-risque, innovation et croissance*, thèse de doctorat en sciences économiques, université Paris-Dauphine, 2011.

13. Aghion P., Van Reenen J., Zingales L., "Innovation and institutional owner-ship", *American Economic Review*, 2013, 103 (1), pp. 277-304.

14. 이 '경력 관리' 이론은 경영인의 인센티브를 다룬 다음의 논문에서 홀름스트룀이 체계화했다. Holmström B., "Managerial incentive problems: A dynamic pers-pective", *Review of Economic Studies*, 1999, 66 (1), pp. 169-182.

15. Aghion P., Van Reenen J., Zingales L., op. cit.

16. Dechezleprêtre A., Einiö E., Martin R., Nguyen K-T., Van Reenen J., "Do tax incentives for research increase firm innovation? An RD design for R&D", *NBER Working Papers*, juillet 2016, n° 22405.

17. Akcigit U., Kerr W. R., "Growth through heterogeneous innovations", *Journal of Political Economy*, 2018, 126 (4), pp. 1374-1443.

18. Philippon T., "Has the US finance industry become less efficient? On the theory and measurement of financial intermediation", *American Economic Review*, 2015, 105 (4), pp. 1408-1438.

19. Aghion P., Stein J. C., "Growth versus margins: Destabilizing consequences of giving the stock market what it wants", *Journal of Finance*, 2008, 63 (3), pp. 1025-1058.

13 세계화에 어떻게 대응할 것인가

1. 가격 및 복지와 관련한 미국 무역 전쟁의 영향에 대해서는 다음의 논문이 탁월한 분석을 선보였다. Amiti M., Redding S. J., Weinstein D., "The impact of the 2018 trade war on U.S. prices and welfare", *Journal of Economic Perspectives*, 2019, 33 (4), pp. 187-210.

2. Fonds monétaire international, *Perspectives de l'économie mondiale*, juin

2020.

3. Bloom N., Draca M., Van Reenen J., "Trade induced technical change? The impact of Chinese imports on innovation, IT and productivity", *Review of Economic Studies*, 2016, 83 (1), pp. 87-117.

4. Bernard A. B., Jensen J. B., Schott P. K., "Survival of the best fit: Exposure to low-wage countries and the (uneven) growth of US manufacturing plants", *Journal of International Economics*, 2006, 68 (1), pp. 219-237.

5. Pierce J. R., Schott P. K., "The surprisingly swift decline of US manufacturing employment", *American Economic Review*, 2016, 106 (7), pp. 1632-1662.

6. Acemoglu D., Autor D., Dorn D., Hanson G. H., Price B., "Import competition and the great US employment sag of the 2000s", *Journal of Labor Economics*, 2016, 34 (S1), pp. 141-198.

7. Autor D. H., Dorn D., Hanson G. H., Song J., "Trade adjustment: Worker-level evidence", *Quarterly Journal of Economics*, 2014, 129 (4), pp. 1799-1860.

8. Autor D. H., Dorn D., Hanson G. H., "The China syndrome: Local labor market effects of import competition in the United States", *American Economic Review*, 2013, 103 (6), pp. 2121-2168.

9. Autor D., Dorn D., Hanson G. H., Pisano G., Shu P., "Foreign competition and domestic innovation: Evidence from US patents", *American Economic Review: Insights*, à paraître.

10. Aghion P., Bergeaud A., Lequien M., Melitz M., Zuber T., "Imports and innovation: Evidence from French firm-level data", mimeo, Collège de France, 2020.

11. Lileeva A., Trefler D., "Improved access to foreign markets raises plant-level productivity··· for some plants", *Quarterly Journal of Economics*, 2010, 125 (3), pp. 1051-1099.

12. Aghion P., Bergeaud A., Lequien M., Melitz M. J., "The heterogeneous impact of market size on innovation: Evidence from French firm-level exports", *NBER Working Papers*, mai 2018, n° 24600.

13. Flaaen A., Hortaçsu A., Tintelnot F., "The production relocation and price effects of U.S. trade policy: The case of washing machines", *American Economic Review*, à paraître.

14. Akcigit U., Ates S. T., Impullitti G., "Innovation and trade policy in a globalized world", *NBER Working Papers*, avril 2018, n° 24543.

15. Melitz M. J., "The impact of trade on intra-industry reallocations and aggregate industry productivity", *Econometrica*, 2003, 71 (6), pp. 1695-1725.

16. 우리는 독자들에게 가치 사슬에 대한 연구를 찾아 읽어보기를 강력히 권한다. 특히 다음의 논문들을 추천한다. Antràs P., "Conceptual aspects of global value chains", *World Bank Economic Review*, à paraître; Antràs P., Chor D., "Organizing the global value chain", *Econometrica*, 2013, 81 (6), pp. 2127-2204; Antras P., Chor D., Fally T., Hillberry R., "Measuring the upstreamness of production and trade flows", *American Economic Review*, 2012, 102 (3), pp. 412-416.

17. Aghion P., Bellora C., Cohen E., Gigout-Magiorani T., Jean S., "Masques, respirateurs, tests… Pourquoi la France doit repenser sa politique industrielle après la crise du coronavirus", *Challenges*, 8 avril 2020.

18. 이민과 혁신 사이 관계를 다룬 연구 중에서 빠트릴 수 없는 저작은 윌리엄 커가 최근에 펴낸 다음의 저서다. Kerr W. R., *The Gift of Global Talent: How Migration Shapes Business, Economy & Society*, Stanford University Press, 2018.

19. Arkolakis C., Lee S. Y., Peters M., "European immigrants and the United States' rise to the technological frontier", mimeo, Université Yale, juin 2020.

20. 독자들에게 아크지기트, 그릭스비, 니컬러스가 2017년에 펴낸 다음의 공저 논문을 참고할 것을 권한다. 특히 이 연구는 1880~1940년 동안 외국에서 태어난 사람들의 비중이 비발명가 집단보다 발명가 집단에서 조금 더 높게 나타났고, 의학 분야에서 유난히 두드러지게 높았다는 점을 보여주었다. Akcigit U., Grigsby J., Nicholas T. "Immigration and the rise of American ingenuity", *American Economic Review*, 107, pp. 327-331.

21. Bernstein S., Diamond R., McQuade T., Pousada B., "The contribution of high-skilled immigrants to innovation in the United States", *Stanford Graduate*

School of Business Working Papers, 2018, n° 3748.

22. 이 생각은 이미 다음과 같은 논문들에서 활용된 바 있다. Azoulay P., Graff Zivin J. S., Wang J., "Superstar extinction", *Quarterly Journal of Economics*, 2010, 125 (2), pp. 549-589; Jaravel X., Petkova N., Bell A., "Team-specific capital and innovation", *American Economic Review*, 2018, 108 (4-5), pp. 1034-1073.

23. Bahar D., Choudhury P., Rapoport H., "Migrant inventors and the techno-logical advantage of nations", *IZA Discussion Papers*, février 2020, n° 12994. 이 논문에서 소개한 참고 문헌 또한 훑어볼 것을 권한다.

24. Alesina A., Harnoss J., Rapoport H., "Birthplace diversity and economic prosperity", *Journal of Economic Growth*, 2016, 21 (2), pp. 101-138.

25. Kerr W. R., op. cit.

26. 다음의 논문을 참조하라. Stephan P. E., Levin S. G., "Exceptional contributions to US science by the foreign-born and foreign-educated", *Population Research and Policy Review*, 2001, 20 (1-2), pp. 59-79.

27. 다음의 저서를 참조하라. Aghion P., Roulet A., *Repenser l'État*, Seuil, coll. "La République des idées", 2011.

28. Jaravel X., Sager E., "What are the price effects of trade? Evidence from the U.S. and implications for quantitative trade models", *Finance and Economics Discussion Series*, Board of Governors of the Federal Reserve System, août 2019, n° 2019-068.

14 투자 국가에 이은 보장 국가의 등장

1. Weber M., *Le Savant et le Politique* (1919), trad. française de J. Freund, 10/18, coll. "Bibliothèques 10-18", 2002.

2. Montesquieu, *De l'esprit des lois*, Barrillot & Fils, 1748. 최근판은 Flammarion, coll. "GF", 1979, 2 vol.

3. Besley T., Persson T., "Fragile states and development policy", *Journal of the European Economic Association*, 2011, 9 (3), pp. 371-398.

4. Besley T., "State capacity and economic development", 아서 루이스 경 기념 강

연, 웨스트인디스 대학교 회의장, 2019년 1월 25일.

5. Lewis A., "The slowing down of the engine of growth", 노벨 학술회의(Conférence Nobel), 1979년 12월 8일.

6. Schumpeter J. A., *Die Krise des Steuerstaates*, Leuschner und Lubensky, 1918. 최근판은 "La crise de l'État fiscal", in *Impérialisme et classes sociales*, trad. française de S. Segonzac et P. Bresson, Flammarion, 1984, pp. 229-282.

7. Besley T., Persson T., "Taxation and development", in A. J. Auerbach, R. Chetty, M. Feldstein, E. Saez (dir.), *Handbook of Public Economics*, Elsevier, 2013, vol. 5, pp. 51-110.

8. Mitchell B. R., *International Historical Statistics*, Palgrave Macmillan, 2007, 3 vol.

9. 이 부분의 논의는 다음의 논문 내용을 바탕으로 했다. Aghion P., Jaravel X., Persson T., Rouzet D., "Education and military rivalry", *Journal of the European Economic Association*, 2019, 17 (2), pp. 376-412.

10. Tilly C., *The Formation of National States in Western Europe*, Princeton University Press, 1975.

11. Weber E., *Peasants into Frenchmen: The Modernisation of Rural France, 1870-1914*, Chatto and Windus, 1976.

12. Aghion P., Jaravel X., Persson T., Rouzet D., op. cit.

13. Johnson L. B., *The Vantage Point: Perspectives of the Presidency, 1963-1969*, Holt, Rinehart and Winston, 1971.

14. Azoulay P., Fuchs E., Goldstein A. P., Kearney M., "Funding breakthrough research: Promises and challenges of the 'ARPA model'", Innovation Policy and the Economy, 2019, 19 (1), pp. 69-96.

15. Beveridge W., *Social Insurance and Allied Services*, Macmillan, 1942.

16. Conseil national de la Résistance, *Programme du Conseil national de la Résistance*, 15 mars 1944.

17. 다음 저서를 확인하기 바란다. Rosanvallon P., *La Crise de l'État-providence*, Seuil, coll. "Points Politique", 1981.

18. 큰 찬사를 받은 영화 〈오달렌 31〉은 이 비극적인 사건을 다루고 있다. Wilderberg

B., Ådalen 31, Svensk Filmindustri, 1969.

19. Harari Y. N., *21 leçons pour le xxie siècle*, Albin Michel, 2018.

20. Canto-Sperber M., *La Fin des libertés ou Comment refonder le libéralisme*, Robert Laffont, 2019.

21. Friedman M., *Capitalism and Freedom*, University of Chicago Press, 1962. 최근판은 Friedman M., *Capitalisme et liberté*, trad. française de A. M. Charno, Flammarion, coll. "Champs essais", 2016.

22. Keynes J. M., Henderson H. D., *Can Lloyd George Do It? An Examination of the Liberal Pledge*, The Nation and Athenaeum, 1929. 최근판은 "Can Lloyd George do it?", in *Essays in Persuasion*, Palgrave Macmillan, 2010, pp. 86-125.

23. Keynes J. M., *The General Theory of Employment, Interest, and Money*, Cambridge University Press, 1936. 최근판은 *Théorie généale de l'emploi, de l'intérêt et de la monnaie*, trad. française de J. Largentaye, Payot, 2017.

24. O'Dea W., "Why our response to crisis isn't wrong", *Irish Independent*, 4 janvier 2009.

25. Aghion P., Angeletos G. M., Banerjee A., Manova K., "Volatility and growth: Credit constraints and the composition of investment", *Journal of Monetary Economics*, 2010, 57 (3), pp. 246-265.

26. Aghion P., Hemous D., Kharroubi E., "Cyclical fiscal policy, credit constraints, and industry growth", *Journal of Monetary Economics*, 2014, 62, pp. 41-58.

27. Aghion P., Farhi E., Kharroubi E., "Monetary policy, product market competition and growth", *Economica*, 2019, 86 (343), pp. 431-470.

28. Antonin C., "La fatalité grecque: un scénario prévisible?", *Lettre de l'OFCE*, 2010, n° 323, pp. 1-4.

29. Département analyse et prévision de l'OFCE, "Évaluation de l'impact économique de la pandémie de COVID-19 et des mesures de confinement sur l'économie mondiale en avril 2020", *OFCE Policy brief*, juin 2020, n° 69.

15 국가, 어디까지?

1. Laffont J.-J., "Étapes vers un État moderne: une analyse économique", colloque CAE, décembre 1999, in *État et gestion publique. Actes du Colloque du 16 décembre 1999*, La Documentation française, 2000.

2. Puga D., Trefler D., "International trade and institutional change: Medieval Venice's response to globalization", *Quarterly Journal of Economics*, 2014, 129 (2), pp. 753-821.

3. Acemoglu D., Robinson J. A., *Why Nations Fail: The Origins of Power, Prosperity, and Poverty*, Crown Publishers, 2012.

4. Aghion P., Roulet A., *Repenser l'État*, Seuil, coll. "La République des idées", 2011.

5. Kornai J., "Innovation and dynamism: Interaction between systems and technical progress", *Economics of Transition*, 2010, 18 (4), pp. 629-670.

6. 불완전 계약 이론은 2016년 올리버 하트의 노벨상 수상을 통해 더욱 확고한 입지를 다졌다. 이 이론에 대한 종합적 연구인 다음의 저서를 독자들에게 추천한다. Hart O., *Firms, Contracts, and Financial Structure*, Clarendon Press, 1995. 헌법의 성격과 역할을 분석하는 데 있어 불완전 계약 이론을 활용한 최초의 두 논문은 다음과 같다. Aghion P., Bolton P., "Incomplete social contracts", *Journal of the European Economic Association*, 2003, 1 (1), pp. 38-67; Aghion P., Alesina A., Trebbi F., "Endogenous political institutions", *Quarterly Journal of Economics*, 2004, 119 (2), pp. 565-611.

7. Montesquieu, *De l'esprit des lois*, Barrillot & Fils, 1748. 최근판은 Flammarion, coll. "GF", 1979, 2 vol.

8. Hayek F. A., *The Constitution of Liberty*, Routledge, 1960.

9. Buchanan J. M., *Fiscal Theory and Political Economy*, University of North Carolina Press, 1960.

10. Buchanan J. M., Tullock G., *The Calculus of Consent: Logical Foundations of Constitutional Democracy*, University of Michigan Press, 1962.

11. Tocqueville A., *De la démocratie en Amérique*, Charles Gosselin, 1835 et 1840. 최근판은 Gallimard, coll. "Folio histoire", 1986, 2 vol.

12. Hamilton A., Madison J., Jay J., "Federalist no. 70" (1788), in *The Federalist Papers*, Palgrave Macmillan, 2009, pp. 199-204.

13. Aghion P., Bolton P., op. cit.

14. 위에서 언급한 다음의 논문을 참조하라. Aghion P., Alesina A., Trebbi F., op. cit. 또한 기득권의 정치경제학에 대해 선구적 분석을 제시한 다음의 논문을 참고하기 바란다. Krusell P., Rios-Rull J., "On the size of U.S. government: Political economy in the neoclassical growth model", *American Economic Review*, 1999, 89 (5), pp. 1156-1181.

15. Hayek F. A., op. cit.

16. La Porta R., López-de-Silanes F., Pop-Eleches C., Shleifer A., "Judicial checks and balances", *Journal of Political Economy*, 2004, 112 (2), pp. 445-470.

17. Pinello D. R., "Linking party to judicial ideology in American courts: A meta-analysis", *Justice System Journal*, 1999, 20 (3), pp. 219-254.

18. Philippe A., Ouss A., "'No Hatred or malice, fear or affection': Media and sentencing", *Journal of Political Economy*, 2018, 126 (5), pp. 2134-2178.

19. Marinescu I., "Are judges sensitive to economic conditions? Evidence from UK employment tribunals", *Industrial and Labour Relations Review*, 2011, 64 (4), pp. 673-698.

20. Chen D. L., Moskowitz T. J., Shue K., "Decision making under the gambler's fallacy: Evidence from asylum judges, loan officers, and baseball umpires", *Quarterly Journal of Economics*, 2016, 131 (3), pp. 1181-1242.

21. Chen D. L., Eagel J., "Can machine learning help predict the outcome of asylum adjudications?", *Proceedings of the Sixteenth International Conference on Artificial Intelligence and Law*, 2017, pp. 237-240.

22. Chen D. L., "AI and rule of law: Machine learning, causal inference, and judicial analytics", cours a la Toulouse School of Economics, 2019.

23. Eren O., Mocan N., "Emotional judges and unlucky juveniles", *American Economic Journal: Applied Economics*, 2018, 10 (3), pp. 171-205.

24. Chen D. L., Philippe A., "Clash of norms. Judicial leniency on defendant birthday", mimeo, Institute for Advances Study in Toulouse et Toulouse

School of Economics, juin 2017.

25. Kleinberg J., Lakkaraju H., Leskovec J., Ludwig J., Mullainathan S., "Human decisions and machine predictions", *Quarterly Journal of Economics*, 2018, 133 (1), pp. 237-293.

26. Bowles S., Carlin W., "Shrinking capitalism", *American Economic Review Papers and Proceedings*, 2020a, 110 (5), pp. 1-6.

27. 국가와 시민 사회 간의 보완이 필요하다는 명제에 대해서는 또한 다음의 저서를 참고하기 바란다. Canto-Sperber M., *La Fin des libertés ou Comment refonder le libéralisme,* Robert Laffont, 2019.

28. 아기옹과 볼턴은 통제권의 개념 및 채권자와 채무자 사이에 통제권의 할당 방식에 기반한 기업의 재정 출자 및 채무 관련 이론을 고안하는 데 있어 불완전 계약에 의한 접근법을 활용했다. Aghion P., Bolton P., "An incomplete contracts approach to financial contracting", *Review of Economic Studies*, 1992, 59 (3), pp. 473-494.

29. Bowles S., Carlin W., "The coming battle for the COVID-19 narrative", *Voxeu*, 10 avril 2020.

30. Acemoglu D., Robinson J. A., "Why did the west extend the franchise? Democracy, inequality, and growth in historical perspective", *Quarterly Journal of Economics*, 2000, 115 (4), pp. 1167-1199.

31. 약속의 방식으로서 통제권 이양을 바라보는 개념은 조직 이론에서도 활용된 바 있다. 예를 들어, 다음의 논문을 참고하기 바란다. Aghion P., Tirole J., "Formal and real authority in organizations", *Journal of Political Economy*, 1997, 105 (1), pp. 1-29.

32. Aidt T. S., Jensen P. S., "Workers of the world, unite ! Franchise extensions and the threat of revolution in Europe, 1820-1938", *European Economic Review*, 2014, 72, pp. 52-75.

33. 이어지는 논의는 대부분 다음의 책에서 발췌한 내용이다. Aghion P., Roulet A., *Repenser l'État*, Seuil, coll. "La République des idées", 2011.

34. 다음의 〈르몽드〉 기사를 참고하기 바란다. Joignot F., "Journalisme pensif", *Le Monde* (온라인판), 29 février 2020.

결론: 자본주의의 미래는 어떠한가

1. 다음의 논문을 참고하기 바란다. Kornai J., "Innovation and dynamism: Interaction between systems and technical progress", *Economics of Transition*, 2010, 18 (4), pp. 629-670.

2. Weber H., *Rebelle jeunesse*, Robert Laffont, 2018.

3. Acemoglu D., Robinson J., Verdier T., "Asymmetric growth and institutions in an interdependent world", *Journal of Political Economy*, 2017, 125 (2), pp. 1245-1305.

찾아보기